Títulos de Crédito e Valores Mobiliários

Títulos de Crédito e Valores Mobiliários

PARTE II – VALORES MOBILIÁRIOS
VOLUME I – AS AÇÕES

2018

Alexandre de Soveral Martins
Professor da Faculdade de Direito da Universidade de Coimbra

ALMEDINA

TÍTULOS DE CRÉDITO E VALORES MOBILIÁRIOS
PARTE II – VALORES MOBILIÁRIOS
VOLUME I – AS AÇÕES
AUTOR
Alexandre de Soveral Martins
EDITOR
EDIÇÕES ALMEDINA, S.A.
Rua Fernandes Tomás, nºs 76-80
3000-167 Coimbra
Tel.: 239 851 904 · Fax: 239 851 901
www.almedina.net · editora@almedina.net
DESIGN DE CAPA
FBA.
PRÉ-IMPRESSÃO
João Jegundo
IMPRESSÃO E ACABAMENTO
Vasp - DPS
Outubro, 2018
DEPÓSITO LEGAL
446644/18

ALMEDINA | GRUPOALMEDINA

BIBLIOTECA NACIONAL DE PORTUGAL – CATALOGAÇÃO NA PUBLICAÇÃO

MARTINS, Alexandre de Soveral

Títulos de crédito e valores mobiliários.
– (Manuais universitários)
1º v.: As ações ; 2ª pt.: Valores mobiliários.
– p. - ISBN 978-972-40-7602-7

CDU 336

NOTA PRÉVIA

A anterior versão deste livro saiu integrada noutra coleção: os Cadernos do IDET. Nessa altura (2002), foi utilizado como texto de apoio para as aulas do Módulo de Direito dos Valores Mobiliários do Curso de Pós-Graduação em Direito das Empresas organizado pelo IDET na Faculdade de Direito da Universidade de Coimbra e sob a coordenação do Professor Doutor J. M. Coutinho de Abreu. Entretanto, aquele Módulo deixou de existir e, por isso, não se procurou fazer nova edição. Agora, a Almedina revelou interesse em dar continuidade ao projeto iniciado com o nosso *Títulos de crédito e valores mobiliários, Parte I, Titulos de crédito, Volume I*, dedicado aos títulos de crédito em geral e à letra em especial. Pensámos, por isso, que a melhor forma de avançar seria com uma reformulação completa do livro, que surge como *Títulos de crédito e valores mobiliários, Parte II, Valores mobiliários, Volume I, As ações (I – Introdução; II – As ações como valores mobiliários; III – Ofertas públicas de aquisição de ações)*.

Para além das inevitáveis atualizações justificadas pelos 14 anos entretanto decorridos, acrescentámos vários temas que o estudo realizado para a nossa dissertação de Doutoramento nos mostrou serem justificados e que nos permitiu utilizar algumas linhas então escritas. Enquanto escrevíamos esta nova versão, aproveitámos o estudo desenvolvido para publicar um artigo sobre as garantias financeiras e o direito da insolvência e outro sobre a limitação de poderes do órgão de administração da sociedade visada por uma OPA. Uma parte considerável desses textos está incorporada neste livro, pois é este o lugar que lhes estava desde o início destinado. Surgem, porém, atualizados e com alterações na sua sistematização. Por outro lado, como se trata de um livro sobre ações, não é exaustivamente analisado o regime das sociedades abertas.

O Código dos Valores Mobiliários sofreu extensas alterações em resultado da transposição da DMIF II (Diretiva 2014/65/UE), bem como para executar o RMIF (Regulamento 600/2014). Tais alterações foram introduzidas pela Lei 35/2018, de 20 de julho. Serão feitas menções a algumas dessas alterações. No entanto, este é, como já se disse, um livro sobre as ações e não sobre os mercados, que serão apenas estudados quanto à transmissão de ações que neles tem lugar.

Ao longo do tempo utilizado para terminar esta nova edição foi possível beneficiar de uma estadia de investigação no Max-Planck-Institut de Hamburgo, durante a qual recolhemos elementos de que este livro beneficiou. Essa estadia não teria sido possível sem a ajuda de várias pessoas e entidades, que é de inteira justiça nomear. Agradecemos de forma muito sentida: ao Max-Planck-Institut für ausländisches und internationales Privatrecht, de Hamburgo, por nos ter permitido o acesso à sua Biblioteca, bem como ao seu Diretor, Professor Holger Fleischer, a quem devemos ter aceitado orientar a nossa investigação, e à Sra. Dra. Elke, pela receção calorosa e pela disponibilidade sempre manifestada para resolver qualquer dificuldade; à Faculdade de Direito da Universidade de Hamburgo, por nos ter facultado o acesso à sua Biblioteca; à Fundação Engenheiro António de Almeida, na pessoa do seu Presidente, Senhor Doutor Fernando Aguiar-Branco, por ter apoiado a minha estadia em Hamburgo; à Fundação Rangel de Sampaio, na pessoa do Presidente da sua Direção, Professor Doutor Rui de Figueiredo Marcos, por ter apoiado a minha viagem para e de Hamburgo; à Faculdade de Direito da Universidade de Coimbra, pela dispensa de serviço docente no ano letivo 2015/2016.

Naturalmente, as opiniões que podem ser colhidas neste livro não constituem conselhos, recomendações ou informações e a análise de qualquer caso concreto não dispensa aconselhamento jurídico. Tendo sido usado todo o cuidado possível na verificação do estado da legislação referida, não é possível garantir qual é a que ainda está em vigor.

Bairro Novo, Figueira da Foz, 15 de agosto de 2018 (data em que terminaram as atualizações)

NOTA PRÉVIA (À PRIMEIRA VERSÃO)

O presente texto constitui o fio condutor das aulas dadas pelo autor no Módulo de Direito dos Valores Mobiliários (Ações), que integra o Curso de Pós-Graduação em Direito das Empresas leccionado na Faculdade de Direito da Universidade de Coimbra e organizado pelo IDET – Instituto de Direito das Empresas e do Trabalho.

A confiança em nós depositada pela Direção do IDET, afirmada pelo seu Presidente, Professor Doutor Coutinho de Abreu, e o interesse demonstrado por quem frequentou aquelas aulas no ano letivo de 2001/2002, constituiram forte estímulo para que ficasse em letra de forma o resultado do nosso trabalho.

Este não é um ponto final, mas sim um ponto de partida. É também um texto elaborado com preocupações de ordem pedagógica. Por isso, as referências bibliográficas dizem respeito a obras que julgámos mais fáceis de consultar por parte dos alunos da Pós-Graduação.

Chãs de Semide, Outubro de 2002

LISTA DE SIGLAS E ABREVIATURAS

AAVV – Autores vários
AG – *Die Aktiengesellschaft*
AktG – *Aktiengesetz*
Aufl. – Auflage
BCE – *Boletim de Ciências Económicas*
Bd. – Band
BellJE – *The Bell Journal of Economics*
BFD – *Boletim da Faculdade de Direito da Universidade de Coimbra*
BMJ – *Boletim do Ministério da Justiça*
BusLaw – *The Business Lawyer*
CadMVM – *Cadernos do Mercado de Valores Mobiliários*
CDP – *Cadernos de Direito Privado*
CódMVM – Código do Mercado de Valores Mobiliários
ColumLRev – *Columbia Law Review*
coord. – coordenação
CMVM – Comissão do Mercado de Valores Mobiliários
CSC – Código das Sociedades Comerciais
CVM – Código dos Valores Mobiliários
DDC – *Documentação e Direito Comparado*
DSR – *Direito das Sociedades em Revista*
DVM – *Direito dos Valores Mobiliários*
ed. – Edição
Enc. Dir. – *Enciclopedia del Diritto*
FordLR – *Fordham Law Review*
Her. – *herausgegeben*
HLR – *Harvard Law Review*
JCorpL – *The Journal of Corporation Law*
JEconPer – *Journal of Economic Perspectives*
JFin – *Journal of Finance*
JPIL – *Journal of Private International Law*

JPolEcon	–	*Journal of Political Economy*
MichLR	–	*Michigan Law Review*
OPA	–	Operação Pública de Aquisição
OPT	–	Operação Pública de Troca
OPV	–	Operação Pública de Venda
OUP	–	Oxford University Press
RB	–	*Revista da Banca*
RDS	–	*Revista de Direito das Sociedades*
Riv. Soc.	–	*Rivista delle Società*
RLJ	–	*Revista de Legislação e de Jurisprudência*
ROA	–	Revista da Ordem dos Advogados
StanfLRev	–	*Stanford Law Review*
UChiLRev	–	*Universituy of Chicago Law Review*
UCP	–	Universidade Católica Portuguesa
UPaLR	–	*University of Pennsylvania Law Review*
Vol.	–	Volume
WM	–	Wertpapier-Mitteilung
WpÜG	–	Wertpapiererwerbs- und Übernahmegesetz
YaleLJ	–	*Yale Law Journal*
ZGR	–	*Zeitschrift für Unternehmens- und Gesellschaftsrecht*
ZIP	–	*Zeitschrift für Wirtschaftsrecht*

I
Introdução

1. Os valores mobiliários previstos no CVM

No art. 1º do Código dos Valores Mobiliários (CVM) encontramos uma enumeração de valores mobiliários. São, assim, valores mobiliários, «além de outros que a lei como tal qualifique»: as ações, as obrigações, os títulos de participação, as unidades de participação em instituições de investimento coletivo, os *warrants* autónomos, os direitos destacados de certos valores mobiliários (de ações, obrigações, títulos de participação ou unidades de participação em instituições de investimento coletivo), desde que o destaque abranja toda a emissão ou série ou aquele destaque esteja previsto no ato de emissão e, por fim, outros documentos representativos de situações jurídicas homogéneas, desde que sejam suscetíveis de transmissão em mercado[1].

Os valores mobiliários são considerados instrumentos financeiros (art. 2º, 2, CVM[2]), sendo esta a terminologia que vem ganhando terreno[3], sobre-

[1] Dando como exemplo os certificados de participação, SOUSA RIBEIRO, «Autonomia privada e atipicidade dos valores mobiliários», *DVM*, VI, 2004, p. 303; para uma lista de «candidatos potenciais», ENGRÁCIA ANTUNES, *Os instrumentos financeiros*, 3ª ed., Almedina, Coimbra, 2017, p. 86; sobre os «valores mobiliários híbridos», v. ORLANDO GUINÉ, «O financiamento das sociedades por meio de valores mobiliários híbridos», *I Congresso Direito das Sociedades em Revista*, Almedina, Coimbra, 2011, p. 75 e ss..

[2] Também na redação dada pela L 35/2018, de 20 de julho.

[3] Referindo-se a um «conceito ecuménico» a propósito dos intrumentos financeiros, ENGRÁCIA ANTUNES, *Os instrumentos financeiros*, cit., p. 17 (a p. 33, nt. 39, o autor dá conta de utilizações mais antigas dos termos). Mas a distinção mantém-se. Além disso, justifica-se também pela maior vocação para a negociação e pela distinção entre o papel dos mercados

tudo, desde a Diretiva 93/22/CEE de 10 de maio de 1993[4] (Diretiva dos Serviços de Investimento/Financial Services Directive, ou DSI/ISD) e que se consolidou com a Diretiva 2004/39/CE, de 21 de abril (DMIF *I*)[5]. O art. 4º, 1, 15, e Anexo I, Secção C, da DMIF II, revela um alargamento das realidades abrangidas no que é considerado instrumento financeiro. É o caso, em regra, das licenças de emissão (v. Considerando 11; v. tb. o art. 2º, 1, *e*), *i*) e *g*), e 2, do CVM). Os próprios depósitos estruturados, não sendo vistos como instrumentos financeiros, ficam sujeitos à DMIF II em certos casos (cfr., a propósito, os Considerandos 39 e 40; v. tb. o Anexo I da L 35/2018).

O art. 1º do CVM identifica os valores mobiliários e, por sua vez, o art. 2º, 2, estabelece que as referências feitas naquele Código a instrumentos financeiros abrangem os instrumentos mencionados nas als. *a*) a *g*) do nº 1.

Hoje, não pode falar-se de uma taxatividade dos valores mobiliários[6]. Nem mesmo administrativa. Se podem ser valores mobiliários «outros documentos representativos de situações jurídicas homogéneas, desde que

«primários» e dos mercados «secundários»: sobre isto, v. MAURIZIO ONZA/LUIGI SALAMONE, «D.LG. 24 febbraio 1998, n. 58. Testo Único delle Disposizioni in Materia di Intermediazione Finanziaria», in ENRICO GABRIELLI (dir.), *Commentario del Codice Civile. Artt. 1987-2027*, UTET/Wolters Kluwer, Milanofiori Assago, 2015, p. 555. Na Itália, se os valores mobiliários são considerados pelo art. 1 [2] do *Testo Único delle Disposizioni in Materia di Intermediazione Finanziaria* (TUF) «strumenti finanziari», estes e «ogni altra forma di investimento di natura finanziaria» (salvo os depósitos bancários ou postais não representados por instrumentos financeiros) constituem os «prodotti finanziari» (art. 1 [1] 1. u) do TUF). Mas v., considerando que não podem ser produtos financeiros os «strumenti finanziari» que não podem, por razões estruturais, ser objeto de uma oferta ao público, MAURIZIO ONZA/LUIGI SALAMONE, últ. ob. cit., p. 542. Sobre os *Finanzinstrumente*, na Alemanha, v. o § 2, (4), WpHG; para a França, quanto aos *instruments financiers*, v. o Art. L.211-1 do *Code Monétaire et Financier*.

[4] Para uma enumeração das deficiências, v. DANNY BUSCH/GUIDO FERRARINI, «Who's Afraid of MiFID II? An Introduction», in DANNY BUSCH/GUIDO FERRARINI (ed.), *Regulation of the EU Financial Markets. MiFID II and MiFIR*, Oxford University Press, Oxford, 2017, p. 3-24, a p. 5.

[5] Cfr. o art. 4º, 1, 15, e Anexo I, Secção C, da DMIF I.

[6] Sobre essa taxatividade, PAULO CÂMARA, «Emissão e subscrição de valores mobiliários», *Direito dos valores mobiliários*, Lex, Lisboa, 1997, p. 221 e ss. (embora sob a vigência do Código do Mercado de Valores Mobiliários), e PAULO CÂMARA, *Manual de direito dos valores mobiliários*, 3ª ed., Almedina, Coimbra, 2016, p. 99 e ss.. Sobre a tipicidade não taxativa, DANIELA PASSOS, «O princípio da tipicidade e os valores mobiliários», in MARIA DE FÁTIMA RIBEIRO (org.), *Jornadas sociedades abertas, valores mobiliários e intermediação financeira*, Almedina, Coimbra, 2007, p. 116 e ss..

sejam suscetíveis de transmissão em mercado», a liberdade criativa dos empreendedores conhece poucas restrições. A possibilidade de fazer surgir figuras extremamente complexas e dificilmente compreensíveis pelos investidores (ainda que sofisticados) envolve riscos e a realidade mostrou-o[7].

Na sua redação anterior ao DL 66/2004, o art. 1º do CVM continha um nº 1 e um nº 2. Neste último, estabelecia-se que também podiam ser valores mobiliários os que fossem reconhecidos como tal por regulamento da CMVM ou por aviso do Banco de Portugal. Parecia óbvio que não se podia falar de taxatividade legal. Mas já seria possível falar de taxatividade para se dizer que só seriam valores mobiliários os que fossem assim reconhecidos por lei, por regulamento da CMVM ou por aviso do Banco de Portugal[8].

Quanto aos derivados[9], é certo que no ponto 7 do Preâmbulo do DL 486/99, de 13 de novembro e que aprovou o CVM, pode ler-se que «o Código aplica-se também aos instrumentos financeiros, em particular aos intrumentos financeiros derivados. Daí que a expressão "valor mobiliário" utilizada ao longo do Código signifique ainda "instrumento financeiro", salvo nos títulos que são expressamente excluídos pelo nº 4 do artigo 2». No entanto, este excerto tem uma redação bastante equívoca. Dele não se retira que os termos «valor mobiliário» e «instrumento financeiro» são equivalentes ou que todos os instrumentos financeiros são valores mobiliários. A própria redação do art. 2º, 4, que então estava em vigor revelava que a confusão não era possível: «As disposições dos títulos I e IV a VIII aplicam-se também aos instrumentos financeiros derivados que não sejam valores mobiliários [...]». No entanto, este último preceito dava a entender

[7] Mas v., com uma perspetiva otimista, Paulo Câmara, *Manual de direito dos valores mobiliários*, cit., p. 130 e s..

[8] Sobre o tema, falando de uma tipicidade administrativa, Oliveira Ascensão, «O actual conceito de valor mobiliário», cit., p. 58.

[9] Como os futuros e opções: cfr. os arts. 252º e ss. do CVM. Sobre figuras afins, cfr. Amadeu Ferreira, «Operações de futuros e opções», *Direito dos valores mobiliários*, Lex, Lisboa, 1997, p. 128 e ss.. Sobre os derivados de balcão, v. o Regulamento (UE) 648/2012, de 4 de julho. Quanto aos *swaps*, considerando-os derivados mas questionando, para os EUA, a sua qualificação como *securities* ou como futuros, Willa Gibson, «Are swap agreements securities or futures? The inadequacies of applying the traditional regulatory approach to OTC derivatives transactions», JCorpL, 24, 1999, p. 381 (p. 379-416). Nos EUA, «an investment that is derivative of a security is itself a security»: Thomas Lee Hazen, *Treatise on the law of Securities Regulation*, 7th ed., Vol. 1, Thomson Reuters, St. Paul, 2016, p. 219.

que haveria instrumentos financeiros derivados que seriam valores mobiliários[10].

Oliveira Ascensão afirmava que «mesmo que nos limitemos aos derivados que podem ser negociados em bolsa, não os podemos considerar valores mobiliários sem retirar a esta noção toda a substância. Na verdade, os derivados são basicamente *contratos*, embora padronizados; não representam direitos preexistentes. Por isso não têm emissão»[11]. Mas os *valores mobiliários condicionados por eventos de crédito* têm sido considerados derivados[12]. De qualquer modo, se os valores mobiliários são instrumentos financeiros, daí não decorre que todos os instrumentos financeiros sejam valores mobiliários[13].

[10] Paulo Câmara, *Manual de direito dos valores mobiliários*, cit., p. 163.

[11] Oliveira Ascensão, «O actual conceito de valor mobiliário», *Direito dos valores mobiliários*, III, Coimbra Editora, Coimbra, 2001, p. 47. Considerando que os contratos derivados não se incluem nos valores mobiliários, Paulo Câmara, *Manual de direito dos valores mobiliários*, cit., p. 15. No que diz respeito aos *warrants* autónomos, o art. 2º do DL 172/99, de 20 de maio, na redação dada pelo DL 70/2004, de 25 de março, torna claro que são considerados valores mobiliários: «1 – 'Warrants autónomos' são valores mobiliários que, em relação a um ativo subjacente, conferem algum dos seguintes direitos: a) Direito a subscrever, a adquirir ou a alienar o ativo subjacente, mediante um preço, no prazo e demais condições estabelecidas na deliberação de emissão; *b)* Direito a exigir a diferença entre um valor do ativo subjacente fixado na deliberação de emissão e o preço desse ativo no momento do exercício. 2 – Em condições estabelecidas em regulamento, a Comissão do Mercado de Valores Mobiliários (CMVM) pode permitir que o preço de exercício seja fixado em momento posterior ao determinado no número anterior». Mas nos casos previstos na al. *b)* do art. 2º pode debater-se a a sua qualificação ou não como derivados. Sobre o tema, Amadeu Ferreira, *Direito dos valores mobiliários*, AAFDL, Lisboa, 1997, p. 200 e ss. (mas antes da publicação do DL 172/99), Oliveira Ascensão, «Derivados», *DVM*, IV, Coimbra Editora, Coimbra, 2003, p. 41 ss. (embora também ao abrigo de redação do art. 2º do CVM que já não está em vigor).

[12] V., p. ex., Cristina Sofia Dias, «Certificados, valores mobiliários convertíveis e valores mobiliários condicionados por eventos de crédito: algumas notas comparativas, *CadMVM*, 15, 2002, p. 97-113, p. 104 e ss., e Engrácia Antunes, *Os instrumentos financeiros*, cit., p. 64. Sobre instrumentos financeiros derivados que são valores mobiliários, v. ainda Cristina Sofia Dias, «O Regulamento nº 7/2002 da CMVM: Certificados», *DVM*, V, 2004, p. 192 e ss., Paula Costa e Silva, *Direito dos valores mobiliários. Relatório*, Lisboa, 2005, p. 149.

[13] Importa não confundir os instrumentos financeiros derivados com os valores mobiliários de estrutura derivada: sobre estes últimos, Paulo Câmara, *Manual de direito dos valores mobiliários*, cit., 2016, p. 162 e ss..

É apenas com as ações que nos preocuparemos neste livro. As obrigações, os títulos de participação[14], as unidades de participação em instituições de investimento colectivo[15], os *warrants* autónomos[16], os direitos destacados de certos valores mobiliários (desde que o destaque abranja toda a emissão ou série ou aquele destaque esteja previsto no ato de emissão)[17], os outros documentos representativos de situações jurídicas homogéneas e que sejam suscetíveis de transmissão em mercado, e os outros valores que a lei qualifica como mobiliários, serão tratados noutros volumes.

O CVM regula não apenas os valores mobiliários, mas também os restantes instrumentos financeiros identificados no art. 2º, 1, nos termos do art. 2º, 2. Para além disso, vamos encontrar no CVM uma parte considerável do regime relativo às formas organizadas de negociação de instrumentos financeiros, à liquidação e compensação das operações que lhes dizem respeito, às atividades de intermediação financeira e à supervisão e sancionamento.

Por tudo isso, discute-se se o próprio CVM deveria ter a designação atual ou se deveria antes ser adotada uma outra mais abrangente[18]. Na realidade, no CVM os valores mobiliários mantêm significativa importância quando comparados com os restantes instrumentos financeiros. E isso por uma razão muito simples: quando surgiu o CVM, o seu art. 2º tinha uma redação bem diferente da que ostenta hoje. Se percorrermos o CVM, e para

[14] V., sobre, estes, o DL 321/85, de 5 de agosto, entretanto alterado, PAULO CÂMARA, *Manual de direito dos valores mobiliários*, cit., p. 144, e ANTÓNIO BARRETO MENEZES CORDEIRO, *Manual de direito dos valores mobiliários*, Almedina, Coimbra, 2016, p. 168 e s..

[15] Cfr. a L 16/2015, de 24 de fevereiro, já alterada, PAULO CÂMARA, *Manual de direito dos valores mobiliários*, cit., p. 177 e s., e ANTÓNIO BARRETO MENEZES CORDEIRO, *Manual de direito dos valores mobiliários*, cit., p. 169 e ss..

[16] Cfr. o DL 172/99, de 20 de maio e entretanto alterado, PAULO CÂMARA, *Manual de direito dos valores mobiliários*, cit., p. 168 e ss., e ANTÓNIO BARRETO MENEZES CORDEIRO, *Manual de direito dos valores mobiliários*, cit., p. 171 e ss..

[17] Sobre estas, PAULO CÂMARA, *Manual de direito dos valores mobiliários*, cit., p. 123 e ss., e ANTÓNIO BARRETO MENEZES CORDEIRO, *Manual de direito dos valores mobiliários*, cit., p. 173 e ss..

[18] Sobre a discussão, v., p. ex., AMADEU FERREIRA, «Um Código dos Instrumentos Financeiros? Algumas notas soltas», *Estudos em Homenagem ao Prof. Doutor Carlos Ferreira de Almeida*, Almedina, Coimbra, 2011, p. 701 e ss., ENGRÁCIA ANTUNES, *Instrumentos financeiros*, cit., p. 50 e ss., PAULO CÂMARA, *Manual de direito dos valores mobiliários*, cit., p. 230 e ss., ANTÓNIO BARRETO MENEZES CORDEIRO, *Direito dos valores mobiliários*, I, Almedina, Coimbra, 2015, p. 28 e ss..

além do Título II (arts. 39º-107º), que tem por epígrafe «Valores mobiliários», vemos que muitas das suas disposições estão pensadas para serem aplicadas aos valores mobiliários: é assim no âmbito de preceitos relativos às sociedades abertas, às ofertas públicas, à admissão à negociação.

2. Para uma definição de valor mobiliário

2.1. A ausência de uma definição de *valor mobiliário* no CVM

Em Portugal, a utilização dos termos «valor mobiliário» torna-se mais frequente a partir de meados do séc. XX. No entanto, no início do século XIX já se encontra o uso da expressão quanto aos títulos de crédito negociáveis em bolsa[19].

O Código do Mercado de Valores Mobiliários (ou CódMVM), aprovado pelo DL 142-A/91, de 10 de abril, continha uma definição de valores mobiliários na al. *a)* do nº 1 do art. 3º: «Valores mobiliários – as ações, obrigações, títulos de participação e quaisquer outros valores, seja qual for a sua natureza ou forma de representação, ainda que meramente escritural, emitidos por quaisquer pessoas ou entidades, públicas ou privadas, em conjuntos homogéneos que confiram aos seus titulares direitos idênticos, e legalmente suscetíveis de negociação num mercado organizado». Por sua vez, o nº 2 do referido art. 3º *equiparava* aos valores mobiliários referidos várias outras realidades.

Da al. *a)* do nº 1 do art. 3º do CódMVM parecia retirar-se que os valores mobiliários eram: *a)* valores; *b)* representados; *c)* emitidos por quaisquer pessoas ou entidades, públicas ou privadas; *d)* em conjuntos homogéneos que conferem aos seus titulares direitos idênticos; *e)* legalmente suscetíveis de negociação num mercado organizado. Porém, mesmo estas notas não operavam sempre no próprio CódMVM[20]. E até se podia discutir se as ações, obrigações e títulos de participação eram considerados valores mobiliários só por serem ações, obrigações e títulos de participação. Isto é, poderia discutir-se se tais valores mobiliários só o eram se: *b)* estavam representados; *c)* foram emitidos por quaisquer pessoas ou entidades, públicas

[19] Cfr., sobre a consagração dos referidos termos, Amadeu Ferreira, *Valores mobiliários escriturais*, Almedina, Coimbra, 1997, p. 25, em texto e na nota 37, com ensinamentos que recolhemos no texto. Sobre as «origens francesas» dos termos, A. Barreto Menezes Cordeiro, *Manual de direito dos valores mobiliários*, cit., p. 22.

[20] Bastava ver o nº 5 do art. 666º, de que resultava que «os valores mobiliários a considerar para os efeitos deste artigo» eram os agora ali indicados.

ou privadas; *d)* em conjuntos homogéneos que conferem aos seus titulares direitos idênticos; *e)* e eram legalmente suscetíveis de negociação num mercado organizado.

No atual CVM não encontramos uma definição de valores mobiliários. O que não deixa de ser curioso porque, como vimos, o CódMVM, que era um Código que tinha o seu núcleo no mercado de valores mobiliários, dava aquela definição; o CVM, que tem no centro os valores mobiliários e não os mercados em que os mesmos podem ser transacionados, não a dá. Com efeito, o art. 1º do CVM contém apenas uma enumeração exemplificativa de valores mobiliários. A própria al. *g)* «não contém uma definição de valor mobiliário, de validade universal»[21].

Ficam, assim, várias perguntas no ar. Valor mobiliário é o direito ou posição jurídica, ou é antes a respetiva representação? Ou nem uma coisa nem outra? A dúvida justifica-se porque é a própria al. *g)* do art. 1º do CVM que a ela conduz, nela se fazendo referência a «outros documentos representativos». E quanto à emissão de valores mobiliários, quem a pode fazer? Essa emissão tem ou não que ser feita sempre em conjuntos homogéneos? Só na al. *g)* referida surge a menção à homogeneidade. Além disso, será correto, hoje em dia, dizer-se que os valores mobiliários são sempre suscetíveis de negociação em mercado organizado? Ainda que o seja, deveremos partir de uma apreciação em abstrato ou em concreto?

2.2. O direito da União Europeia

No direito da União Europeia, também não encontramos grande ajuda[22]. É certo que os termos «valor mobiliário» eram e são usados com alguma frequência. Vejam-se, entre outros textos, a Recomendação 77/534, de 27/7, relativa ao Código de Conduta Europeu a observar nas transacções sobre valores mobiliários[23], a Diretiva 2001/34/CE, de 28 de maio (sucessivamente alterada), relativa à admissão de valores mobiliários à cotação oficial de uma bolsa de valores e à informação a publicar sobre esses valores,

[21] Sousa Ribeiro, «Autonomia privada e atipicidade dos valores mobiliários», DVM, VI, 2004, p. 300.

[22] Queixando-se do mesmo, Paulo Câmara, *Manual de direito dos valores mobiliários*, cit., p. 96; afirmando que «não encontramos em nenhum diploma comunitário uma definição que se aproxime, em termos de densidade ou de pormenor, da prevista na alínea *g)* do artigo 1º», A. Barreto Menezes Cordeiro, *Manual de direito dos valores mobiliários*, cit., p. 130 e s..

[23] JO, L 212, de 20/08/1977, p. 37 e ss.

a revogada Diretiva 2003/6/CE, de 28 de janeiro[24], sobre abuso de informação privilegiada e manipulação de mercado, a igualmente revogada Diretiva 2003/71/CE, de 4 de novembro (ou 2ª Diretiva do Prospeto)[25], a revogada Diretiva 2004/39/CE, de 21 de abril[26] (DMIF I, que impunha o conceito de instrumento financeiro e revogava a Diretiva 93/22 CEE ou DSI), a Diretiva 2014/65, de 15 de maio (DMIF II)[27], ou a Diretiva 2004/109, de 15 de dezembro (Diretiva da Transparência, entretanto alterada[28]).

[24] Foi revogada pelo Regulamento 596/2014, do Parlamento Europeu e do Conselho, de 16 de abril de 2014.

[25] Entretanto revogada pelo Regulamento (UE) 2017/1129 do Parlamento Europeu e do Conselho de 14 de junho de 2017, embora em regra apenas com efeitos a partir de 21 de julho de 2019, salvo quanto aos arts. 1º, 2, *h)*, 3º, 2, primeiro parágrafo, al. *e)*, e 4º, 2, *a)* e *g)* (v. art. 46º, 1).

[26] Cfr. o art. 4º, 18: ««Valores mobiliários»: as categorias de valores que são negociáveis no mercado de capitais, com exceção dos meios de pagamento, como por exemplo: *a)* Ações de sociedades e outros valores equivalentes a acções de sociedades, de sociedades de responsabilidade ilimitada (partnership) ou de outras entidades, bem como certificados de depósito de ações; *b)* Obrigações ou outras formas de dívida titularizada, incluindo certificados de depósito desses títulos; *c)* Quaisquer outros valores que confiram o direito à compra ou venda desses valores mobiliários ou que dêem origem a uma liquidação em dinheiro, determinada por referência a valores mobiliários, divisas, taxas de juro ou de rendimento, mercadorias ou outros índices ou indicadores».

[27] No art. 4º, 1, 44), da Diretiva 2014/65, ou DMIF II, lê-se o seguinte: ««Valores mobiliários»: as categorias de valores que são negociáveis no mercado de capitais, com exceção dos meios de pagamento, como por exemplo: *a)* Ações de sociedades e outros valores equivalentes a ações de sociedades, de sociedades de responsabilidade ilimitada (partnership) ou de outras entidades, bem como certificados de depósito de ações; *b)* Obrigações ou outras formas de dívida titularizada, incluindo certificados de depósito desses títulos; *c)* Quaisquer outros valores que confiram o direito à compra ou venda desses valores mobiliários ou que deem origem a uma liquidação em dinheiro, determinada por referência a valores mobiliários, divisas, taxas de juro ou de rendimento, mercadorias ou outros índices ou indicadores». Sobre as fraquezas reveladas pela DMIF I durante a crise financeira recente quanto à proteção dos investidores e do funcionamento e transparência dos mercados financeiros, fraquezas essas que conduziram à sua substituição pela DMIF II, DANNY BUSCH/GUIDO FERRARINI, «Who's Afraid of MiFID II? An Introduction», cit., p. 5.

[28] Sobre ela, v., entre nós, CELINA CARRIGY/CRISTINA DIAS, «A directiva da transparência», *CadMVM*, 25, 2006, dezembro, p. 79-93, HUGO MOREDO SANTOS, *Transparência, OPA obrigatória e imputação de direitos de voto*, Almedina, Coimbra, 2011, p. 71 e ss.. A última alteração teve lugar através da Diretiva 2013/50 do Parlamento Europeu e do Conselho de 22 de outubro de 2013, conhecida como Diretiva da Transparência II. Sobre esta, BRUNO FERREIRA, «A transposição da Diretiva da Transparência II», in PAULO CÂMARA (coord.), *O Novo Direito dos Valores Mobiliários*, Almedina, Coimbra, 2017, p. 43-50.

Neles não encontramos uma noção unitária de valor mobiliário que seja transponível para a análise do CVM.

No entanto, a exigência de negociabilidade aparecia no art. 4º, 1, da Diretiva 2003/71/CE (2ª Diretiva do Prospeto), como aparece no art. 2º, *a)*, do Regulamento 2017/1129[29] (que revoga a 2ª Diretiva do Prospeto; v. art. 46º) e a de negociabilidade no mercado de capitais surgia no art. 4º, 1, 18), da DMIF I, bem como no art. 4º, 1, 44), da DMIF II.

O Regulamento 596/2014 (do Parlamento Europeu e do Conselho, de 16 de abril de 2014, relativo ao abuso de mercado, ou MAR[30], que revoga a Diretiva 2003/6/CE) já apresenta os valores mobiliários como sendo «i) ações e outros valores mobiliários equivalentes a ações, *ii)* obrigações ou outras formas de títulos de dívida, ou *iii)* títulos de dívida convertíveis ou passíveis de troca por ações ou por outros valores mobiliários equivalentes a ações». Mas isto «para efeitos do artigo 5º».

2.3. Algumas propostas da doutrina

Ainda sem ter em conta a atual redação do art. 1º do CVM, Oliveira Ascensão considerava valores mobiliários os «direitos representados, integrados em categorias de idêntico conteúdo, de modo a permitir a negociação em massa, que sejam de tipo previsto por lei ou admitido pela entidade de supervisão»[31]. Posteriormente[32], já perante a redação vigente do art. 1º do CVM, Oliveira Ascensão passou a fazer a distinção entre um «conceito amplo de valor mobiliário, que é o constante do art. 1, e um conceito restrito, que abrange de entre as figuras contempladas apenas as representativas de situações jurídicas homogéneas susceptíveis de transmissão em mercado». Oliveira Ascensão apresenta primeiro uma noção «funcio-

[29] Sobre a sua aplicação, v. o art. 49º. Quanto aos trabalhos preparatórios, ORLANDO VOGLER GUINÉ, «O Novo Regulamento Europeu sobre Prospetos», in PAULO CÂMARA (coord.), *O Novo Direito dos Valores Mobiliários*, cit., p. 51 e ss..

[30] V., sobre o Regulamento, FREDERICO DE LACERDA DA COSTA PINTO, «O novo regime europeu do abuso de mercado e a adaptação do sistema sancionatório nacional», AAVV, *O Novo Direito dos Valores Mobiliários*, cit., p. 33-42. V. tb. a Diretiva 2014/57/UE do Parlamento Europeu e do Conselho, de 16 de abril de 2014 , relativa às sanções penais aplicáveis ao abuso de informação privilegiada e à manipulação de mercado (abuso de mercado), transposta pela Lei 28/2017, de 30 de maio.

[31] OLIVEIRA ASCENSÃO, «O actual conceito de valor mobiliário», cit., p. 60

[32] OLIVEIRA ASCENSÃO, «O novíssimo conceito de valor mobiliário», *DVM*, VI, Coimbra Editora, Coimbra, 2006, p. 155.

nal» («instrumento financeiro negociável em mercado de capitais»[33]), que depois completa: «valores mobiliários, no sentido restrito de valores negociáveis em mercado de capitais, são instrumentos financeiros, representativos de situações jurídicas homogéneas e autónomas, com exceção dos instrumentos monetários, que podem ser transaccionados como meras quantidades dentro da respectiva categoria»[34].

Por sua vez, Engrácia Antunes considera que são valores mobiliários «os instrumentos financeiros representados num título ou registo em conta, que consubstanciam posições jurídicas homogéneas e fungíveis e que são susceptíveis de negociação em mercado organizado»[35].

Paulo Câmara apresenta-nos o seu «conceito» de valor mobiliário nos seguintes termos: «a posição jurídica fungível representada ligada em termos causais a uma operação coletiva de investimento e suscetível de negociação em mercado»[36].

Nenhuma das propostas nos satisfaz perante os dados que o CVM nos fornece.

2.4. A nossa proposta

A definição de valor mobiliário não pode ser apresentada ou lida sem as devidas cautelas[37]. É que o art. 1º do CVM começa precisamente por dizer que são valores mobiliários os que ali surgem referidos e, além deles, os que como tal a lei qualifique. E, por isso, *qualquer definição estará dependente do que a lei qualificar como valor mobiliário.*

[33] Oliveira Ascensão, «O novíssimo conceito de valor mobiliário», cit., p. 160.

[34] Oliveira Ascensão, «O novíssimo conceito de valor mobiliário», cit., p. 162.

[35] Engrácia Antunes, *Os instrumentos financeiros*, cit., p. 73.

[36] *Manual de direito dos valores mobiliários*, cit., p. 110.

[37] A questão tem sobretudo interesse porque atrás da qualificação vem um regime. Nos EUA, também se discute o que deve entender-se por *securities*. Para as dúvidas contribuem as diferenças entre o UCC (§ 8-102 (5)), a *Securities Act* de 1933 e a *Securities and Exchange Act* de 1934. Sobre o tema, desenvolvidamente, Thomas Lee Hazen, *Treatise on the law of Securities Regulation*, 7th ed., Vol. 1, Thomson Reuters, St. Paul, 2016, p. 116 e ss., para quem «the broadly drafter statutory definition has continued to give the courts problems in providing predictable guidelines». No entanto, considera que «it is clear that corporate stock is a security» (p. 192) e, por outro lado, que «there is a strong presumption that stock options are securities» (p. 198). Para a Itália, Luigi Salamone, *Unità e molteplicità della nozione di valore mobiliare*, Giuffrè, Milano, 1995, afirmava que um «concetto unitario del valore mobiliare mortifica, oggigiorno, la conoscenza dei diversi bisogni (socio-economici) di protezione».

No que diz respeito aos valores mobiliários mencionados no art. 1º do CVM, sugerimos a seguinte definição[38]: instrumentos financeiros que consistem em direitos ou posições jurídicas[39], representados por documentos em papel ou por registos em conta[40], integrados em conjuntos homogéneos[41] e obedecendo a regras próprias de transmissão.

O valor mobiliário não é apenas a representação: não é o papel, no caso dos valores mobiliários titulados, nem é o registo em conta relativamente aos valores mobiliários escriturais. O valor mobiliário é o direito ou posição jurídica representados, quando e enquanto estiverem representados[42].

O valor mobiliário é um direito ou posição porque existem valores mobiliarios em que não estão apenas representados direitos: é o que se passa com as ações, uma vez que a participação social do sócio não é composta apenas por direitos.

Na definição apresentada é dito que os valores mobiliários são direitos ou posições jurídicas integrados em conjuntos homogéneos porque a al. *g)* do art. 1º do CVM mostra que essa exigência valerá para todos os valores mobiliários previstos nas alíneas anteriores. Com efeito, a palavra «outros»,

[38] Como ensina Mário Reis Marques, *Introdução ao direito*, I, 2ª ed., Almedina, Coimbra, 2007, p. 393, «no uso antigo a palavra *definitio* já tinha o sentido de determinação, de delimitação. A partícula *de (+finir)* significa intensidade, muito (estabelecer muito bem)». Com a definição procura-se explicar o «significado de uma palavra ou de um enunciado»: Teixeira de Sousa, *Introdução ao direito*, Almedina, Coimbra, 2012, p. 230.

[39] Cfr. Osório de Castro, *Valores mobiliários. Conceito e espécies*, 2ª ed., Universidade Católica, Porto, 1998, p. 66.

[40] Considerando que o «documento (...) é apenas parte do respetivo valor mobiliário», António Barreto Menezes Cordeiro, *Direito dos valores mobiliários*, I, cit., p. 226.

[41] Exigindo a homogeneidade das situações jurídicas representadas, Paulo Câmara, *Manual de direito dos valores mobiliários*, cit., p. 107, António Barreto Menezes Cordeiro, *Manual de direito dos valores mobiliários*, cit., p. 135. A homogeneidade facilita, evidentemente, a negociação em massa. Referindo a fungibilidade dentro da categoria, Oliveira Ascensão, «O novíssimo conceito de valor mobiliário», cit., p. 150. No entanto, o art. 204º, 1, *a)*, do CVM mostra que os valores mobiliários podem não ser fungíveis em concreto. Defendendo que a homogeneidade e fungibilidade são asseguradas pela possibilidade de emissão em séries, que, juntamente com o reduzido montante representado em cada valor mobiliário, facilitam a circulação mais veloz e em larga escala da riqueza, Alessio Bartolacelli, *La partecipazione non azionaria nella S.P.A. Gli strumenti finanziari partecipativi*, Giuffrè, Milano, 2012, p. 70. A propósito da integração em «conjuntos», sempre se poderia perguntar se a exigência vale para a anónima unipessoal.

[42] Considerando que os *warrants* autónomos são «opções representadas como valores mobiliários», Oliveira Ascensão, «Derivados», cit., p. 48.

embora usada a propósito dos *documentos*, parece estabelecer essa ligação: outros, para além dos anteriores.

A integração em conjuntos homogéneos mostra que os valores mobiliários não se confundem com os títulos de crédito na medida em que há títulos de crédito que não preenchem esse requisito. Além disso, a representação do valor mobiliário pode ser realizada através de documento em papel (o título) ou de registo em conta. E na nossa opinião um registo em conta não é um título de crédito. Por outro lado ainda, o valor mobiliário é o direito ou posição jurídica representados: não a representação. Mas o título de crédito é o documento.

Os valores mobiliários abrangidos pelo art. 1º do CVM obedecem a regras próprias de transmissão: especialmente, as que resultam dos arts. 80º, 1, 102º e 105º do CVM. Para se falar de valor mobiliário à luz do CVM, não nos parece de exigir que as regras de transmissão aplicáveis devam tornar possível, em abstrato[43], a sua negociação em massa[44]. O art. 204º, 1[45], do CVM mostra que nem todos os valores mobiliários podem ser objeto de negociação organizada. E se apenas os valores mobiliários fungíveis podem ser objeto de negociação organizada, é porque também podem existir valores mobiliários não fungíveis.

Não incluímos na definição a exigência de que os valores mobiliários sejam suscetíveis de negociação em mercado ou em mercado organizado[46].

[43] Mas v. AMADEU FERREIRA, *Valores mobiliários escriturais*, cit., p. 47, PAULO CÂMARA, *Manual de direito dos valores mobiliários*, cit., p. 109, e ENGRÁCIA ANTUNES, *Os instrumentos financeiros*, cit., p. 73 (embora também defenda, a p. 83, nt. 165, que as ações sujeitas a limites estatutários quanto à sua transmissibilidade ainda serão valores mobiliários «atento a que, a todo o tempo e por mera decisão dos sócios, podem recuperar a sua livre circulabilidade primordial).

[44] OLIVEIRA ASCENSÃO, «O actual conceito de valor mobiliário», cit., p. 60, como vimos, incluía esta nota no conceito que elaborava. Negociação em massa não significa, necessariamente, negociação em mercado organizado. Sublinhando a «profunda vocação circulatória» dos valores mobiliários e o seu «regime transmissivo próprio», PAULO CÂMARA, *Manual de direito dos valores mobiliários*, cit., p. 15.

[45] Também na redação dada pela L 35/2018.

[46] Considerando que a ação que não é negociável em bolsa não é valor mobiliário, ANTÓNIO BARRETO MENEZES CORDEIRO, *Manual de direito dos valores mobiliários*, cit., p. 136. PAULA COSTA E SILVA, *Direito dos valores mobiliários. Relatório*, Lisboa, 2005, p. 151, defendia que «as acções só são valores mobiliários quando sejam emitidas em massa e destinadas à circulação também ela massificada», embora acrescentasse que «porque as acções são efectivamente emitidas tipicamente nestas circunstâncias, elas são, regra geral, valores mobiliários». Já

Com efeito, é na al. *g)* do art. 1º do CVM que se torna necessário o cumprimento dessa exigência quanto aos «outros documentos representativos de situações jurídicas homogéneas», *o que bem se compreende para limitar a possibilidade de criação de valores mobiliários atípicos*. Além disso, se lermos com atenção o art. 204º do CVM verificamos que está ali subjacente a distinção entre valores mobiliários suscetíveis de negociação organizada e os restantes valores mobiliários. E a negociação organizada de instrumentos financeiros admitida pelo art. 198º, 1, é a que tem lugar através das seguintes formas: mercados regulamentados; sistemas de negociação multilateral, sistemas de negociação organizados e internalização sistemática[47].

Mesmo a inclusão de uma referência à negociabilidade, *em abstrato*, em mercado conduziria a dúvidas atendendo ao disposto na al. *g)* do art. 1º do CVM. A exigência de negociabilidade no mercado de capitais resultava do art. 4º, 1, 18), da DMIF I, mas... «Para os efeitos da presente diretiva». O mesmo se retira do art. 4º, 1, 44), da DMIF II.

De qualquer modo, teria sido melhor que o art. 1º do CVM esclarecesse ao menos este concreto ponto. O art. 1 [1-bis] do *Testo Único delle disposizioni in materia di intermediazione finanziaria* (D.LG. 24 febbraio 1998, N. 58), começa por dispor que «Per "valori mobiliari" si intendono categorie di valori che possono essere negoziati nel mercato di capitali, quali ad esempio: *a)* le azioni di società [...]».

Também não foi incluída na definição a exigência de *fungibilidade*[48]. E isto porque, se o art. 204º, 1, *a)*, mostra que só os valores mobiliários fungíveis podem ser objeto de negociação organizada, também revela que não está afastada a existência de valores mobiliários não fungíveis.

3. Algumas fontes do direito dos valores mobiliários

O direito dos valores mobiliários está disperso por fontes de natureza muito diversa. Sem querermos ser exaustivos e procurando selecionar os textos

RUTE SARAIVA, *Direito dos mercados* financeiros, AAFDL, Lisboa, 2015, p. 115, apenas considera necessário que os valores mobiliários possam ser transacionados («por exemplo em bolsa»). CAROLINA CUNHA, *Letras e livranças: paradignams actuais e recompreensão de um regime*, Almedina, Coimbra, 2012, p. 443, afirma que «é quase intuitiva, no sentido de histórico-culturalmente sedimentada, a associação dos valores mobiliários à *circulação em mercados específicos*».

[47] Como veremos, nos sistemas de negociação organizados não são negociadas ações.

[48] Mas v., considerando que os valores mobiliários consubstanciam posições jurídicas homogéneas e fungíveis, ENGRÁCIA ANTUNES, *Os instrumentos financeiros*, cit., p. 73.

que maior utilidade têm para os temas que iremos tratar, não podemos deixar de mencionar, em primeiro lugar, a própria Constituição da República Portuguesa, na medida em que nela se trata do sistema financeiro (v. o Título IV da Parte II).

Num plano infraconstitucional, justificam uma especial referência[49] o Código dos Valores Mobiliários (CVM), o Código das Sociedades Comerciais, o Código Comercial, e bem assim os regimes dos *Warrants* autónomos (DL 172/99, de 20 de maio, com alterações), da Titularização de Créditos (DL 453/99, de 5 de novembro), das Obrigações Hipotecárias (DL 59/2006, de 20 de março), das Obrigações de Caixa (DL 408/91, de 17 de outubro, com alterações), do Papel Comercial (DL 69/2004, de 25 de março, com alterações[50]), dos Bilhetes do Tesouro (DL 279/98, de 17 de setembro, já alterado) e das Obrigações do Tesouro (DL 280/98, de 17 de setembro).

Quanto aos regimes a que estão sujeitas as instituições que desenvolvem atividade relacionada com os valores mobiliários, merecem particular menção o Estatuto da Comissão do Mercado de Valores Mobiliários (v. o DL 5/2015, de 8 de janeiro, mas já alterado), o Regime Geral das Instituições de Crédito e das Sociedade Financeiras (aprovado pelo DL 298/92, de 31 de dezembro, e muitas vezes alterado), o regime de constituição e funcionamento das entidades gestoras de mercados e sistemas (cfr. o DL 357-C/2007, de 31 de outubro, entretanto alterado), o regime das contrapartes centrais (para além do CVM, interessam aqui especialmente o Regulamento UE 648/2012, de 4 de julho, ou EMIR, já alterado, e o DL 40/2014, de 18 de março, também já alterado), o regime dos Organismos de Investimento Coletivo (L 16/2015, de 24 de fevereiro, já alterada), a L 18/2015, de 4 de março (já alterada), o regime das sociedades corretoras e de sociedades financeiras de corretagem (v. o DL 262/2001, de 28 de setembro, entretanto alterado), o regime das sociedades de consultoria para investimento (DL 357-B/2007, de 31 de outubro, com alterações), das sociedades gestoras de patrimónios (cfr. o DL 163/94, de 4 de junho,

[49] Para listas mais exaustivas, v., p. ex., http://www.ministeriopublico.pt/iframe/pesquisar, ou António Barreto Menezes Cordeiro, *Direito dos valores mobiliários*, I, cit., p. 144 e ss..

[50] O DL 77/2017, de 30 de junho, alterou recentemente o DL 69/2004 aditando-lhe um art. 11º-A que cria «um novo tipo de valor mobiliário representativo de dívida de curto prazo: os certificados de dívida de curto prazo» (Preâmbulo). No referido DL surge também o regime das SIMFE (Sociedades de Investimento Mobiliário para Fomento da Economia).

e suas alterações) e das Centrais de Valores Mobiliários (CSD's), constante do Anexo III à L 35/2018.

No que diz respeito ao Direito Comunitário/da União Europeia, já foram mencionados vários textos importantes: relembramos a Diretiva 2001/34/CE, relativa à admissão de valores mobiliários à cotação oficial de uma bolsa de valores e à informação a publicar sobre esses valores, o Regulamento 596/2014 «relativo ao abuso de mercado», a Diretiva 2014/57 «relativa às sanções penais aplicáveis ao abuso de informação privilegiada e à manipulação de mercado»[51], o Regulamento 2017/1129 (que revoga a Diretiva do Prospeto – v. art. 46º), a DMIF II[52] e a Diretiva da Transparência. Uma menção é também devida à Diretiva 98/26/CE, de 19 de maio, relativa ao caráter definitivo da liquidação nos sistemas de pagamento e de liquidação de valores mobiliários (com alterações), à Diretiva 2011/61/EU sobre fundos de investimento alternativos (já alterada), e aos Regulamentos 1095/2010, de 24 de novembro (várias vezes alterado), que criou a Autoridade Europeia dos Valores Mobiliários e dos Mercados (ou ESMA), 648/2012, de 4 de julho de 2012, relativo aos derivados do mercado de balcão, contrapartes centrais e repositórios de transações (e várias vezes alterado), 600/2014, de 15 de maio, relativo aos mercados de instrumentos financeiros (alterado recentemente pelo Regulamento (UE) 2016/1033[53]), e 909/2014 relativo à melhoria da liquidação de valores mobiliários na União Europeia e às Centrais de Valores Mobiliários (com retificação de 21 de dezembro de 2016 e também alterado pelo Regulamento (UE) 2016/1033[54]). Refiram-se ainda a Diretiva 2004/25/CE (Diretiva das OPA, já alterada) e a Diretiva

[51] A Diretiva 2014/57 foi transposta pela Lei 28/2017, de 30 de maio, que também adaptou o direito português ao Regulamento 596/2014.

[52] Cfr. tb. os Regulamentos Delegados e de Execução entretanto publicados, bem como a Diretiva Delegada 2017/593 (proteção dos instrumentos financeiros e dos fundos pertencentes a clientes, obrigações em matéria de governação dos produtos e regras aplicáveis ao pagamento ou receção de remunerações, comissões ou quaisquer benefícios monetários ou não monetários).

[53] Cfr. tb. os Regulamentos Delegados.

[54] Sobre o Regulamento 909/2014, v. Eddy Wymeersch, «22. Shadow Banking and the Functioning of Financial Markets», in Danny Busch/Guido Ferrarini (ed.), *Regulation of the EU Financial Markets. MiFID II and* MiFIR, cit., p. 613-657, a p. 642 e ss.. Cfr. tb. o respetivo art. 76º sobre a entrada em vigor e aplicação, bem como os Regulamentos Delegados e de Execução.

dos Direitos dos Acionistas (Diretiva 2007/36/CE, de 11 de julho[55]), alterada pela Diretiva 2014/59 e, mais recentemente, pela Diretiva 2017/828.

O CVM deixou aberto um vasto espaço para a intervenção regulamentadora da CMVM e das próprias entidades gestoras de mercados regulamentados, de sistemas centralizados e de sistemas de liquidação. A título meramente exemplificativo, vejam-se, do CVM, o nº 2 do art. 5º, o nº 1 do art. 34º, o nº 2 do art. 59º, o art. 60º, o nº 1 do art. 89º, o art. 201º[56] e ainda a al. *b)* do nº 1 do art. 269º. De acordo com o art. 369º, 5, CVM, os «regulamentos da CMVM que apenas visem regular procedimentos de caráter interno de uma ou mais categorias de entidades denominam-se instruções [...]». A CMVM pode ainda emitir recomendações e pareceres, nos termos do art. 370º CVM.

Há igualmente que contar, em especial, com a intervenção do Governo através de portarias (v., p. ex., os arts. 59º, 1, 207º, 3[57], 217º e 352º, 2[58]) ou do Banco de Portugal através de avisos.

4. A determinação do direito aplicável (em especial, aos valores mobiliários)

O regime jurídico das ações enquanto valores mobiliários consta, em parte significativa, do CVM. Mas a profunda internacionalização dos mercados dá ainda maior importância às normas que determinam que direito é aplicável aos valores mobiliários.

No CVM o art. 3º, 1, considera normas de aplicação imediata as normas imperativas[59] daquele Código «se, e na medida em que, as situações, as atividades e os atos a que se referem tenham conexão relevante com o território português». Tais normas aplicam-se independentemente «do direito que a

[55] Sobre ela, v., p. ex., Paula Costa e Silva, «O conceito de acionista e o sistema de record date», *DVM*, VIII, 2008, p. 447-460, Dirk Zetschke, «Virtual Shareholder Meetings and the European Shareholder Rihts Directive – Challenges and Opportunities», *DVM*, VIII, 2008, p. 473-540, António Menezes Cordeiro, «Novas regras sobre assembleias grais: a reforma de 2010», *RDS*, II, 2010, p. 11-33.

[56] Alterada pela Lei 35/2018.

[57] Alterada pela Lei 35/2018.

[58] Alterada pela Lei 35/2018.

[59] De «normas internacionalmente imperativas» nos fala Maria Helena Brito, «Sobre a aplicação no espaço do novo Código dos Valores Mobiliários», *DVM*, IV, Coimbra Editora, Coimbra, 2003, p. 106; no mesmo sentido, Dário Moura Vicente, «Ofertas públicas de aquisição internacionais», *DVM*, VII, 2007, p. 487 e ss., a p. 490.

outro título seja aplicável». O nº 2 do mesmo art. 3º considera que têm conexão relevante com o território português as «ordens dirigidas a membros de mercados regulamentados ou de sistemas de negociação multilateral ou organizado registados na Comissão de Mercado de Valores Mobiliários (CMVM) e as operações realizadas nesses mercados ou sistemas» (al. *a)*)[60], as «atividades desenvolvidas e os atos realizados em Portugal» (al. *b)*) e a «difusão de informações acessíveis em Portugal que digam respeito a situações, a atividades ou a atos regulados pelo direito português» (al. *c)*). A enumeração é exemplificativa («designadamente», diz a lei).

Quanto ao direito aplicável aos valores mobiliários, dos arts. 39º a 42º do CVM retira-se que:

a) a *lei pessoal do emitente de valores mobiliários* regula:
- a *capacidade para a emissão* de valores mobiliários (art. 39º);
- a *forma de representação* dos valores mobiliários (art. 39º);
- em regra, o *conteúdo* dos valores mobiliários, mas já não sendo assim no que diz respeito a *obrigações* e a outros *valores mobiliários representativos de dívida* se constar do registo da emissão que é outro o direito aplicável; a aplicação da lei pessoal do emitente dos valores mobiliários diz também respeito ao conteúdo dos *valores mobiliários que conferem direito à subscrição, aquisição e alienação de outros valores mobiliários* (embora, neste caso, também se aplique a *lei pessoal do emitente dos valores mobiliários a subscrever, adquirir ou alienar* – art. 40º, 2[61]);
- a *transmissão de direitos* e a *constituição de garantias* sobre valores mobiliários que não estejam integrados em sistema centralizado, ou que não estejam registados ou depositados (art. 41º, *c)*)[62];

[60] A redação foi alterada pela Lei 35/2018..

[61] Mas v., parecendo eliminar a palavra «também», António Barreto Menezes Cordeiro, *Direito dos valores mobiliários*, I, cit., p. 86. Sobre a aplicação cumulativa referida no texto, diz Maria Helena Brito, «Sobre a aplicação no espaço do novo Código dos Valores Mobiliários», cit., p. 98, que se tem «em vista evitar o risco de que o direito conferido por certos valores mobiliários (ao abrigo da lei pessoal do respectivo emitente) não possa ser efectivado perante a ordem jurídica reguladora dos valores mobiliários a cuja subscrição, aquisição ou alienação os primeiros conferem direito».

[62] Invocando esta norma e o art. 41º, 1, *b)*, para mostrar que o *trust* quanto a valores mobiliários tem de ser admitido entre nós nas situações em causa, Osório de Castro, «A imputação de direitos de voto no Código dos Valores Mobiliários», *CadMVM*, 7, abril, 2000, p. 161 e ss., a p. 171

b) o *direito do Estado onde se situa o estabelecimento da entidade gestora de sistema centralizado* regula: a *transmissão de direitos* e a *constituição de garantias* sobre os valores mobiliários integrados nesse sistema centralizado (art. 41º, *a)*);

c) o *direito do Estado em que se situa o estabelecimento onde estão registados ou depositados valores mobiliários* não integrados em sistema centralizado regula: a *transmissão de direitos* e a *constituição de garantias* sobre os valores mobiliários depositados ou registados nesse estabelecimento (art. 41º, *b)*)[63].

No art. 42º do CVM excluiu-se ainda o reenvio, pois a designação de um direito estrangeiro pelas normas dos arts. 39º-41º não abrange as normas de direito internacional privado desse outro direito: só abrange as normas de direito material.

Refira-se ainda que, de acordo com o art. 43º, 2, CVM, as «disposições sobre o registo de emissão de valores mobiliários aplicam-se aos valores mobiliários emitidos por entidade cuja lei pessoal seja a lei portuguesa».

Atendendo às menções que no CVM se fazem à lei pessoal do emitente dos valores mobiliários, e como o emitente das ações será uma sociedade, é necessário determinar qual seja aquela lei. Sobre isto, estabelece o nº 1 do art. 3º do CSC o seguinte: «As sociedades comerciais têm como lei pessoal a lei do Estado onde se encontre situada a sede principal e efetiva da sua administração. A sociedade que tenha em Portugal a sede estatutária não pode, contudo, opor a terceiros a sua sujeição a lei diferente da lei portuguesa». No entanto, este preceito deve ser lido tendo em conta a jurisprudência do TJUE (e, em particular, os Acórdãos Daily Mail, Centros, Überseering, Inspire Art, Cartesio e Vale)[64].

[63] Sobre as dificuldades que este preceito coloca, v. Maria Helena Brito, «Sobre a aplicação no espaço do novo Código dos Valores Mobiliários», cit., p. 100 e s.. A autora defende que se tenha em conta o momento em que é discutido e dirimido o litígio entre as partes, mas tal solução parece estranha tratando-se de apreciar a transmissão de direitos ou a constituição de garantias sobre valores mobiliários. Para uma comparação entre as soluções do CVM e as contidas na Convenção da Haia sobre a lei aplicável a certos direitos respeitantes a valores mobiliários depositados num intermediário, v. Maria Helena Brito, «A Convenção da Haia sobre valores mobiliários depositados num intermediário», *DVM*, V, 2004, p. 91 e ss., a p. 123 e ss..

[64] Sobre o tema, com muitas referências, Rui Pereira Dias, «Artigo 3º», in J. M. Coutinho de Abreu (coord.), *Código das Sociedades Comerciais em comentário*, I, 2ª ed., Almedina, Coimbra, 2017, p. 75 e ss.

No CVM existem outras normas que tratam do direito aplicável. Desde logo, no que diz respeito a ofertas públicas é necessário contar com o art. 108º. Quanto aos sistemas de liquidação, duas normas devem ser mencionadas: os arts. 284º, 4, e 285º. O primeiro preocupa-se com a determinação dos direitos dos beneficiários das garantias ali previstas em caso de abertura de processo de insolvência, recuperação de empresas ou de saneamento da entidade garante. Se os instrumentos financeiros objeto de garantia de acordo com o previsto no art. 284º «estiverem registados ou depositados em sistema centralizado situado ou a funcionar num Estado membro», aquela determinação «rege-se pela legislação desse Estado membro, desde que a garantia tenha sido registada no mesmo sistema centralizado»[65]. Por sua vez, o art. 285º trata dos casos em que é aberto um processo de insolvência, recuperação ou saneamento de um participante no sistema de liquidação. Quando tal se verifique, «os direitos e obrigações decorrentes dessa participação ou a ela associados regem-se pelo direito aplicável ao sistema»[66].

Resulta ainda do art. 321º, 5, que, relativamente aos contratos de intermediação celebrados com investidores não qualificados residentes em Portugal para a execução de operações em Portugal, «a aplicação do direito competente não pode ter como consequência privar o investidor da proteção assegurada pelas disposições do presente capítulo e da secção III do capítulo I sobre informação, conflito de interesses e segregação patrimonial».

Por vezes, o CVM apenas limita o âmbito de aplicação de um certo regime, sem identificar que regime deve valer quando não estejam preenchidos os requisitos de aplicação do CVM. É o que se passa com o art. 43º, 2[67].

Mas não é só no CVM que encontramos normas relevantes[68]. No Regulamento Roma I, várias matérias importantes são tratadas[69]. A própria

[65] V. tb. o art. 9º, 2, da Diretiva 98/26/CE.

[66] Quanto a outros problemas que podem surgir no âmbito da insolvência, v. no Regulamento 2018/848 os arts. 8º e 12º, e no CIRE o art. 282º, 2.

[67] Já mencionada atrás.

[68] Leis especiais podem também conter normas sobre a matéria: v., p. ex., o art. 21º do DL 105/2004, adiante analisado.

[69] Sobre a relação do Regulamento com a Convenção de Roma, v. o art. 24º do primeiro. O Regulamento Roma II pode também ser útil no âmbito de eventuais questões de responsabilidade extracontratual: v., p. ex., Elis Ferran, «Cross-border Offers of Securities in the EU: The Standard Life Flotation», in www.ssrn.com.

Comissão Europeia, na sua Comunicação «sobre a legislação aplicável aos efeitos patrimoniais de transações de valores mobiliários» de 12.3.2018 COM (2018) 89 final, considera que o elemento contratual das transações de valores mobiliários «já está regulamentado a nível da EU, pelo Regulamento Roma I». O art. 1º, 2, *d)*, do Regulamento Roma I afasta do âmbito de aplicação deste as «obrigações que decorrem de letras, cheques e livranças, bem como de outros títulos negociáveis, *na medida em que* as obrigações decorrentes desses outros títulos resultem do seu caráter negociável» (itálico nosso). Destacamos ainda o art. 4º, 1, *h)*, do Regulamento Roma I, segundo o qual um «contrato celebrado no âmbito de um sistema multilateral que permita ou facilite o encontro de múltiplos interesses de terceiros, na compra ou venda de instrumentos financeiros, na aceção do ponto 17 do nº 1 do artigo 4º da Diretiva 2004/39/CE, de acordo com regras não discricionárias e regulado por uma única lei, é regulado por essa lei» (mas v. tb. os restantes números do artigo). Por seu lado, o art. 6º do Regulamento Roma I, nas suas als. *d)* e *e)*, afasta a aplicação do regime relativo aos contratos celebrados por consumidores num grande número de casos, tendo em conta as necessidades dos mercados financeiros[70].

A Convenção de Haia sobre a lei aplicável aos contratos de mediação e à representação deve também ser tida em conta. No entanto, é discutido se a mesma é aplicável aos contratos de intermediação de valores mobiliários perante a reserva apresentada por Portugal ao abrigo do art. 18º, *l)*, da Convenção[71]. E a verdade é que o número de países até agora por ela vinculados é muito baixo. Além disso, Portugal reservou-se o direito de não aplicar a Convenção a todos os casos do art. 18º

Outros dois textos merecedores de referência são a Convenção da Haia sobre a legislação a aplicar a certos direitos respeitantes a valores mobili-

[70] Sobre isto, FRANCISCO GARCIMARTIN ALFEREZ, «The Rome I Regulation: exceptions to the rule on consumer contracts and financial instruments», *JPIL*, 2009, abril, p. 85-103, a p. 89, diz: «In general terms, the application of Article 6 to some financial instruments or transactions, such as a public offer, could imply the interference of different laws depending on the habitual residence of the investor when he is acting outside his trade or profession. This could impede the uniformity of the legal regime applicable to those instruments or transactions, which is a key element for ensuring their economic function».

[71] MARIA HELENA BRITO, «Sobre a aplicação no espaço do novo Código dos Valores Mobiliários», cit., p. 105-106, nt. 19.

ários detidos junto de intermediários[72] e a Convenção de Genebra sobre regras substantivas para valores mobiliários intermediados (*Convention on Substantive Rules for Intermediated Securities*, de 9 de outubro de 2009)[73]. Porém, só a primeira está em vigor[74].

5. Razão de ordem

A análise dos valores mobiliários que iremos realizar vai seguir a ordem por que os mesmos são enumerados no art. 1º do CVM. O presente livro trata, fundamentalmente, das ações. Começaremos por ver o sentido do termo ação para, depois, nos preocuparmos com o regime da ação enquanto valor mobiliário. Trataremos da transmissão das ações e da constituição de penhor e usufruto sobre elas, bem como do reporte e empréstimo, e dedicaremos um capítulo às OPAs (Ofertas Públicas de Aquisição) de ações.

Daremos primazia ao regime substantivo de cada um dos valores mobiliários[75]. Desde logo, porque os valores mobiliários (ou, pelo menos, alguns deles) têm (muita) vida para além do mercado em que são (ou podem ser) negociados[76]. A excessiva importância dada aos mercados conduz à hipervalorização de aspetos procedimentais. A própria «transparência» de pouco serve se os destinatários não souberem ler a informação que lhes é

[72] Sobre esta, v. MARIA HELENA BRITO, «A Convenção da Haia sobre a lei aplicável a certos direitos respeitantes a valores mobiliários depositados num intermediário», cit., p. 91-126.

[73] Sobre os trabalhos preparatórios, MIGUEL GALVÃO TELES, «Unidroit preliminary draft convention on substantive rules regarding securities held with an intermediary», *DVM*, VI, 2006, p. 427-474. Quanto aos problemas das cadeias de intermediários, v. tb. LIMA PINHEIRO, «Direito aplicável às operações sobre instrumentos financeiros», *DVM*, IX, 2009, p. 141-192, especialmente p. 170 e ss.. Sobre a eventual utilidade da *Blockchain* para «assegurar o registo de titularidade e de transações relativas a valores mobiliários», FRANCISCO MENDES CORREIA, «A tecnologia descentralizada de registo de dados (Blockchain) no sector financeiro», in PAULO CÂMARA (coord.), *O novo direito dos valores mobiliários*, Almedina, Coimbra, 2017, p. 447 e ss., e em ANTÓNIO MENEZES CORDEIRO/ANA PERESTRELO DE OLIVEIRA/DIOGO PEREIRA DUARTE (coord.), *FinTech. Desafios da tecnologia financeira*, Almedina, Coimbra, 2018 (reimp.), p. 69 e ss..

[74] Dados recolhidos em www.hcch.net/pt/instruments/conventions e em www.unidroit.org.

[75] Lembrando a necessidade de um estudo que tenha em conta as vertentes substantiva, institucional e regulatória, ANTÓNIO BARRETO MENEZES CORDEIRO, *Direito dos valores mobiliários*, cit., p. 39.

[76] PAULO CÂMARA, *Manual de direito dos valores* mobiliários, cit., p. 14, mostra-se atento à vida para além dos mercados. Mas v., aparentemente com outra leitura, ANTÓNIO BARRETO MENEZES CORDEIRO, *Direito dos valores mobiliários*, cit., p. 198.

transmitida[77]. O estudo aprofundado das matérias não é compatível com a celeridade das trocas. Por sua vez, a maior abertura à criação de figuras atípicas arrasta consigo o desconhecimento e a insegurança[78]. A imitação em estado de ignorância pode abrir a porta à tragédia. Daí que o exato conhecimento do conteúdo de cada valor mobiliário ganhe especial significado[79] e que se discuta até onde deveria ir o controlo estatal sobre os instrumentos financeiros[80]. Discussão que ganha nova atualidade perante a DMIF II e o RMIF[81].

[77] Para já não falar do otimismo exagerado subjacente à *Efficient Market Hypothesis* (que tanto influencia muitos legisladores e reguladores): sobre esta e a sua ligação à informação disponibilizada, p. ex., JAMES COX/ROBERT HILLMAN/DONALD LANGEVOORT, *Securities Regulation. Cases and Materials*, 7ª ed., Wolters Kluwer, New York, 2013, p. 91 e ss.; lembrando que os «capital markets may not be that efficient; otherwise, Enron could hardly have happened the way it dit», KLAUS HOPT, «Modern company and capital market problems: improving European Corporate Governance after Enron», in JOHN ARMOUR/JOSEPH MCCAHERY (ed.), *After Enron: improving corporate law and modernizing securities regulation in Europe and the US*, Hart, London, 2006, p. 445-496, p. 463. Sobre a crítica desenvolvida pela *Behavioral Finance* e a importância do «trading on noise», p. ex., RICHARD POSNER, *Economic Analysis of Law*, 9ª ed, Wolters Kluwer, New York, 2014, p. 601 e ss., e HERIBERT HIRTE/TOBIAS HEINRICH, «Einleitung», in HERIBERT HIRTE/THOMAS MÖLLERS (her.), *Kölner Kommentar zum WpÜG*, 2. Aufl., Carl Heymanns/Wolters Kluwer, Köln, 2010, Rn. 9. A discussão sobre as justificações para a intervenção pública no estabelecimento do regime dos mercados (Eficiência? Evitar custos de «agência» e conflitos de interesses? Garantir a estabilidade financeira? Prevenir a fraude?) levaria o leitor (e o autor) para muito longe.

[78] Criticando «o desarmamento da Administração», OLIVEIRA ASCENSÃO, «O novíssimo conceito de valor mobiliário», cit., p. 158.

[79] Chamando a atenção para a necessidade de os investidores terem redobradas necessidades de informação sobre valores atípicos, PAULO CÂMARA, *Manual de direito dos valores* mobiliários, cit., p. 131.

[80] Sobre isto, lembrando a importância que o tema adquire para as empresas seguradoras tendo em conta os requisitos a que estão sujeitos os investimentos que realizam, ANIKA PATZ, *Staatliche Aufsicht über Finanzinstrumente*, Mohr Siebeck, Tübingen, 2016, em especial p. 5.

[81] V., sobre, isto, entre nós, JOSÉ PEDRO FAZENDA MARTINS, «Interevenção sobre produtos financeiros», in PAULO CÂMARA (coord.), *O novo direito dos valores mobiliários*, Almedina, Coimbra, 2017, p. 251 e ss., e TIAGO DOS SANTOS MATIAS, «Product intervention na DMIF II: Nótulas sobre o último poder (ou o poder último) conferido às autoridades de supervisão», in PAULO CÂMARA (coord.), *O novo direito dos valores mobiliários*, Almedina, Coimbra, 2017, p. 257 e ss.. V. tb., com especial interesse, os novos arts. 309º-I – 309º-N do CVM.

II
As ações como valores mobiliários

1. Sentidos do termo ação. A ação como participação social

O termo ação pode ser usado com sentidos distintos[82]. Aquele termo pode significar a própria participação social do sócio, que vamos também entender como o «conjunto unitário de direitos e obrigações atuais e potenciais do sócio (enquanto tal)»[83]. A participação social integra direitos patrimo-

[82] Na doutrina portuguesa, v., p. ex., V. G. Lobo Xavier, «Acção», *Enc. Pólis*, vol. I, Verbo, Lisboa, c. 63; João Labareda, *Das acções das sociedades anónimas*, AAFDL, Lisboa, 198?, p. 5 e ss. ; Coutinho de Abreu, *Curso de direito comercial*, II, 5ª ed., Coimbra, Almedina, 2015, p. 207 e ss.; Maria Ângela Coelho Bento Soares, «Aumento do capital», in *Problemas do direito das sociedades*, Almedina, Coimbra, 2002, p. 246. Na Alemanha, cfr., por todos, Achilles Renaud, *Das Recht der Aktiengesellschaften*, 2. vermehrte und verbesserte Aufl., Bernhard Tauchnitz, Leipzig, 1875, p. 89 e s.; Karl Lehmann, *Das Recht der Aktiengesellschaften*, Bd. I, Scientia Verlag, Aalen, 1964, reed. da ed. de 1898, p. 172 e ss. (que atribui precisamente a distinção dos três sentidos clássicos – fração do capital, direito adquirido em consequência da participação no capital e título – da palavra a Renaud); Georg Wiesner, *Münchener Handbuch des Gesellschaftsrechts*, Bd. 4, 2. Auf., Beck, München, 1999, p. 73. Para a Suíça, cfr. Paul Carry, «Considérations sur le transfert des actions nominatives», *Festschrift zum 70. Geburtstag von Carl Wieland. Beiträge zum Handelsrecht*, Von Helbing & Lichtenhahn, Basel, 1934, p. 32; Peter Jäggi, «Der Erwerb von Namenaktien durch Rechtsgeschäft oder Erbgang», *Privatrecht und Staat. Gesammelte Aufsätze*, Schulthess, Zürich, 1976, p. 364 e ss.; Dieter Von Graffenried, *Übertragbarkeit und Handelbarkeit von Gesellschaftsanteilen*, Stämpfli, Bern, p. 32; Regula Pestalozzi-Henggeler, *Die Namenaktie und ihre* Vinkulierung, H.R. Sauerländer & Co., Aarau, 1948,, p. 16 e ss.. Para a Itália, cfr. Massimo Bione, «Le azioni», *Trattato delle società per azioni*(Dir. da G. E. Colombo/G. B. Portale), UTET, Torino, 1991, p. 3; Guizzi, *Il titolo azionario come strumento di legittimazione. La circolazione delle azioni tra diritto cartolare, diritto comune e diritto del mercato finanziario*, Giuffrè, Milano, 2000, p. 1, nota 1.

[83] Coutinho de Abreu, *Curso de direito comercial*, II, cit., p. 195. Vendo a ação como incorporando a posição de socialidade, Paulo Câmara, *Direito dos valores mobiliários*, cit., p. 132.

niais, direitos administrativos[84] e obrigações, sem que isso impeça o seu tratamento unitário pelo Direito[85].

A ação é indivisível, como se lê no nº 6 do art. 276º do CSC[86]-[87]. Essa indivisibilidade diz respeito à ação enquanto fração do capital social. O acionista não pode dividir o valor nominal ou o valor de emissão da sua ação.

A indivisibilidade da ação diz também respeito à ação como participação social[88]. Esta participação social, enquanto conjunto unitário de

[84] Criticando a terminologia e fazendo a distinção entre direitos de «participação», «patrimoniais» e «de controlo», Coutinho de Abreu, *Curso de direito comercial*, II, cit., p. 196, em texto e em nota.

[85] Temos defendido que cada ação é uma participação social: v., sobre o tema, com referência a várias posições, Alexandre de Soveral Martins, *Cláusulas do contrato de sociedade que limitam a transmissibilidade das ações*, Almedina, Coimbra, 2006, p. 79 e ss..

[86] O art. XIX da Parte I, Livro II, Titulo XII, Secção I, do Código Comercial de Ferreira Borges permitia a divisão da ação em frações «d'um valor igual». Por sua vez, o art. 12º da Lei de 22 de junho de 1867 estabelecia que as ações eram indivisíveis «em referencia á sociedade». Tendo em conta o § 2º do art. 168º do Código Comercial de Veiga Beirão, Cunha Gonçalves, *Comentário ao Código Comercial Português*, I, Empreza Editora J. B., Lisboa, 1914, p. 380, considerava admissível que a sociedade dividisse uma ação em cautelas. Sobre o regime de reagrupamento de ações de sociedades emitentes de ações admitidas à negociação em mercado regulamentado ou em sistema de negociação multilateral v. o art. 23º-E do CVM e o DL 63-A/2016, de 23 de setembro.

[87] Referindo o princípio da indivisibilidade da ação, Osório de Castro, *Valores mobiliários: conceito e espécie*, cit., p. 57 e ss.; Osório de Castro., «A imputação de direitos de voto no Código dos Valores Mobiliários», *CadMVM*, nº 7, p. 187, nota 77. Sobre a indivisibilidade das ações, veja-se, para a Itália, o art. 2347, I, do *Codice Civile*; Gian Carlo Rivolta, *La partecipazione sociale*, Giuffrè, Milano, 1965, p. 159 e ss.. Para a França, cfr. o art. L. 228-5 do *Code de Commerce*. Nos EUA, vários Estados admitem a emissão de *fractions of shares* (*fractional shares*), que podem ser representadas por *scrips*: cfr. Harry Henn/John Alexander, *Laws of corporations and other business enterprises*, West, St. Paul, 1983, 3. ed., p. 408 e s.; para o Delaware, cfr. Franklin Balotti/Jesse Finkelstein, *The Delaware law of corporations and business organisations*, 2. ed., Aspen, New York, 1996 Supplement, § 5, p. 5.45 (mas os autores consideram o *scrip* mera «evidence of the right to obtain title to the shares»). Referindo-se à possibilidade de emissão de *fractional shares*, veja-se o § 6.04. do *MBCA* (2016 Revision); porém, o comentário oficial adianta que «Unless otherwise specified in the scrip, scrip confers none of the substantive rights of shareholders, but only authorizes holders to combine scrip certificates in amounts aggregating a ful share and then to exchange them for a full share».

[88] Coutinho de Abreu, *Curso de direito comercial*, II, cit., p. 212, afirma igualmente que a indivisibilidade da ação significa que «uma acção, em qualquer das suas acepções, não é fraccionável». Na Alemanha, o § 8, Abs. 5, da *AktG*, também estabelece que as *Aktien* são *unteilbar*, o que é justificado por Hildegard Ziemons, «§ 8», in Karsten Schmidt/

direitos e obrigações dos acionistas, é indivisível. Quer isto dizer que uma determinada ação, entendida como participação social, não pode ser objeto de uma divisão em duas ou mais participações sociais distintas. A sociedade não pode dividir uma participação de um certo acionista em duas participações distintas. Também o acionista não o pode fazer: não poderá dividir a sua participação em duas.

A indivisibilidade da ação enquanto participação social tem ainda como consequência que os direitos que integram a participação social não podem, em princípio, ser transmitidos a terceiros e separados da participação que integravam. A incindibilidade é uma manifestação da indivisibilidade[89]. Naturalmente, há que ter em conta os direitos patrimoniais

Marcus Lutter, *AktG Kommentar*, I Bd., § 1-149, 3. ed., Otto Schmidt, Köln, 2015, Rn. 24, com o objetivo de aumentar a negociabilidade das ações («Erhöhung der Verkehrsfähigkeit der Aktie»).Para a Alemanha, ainda, considerando que o princípio da indivisibilidade da ação diz respeito ao conteúdo da participação, Hans Würdinger, *Aktienrecht und das Recht der verbundenen Unternehmen*, C. F. Müller, Heidelberg-Karslruhe, 1981, 4. Aufl., p. 47; Karsten Heider, «§ 8», in Wulf Goette/Mathias Habersack (her.), *Münchener Kommentar zum Aktiengesetz*, Beck (Beck-online), 4. Aufl, 2016, Bd. 1, Rn. 89; considerando duvidoso que a proibição de transmissão de direitos da participação decorra da indivisibilidade, Barbara Dauner-Lieb, «§ 8», in Wolfgang Zöllner/Ulrich Noack (her.), *Kölner Kommentar zum Aktiengesetz*, Bd. 1, §§ 1-75, Carl Heymanns/Wolters Kluwer, Köln, 2011, 3. Auf., § 8, Rn. 44. Para uma distinção entre indivisibilidade nominal e indivisibilidade de conteúdo (*nominelle und inhaltliche Unteilbarkeit*), cfr. Oliver Brändel, «§ 8», in Klaus Hopt/Herbert Wiedemann (her.), *Aktiengesetz. Großkommentar*, 4. Aufl., §§ 1-14, Rn. 49. Distinguindo, na Itália, entre indivisibilidade em sentido qualitativo e indivisibilidade em sentido quantitativo, Floriano D'Alessandro, *I titoli di partecipazione*, Giuffrè, Milano, 1968, p. 119. Na Suíça, Pestalozzi-Henggeler, *Die Namenaktie und ihre Vinkulierung*, cit., p. 16, referia-se à indivisibilidade das ações como indivisibilidade da participação: os direitos e deveres que constituem a participação não podem ser separados e atribuídos a pessoas diferentes. Afirmando que a indivisibilidade das ações se relaciona com «os direitos que a ação confere a seu respectivo titular», Amador Paes de Almeida, *Manual das sociedades comerciais (Direito de empresa)*, 13ª ed., Editora Saraiva, 2003, p. 226. Já António Barreto Menezes Cordeiro, *Manual de direito dos valores mobiliários*, cit., p. 174, nt. 353, entende que o art. 276º, 6, tem o campo circunscrito ao valor nominal das ações; aparentemente com igual leitura, Engrácia Antunes, *Os instrumentos financeiros*, cit., p. 109, em texto e nt. 221.

[89] No sentido de que a incindibilidade se retira da indivisibilidade, cfr. Cesare Vivante, *Trattato di diritto commerciale*, II, cit., p. 201 (pelo menos na medida em que afirma o direito da sociedade de não reconhecer uma transferência das ações enquanto não foi designado um titular único das ações); Hans Würdinger, *Aktienrecht und das Recht der verbundenen Unternehmen*, C. F. Müller, Heidelberg-Karlsruhe, 1981, 4. Aufl., p. 47. Com opinião diferente, Bruno Visentini, «Azioni di società», *Enc. Dir.*, IV, Giuffrè, Milano, 1959, p. 974 e s.,

que entretanto se destacaram da participação social e que podem ser transmitidos separadamente[90].

Mas a partir de que momento é que se pode chamar ação à participação social? A partir da data da escritura de constituição da sociedade? A partir da data do registo do ato constitutivo? A partir da representação da participação em títulos ou em registos em conta?

Na verdade, o art. 274º do CSC estabelece que a aquisição da qualidade de sócio não depende «da emissão e entrega do título de ação ou, tratando-se de ações escriturais, da inscrição na conta de registo individualizado». Por sua vez, o art. 5º do CSC dispõe que as sociedades existem como tais a partir da data do registo definitivo do contrato de constituição. Ora, se assim é, parece-nos preferível considerar que aquele último preceito só permite falar de sociedade anónima com o registo definitivo do contrato de sociedade e, por isso, também só a partir dessa data se pode chamar ação à participação social[91].

porquanto, embora afirme que a incindibilidade resulta implicitamente do art. 2347 do *Codice Civile*, também sustenta que o princípio da incindibilidade «deriva inoltre dal principio della uniformità delle azioni». Por seu lado, Carlo Angelici, *Della società per azioni. Le azioni*, cit., p. 32 e ss., parece considerar que a indivisibilidade da ação apenas diz respeito ao valor nominal da mesma (a incindibilidade da participação social justificar-se-á, para este autor, pela necessidade de garantir que o titular dos direitos «administrativos» não seja estranho ao risco «patrimonial» decorrente do exercício dos primeiros). Entre nós, veja-se ainda, sobre o tema, Oliveira Ascensão, *Direito comercial*, IV, AAFDL, Lisboa, 2000, p. 254, com referência à incindibilidade («não pode cindir o direito, de maneira que dele brotem direitos diferentes, sem ligação entre si»). Considerando «os direitos de voto são direitos inerentes aos valores mobiliários passíveis de serem destacados daqueles e sujeitos a negociação autónoma», José Estaca, «O destaque dos direitos de voto em face do CVM», AAVV., *Estudos em honra do Professor Doutor José de Oliveira Ascensão*, vol. II, Almedina, Coimbra, 2008, p. 1360

[90] A possibilidade de constituição de usufruto ou penhor sobre as ações não põe em causa a indivisibilidade nem a incindibilidade, como demonstrámos em *Cláusulas do contrato de sociedade que limitam a transmissibilidade das acções*, cit., p. 110 e ss..

[91] Nesse sentido, Osório de Castro, *Valores mobiliários: conceito e espécies*, cit., p. 82 [«é apenas com o registo que surgem as acções (como posições de socialidade)»]; Almeida Costa/Evaristo Mendes, «Transmissão de acções tituladas nominativas», *RLJ*, 139º, nº 3959, nov-dez 2009, p. 66, afirmam que até ao registo «poderá haver uma sociedade preliminar (art. 36º, nº 2) ou uma sociedade anónima em formação (arts. 37º e 40º)», que é só com o registo que «o princípio da divisão do capital em acções ganha eficácia» e que a participação social de cada sócio fundador «passa, também ela, a ficar dividida em acções». Mas essa não é uma solução inequívoca . Para uma análise pormenorizada do significado do registo do contrato de sociedade, cfr. Coutinho de Abreu, *Curso de direito das sociedades*, II, cit., p. 93 e s. e 131 e ss.

2. Outros sentidos para o termo ação: título e fração do capital social

2.1. Título

É corrente designar-se por ação o documento de papel em que se encontre representada a participação social. A distinção entre o que é representado e a representação resulta do art. 274º do CSC, em que se pode ler que a qualidade de sócio não depende «da emissão e entrega do título de ação ou, tratando-se de ações escriturais, da inscrição na conta de registo individualizado». As ações podem igualmente ser representadas por registos em conta, mas não é tão frequente que estes sejam identificados pelo termo «ação».

Aos referidos títulos tem sido atribuída a natureza de títulos de crédito[92], sendo considerados também títulos de participação[93]. Para Vivante, título de crédito era o «documento necessário para exercitar o direito literal e autónomo nele mencionado»[94]. Porém, discute-se, quanto às ações tituladas, se o documento em papel é (sempre) necessário para exercitar o direito nele mencionado, se esse direito é literal e se é autónomo. Consideramos que as notas caracterizadoras dos títulos de crédito não podem ser vistas de forma rígida. A necessidade do documento e a literalidade e autonomia do direito devem ser entendidas dentro dos limites que o direito

[92] Cfr. o que escrevemos em *Cláusulas do contrato de sociedade que limitam a transmissibilidade das acções*, cit., p. 130 e ss.. Já PINTO FURTADO, *Títulos de crédito. Letra. Livrança. Cheque*, Almedina, Coimbra, 2ª ed., 2015, p. 13, entende que as ações não são «em rigor», títulos de crédito, e CARLOS FERREIRA DE ALMEIDA, «Registo de valores mobiliários», *DVM*, VI, p. 51 e ss., a p. 114, considera que se trata de «expressão imprópria para designar as acções de sociedades anónimas». COUTINHO DE ABREU, *Curso de direito comercial*, II, cit., p. 209, nota 467, manifesta maiores cautelas, dizendo que «talvez se deva entender não filiar aquelas acções nesses títulos». Por sua vez, NUNO PINHEIRO TORRES, *Da transmissão de participações sociais não tituladas*, UCP, Porto, 1999, p. 26, em texto sustenta que só quanto aos direitos já autonomizados da participação social é que a ação funciona «não como título de legitimação mas como verdadeiro título de crédito», mas, na nota 25, afirma que não questiona a natureza das ações como títulos de crédito «pois nem todos os títulos incorporam um direito a uma prestação pecuniária». Para referências de outros ordenamentos, v. o nosso *Cláusulas do contrato de sociedade que limitam a transmissibilidade das ações*, cit., p. 134, nt. 173. Criticando o interesse da utilização dos termos «títulos de crédito», CAROLINA CUNHA, *Letras e livranças: paradigmas actuais e recompreensão de um regime*, cit., p. 461 e ss..

[93] Cfr., sobre o critério utilizado, FERRER CORREIA, *Lições de direito comercial*, III, João Abrantes, Coimbra, 1975, p. 13; referindo-se também a títulos de participação, V. G. LOBO XAVIER, «Acção», cit., c. 67.

[94] CESARE VIVANTE, *Tratado de derecho mercantil*, III, Reus, Madrid, 1936, tradução espanhola da 5ª ed. italiana, p. 136.

aplicável lhes estabelece. Trata-se de uma *certa* necessidade, de uma *certa* literalidade, de uma *certa* autonomia[95].

Também se discute o que deve considerar-se incorporado no título. Apenas os direitos que compõem a participação social? Só os direitos patrimoniais ou uma mera expetativa de adquirir a participação, e já não as eventuais obrigações[96]? Entendemos que as ações, enquanto participações sociais, estão incorporadas no título[97]. E também as obrigações que componham a participação social estão incorporadas no título[98].

[95] Para desenvolvimentos, v. ALEXANDRE DE SOVERAL MARTINS, *Cláusulas do contrato de sociedade que limitam a transmissibilidade das acções*, cit., p. 145 e ss..

[96] Sobre estas posições, WOFGANG SCHÖNHOFER, *"Vinkulierungsklauseln" betreffend Übertragungen unter Lebenden von Namensaktien und GmbH-Anteilen unter besonderer Berücksichtigung der Rechtslage in der Schweiz und in Frankreich*, dissertação, Regensburg, 1972, p. 135, nota 2. REGULA PESTALOZZI-HENGGELER, *Die Namenaktie und ihre Vinkulierung*, cit., p. 63, dava conta de uma outra possibilidade: a de se considerar que os títulos incorporavam os direitos de crédito e o direito de pedir o registo da transmissão. BENZ, *Aktienbuch und Aktionärswechsel*, cit., p. 122, considerava, para a Suíça, que um *Wertpapier* não poderia incorporar deveres principais (*Hauptpflichten*). Para a Itália, afirmando que o título de ação não incorpora a obrigação de realizar a entrada, cfr. FLORIANO D'ALESSANDRO, *I titoli di partecipazione*, cit., p. 171 e p. 179. Segundo o autor, a obrigação de realizar a entrada seria uma *obligatio propter rem* (p. 217). Mas, ainda assim, considera que o título «incorpora a pertença, a qualidade de membro de um grupo, de uma corporação» (p. 334).

[97] Referindo-se à «participação social *incorporada* num título», V. G. LOBO XAVIER, «Acção», cit., c. 63 e 64. No sentido de que o título representa a «parte social», JOÃO LABAREDA, *Das acções das sociedades anónimas*, cit., p. 8; também OLIVEIRA ASCENSÃO, «Valor mobiliário e título de crédito», *Direito dos valores mobiliários*, Lex, Lisboa, p. 38, afirmava que «a participação social é o direito substantivo representado» no título de ação; com opinião semelhante, COUTINHO DE ABREU, *Curso de direito comercial*, II, cit., p. 209. Para mais referências, v. o nosso *Cláusulas do contrato de sociedade que limitam a transmissibilidade das acções*, cit., p. 131, nt. 168.

[98] Que a participação social integra deveres já o disseram, p. ex., GIAN CARLO RIVOLTA, *La partecipazione sociale*, cit., p. 264 e ss., MARCUS LUTTER, «Theorie der Mitliedschaft – Prolegomena zu einem Allgemeinen Teil des Korporationsrechts», *ACP*, 1980, p. 55 e 84, e WALTHER HADDING, «Verfügungen über Mitgliedschaftsrechte», *Fest. f. E. Steindorff z. 70. Geburtstag*, De Gruyter, Berlin-New-York, 1990, p. 36 e ss.. Na Itália, CESARE VIVANTE, *Trattato di diritto commerciale*, vol. III, 3ª ed., Vallardi, Milano, 1904, p. 160, e CESARE VIVANTE, *Tratado de derecho mercantil*, III, (versão em castelhano da 5ª edição italiana), Madrid, Reus, 1936, p. 141, não via qualquer problema em aceitar os títulos de ação como títulos de crédito apesar de a circulação dos títulos se fazer com as obrigações que lhes são inerentes (v.g., a obrigação de realizar as entradas devidas). No sentido de que o título incorpora a obrigação de entrada, RAFFAELE LENER, *La dematerializzazione dei titoli azionari e il sistema Monte Titoli*, Giuffré, Milano, 1989, p. 114, nota 17 (afirmando ainda o autor que «non sembra vi sai una differenza molto sensibile, dal punto di vista sostanziale, tra cartolarizzazione di un obbligo

As ações são as únicas participações sociais em sociedades comerciais que podem ser representadas em títulos de crédito. Para as sociedades em nome coletivo, dispõe o nº 2 do art. 176º do CSC que não podem ser emitidos títulos representativos de partes sociais e, para as sociedades por quotas, estabeleceu-se essa mesma solução no nº 7 do art. 219º do referido Código. Mas, por outro lado, não é obrigatório que as participações sociais nas sociedades anónimas sejam representadas em títulos, como se retira do que adiante se escreve quanto às ações escriturais.

2.2. Fração do capital social. Ações com valor nominal e ações sem valor nominal

A palavra «ação» é por vezes usada com o sentido de fração do capital social[99]. O próprio art. 271º do CSC estabelece que o capital das sociedades anónimas é dividido em ações[100], considerando que isso constitui uma «característica» daquelas sociedades[101]. Por sua vez, o art. 276º, 4, acres-

e sua circolazione parallela al titolo di credito»). Na Espanha, AGUILERA RAMOS, «Clases y series de acciones. Las acciones privilegiadas», AAVV, *Derecho de sociedades anónimas*, T. II, vol. 1, Civitas, Madrid, 1994, p. 155, depois de afirmar que a posição de sócio de uma sociedade anónima incorpora direitos, obrigações, faculdades e poderes, diz que «ese complejo contenido da la condición de socio es susceptible de incorporación a un documento com los caracteres de un título valor y que denominamos acción».

[99] Este terá sido o primeiro significado atribuído à palavra ação, designadamente a partir do séc. XVII na Holanda: cfr. ALBERTO VIGHI, «Notizie storiche sugli amministratori ed i sindaci delle società per azioni anteriori al codice di commercio francese (Contributo alla storia delle società per azioni)», *Riv. Soc.*, 1969, p. 663 e ss., p. 672; NICOLA GASPERONI, *Le azioni di società*, Cedam, Padova, 1942, p. 6. Por sua vez, PAOLO SPADA, «Dalla nozione al tipo della società per azioni», *RDCiv.*, 1989, I, p. 95 e ss., a p. 101, em nota, dá conta do uso da palavra *Aktie* ainda antes da fundação da Companhia Holandesa das Índias Orientais, sendo com esta que o termo se terá fixado (embora sendo usada também a palavra *pert*). Sobre a origem holandesa do termo ação, veja-se ainda HANNO MERKT, «Die Geschichte der Namensaktie», in RÜDIGER VON ROSEN/WERNER SEIFERT (her.), *Die Namensaktie*, Deutsches Aktieninstitut, 2000, p. 67. Em Portugal, o termo «ação» terá começado a ser utilizado para designar a fração do capital social durante o séc. XVIII, como demonstrou RUI MARCOS, *As companhias pombalinas. Contributo para a história das sociedades por acções em Portugal*, Almedina, Coimbra, 1997, p. 196 e ss..

[100] No caso da constituição de uma sociedade anónima unipessoal (art. 488º do CSC), não é claro se é necessário que o capital daquela sociedade também esteja dividido em ações. A verdade, porém, é que o art. 488º, 1, do CSC faz referência às «ações» de que seja titular a sociedade única sócia.

[101] No § 1, Abs. 2, da *AktG* alemã usa-se a expressão «in Aktien zerlegtes Grundkapital»). Por sua vez, no art. L 225-1 do *Code de Commerce* francês estabelece-se que «le capital est divisé en actions». O art. XIX da Parte I, Livro II, Título XII, Secção I do Código Comercial

centa que todas as ações «devem representar a mesma fração do capital social». A divisão do valor do capital social pelo número de ações dá-nos o «valor contabilístico»[102] de cada ação sem valor nominal.

Só a sociedade anónima tem o seu capital totalmente dividido em ações: nas sociedades em comandita por ações, a participação dos sócios comanditados não pode ser representada por ações.

Se as ações da sociedade têm valor nominal, a soma do valor nominal de todas as ações revela o valor do capital social. Este último é, para Coutinho de Abreu, a «cifra representativa da soma dos valores nominais das participações sociais fundadas em entradas em dinheiro e/ou espécie»[103].

O valor nominal das ações atribuídas a cada sócio no contrato de sociedade não pode exceder o valor da respetiva entrada: cfr. o nº 1 do art. 25º do CSC[104]. O valor nominal das ações não pode ser inferior a um cêntimo, como se pode ler no nº 3 do art. 276º do CSC.

Atualmente, o CSC admite a emissão de ações sem valor nominal[105]. No entanto, na mesma sociedade «não podem coexistir ações com valor nominal e ações sem valor nominal» (art. 276º, 2, CSC). De qualquer modo, a sociedade pode optar entre emitir umas ou outras[106]. Tratando-se de ações

de Ferreira Borges (de 1833), dispunha, para as companhias de comércio, que o «fundo da companhia» era dividido em ações. O art. 166º do CCom de 1888 também se referia à divisão do capital em ações.

102 Sobre este, PAULO DE TARSO DOMINGUES, «Artigo 276º», in J.M. COUTINHO DE ABREU (coord.), *Código das Sociedades Comerciais em comentário*, vol. V, Almedina, Coimbra, 2012, p. 69 e 76.

103 COUTINHO DE ABREU, *Curso de direito das sociedades*, II, cit., p. 404. Para outras noções, v., p. ex., PAULO OLAVO CUNHA, «Aspectos críticos da aplicação prática do regime das acções sem valor nominal», in MARIA MIGUEL CARVALHO/PAULO DE TARSO DOMINGUES (coord.), *Capital social e acções sem valor nominal*, Almedina, Coimbra, 2011, p. 134.

104 V., porém, o art. 298º, 2, do CSC, que torna possível o desconto das despesas de colocação firme por instituição de crédito ou entidade equiparada.

105 As mesmas foram introduzidas entre nós com o DL 49/2010, de 19 de maio, e já eram admitidas pela Segunda Diretiva comunitária sobre direito das sociedades (77/91/CE). Sobre a sua história, ALEXANDRE DE SOVERAL MARTINS, *Cláusulas do contrato de sociedade que limitam a transmissibilidade das ações*, cit., p. 119 e ss., onde antecipávamos a introdução da figura no nosso ordenamento jurídico, PAULO CÂMARA/ANA FILIPA MORAIS ANTUNES, *Acções sem valor nominal*, Coimbra Editora, Coimbra, 2011, p. 9 e ss., PAULO DE TARSO DOMINGUES, *Variações sobre o capital social*, Almedina, Coimbra, 2009, p. 101 e ss., ANTÓNIO MENEZES CORDEIRO, «Acções sem valor nominal», *RDS*, II, 2010, 3-4, p. 471 e ss..

106 Não tinha que ser assim. Com indicações sobre ordenamentos jurídicos que obrigam à adoção de ações sem valor nominal, PAULO CÂMARA/ANA FILIPA MORAIS ANTUNES, *Acções sem valor nominal*, cit., p. 102.

sem valor nominal, «o valor da entrada do sócio deve ser pelo menos igual ao montante do capital social correspondentemente emitido» (art. 25º, 2, do CSC). Também o valor de emissão das ações sem valor nominal não pode ser inferior a um cêntimo (art. 276º, 3, CSC). Como se viu, a opção pela emissão de ações sem valor nominal não permite que a sociedade não tenha capital social. A emissão de ações sem valor nominal não afasta a divisão do capital em ações. Assim, as ações sem valor nominal admitidas pelo CSC são «impróprias»[107].

Se as ações não têm valor nominal, a noção de capital social apresentada por Coutinho de Abreu merece nova reflexão (como, aliás, o próprio reconhece). Paulo de Tarso Domingues afirma, por isso, que nas sociedades anónimas com ações sem valor nominal o capital social é «o elemento do pacto, que se consubstancia numa cifra, necessariamente expressa em euros, que é livremente fixada pela sociedade, e que determina o valor mínimo das entradas a realizar pelos sócios»[108].

Se a sociedade emite ações com valor nominal, todas elas devem ter o mesmo valor nominal (art. 276º, 4, do CSC). Mas, se a sociedade emite ações sem valor nominal, já não é exigido que todas elas tenham sempre o mesmo valor de emissão (art. 298º, 3, do CSC). Com efeito, em cada emissão de ações estas podem ter um valor de emissão diferente do que foi fixado em anteriores emissões. E apesar de o art. 298º, 3, do CSC apenas conter referência aos casos em que o valor de emissão de uma posterior emissão é *inferior* ao de uma emissão anterior[109], não estará afastada a hipótese con-

[107] Para uma distinção entre «ações sem valor nominal impróprias» e «verdadeiras ações sem valor nominal», Paulo de Tarso Domingues, «Artigo 276º», in J. M. Coutinho de Abreu (coord.), *Código das Sociedades Comerciais em comentário*, vol. V, Almedina, Coimbra, 2012, p. 61; para uma distinção entre ações sem valor nominal autênticas e não autênticas, António Menezes Cordeiro, «Acções sem valor nominal», cit., p. 503.

[108] Paulo de Tarso Domingues, «Capital e património sociais, lucros e reservas», in J.M. Coutinho de Abreu (coord.), *Estudos de direito das sociedades*, 12ª ed., Almedina, Coimbra, 2015, p. 163, e, já antes, Paulo de Tarso Domingues «As acções sem valor nominal», *DSR*, 2010, 4, p. 190 e s.. Em bom rigor, o capital social é o que a lei diz que ele é. E sempre se poderia dizer que o capital social é uma cifra que representa o valor das entradas em dinheiro ou em espécie que são contabilizadas... para o efeito (i.é, para a formação do capital social). É, certamente, uma noção circular, mas com um fundo de verdade e que abrange também os casos em que a sociedade anónima emite ações sem valor nominal.

[109] O que, como é sabido, pode permitir realizar aumentos de capital com maior facilidade se o valor de mercado das ações está abaixo do valor de emissão das mesmas. Sobre o tema, Paulo de Tarso Domingues, «Traços essenciais do novo regime das acções sem valor

trária[110]. Mas já não parece possível que na mesma emissão de ações sejam emitidas ações com diferente valor de emissão[111].

Ora, se o valor de emissão das ações sem valor nominal não tem que ser necessariamente sempre o mesmo, tem sempre que ser respeitada a exigência de que todas as ações representem a mesma fração no capital social, como resulta do art. 276º, 4, do CSC.

Se entendermos que as ações emitidas em aumento de capital têm que representar a mesma fração no capital social que representavam as ações anteriormente emitidas, pode tornar-se difícil realizar o aumento. No caso de *emissão de novas ações com valor de emissão inferior* ao de anteriores emissões isso será possível se, previamente à emissão, tiver lugar a redução do capital social[112].

Mas não será antes de afirmar que a aplicação do disposto no art. 276º, 4, do CSC tem lugar automaticamente após o aumento do capital social e sem necessidade de alterar previamente o capital social? Parece-nos que sim[113].

nominal», in MARIA MIGUEL CARVALHO/PAULO DE TARSO DOMINGUES (coord.), *Capital social e acções sem valor nominal*, cit., p. 116 e ss.,

[110] ANTÓNIO MENEZES CORDEIRO, «Acções sem valor nominal», *RDS*, II, 2010, ¾, p. 506, também o admite; cfr. tb. ANTÓNIO MENEZES CORDEIRO/ADELAIDE MENEZES LEITÃO, «Artigo 276º», in ANTÓNIO MENEZES CORDEIRO (coord.), *Código das Sociedades Comerciais anotado*, 2ª ed., Almedina, Coimbra, 2011, p. 806. PAULO OLAVO CUNHA, «Aspectos críticos da aplicação prática do regime das acções sem valor nominal», cit., p. 148, afirma expressamente que, no caso das ações sem valor nominal, é possível em regra «fixar o valor de emissão no valor real a que pretendemos colocar as novas participações e que pode ser substancialmente superior ao de emissões anteriores».

[111] PAULO DE TARSO DOMINGUES, «Artigo 298º», in J. M. COUTINHO DE ABREU (coord.), *Código das Sociedades Comerciais em comentário*, vol. IV, Almedina, Coimbra, 2012, p. 306.

[112] PAULO CÂMARA/ANA FILIPA MORAIS ANTUNES, *Acções sem valor nominal*, cit., p. 113.

[113] PAULO DE TARSO DOMINGUES, «Artigo 298º», cit., p. 76, mostra que essa solução é admissível. O mesmo Professor, em «Traços essenciais do novo regime das acções sem valor nominal», in MARIA MIGUEL CARVALHO/PAULO DE TARSO DOMINGUES (coord.), *Capital social e acções sem valor nominal*, cit., p. 129, afirmava: «no caso do chamado aumento de capital social autorizado, não deve ser possível ao órgão de administração fixar um valor de emissão inferior ao valor contabilístico, ficando essa competência exclusivamente reservada para a colectividade dos sócios»; mas v., com outra leitura, FRANCISCO SOARES MACHADO, «Acções sem valor nominal: a sua emissão a um valor de emissão inferior ao das acções anteriormente emitidas», *CadMVM*, abril, 2012, p. 32. Sobre as questões relacionadas com a conformidade da solução com a Segunda Diretiva, v. PAULO DE TARSO DOMINGUES, «As acções sem valor nominal», cit., p. 196 e ss., PAULO OLAVO CUNHA, «Aspectos críticos da aplicação prática do regime das acções sem valor nominal», cit., p. 147, também afirmava que «importa é reconhecer que as novas acções, constituindo fracções do capital social idênticas às anteriores, atribuem

Tanto mais que, de outra forma, a utilidade das ações sem valor nominal seria consideravelmente reduzida e ficaria limitada, desde logo, pelas restrições à redução do capital social. Assim, após o aumento do capital social apenas há que dividir o capital social pelo número de ações para se saber que fração do capital social está representado em cada ação. No próprio Preâmbulo do DL 49/2010 podia ler-se que as «ações sem valor nominal alargam as hipóteses de financiamento das empresas, na medida em que facilitam a realização de aumentos de capital em situações que, de outro modo, estariam vedadas ou obrigariam a prévia redução do capital social»[114].

A emissão de ações sem valor nominal pode facilitar o financiamento da sociedade já constituída se o preço de mercado das ações anteriormente emitidas é mais baixo do que o valor «ao par»[115]. Quando as ações emitidas em aumento de capital puderem ser subscritas por um valor de emissão diferente, pode-se «adaptar o preço de emissão das ações ao valor de mercado das que já estão em circulação»[116]. Sem essa adaptação os interessados em adquirir ações da sociedade prefeririam fazê-lo comprando-as no mercado em vez de subscreverem as novas ações[117]. Além disso, as ações sem valor nominal agilizam o fracionamento e reagrupamento de ações e reduzem a necessidade de alterar o conteúdo dos eventuais títulos de ação[118].

3. A ação como valor mobiliário e como instrumento financeiro

Vimos já que na al. *a)* do nº 1 do art. 1º do CVM lê-se que as ações são valores mobiliários. Contudo, as ações só são valores mobiliários a partir do momento em que estão representadas em documentos ou em registos em

aos seus titulares os mesmos direitos e vinculações que as demais e que os direitos sociais que as caracterizam se reportam a cada acção independentemente do respectivo valor de emissão [...]». Admitindo a realização de aumentos de capital com a emissão de novas ações com valor de emissão inferior ao de ações anteriormente emitidas, FRANCISCO SOARES MACHADO, «Acções sem valor nominal: a sua emissão a um valor de emissão inferior ao das acções anteriormente emitidas», cit., p. 13.

114 Para outras dificuldades, FRANCISCO SOARES MACHADO, «Acções sem valor nominal: a sua emissão a um valor de emissão inferior ao das acções anteriormente emitidas», cit., p. 23 e s..

115 V., p. ex.,PAULO DE TARSO DOMINGUES, «Artigo 276º», cit., p. 71, TIAGO SOARES DA FONSECA, «Artigo 298º», in ANTÓNIO MENEZES CORDEIRO (coord.), *Código das Sociedades Comerciais anotado*, 2ª ed., Almedina, Coimbra, 2011, p. 850.

116 HENRY BALLANTINE, *On corporations*, Callaghan & Co., Chicago, 1927, p. 688.

117 PAULO CÂMARA/ANA FILIPA MORAIS ANTUNES, *Acções sem valor nominal*, cit., p. 19.

118 VITTORIO SANTORO, «Art. 2346», in VINCENZO BUONORE (a. c. di), *La riforma del diritto societario*, G. Giappichelli, Torino, 2003, p. 127.

conta. Isto é, os valores que as ações são só se tornam mobiliários a partir do momento em que são representados.

Mas as ações são também instrumentos financeiros. É o que resulta, como já vimos, do art. 2º, 2, do CVM. E são instrumentos financeiros a partir do momento em que são valores mobiliários.

4. A representação das ações

4.1. Escriturais

O desenvolvimento da informática e das telecomunicações foi em grande parte responsável pela desmaterialização das ações[119]. Entre nós, essa desmaterialização já tinha sido aceite pelo DL 229-D/88, de 4 de julho, que tornou ainda possível a desmaterialização de obrigações e de outros valores emitidos por sociedades anónimas. Na sua base esteve o Projeto de diploma legal sobre ações escriturais elaborado por Pessoa Jorge[120].

Também o nº 1 do art. 47º do CódMVM admitia a existência de valores mobiliários escriturais, incluindo ações. O mesmo veio fazer o CVM, estabelecendo o nº 1 do seu art. 46º que «os valores mobiliários são escriturais ou titulados, consoante sejam representados por registos em conta ou por documentos em papel»[121].

No nº 10 do Preâmbulo do DL 486/99, que aprovou o CVM, pode ler-se que se procurou «extrair o máximo de efeitos da equivalência substancial entre as posições jurídicas, independentemente da forma escritural ou

[119] Paula Camanho, *Do contrato de depósito bancário*, Almedina, Coimbra, 1998, p. 87, nota 209, utiliza também a expressão «escrituralização». Em bom rigor, não se pode falar em total desmaterialização enquanto for necessário um qualquer suporte (material) para a realização dos registos. V. porém, p. ex., o art. 2º, 4), do Regulamento 909/2014.

[120] E publicado na revista *O Direito*, 121º, p. 93 e ss.

[121] Também no que diz respeito às ações escriturais se pode discutir se serão títulos de crédito. Sobre o tema, v. Alexandre de Soveral Martins, *Cláusulas do contrato de sociedade que limitam a transmissibilidade das acções*, cit., p. 186 e ss., com mais indicações bibliográficas. Como se pode aí verificar, rejeitamos que os registos em conta sejam títulos de crédito. Sobretudo porque não é o mesmo registo que permite, a cada novo titular, exercer os direitos e receber a proteção do regime. Como se lê no art. 80º, 1, do CVM, a transmissão dos valores mobiliários escriturais tem lugar por registo na conta do adquirente. Com outra leitura, Carlos Ferreira de Almeida, «Valores mobiliários: o papel eo computador», *Nos 20 anos do Código das Sociedades Comerciais*, I, Coimbra Editora, Coimbra, 2007, p. 627, e Pedro Pais de Vasconcelos, «Concertação de acionstas, exoneração e OPA obrigatória em sociedades abertas», *DSR*, março 2010, p. 11 e ss., a p. 15, nt. 6.

titulada da representação». No CSC e no CVM não é imposta a representação em papel ou a representação por registo em conta.

As ações escriturais são, como se disse, ações representadas por registos em conta. Mas esses registos em conta têm que ser feitos em suporte informático quando estejam integrados em sistema centralizado: é o que se extrai do nº 1 do art. 65º do CVM. Daí se retira também que o registo em conta nem sempre é obrigatoriamente efetuado com recurso a suporte informático[122].

Resulta do nº 1 do art. 73º do CVM que «os valores mobiliários escriturais constituem-se por registo em contas individualizadas abertas junto das entidades registadoras». O primeiro registo em conta individualizada é feito com base nos elementos relevantes do registo de emissão comunicados pelo emitente (nº 2 do art. 73º do CVM). Claro está que o emitente só comunica esses elementos se não é o próprio emitente que é a entidade registadora: cfr. o art. 64º do CVM.

As contas de registo individualizado de valores mobiliários escriturais devem conter as menções referidas no art. 68º do CVM. Sublinhamos que a al. *a)* do nº 1 mostra que da conta do registo deve constar a identificação do titular e, se existir situação de contitularidade, do representante comum. O art. 44º, 1, *f)*, do CVM mostra também que do registo da emissão deverá constar, entre outras coisas, a data da primeira inscrição registral de titularidade e a identificação do primeiro titular.

Na al. *b)* do art. 68º, 1, está previsto que a conta de registo individualizado contenha os lançamentos a crédito e débito das *quantidades* adquiridas e alienadas, bem como o saldo dos valores mobiliários existente em cada momento. Estas exigências são facilmente compreendidas se tivermos em conta que o art. 44º, 1, *g)*, só faz referência à existência de número de ordem no registo de emissão quanto aos valores mobiliários titulados.

Há ainda que considerar o que possa resultar de outras normas legais: v., p. ex., o art. 328º, 4, do CSC, que torna necessária a transcrição nas contas de registo das ações das cláusulas limitativas da transmissibilidade das ações constantes do contrato de sociedade para que as mesmas sejam oponíveis a adquirentes de boa fé.

122 Mas v., parecendo ter leitura diversa («o valor mobiliário materializado informaticamente – o valor mobiliário escritural»), PAULO CÂMARA, *Manual de direito dos valores mobiliários*, cit., p. 105.

Os valores mobiliários *escriturais* só podem ser agora ser emitidos como *nominativos*, o que também ocorre com todos os valores mobiliários. Se, antes da entrada em vigor da Lei 15/2017, de 3 de maio, o CVM admitia valores mobiliários nominativos e ao portador[123], com aquela Lei, que veio proibir a emissão de valores mobiliários ao portador, também deixou de ser possível essa emissão no caso de valores escriturais.

Quanto aos valores mobiliários escriturais *nominativos*, há que distinguir várias situações possíveis:

a) Valores mobiliários escriturais nominativos *não integrados em sistema centralizado nem registados num único intermediário financeiro*, que são registados junto do emitente (nº 1 do art. 64º do CVM; o nº 2 acrescenta que «o registo junto do emitente pode ser substituído por registo com igual valor a cargo de intermediário financeiro atuando na qualidade de representante do emitente»);

[123] Eram considerados valores nominativos os que conferiam ao emitente a faculdade de conhecer a todo o tempo a identidade dos titulares; eram valores ao portador os que não conferiam ao emitente a faculdade de conhecer a todo o tempo a identidade dos titulares. Através deste critério distintivo, que resultava do art. 52º, 1, do CVM na redação anterior à L 15/2017, é fácil de ver que não se colocavam especiais dificuldades em conceber a existência de ações escriturais ao portador. Sendo estas representadas por registos em conta, para a existência de ações escriturais ao portador bastava que a entidade em que eram efetuados os registos não tivesse que revelar ao emitente (a sociedade), a todo o tempo, a identidade dos titulares. Os valores mobiliários escriturais *ao portador* podiam, em regra, estar integrados em sistema centralizado (cfr. os arts. 61º, *a)*, e 88º e ss. do CVM – o art. 88º foi alterado pela Lei 35/2018, sendo aditado um nº 4) ou registados num único intermediário financeiro (cfr. a al. *a)* do nº 1 do art. 63º do CVM, revogada pela L 15/2017). Se estivessem integrados em sistema centralizado, o registo individualizado seria feito em conta aberta junto de intermediário financeiro integrada naquele sistema (cfr. a al. *a)* do art. 61º do CVM). No entanto, os valores mobiliários escriturais ao portador deviam estar integrados em sistema centralizado se estivessem admitidos à negociação em mercado regulamentado (art. 62º do CVM – a redação foi alterada com a Lei 35/2018, pois serão obrigatoriamente integrados em sistema centralizado não só os valores mobiliários escriturais admitidos à negociação em mercado regulamentado, mas também os admitidos à negociação em sistema de negociação multilateral ou organizado). Como se concluía a partir do disposto na (revogada) al. *a)* do nº 1 do art. 63º e no art. 64º do CVM, os valores mobiliários escriturais ao portador não podiam ser registados no emitente. Até pela definição de valores ao portador que constava do art. 52º, 1, do CVM (na redação anterior à L 15/2017): eram os que não permitiam ao emitente conhecer a todo o tempo a identidade dos titulares. Sobre o processo de conversão, v. o DL 123/2017, de 25 de setembro.

b) Valores mobiliários escriturais nominativos *integrados em sistema centralizado*, que são registados em conta aberta junto de intermediário financeiro, integrada em sistema centralizado (al. *a)* do art. 61º do CVM) – recorde-se que são obrigatoriamente integrados em sistema centralizado os valores mobiliários escriturais admitidos à negociação em mercado regulamentado, em sistema de negociação multilateral ou organizado (mas v. quanto a este último, o art. 200º-A, 1);

c) Valores mobiliários escriturais nominativos registados *num único intermediário financeiro* – como estamos a tratar das ações, interessa-nos agora o caso dos valores mobiliários distribuídos através de oferta pública e outros que pertençam à mesma categoria, que são obrigatoriamente registados num único intermediário financeiro quando não estejam integrados em sistema centralizado (al. *b)* do nº 1 do art. 63º do CVM).

A entidade registadora das ações escriturais deverá abrir em separado, em relação a cada titular, contas por categoria de ações, como estabelece o nº 1 do art. 68º do CVM. Este mesmo preceito indica as menções que devem constar das contas de registo individualizado.

De todas as situações referidas, as mais complexas são, certamente, as de contas individualizadas de registo integradas em sistemas centralizados de contas (arts. 61º, *a)*, 88º[124] e 91º do CVM). Desenvolveremos o tratamento do tema a propósito da transmissão de ações em mercado regulamentado.

4.2. Ações tituladas

As ações podem ser representadas por documentos em papel, que a lei também designa por títulos. Se não forem representadas por registos em conta, as ações devem ser representadas por documentos em papel. É o que resulta do nº 3 do art. 304º do CSC, de que se retira um dever para a sociedade emitente de entregar aos acionistas os títulos definitivos no prazo de seis meses após o registo definitivo do contrato de sociedade ou do aumento de capital. O dever, a cargo do emitente, de entregar os títulos ao primeiro titular resulta ainda do art. 95º do CVM.

A sociedade emitente pode, antes da emissão dos títulos definitivos, entregar ao acionista títulos provisórios, que substituem, «para todos os

[124] A redação surge alterada pela Lei 35/2018, como vimos.

efeitos, os títulos definitivos, enquanto estes não forem emitidos (...)»: cfr. os nºs 1 e 2 do art. 304º do CSC. Como estes títulos provisórios substituem, para todos os efeitos, os títulos definitivos, parecem não se confundir com as cautelas, mencionadas no art. 96º do CVM: estas servem apenas para provar a posição jurídica do titular enquanto não forem emitidos os títulos[125]. Por sua vez, o art. 304º, 8, do CSC dispõe que os «documentos comprovativos da subscrição de ações não constituem, por si só, títulos provisórios, não lhes sendo aplicáveis os preceitos para estes previstos».

Os títulos de ação podem incorporar mais do que uma ação[126] (v. o art. 98º CVM). Mas não podem incorporar menos de uma ação. As menções que devem constar dos títulos resultam, antes de mais, das als. *a)* e *b)* do nº 1 do art. 44º e do nº 1 do art. 97º do CVM[127]. Deve ser destacado que, de acordo com o art. 97º, 1, *c)*, os títulos contêm a identificação do titular[128]. É ainda necessário ter em conta que outras normas podem estabelecer exigências adicionais: v., p. ex., o já referido art. 328º, 4, do CSC, que torna necessária a transcrição nos títulos das ações das cláusulas limitativas da transmissibilidade das ações constantes do contrato de sociedade para que as mesmas sejam oponívieis a adquirentes de boa fé.

Como se lê no art. 47º do CVM, a «entrega dos títulos exige o prévio cumprimento das formalidades próprias para a criação de cada tipo de valor mobiliário, incluindo as relativas ao registo comercial»[129].

A emissão de ações tituladas também deve ser registada junto do emitente, nos termos dos arts. 43º e 44º do CVM. O art. 44º, 1, *g)*, faz pensar que todos os valores mobiliários titulados devem ter um número de ordem, e isso parece ser confirmado pela redação que foi entretanto dada ao art. 97º, 1, *a)*, do CVM[130].

[125] Aparentemente com diferente leitura, ENGRÁCIA ANTUNES, *Os instrumentos financeiros*, cit., p. 109.

[126] Era o que resultava também do art. 304º, 4, CSC, entretanto revogado.

[127] O art. 304º, 5, do CSC, já revogado, também dispunha sobre o conteúdo dos títulos de ação.

[128] Evidentemente, há que contar com o que resulta dos títulos de valores mobiliários ao portador emitidos antes da entrada em vigor da L 15/2017.

[129] O art. 304º, 6, CSC dispunha que os títulos, provisórios ou definitivos, não podiam ser emitidos antes da inscrição definitiva do contrato de sociedade ou do ato de aumento de capital no registo comercial.

[130] Com efeito, na sua anterior redação o art. 97º, 1, *a)*, do CVM acrescentava que o número de ordem não tinha que constar dos títulos ao portador. De acordo com o art. 99º, 4, do CVM, se

Em regra, as ações tituladas não têm que estar depositadas, sendo esse depósito possível. No entanto, em certos casos devem estar depositadas. Comecemos por estes últimos.

De acordo com o art. 99º, 2, *a)*, do CVM, as ações tituladas que estejam admitidas à negociação em mercado regulamentado ou em sistema de negociação multilateral são obrigatoriamente depositadas em sistema centralizado[131]. Estando as ações tituladas integradas em sistema centralizado, é-lhes aplicável o regime dos valores mobiliários escriturais integrados em sistema centralizado (art. 105º do CVM).

Não se tratando de ações tituladas admitidas à negociação em mercado regulamentado[132] ou em sistema de negociação multilateral, as ações cuja emissão ou série seja toda representada por um só título devem ser depositadas em intermediário financeiro ou em sistema centralizado (art. 99º, 2, *b)*, do CVM)[133]. Não sendo obrigatório o depósito, o titular das ações pode, ainda assim, depositá-las em intermediário financeiro autorizado (art. 99º, 1, *a)*, do CVM).

Não está afastada a possibilidade de depósito das ações tituladas em sistema centralizado *por iniciativa do emitente* (art. 99º, 1, *b)*, do CVM). Mas há que contar com o art. 304º, 3, do CSC, que estabelece o dever de entrega dos títulos definitivos aos acionistas no prazo ali referido. Lembre-se, por outro lado, que o art. 99º, 2, *a)*, do CVM apenas impõe o depósito em sistema centralizado dos valores mobiliários titulados *admitidos* à negociação em mercado regulamentado ou em sistema de negociação multilateral ou organizado.

os títulos forem depositados em intermediário financeiro, só os títulos nominativos mantêm o número de ordem. Isso será relevante para os títulos ao portador emitidos antes da entrada em vigor da L 15/2017.

[131] A redação surge alterada pela Lei 35/2018: o depósito está ali previsto como obrigatório não só quanto aos valores mobiliários titulados admitidos à negociação em mercado regulamentado, mas também quando admitidos à negociação em sistema de negociação multilateral ou organizado (v., porém, o art. 200º-A, 1).

[132] Com efeito, sempre que os valores mobiliários titulados estejam admitidos à negociação em mercado regulamentado parece que a única alternativa possível é a do seu depósito em sistema centralizado.

[133] No caso das ações, a possibilidade de representação da emissão ou série num só título tem de ser lida à luz das normas do direito das sociedades.

4.3. Conversão quanto à forma de representação

Nos termos do nº 1 do art. 48º do CVM, se não existir proibição legal ou estatutária «o emitente pode decidir a conversão dos valores mobiliários quanto à sua forma de representação (...)». A sociedade emitente (e não o titular das ações) pode decidir converter as ações escriturais em tituladas e estas naquelas. No entanto, é possível fazer constar dos estatutos uma cláusula a proibir essa conversão. E, como é óbvio, a conversão não será possível quando a lei a proíba.

O art. 272º do CSC não obriga a que do contrato de sociedade conste a forma de representação das ações. Mas também não parece estar afastado que o contrato de sociedade regule essa matéria desde que respeite o disposto no CVM. Tanto mais que o art. 48º, 1, deste último Código permite que os estatutos proíbam a conversão: contudo, se a lei permite o mais (que os estatutos proíbam), também permite o menos (que os estatutos apenas regulem os termos da conversão, dentro dos limites do CVM).

A decisão da sociedade emitente[134] deve ser tomada com a fixação de um prazo razoável para a mesma se realizar, prazo esse que não poderá ser superior a um ano, e estando aquela decisão sujeita a publicação (art. 48º, 2, CVM). Os custos da conversão são suportados pela sociedade emitente, conforme o disposto no nº 3 do art. 48º do CVM. Note-se, porém, que o art. 46º, 2, do CVM impõe que os valores mobiliários que integrem a mesma emissão, ainda que seja realizada por séries, devem ter a mesma forma de representação («salvo para efeitos de negociação no estrangeiro»). Vale, assim, um princípio da *unidade de forma* dentro de cada emissão.

No que diz respeito à conversão de valores mobiliários escriturais em titulados, resulta do art. 49º, 1, do CVM que a conversão se considera efetuada «no momento em que os títulos ficam disponíveis para entrega», acrescentando o nº 2 que os registos dos valores convertidos «devem ser inutilizados ou cancelados com menção da data da conversão». Embora o art. 49º não o diga, no caso de valores mobiliários escriturais que estavam integrados em sistema centralizado os títulos não são entregues aos titulares depois da conversão.

Quanto à conversão de valores mobiliários titulados em escriturais, há que distinguir.

[134] No que diz respeito às sociedades anónimas, poderá questionar-se qual será o órgão competente para tomar a decisão.

Se os valores mobiliários titulados não estão em depósito centralizado, é necessário que o emitente fixe um prazo para a entrega dos títulos objeto de conversão. A conversão tem lugar após o decurso desse prazo (art. 50º, 1, do CVM). Os títulos dos valores mobiliários a converter devem ser entregues ao emitente ou depositados junto da entidade que, após a conversão, prestará o serviço de registo (art. 50º, 2, do CVM). Os títulos que não forem entregues deixam de representar os valores mobiliários em causa após o decurso do prazo fixado para a entrega. Assim, e por força da lei, no caso das ações os títulos que as representavam deixam de ter esse valor representativo: de acordo com o art. 50º, 3, do CVM, passam a ter apenas uma função de legitimação para que os titulares solicitem o registo a seu favor.

Segundo o art. 50º, 4, do CVM, o «emitente deve promover a inutilização dos valores mobiliários convertidos, através da sua destruição ou por qualquer outra forma que assinale a conversão». Naturalmente, e apesar da redação da lei, do que se trata não é da inutilização dos valores mobiliários, mas sim dos títulos. E, como é também evidente, a inutilização pelo emitente só pode ter lugar se os títulos foram entregues. No que diz respeito aos títulos não entregues, existe o risco de serem utilizados para se tentar a transmissão dos valores mobiliários por eles anteriormente representados. Daí que a decisão de conversão seja publicada.

Tratando-se de valores mobiliários titulados em depósito centralizado, a sua conversão em valores mobiliários escriturais faz-se «por mera comunicação do emitente à entidade gestora do sistema centralizado». Como os títulos estavam integrados em depósito, será a própria entidade gestora do sistema centralizado a promover a inutilização daqueles (art. 50º, 5, CVM).

5. Modalidades das ações: nominativas sim, ao portador não

5.1. Nominativas

As ações nominativas permitem ao emitente conhecer a todo o tempo a identidade dos titulares. Apesar de ter sido alterada a redação do art. 52º do CVM, parece ser aquilo que se pode concluir tendo em conta o regime de transmissão das ações e o regime do acesso à informação constante das entidades registadoras[135]. Vejamos.

[135] Sobre as vantagens e desvantagens das ações nominativas e das ações ao portador, v. o nosso *Cláusulas do contrato de sociedade que limitam a transmissibilidade das acções*, cit., p. 218 e ss..

As ações *nominativas tituladas não integradas em sistema centralizado* e sujeitas ao regime do art. 102º, 1, do CVM transmitem-se por «declaração de transmissão, escrita no título, a favor do transmissário, seguida de registo junto do emitente ou junto de intermediário financeiro que o represente». Logo, com o registo junto do emitente ou do seu referido representante a sociedade pode ficar a saber quem são os titulares das ações.

Por sua vez, as ações *nominativas tituladas integradas em sistema centralizado* ficam sujeitas ao disposto para os valores mobiliários escriturais integrados em sistema centralizado (art. 105º do CVM). Relativamente às ações nominativas escriturais, decorre da al. *c)* do nº 1 do art. 85º do CVM que é dever das entidades registadoras prestar aos emitentes de valores mobiliários as informações que solicitarem em relação aos elementos constantes das contas. Por isso, a sociedade emitente também poderá ficar a saber quem são os titulares das ações em causa.

5.2. Ao portador não

A L 15/2017 veio proibir a emissão de valores mobiliários ao portador e, portanto, já não é admitida a emissão de ações ao portador. Também o art. 299º do CSC foi alterado, admitindo apenas ações nominativas.

A proibição referida tem na origem a intenção de combater o branqueamento de capitais e o financiamento do terrorismo. O art. 30º, 1, da Diretiva 2015/849[136] estabelece que os Estados-Membros ficam obrigados a assegurar «que as entidades societárias e outras pessoas coletivas constituídas no seu território são obrigadas a obter e conservar informações suficientes, exatas e atuais sobre os seus beneficiários efetivos, incluindo dados detalhados sobre os interesses económicos detidos» (v. tb. o parágrafo aditado pela Diretiva 2018/843). Além disso, o art. 10º, 2, da mesma Diretiva também obriga os Estados-Membros a tomar «medidas para prevenir a utilização abusiva de ações ao portador». Por sua vez, o novo art. 3º-A, 1, da Diretiva 2007/36/CE (Diretiva dos direitos dos acionistas[137]) veio exigir que os Estados-Membros assegurem «que as sociedades tenham o direito de identificar os seus acionistas», embora também possam prever «que as sociedades com sede social no seu território só sejam autorizadas

[136] Diretiva (UE) 2015/849 do Parlamento Europeu e do Conselho de 20 de maio de 2015 «relativa à prevenção da utilização do sistema financeiro para efeitos de branqueamento de capitais ou de financiamento do terrorismo [...]», entretanto alterada pela Diretiva (UE) 2018/843.

[137] O art. 3º-A foi introduzido pela Diretiva (UE) 2017/828.

a solicitar a identificação dos acionistas detentores de mais do que uma certa percentagem das ações ou dos direitos de voto. Essa percentagem não pode ser superior a 0,5%». Parece evidente que nenhuma das Diretivas referidas exigia a eliminação das ações ao portador.

Os valores mobiliários ao portador emitidos quando isso era permitido deveriam ser convertidos em nominativos no prazo de seis meses após a entrada em vigor da lei mencionada. Mas, ultrapassado esse prazo, os valores mobiliários em causa *não se extinguiram*. Como vimos, o art. 2º, 2, da L 15/2017 proibiu a transmissão de valores mobiliários ao portador e suspendeu o direito de participar em distribuição de resultados associados a tais valores, constando o regime de conversão do DL 123/2017.

Quanto às ações escriturais ao portador, extrai-se do art. 85º, 1, *c)*, do CVM que as entidades registadoras não estão obrigadas a prestar informações solicitadas pelas entidades emitentes em relação a elementos constantes das contas. E esta norma não foi revogada pela L 15/2017... Os títulos ao portador registados já tinham sido eliminados, embora os valores mobiliários titulados depositados em sistema centralizado sejam obrigatoriamente registados: cfr. o nº 10 do Preâmbulo do DL 486/99.

O art. 4º, *f)*, da Diretiva UE 2017/1132 de 14 de junho de 2017[138] (Diretiva de codificação) dispõe que dos estatutos, ato constitutivo ou documento separado («que deve ser objeto de publicidade efetuada segundo os procedimentos previstos pela legislação de cada Estado-Membro, nos termos do artigo 16º» deve constar a «espécie, nominativa ou ao portador, das ações, quando a legislação nacional previr essas duas espécies, e bem assim as disposições relativas à sua conversão, salvo se esta estiver regulada pela lei». No entanto, a Diretiva não obriga a que os Estados-Membros permitam a emissão de valores mobiliários ao portador.

5.3. Conversão de ações ao portador em nominativas

O contrato de sociedade de uma sociedade anónima deve obrigatoriamente estabelecer que as ações são nominativas, como decorre da atual al. *d)* do

[138] Diretiva «tendente a coordenar as garantias que, para proteção dos interesses dos sócios e de terceiros, são exigidas nos Estados-Membros às sociedades, na aceção do segundo parágrafo do artigo 54º do Tratado sobre o Funcionamento da União Europeia, no que respeita à constituição da sociedade anónima, bem como à conservação e às modificações do seu capital social, a fim de tornar equivalentes essas garantias em toda a Comunidade (Reformulação), JO L 315 de 14.11.2012, p. 74.

art. 272º do CSC[139]. A convertibilidade estava prevista no art. 53º do CVM, resultando então deste preceito que a conversão poderia ter lugar «por iniciativa e a expensas do titular». As regras de conversão que estivessem estabelecidas no contrato de sociedade teriam que respeitar o teor do art. 54º do CVM quanto aos modos de conversão, mas também este preceito foi revogado pela L 15/2017.

A L 15/2017 estabelecia que a conversão dos valores mobiliários ao portador em nominativos seria objeto de regulamentação no prazo de 120 dias a contar da entrada em vigor daquela lei[140]. Mas só em 25 de setembro de 2017 é que foi publicado o DL 123/2017, nele se encontrando a regulamentação referida.

O regime da conversão varia consoante os valores mobiliários ao portador estivessem ou não integrados em sistema centralizado (e esta integração é possível para os titulados e para os escriturais). Os valores mobiliários que não estavam integrados em sistema centralizado podiam estar registados num único intermediário financeiro (era o que sucedia com os valores mobiliários escriturais ao portador, nos termos do revogado art. 63º, 1, *a)*, do CVM), depositados (se titulados) em intermediário financeiro (depósito que é obrigatório no caso da emissão ou série representada por um só título se este não está depositado em sistema centralizado – v. o art. 99º, 2, *b)*) ou sujeitos ao regime do (revogado) art. 101º do CVM.

Também existem diferenças relevantes consoante os valores mobiliários fossem titulados ou escriturais. Deve igualmente ser feita a distinção entre os casos em que a conversão de valores mobiliários ao portador em valores mobiliários nominativos teve lugar por promoção do emitente durante o período transitório e aqueles em que isso não ocorreu.

A conversão de valores mobiliários ao portador em valores mobiliários nominativos só faz sentido se a sociedade emitiu valores mobiliários ao portador. Por isso, se o contrato de sociedade prevê que a sociedade pode ter ações nominativas ou ações ao portador, mas a sociedade só emitiu ações nominativas, apenas há que alterar o contrato de sociedade[141].

139 Anteriormente à entrada em vigor da L 15/2017, o art. 272º, *d)*, do CSC obrigava a que constasse do contrato de sociedade se as ações eram nominativas ou ao portador, bem como as regras de conversão.

140 Sobre o último dia do prazo (4 ou 6 de novembro?), Joana Torres Ereio, «O fim dos valores mobiliários ao portador», *RDS*, 4, 2017, p. e ss., a p. 830.

141 Maria de Deus Botelho, «O fim das ações ao portador – O período de conversão do nosso descontenatmento», DSR, 2017, 18, p. 181 e ss., a p. 192, nt. 36.

Como o período transitório já terminou, não nos vamos preocupar aqui com os termos da conversão no decurso desse mesmo espaço temporal[142].

O que deve suceder, porém, se a emitente não efetua a conversão por sua iniciativa no período transitório? É necessário distinguir entre as ações *integradas em sistema centralizado* e as ações que ali *não estavam integradas*. As diferenças entre os regimes são radicais.

Quanto às primeiras, dispõe o art. 5º, 1, do DL 123/2017 que a falta de conversão por iniciativa do emitente deveria ter como consequência que *a conversão seria efetuada pela entidade gestora do sistema centralizado no último dia do período transitório*[143]. Isto significa que a entidade gestora do sistema não terá esperado pela ultrapassagem do período transitório. E deverá ter realizado a conversão *independentemente de ter ou não havido alteração do contrato de sociedade*.

No que diz respeito às ações *escriturais ao portador registadas num único intermediário financeiro*[144], deverá ter sido este último a realizar a conversão no último dia do período transitório (art. 5º, 3, do DL 123/2017), o que terá sucedido *mesmo que não tenha havido alteração do contrato de sociedade*.

Quanto às restantes ações que ainda não tenham sido convertidas no final do período transitório, está previsto no art. 7º, 1, do DL 123/2017 que «apenas conferem legitimidade para a solicitação do registo a favor dos respetivos titulares». Por isso, os titulares das ações não podem receber a parte dos lucros de exercício distribuídos que cabe a cada um. O pagamento dessas quantias fica suspenso e o montante em causa é depositado em conta aberta em nome do emitente numa entidade legalmente habilitada para o efeito, sendo entregue aos titulares das ações quando estas forem convertidas em ações nominativas (art. 7º, 1, do DL 123/2017). Por sua vez, o art. 2º, 2, *a*), da L 14/2017 proíbe a transmissão dos valores mobiliários ao portador depois de decorrido o período transitório[145].

142 Sobre o tema, v. o nosso comentário em «Artigo 300º», in J. M. Coutinho de Abreu (coord.), *Código das Sociedades Comerciais em comentário*, V, 2ª ed., Almedina, Coimbra, 2018, p. 360 e ss. O que escrevemos no texto sobre a conversão de ações ao portador em ações nominativas deve muito ao texto do nosso comentário.

143 V. a Instrução 1/2017 da Interbolsa.

144 Perante a redação do art. 99º, 5, do CVM, a situação em que ficam as ações tituladas ao portador em que um só título representa toda a emissão ou série e fica sujeito a depósito obrigatório em intermediário financeiro pode suscitar dificuldades interpretativas: v. Joana Torres Ereio, «O fim dos valores mobiliários ao portador», cit., p. 851 nt. 46..

145 O regime suscita muitas dúvidas quanto aos valores mobiliários ao portador emitidos por entidade estrangeira: v., desenvolvidamente, Joana Torres Ereio, «O fim dos valores mobiliários ao portador», cit., p. 859 e ss..

O art. 7º, 1, do DL 123/2017 estabelece que «os valores mobiliários ao portador não convertidos em nominativos até ao fim do período transitório apenas conferem legitimidade para a solicitação do registo a favor dos respetivos titulares». Isso significa que as ações ao portador não convertidas também *não conferem legitimidade para o exercício dos restantes direitos inerentes*. Desde logo, não conferem legitimidade para o exercício dos direitos de voto ou de informação[146].

Tratando-se de ações *tituladas ao portador*, os títulos devem ser apresentados ao emitente para substituição ou alteração das menções, pois isso também é necessário para que ocorra a conversão.

E se a deliberação de alteração do contrato de sociedade não foi tomada durante o período transitório? O problema cresce de dimensão se todas as ações emitidas pela sociedade eram ao portador[147]. Quem vai participar na tomada da deliberação de alteração do contrato de sociedade, uma vez que as ações ao portador não convertidas também não conferem legitimidade para votar? O problema é menos grave se aceitarmos que o art. 2º, 2, do DL 123/2017 permite que as alterações ao contrato de sociedade (e aos demais documentos relativos às condições de emissão) necessárias para a conversão sejam deliberadas pelo órgão de administração mesmo que tenha sido ultrapassado o período transitório.

Se o contrato de sociedade apenas previa a possibilidade de emissão de ações ao portador, também não será necessária, na nossa opinião, a deliberação de alteração do contrato de sociedade para que se possa efetuar o registo a favor dos titulares e a substituição dos títulos ou alteração das respetivas menções, nos termos do art. 7º, 1, do DL 123/2017[148]. A isso conduzia o art. 530º, 1, do CSC: «As cláusulas dos contratos de sociedade celebrados, na forma legal, antes da entrada em vigor desta lei que não forem por ela permitidas consideram-se automaticamente substituídas

[146] Contra, Joana Torres Ereio, «O fim dos valores mobiliários ao portador», cit., p. 857.

[147] Ambas as hipóteses foram-nos sugeridas pelo Doutor Paulo de Tarso Domingues, a quem por isso agradecemos.

[148] Aparentemente contra, por considerar que a letra do art. 7º, 1, do DL 123/2017 não o pressupõe, Joana Torres Ereio, «O fim dos valores mobiliários ao portador», cit., p. 858; decididamente contra, por defender que, estando as ações ao portador proibidas, «qualquer cláusula que contrarie a proibição é nula», Coutinho de Abreu, «A propósito da eliminação das ações ao portador», 2018, em publicação.

pelas disposições de caráter imperativo da nova lei, sendo lícito recorrer à aplicação das disposições de caráter supletivo que ao caso convierem». Embora o preceito tivesse em vista a entrada em vigor do CSC, não pode deixar de se aplicar no caso de serem introduzidas alterações ao mesmo Código quando delas não resulte o contrário. Nomeadamente, quanto à alteração do art. 299º: este preceito estabelece agora a obrigatoriedade de todas as ações serem nominativas e não permite as ações ao portador. Assim, a cláusula que previa a emissão de ações ao portador torna-se ineficaz porque cessa a sua vigência – é substituída pela disposição de caráter imperativo que exige a natureza nominativa das ações[149].

Nos casos em que o contrato de sociedade permitia a emissão de ações ao portador e de ações nominativas, também não se vê razão que leve a exigir a deliberação de alteração do contrato de sociedade para que se possa efetuar o registo a favor dos titulares e a substituição dos títulos ou alteração das respetivas menções, nos termos do art. 7º, 1, do DL 123/2017. Afinal de contas, as ações nominativas serão permitidas pelo contrato de sociedade.

O DL 123/2017 não esclarece sobre o que deve suceder se as ações ao portador não são convertidas em nominativas depois do período transitório porque os titulares não solicitaram o registo a seu favor nem apresentaram ao emitente os títulos para substituição ou alteração das menções respetivas. Coutinho de Abreu lembra que o art. 1º do DL 187/70, de 30 de abril, estabelece que se consideram «abandonados em favor do Estado: *a)* As obrigações, ações e títulos equivalentes, ainda que provisórios, representativos de capital de sociedades anónimas ou em comandita por ações, com sede em território nacional, quando, durante o prazo de vinte anos, os seus titulares ou possuidores não hajam cobrado ou tentado cobrar os respetivos dividendos, juros, amortizações ou outros rendimentos, ou não tenham manifestado por outro modo legítimo e inequívoco o seu direito sobre os títulos [...]»[150].

É certo que o art. 299º do CSC dispõe que não são «permitidas ações ao portador», mas isso não quer significar que as ações ao portador que não tenham sido convertidas até ao fim do período transitório sejam elimina-

[149] A solução é avançada por Coutinho de Abreu, «A propósito da eliminação das ações ao portador», cit., mas defendendo, como já vimos, a nulidade da cláusula.

[150] Coutinho de Abreu, «A propósito da eliminação das ações ao portador», cit..

das. O art. 7º, 1, do DL 123/2017 demonstra-o, embora limitando drasticamente as funções dos valores mobiliários em causa[151].

Coutinho de Abreu[152] lembra ainda dois aspetos importantes: por um lado, a eventual falta de legitimidade de todos os acionistas para exercerem outros direitos para além dos referidos no art. 7º, 1, do DL 123/2017 pode conduzir a uma situação de «paralisia no funcionamento da sociedade», caso em que o referido Professor admite a possibilidade de requerimento de dissolução administrativa da sociedade; por outro lado, o facto de um ou alguns acionistas não solicitarem a conversão não pode conduzir a que a sociedade seja sancionada por incumprimento de deveres declarativos que sobre ela recaiam quanto a esse ou esses acionistas ao abrigo do regime do Registo Central do Beneficiário Efetivo, aprovado pela L 89/2017.

Se o acionista apresenta os títulos representativos de ações ao portador para registo à sociedade e para substituição ou para alteração das menções, também pode acontecer que a sociedade nada faça. Nesse caso, justifica-se a interpretação restritiva do art. 7º do DL 123/2017 para permitir o recurso ao processo de conversão do art. 1064º do CPC. Afinal de contas, o acionista tem o direito de exigir a conversão. A equivalência das formas de representação determina que a conversão também possa ser judicialmente exigida pelo acionista quanto às ações escriturais (se não for através do processo especial mencionado – tendo em conta o art. 346º 2, do CPC –, será através de processo comum).

6. Categorias de ações. Ações ordinárias e especiais. Ações privilegiadas e diminuídas

Os direitos inerentes às ações da mesma sociedade não têm de ser necessariamente todos iguais[153]. É o que resulta do nº 1 do art. 302º do CSC, de acordo com o qual «podem ser diversos, nomeadamente quanto à atribuição de dividendos e quanto à partilha do ativo resultante da liquidação, os direitos inerentes às ações emitidas pela mesma sociedade». A isto

[151] Parece ser essa também a leitura de JOANA TORRES EREIO, «O fim dos valores mobiliários ao portador», cit., p. 842.

[152] COUTINHO DE ABREU, «A propósito da eliminação das ações ao portador», cit..

[153] Sobre os direitos inerentes, v. JORGE SANTOS, «Direitos inerentes aos valores mobiliários», *DVM*, 1997, p. 55-98, ANTÓNIO SOARES, «Direitos inerentes a valores mobiliários», *DVM*, I, 1999, p. 133-164, PEDRO PAIS DE VASCONCELOS, «Direitos inerentes e direito subjectivo», *CadMVM*, 4, 1999, p. 21-31.

acrescenta o nº 2 do mesmo artigo que «as ações que compreendem direitos iguais formam uma categoria», devendo constar do contrato de sociedade quais as categorias de ações existentes, «com indicação expressa do número de ações e dos direitos atribuídos a cada categoria» (cfr. a al. *c)* do art. 272º do CSC)[154]. Por sua vez, o art. 45º do CVM estabelece que «os valores mobiliários que sejam emitidos pela mesma entidade e apresentem o mesmo conteúdo constituem uma categoria (...)».

Na configuração das categorias de ações é necessário ter em conta as disposições de direito imperativo e, em particular, as normas do direito das sociedades. Assim, e por exemplo, não será permitido que uma categoria de ações viole a proibição do pacto leonino.

Como se vê, o nº 1 do art. 302º do CSC apenas faz referência à possibilidade de as ações conferirem direitos diferentes quanto à atribuição de dividendos e à partilha do ativo resultante da liquidação[155]. Mas outros podem ser os direitos diversos, que não têm que ser necessariamente *mais* direitos. Alguns deles são mencionados expressamente pelo próprio legislador:

a) O nº 1 do art. 341º do CSC permite que o contrato de sociedade autorize a emissão de ações preferenciais sem direito de voto até ao montante representativo de metade do capital. Essas ações «conferem direito a um dividendo prioritário não inferior a 1% do respetivo valor nominal ou, na falta deste, do seu valor de emissão, deduzido de eventual prémio de emissão, retirado dos lucros que, nos ter-

[154] Como bem mostra CARLO ANGELICI, *La società per azioni. Principi e problemi*, in ANTONIO CICU/FRANCESCO MESSINEO/LUIGI MENGONI/PIERO SCHLESINGER (dir.), *Trattato di diritto civile e commercialle*, Giuffrè, Milano, 2012, p. 31, a organização dos direitos em torno de categorias de ações justifica-se pela necessidade de ter em conta que na sociedade anónima se considera que «è estranea una diretta considerazione del ruolo personale del singolo socio e si prescinde inoltre dai suoi rapporti personali com gli altri».

[155] Discute-se também, entre nós, a admissibilidade das *tracking stocks*, que são «caracterizadas pelo facto de atribuírem aos respetivos titulares um direito especial aos lucros indexado aos resultados de uma sociedade-filha ou de um determinado setor de atividade económico particular da sociedade emitente»: cfr. ENGRÁCIA ANTUNES, *Os instrumentos financeiros*, cit., p. 106. Sobre o tema, v. tb. FÁTIMA GOMES, «As "tracking stocks" como categoria de acções e a sua compatibilidade com o ordenamento jurídico português», *DSR*, 2010, 2, 4, p. 76 e ss. (enquadrando-as, a p. 95, nas «ações preferenciais distintas das previstas exprerssamente pelo legislador», e JOANA MAGINA, «Tracking stocks – Uma ausência motivada pelo esquecimento ou pela rejeição?», *DSR*, 2016, 8, 15, p. 125 e ss. (considerando, a p. 149, que «o sistema jurídico nacional não constitui um entrave ao acolhimento deste tipo de instrumentos financeiros»).

mos dos artigos 32º e 33º, possam ser distribuídos aos acionistas e ao reembolso prioritário do seu valor nominal ou do seu valor de emissão na liquidação da sociedade» (nº 2 do art. 341º do CSC)[156], e conferem ainda todos os direitos não patrimoniais inerentes às ações ordinárias, exceto o direito de voto (cfr. o nº 5 do art. 341º referido);

b) O nº 1 do art. 345º do CSC torna possível que o contrato de sociedade autorize a criação de uma categoria de ações com algum privilégio patrimonial, ainda que não tenham direito de voto, que fiquem sujeitas a remição em data fixa ou quando a assembleia geral o deliberar (ações remíveis);

c) O nº 5 do art. 346º do CSC estabelece que as ações amortizadas sem redução do capital, nos termos do disposto no nº 1 do art. 346º, «passam a denominar-se ações de fruição, constituem uma categoria e esse facto deve constar do título ou do registo das ações»;

d) O nº 2 do art. 391º do CSC admite que o contrato de sociedade estipule que a eleição de alguns dos administradores, em número não superior a um terço do total, deve ser também aprovada pela maioria dos votos conferidos a certas ações;

e) A L 63-A/2008, de 24 de novembro (já alterada e que «estabelece medidas de reforço da solidez financeira das instituições de crédito no âmbito da iniciativa para o reforço da estabilidade financeira e da disponibilização de liquidez nos mercados financeiros»), permite a emissão de ações especiais de capitalização pública[157] pelas sociedades que são por ela abrangidas.

As ações ordinárias são geralmente entendidas como sendo as que conferem os direitos e impõem as obrigações que a lei estabelece para as ações em geral[158]. Uma mesma sociedade pode ter outras categorias de ações.

[156] Os nºs 3 e 4 abrem a porta a várias alternativas: sobre estas, ELDA MARQUES, «As recentes alterações ao regime das ações preferenciais – o Decreto-Lei nº 26/2015, de 6 de fevereiro», *DSR*, 2015, 13, p. 219 e ss. (esp. 225-235). DANIELA BAPITSTA, «Acções preferenciais sem voto», AAVV, *IV Congresso Direito das Sociedades em revista*, Almedina, Coimbra, 2016, p. 411 e ss..

[157] Sobre estas, PAULO OLAVO CUNHA, «Os novos direitos especiais: as ações especiais», AAVV, *II Congresso Direito das Sociedades em Revista*, Almedina, Coimbra, 2012, p. 111-146, ENGRÁCIA ANTUNES, *Os instrumentos financeiros*, cit., p. 107.

[158] Diz PAULO OLAVO CUNHA, *Os direitos especiais nas sociedades anónimas: as acções privilegiadas*, Almedina, Coimbra, 1993, p. 20 e ss., que as ações ordinárias são as que «integram os direitos

Se essas categorias de ações conferem mais direitos do que os inerentes às ações ordinárias, essas ações serão privilegiadas. Mas também pode suceder que essas outras categorias de ações atribuam menos direitos do que os inerentes às ações ordinárias. Nesse caso, estamos perante ações «diminuídas»[159]. As ações privilegiadas e as ações diminuídas são ações especiais[160]. Serão ainda ações especiais as que imponham mais obrigações do que as inerentes às ações ordinárias.

O que se acaba de dizer não significa que uma sociedade anónima tenha necessariamente ações ordinárias com o sentido acima expresso, pois pode não ter ações que apenas confiram os direitos e imponham as obrigações que a lei estabelece para as ações em geral[161]. Por outro lado, se uma sociedade anónima tem ações ordinárias e outras que o não são, aquelas formam também uma categoria.

A mesma sociedade anónima pode realizar várias emissões de ações. E a mesma emissão pode ter várias séries. E cada série pode formar uma categoria de ações.

Se o contrato de sociedade impõe a todos ou a alguns acionistas a obrigação de efetuar prestações acessórias (art. 287º do CSC), poderá discutir-se se essa obrigação integra ou não o conteúdo da participação social. Com efeito, a lei faz menção expressa à imposição de obrigações acessórias a todos ou alguns *acionistas*. Ainda assim, julgamos que essas obrigações integram as participações sociais dos acionistas a quem são impostas.

e as obrigações que a lei atribui, imperativa e supletivamente, quantitativa e qualitativamente, às acções *em geral*»; em sentido próximo, Engrácia Antunes, *Os instrumentos financeiros*, cit., p. 102 e s.. Para a Itália, com uma leitura um pouco diferente, Francesco Constantino, «Le azioni: profili generali e circolazione», in Oreste Cagnasso/Luciano Panzani (dir.), *Le nuove s.p.a.*, vol. 2, Zanichelli, Torino, 2013, p. 30 («l'autonomia statutaria può spingersi fino a modificare lo statutto delle azioni ordinarie»).

159 Paulo Cunha, *Os direitos especiais nas sociedades anónimas: as acções privilegiadas*, cit., p. 100 e 145. Com posição diferente, Osório de Castro, *Valores mobiliários: conceito e espécies*, cit., p. 91.

160 Referindo-se a ações especiais para designar as que atribuem privilégios, que reduzem direitos ou que, simultaneamente, reduzem direitos e conferem privilégios, Agustín Aguilera Ramos, «Clases y series de acciones. Las acciones privilegiadas», in Alonso Ureba/Duque Domínguez/Esteban Velasco/García Villaverde/Sánchez Calero (coord.), *Derecho de sociedades anónimas*, II, vol. 1, Civitas, Madrid, 1994, p. 159.

161 Com opinião diferente, na Itália, Angelici, *Le azioni*, Giuffrè, Milano, 1992, p. 67.

E, por isso, essas obrigações transmitem-se com as participações sociais se não tiverem por objeto prestações infungíveis[162].

As ações podem impor mais obrigações do que as inerentes às ações ordinárias. Como vimos, o art. 45º do CVM estabelece que «os valores mobiliários que sejam emitidos pela mesma entidade e apresentem o mesmo conteúdo constituem uma categoria (...)». Esse conteúdo abrange também as obrigações. Assim sendo, parece que os acionistas a quem sejam impostas as obrigações de prestações acessórias terão que ser titulares de ações de uma categoria com aquele conteúdo[163].

[162] No sentido da transmissão, em regra, das prestações acessórias com a participação, Coutinho de Abreu, *Curso de direito comercial*, II, cit., p. 300, e Alexandre Mota Pinto, «Artigo 287º», in J. M. Coutinho de Abreu (coord.), *Código das Sociedades Comerciais em comentário*, V, cit., p. 178. Para as sociedades por quotas, Alexandre de Soveral Martins, *Cessão de quotas. Alguns problemas*, 2ª ed., Almedina, Coimbra, 2016, p. 41. Sobre prestações infungíveis, lembrando que as mesmas não serão raras «en materia de asistencia técnica o secretos industriales», María Jesús Peñas Moyano, *Las prestaciones accessorias en la Sociedad Anónima*, Aranzadi, Pamplona, 1996, p. 289.

[163] María Jesús Peñas Moyano. *Las prestaciones accessorias en la Sociedad Anónima*, cit., p. 284, perante o quadro legal então em vigor na Espanha, considerava que as ações que «llevan aparejadas prestaciones accesorias» pertencem a «una determinada categoría». Ciente de que daí podem resultar muitos problemas, procura apresentar soluções estatutárias para os mesmos. Na Itália, o art 2348º do *Codice Civile* tem suscitado discussão semelhante à que é tratada no texto: cfr. Federico Martorano, «Art. 2348», in Michele Sandulli/Vittorio Santoro (a c. di), *La riforma delle società*, Giappichelli, Torino, 2003, p. 136, que se pronuncia no sentido da «neutralittà della norma rispetto a tale specifico problema». Para a Alemanha, considerando que no caso de as prestações acessórias estarem ligadas a apenas uma parte das ações estas constituem «eine besondere Gattung iSv §11», Erhard Bungeroth, «§ 55», in Wulf Goette/Mathias Habersack/Susanne Kalss (her.), *Münchener Kommentar zum Aktiengesetz*, Bd. 1 §§ 1-75, 4. Aufl., Beck (Beck-online), München, 2016, Rn. 13; Karsten Heider, «§ 11», in Wulf Goette/Mathias Habersack/Susanne Kalss (her.), *Münchener Kommentar zum Aktiengesetz*, Bd. 1 §§ 1-75, 4. Aufl., Beck (Beck-online), München, 2016, Rn. 4, afirma, por sua vez, que, apesar de o § 11 *AktG* se referir apenas a direitos, também abrangeria os deveres (*pflichten*): «Die Definition ist insoweit unvollständig, als nicht nur gleichen Mitgliedschaftsrechten, sondern auch gleichen Mitgliedschaftspflichten gattungsbegründende Wirkung zukommt». Com a mesma opinião, Oliver Brändel, «§ 11», in Heribert Hirte/Peter Mülbert/Markus Roth/Klaus J. Hopt/Herbert Wiedemann (her.), *Großkommentar Aktiengestz Online*, 4. Aufl., De Gruyter, Berlin/München/Boston, 2004, Barbara Dauner-Lieb, «§ 11», in Wolfgang Zöllner/Ulrich Noack (her.), *Kölner kommentar zum Aktiengesetz*, Bd. 1 § 1-75, 3. Aufl., Carl Heymanns, 2011, Rn. 5, Rn. 19, Stefan Vatter , «§ 11», in Gerald Spindler/Eberhard Stilz (her.), *Aktiengesetz*, 3. Aufl., 2015, Rn. 16 (e mesmo quanto às *Nebenleistungspflichten*) e Hildegard Ziemons,

7. Emissão de ações. A emissão de ações como valores mobiliários é um processo

Nem sempre é possível determinar com clareza o que se pretende dizer quando, na lei, se faz referência à emissão de ações[164]. A emissão das ações só tem lugar com a emissão do título ou com o registo em conta? Ou a emissão de ações ocorre em momento anterior?

No nº 1 do art. 298º do CSC, por exemplo, faz-se referência à emissão das ações, mas no art. 304º do CSC usam-se antes os termos «emissão dos títulos»[165].

Se, como parece resultar do CVM, as ações são valores mobiliários a partir do momento em que estão representadas por registos em conta ou por documentos em papel, então a emissão das ações *enquanto valores mobiliários* não terminará, pelo menos, antes da sua representação. Sem essa representação, não se poderá dizer que teve lugar a criação das ações *enquanto valores mobiliários.*

Quanto à entrega dos títulos, e perante o teor do art. 95º do CVM, parece que a mesma não integra o processo de emissão. É que, na verdade, o preceito referido *contrapõe a emissão dos títulos à entrega dos títulos.* No entanto, uma coisa é a emissão dos títulos, outra a criação de valores mobiliários. E na nossa opinião só há verdadeiramente representação da ação no título quando este é pelo menos *colocado à disposição do respetivo titular.* Não bastará que a sociedade proceda à criação material do título para que esse documento ganhe a natureza de título de acção e fique sujeito ao regime próprio destes. Sobretudo, pelas consequências que daí resultariam para o subscritor das ações se a sociedade emitente procede a uma indevida entrega dos títulos a outrem

«§ 11», in Karsten Schmidt/Marcus Lutter, *AktG Kommentar,* I Bd., § 1-149, 3. ed., Otto Schmidt, Köln, 2015, Rn. 5, Sebastian Mock, «§ 11», in Heribert Hirte/Peter Mülbert/Markus Roth (her.), *Aktiengesetz Großkommentar,* 5. Aufl., De Gruyter, Berlin-Boston, 2017, Rn. 65,

164 Chamando a atenção para o carácter polissémico do termo emissão, embora ainda sob a vigência do CódMVM, Amadeu Ferreira, *Direito dos valores mobiliários,* cit., p. 264: «ora é a própria operação; ora o seu resultado; ora os actos atribuíveis à entidade emitente; ora os actos de constituição dos próprios valores mobiliários, isto é, de execução de uma determinada forma de representação».

165 Para uma distinção entre emissão do título/emissão do valor, cfr. Paulo Câmara, «Emissão e subscrição de valores mobiliários», *Direito dos valores mobiliários,* Lex, Lisboa, 1997, p. 207.

ou se os títulos são subtraídos à sociedade emitente sem a vontade desta e posteriormente entregues a um adquirente de boa fé[166].

Para boa parte da doutrina alemã, não bastará a elaboração do documento pela sociedade para que se possa dizer que a socialidade fica ali representada. Será para isso necessária a celebração de um contrato de entrega dos títulos (*Begebungsvertrag* ou *contrato di rilascio del titolo*[167]), atra-

[166] O próprio nº 1 do art. 58º do CVM não afasta, necessariamente, a tese por nós subscrita, porquanto sempre se pode dizer que o regime ali previsto só valerá se se puder considerar realizada a incorporação. No sentido de que o possuidor de boa fé não adquire a qualidade de sócio se a ação «foi posta a circular independentemente da vontade da sociedade», V. G. Lobo Xavier, «Acção», cit., c. 67. No mesmo sentido já ía Ulmer, *Das Recht der Wertpapiere*, cit., p. 68 e ss., ao afirmar que «o acionista a quem os títulos se dirigiam não pode perder o seu direito de acionista» («Der Aktionär, für den die Urkunde bestimmt war, kann sein Aktienrecht nicht verlieren»). Em Freiherr Von Godin/Hans Wilhelmi, *Aktiengesetz*, 4. Aufl., Bd. I, § 1-178, De Gruyter, Berlin, 1971, § 10, Anm. 1, p. 41, pode ler-se que nos casos em que a sociedade entrega o documento a um falso acionista ou quando o documento é roubado não se verifica a ligação entre o direito e o documento. Oliver Brändel, «§ 10», in *Aktiengesetz. Großkommentar Online*, cit., Rn. 21, p. 235, sustenta, igualmente, que quando a sociedade perde os documentos ou os entrega a quem não devia, tais documentos não chegam a representar o direito de participação, não permitem a aquisição desse direito e não tornam possível a multiplicação do direito de participação; e, mais adiante, acrescenta que o título de ação que é colocado no tráfego jurídico sem ou contra a vontade da sociedade não pode representar a participação («eine Aktienurkunde, die ohne oder gegen den Willen der Gesellschaft in den Verkehr gelangt ist, kann die Mitgliedschaft nicht verbriefen»).

[167] Cfr. Carlo Angelici, «La circolazione della partecipazione azionaria», cit., p. 215. Sobre o *Begebungsvertrag* e a *Vertragstheorie*, cfr. Marcus Lutter, «§ 67», in Wolfgang Zöllner (her.), *Kölner Kommentar zum Aktiengesetz*, 2. Aufl., §§ 1-75, Carl Heymanns, Köln-Berlin-Bonn-München, 1988, Rn. 3, p. 813 (que se pronuncia tanto acerca das ações nominativas, como relativamente às ações ao portador) e § 68, Rn. 9, p. 853 (aí sustenta que os documentos serão meros pedaços de papel sem o *Begebungsvertrag*); v. tb. Barbara Dauner-Lieb, «§ 10», in Wolfgang Zöllner/Ulrich Noack (her.), *Kölner kommentar zum Aktiengesetz*, Bd. 1, cit., Rn. 34; Alfred Hueck/Claus-Wilhelm Canaris, *Recht der Wertpapieren*, 12. ed., Franz Vahlen, München, 1986, p. 31 e ss., que consideram a *Vertragstheorie* dominante na Alemanha, embora entendam que esta deve ser completada com a *teoria da aparência jurídica* (*Rechtsscheinstheorie*), atribuída em regra a Jacobi (deste último, veja-se *Wechsel-und Scheckrecht*, De Gruyter, Berlin, 1956, p. 41 e ss.); Jens Koch, «§ 67», in Uwe Hüffer/Jens Koch, *Aktiengesetz*, 12. Aufl., Beck (Beck-online), München, 2016, Rn. 2 (afirma que nas ações nominativas a socialidade é representada no título e sujeita às regras dos *Wertpapiere – deklaratorischen Orderpapieren* – devido ao referido *Begebungsvertrag*). Para mais referências, v. o nosso *Cláusulas do contrato de sociedade que limitam a transmissibilidade das acções*, cit., p. 162, nt. 232. No Estado Norte-Americano do Delaware, encontramos decisões de acordo com as quais a emissão de um *stock certificate* só termina com a sua entrega ao acionista: foi assim no

vés do qual as partes concordam em que o documento passa a representar a socialidade e que o acionista deve ser proprietário desse documento[168].

Mas a exigência de um contrato de entrega pode conduzir a que o subscritor impeça a incorporação ao recusar-se a celebrar o contrato e a receber os títulos. Daí que se tenha defendido que a legitimação para o exercício dos direitos e a transmissão da participação representada passam a reger-se pelas regras relativas aos valores mobiliários titulados não só desde o momento em que o título de ação é *entregue* ao titular, mas também quando é *colocado na sua esfera de disposição*[169]. O subscritor das ações deu o seu acordo para que isso fosse assim no acto de subscrição das ações: aceitou então que essas ações viessem a ser representadas e que, sendo-lhe entregues ou colocadas na sua esfera de disposição, ficassem sujeitas ao regime resultante dessa representação. Não parece haver, por isso, necessidade de um novo contrato de entrega[170].

Se a sociedade entrega os títulos a quem não é acionista ou se os títulos são roubados ou furtados antes da entrega, os títulos que não foram corretamente entregues não terão valor como títulos de ação[171]. Não parece ser razoável impor a quem subscreveu as ações e que realizou a sua entrada que sofra a perda das suas participações em consequência da entrada dos títulos na posse de outrem que os furtou ou encontrou, que os adquiriu

caso *Smith v. Universal Serv. Motor Co.*, Del. Ch., 147 A. 247 (1929) (cfr. *Delaware Corporation Laws annotated*, cit., p. 78).

168 KARSTEN HEIDER, «§ 10», in WULF GOETTE/MATHIAS HABERSACK/SUSANNE KALSS (her.), *Münchener Kommentar zum Aktiengesetz*, cit., Rn. 7, p. 274.

169 EUGEN ULMER, *Das Recht der Wertpapiere*, W. Kohlhammer, Stuttgart-Berlin, 1938, p. 69, afirmava que «será suficiente neste caso que o título de ação entre na esfera de poder do acionista» («Es genügt dabei, daß die Aktienurkunde in den Machtbereich des Aktonärs gelangt»). EMMANUEL STAUFFER, *L'actionnaire sans titre. Ses droits*, Université Georg et Cie, Genève, 1977, p. 73, escrevia também que os efeitos do título de ação enquanto *papier-valeur* só se produzem quando «la personne ayant la qualité d'actionnaire a pris possession du titre, ou a été mise en demeure de le faire. Ce n'est qu'à partir de ce moment-là que la qualité d'actionnaire est véritablement incorporée dans le titre».

170 O acionista não poderá opor-se à elaboração dos documentos mesmo que não os venha receber: cfr, nesse sentido, para a Alemanha, ALFONS KRAFT, «§ 10», in WOLFGANG ZÖLLNER (her.), *Kölner Kommentar zum Aktiengesetz*, 2. Aufl., Bd., 1, §§ 1-75, Carl Heymanns, Köln, etc., 1988, Rn. 10, p. 99.

171 Nesse sentido, MAX HACHENBURG, «Aktienrechtliche Fragen zum Wertpapierbereichnigungs-gesetz», *JZ*, 1952, p. 13 (as acções «werden erst durch die Aushändigung an den Berechtigten Wertträger»).

de quem os furtou ou encontrou ou que os recebeu por erro, ou adquiriu de quem os recebeu por erro [172]. E não parece razoável sustentar que ficariam ambos a deter a qualidade de sócios.

De qualquer forma, parece seguro que a emissão das ações enquanto valores mobiliários será o processo que abrange não só a fase da criação do próprio valor representado, como também a da representação desse valor[173]. O processo engloba um conjunto de atos que variam, desde logo, consoante se trate de emissão de ações na sociedade anónima que se constitui ou da emissão de ações em aumento de capital. E o processo de emissão particular também é diferente do processo de emissão através de oferta pública de subscrição[174]. Encontramos ainda diferenças entre o processo de emissão de ações tituladas e o de ações escriturais[175].

No art. 37º, 2, do CSC lê-se que, no período antes do registo definitivo do contrato de sociedade, e em qualquer tipo de sociedade visado pelos contraentes, «a transmissão por ato entre vivos das participações sociais e as modificações do contrato social requerem sempre o consentimento unânime dos sócios». É, assim, claro que antes do registo do contrato de sociedade já há participação social. E a mesma solução deve valer nos casos de aumento do capital social: as participações sociais daí resultantes já existem antes do registo do aumento[176].

Contudo, e de acordo com o art. 47º do CVM, a «inscrição dos valores mobiliários em contas individualizadas ou a entrega dos títulos exige o prévio cumprimento das formalidades próprias para a criação de cada

[172] Cfr. Gustav Nägele, *Die Mitgliedschaftspapiere,* Carl Winters, Heidelberg, 1937, p. 54.

[173] Julgamos ser também esse o sentido das palavras de Amadeu Ferreira, *Direito dos valores mobiliários,* cit., p. 316: «só quando os direitos em causa assumem uma forma de representação é que o valor mobiliário se considera constituído».

[174] Veja-se que a oferta pública de subscrição tem, em regra, de ser realizada com intervenção de intermediário financeiro, que presta pelo menos os serviços de assistência e colocação: cfr. a al. *a)* do nº 1 do art. 113º do CVM. Sobre os contratos de assistência, de colocação (com ou sem garantia) e de tomada firme, cfr. os arts. 337º e ss. do CVM

[175] No caso das ações escriturais, só serão valores mobiliários com o registo em conta individualizada, pois só então se constituem como tais (v. art. 73º, 1, CVM). O registo em conta individualizada é posterior ao registo da emissão junto do emitente (arts. 43º e 44º do CVM), pois o primeiro deles é efetuado «com base nos elementos relevantes do registo de emissão comunicados pelo emitente» (art. 73º, 2, CVM).

[176] Mas, como vimos, já é menos claro quando é que, num caso e noutro, se pode chamar ação à participação social.

tipo de valor mobiliário, incluindo as relativas ao registo comercial». No caso das ações, isto parece significar que a inscrição e a entrega referidas só podem ter lugar depois de registado definitivamente o ato constitutivo da sociedade ou o ato de aumento de capital[177].

Retira-se do disposto no nº 1 do art. 43º do CVM que a emissão de ações está sujeita a registo junto do emitente[178]. Desse registo devem constar as menções referidas no art. 44º do CVM. A Portaria 290/2000, de 25 de maio, aprovou o modelo do registo da emissão de valores mobiliários junto do emitente.

8. Legitimação para o exercício dos direitos inerentes às ações

8.1. Os direitos inerentes às ações

Vimos que a participação social pode ser entendida como o «conjunto unitário de direitos e obrigações actuais e potenciais do sócio (enquanto tal)»[179]. Aqueles direitos surgem frequentemente agrupados em direitos «patrimoniais» e «direitos administrativos». São direitos patrimoniais, designadamente, o direito a quinhoar nos lucros de exercício e o direito à quota de liquidação. São direitos administrativos, por exemplo, o direito de participar nas deliberações dos sócios, o direito à informação e o direito a ser designado para os órgãos de administração e de fiscalização. É da legitimação para o exercício desses e de outros direitos que iremos tratar. Mas, por vezes, não é simples saber se um determinado direito ainda é ou não inerente à ação. E o problema tem relevo prático, como se vê pela leitura do art. 210º, 1, do CVM quanto às ações vendidas em mercado regulamentado ou no âmbito de sistema de negociação multilateral. De acordo com o referido preceito, em regra os «direitos patrimoniais inerentes aos valores mobiliários vendidos pertencem ao comprador desde a data da operação».

[177] Do revogado art. 304º, 6, CSC resultava que a emissão dos títulos de ações não podia ter lugar antes da inscrição definitiva do contrato de sociedade ou do ato de aumento de capital no registo comercial.

[178] Os valores mobiliários resultantes de destaque estão sujeitos a regime próprio: v. o art. 43º, 1, CVM, Brandão da Veiga, «Direitos destacados e warrants autónomos», *DVM*, III, 2001, p. 85 e ss., Ferreira de Almeida, «Registo de valores mobiliários», *DVM*, VI, Coimbra Editora, Coimbra, 2006, p. 72, nt. 90.

[179] Coutinho de Abreu, *Curso de direito comercial*, vol. II, cit., p. 195.

8.2. A legitimação ativa para o exercício dos direitos

No nº 1 do art. 55º do CVM pode ler-se o seguinte: «Quem, em conformidade com o registo ou com o título, for titular de direitos relativos a valores mobiliários, está legitimado para o exercício dos direitos que lhes são inerentes».

As ações escriturais não estão representadas por títulos: estará legitimado para o exercício dos direitos quem estiver registado como titular dos direitos a exercer. Mas como se faz a prova do que consta do registo? A leitura do art. 78º do CVM mostra que o registo prova-se por *certificado emitido pela entidade registadora*. Esse certificado prova a existência do registo da titularidade dos valores mobiliários a que respeita e pode ser pedido por quem tenha legitimidade para requerer o registo. Quando os direitos inerentes não forem exercidos através da entidade registadora, podem sê-lo pela apresentação dos referidos certificados: veja-se agora o art. 83º do CVM.

No que diz respeito a ações tituladas, é necessário distinguir. Se as ações estão integradas em sistema centralizado, dispõe o art. 105º do CVM que lhes será aplicável o disposto para os valores mobiliários escriturais integrados em sistema centralizado. Com o depósito dos títulos no sistema, os valores mobiliários são registados em conta. A legitimação para o exercício dos direitos inerentes às ações será determinada em função do que constar do registo.

E quanto às ações tituladas não integradas em sistema centralizado?

Quanto às ações ao portador que eram abrangidas pelo regime do revogado art. 101º do CVM, o respetivo nº 1 estabelecia que as ações tituladas ao portador se transmitiam, em regra, por entrega do título ao adquirente ou ao depositário por ele indicado[180]. Como é que se sabia quem estava legitimado para o exercício dos direitos? Visto que nada teria que ficar a constar do título em caso de transmissão das ações, e como a legitimação ativa era determinada «em conformidade com (...) o título», a legitimidade dependia da posse do título ou de certificado passado pelo depositário: era o que dispunha o também revogado nº 1 do art. 104º do CVM.

[180] Podia dar-se o caso de o adquirente indicar um depositário onde os títulos ao portador já estavam depositados. O art. 101º, 2, do CVM dispunha para esses casos que a transmissão se efetuaria por registo na conta do adquirente, «com efeitos a partir da data do requerimento do registo». Evitava-se assim a movimentação física dos títulos.

E, recorde-se, o depositário não será possuidor[181]. Os arts. 101º e 104º, 1, do CVM foram revogados pela L 15/2017, mas foram repristinados pelo art. 9º «para vigorar no período transitório definido pelo nº 2 do artigo 2º da Lei nº 15/2017»...

Quanto às ações tituladas nominativas sujeitas ao regime do art. 102º do CVM, transmitem-se por declaração de transmissão escrita no título a favor do transmissário, seguida de registo junto do emitente ou de intermediário financeiro que o represente. Compreende-se, assim, o que dispõe o nº 2 do art. 104º do CVM: os direitos interentes serão exercidos «de acordo com o que constar no registo do emitente» (ou no registo do intermediário financeiro que o represente, parece). No que diz respeito à prova do registo, julgamos defensável a aplicação por analogia do disposto no art. 78º, 1, do CVM.

Verificando-se uma situação de contitularidade, resulta do art. 57º do CVM e do art. 303º do CSC que o exercício dos direitos inerentes às ações deverá ter lugar por meio de um representante comum[182].

8.3. A legitimação passiva

A sociedade poderá realizar as prestações a que esteja obrigada e permitir o exercício de outros direitos a quem estiver legitimado pelo registo ou pelo título. Se aquele que está legitimado pelo registo ou pelo título é o efetivo titular das ações, não se coloca nenhum problema de significativa importância.

Pode, porém, suceder (embora não deva) que o legitimado não seja o titular das ações. Ainda assim, se a sociedade estiver de boa fé, poderá realizar a prestação e permitir o exercício de direitos por quem está legitimado[183]. Se assim for, ficará liberada (não terá de realizar nova prestação) e ficará isenta de responsabilidade (designadamente, perante o titular não legitimado): cfr. o art. 56º do CVM.

181 Se tivesse lugar a aquisição potestativa mencionada no art. 194º do CVM, como a aquisição se torna eficaz a partir da publicação do registo na CMVM (art. 195º, 1), os títulos até aí emitidos passavam a servir apenas para legitimar o recebimento da contrapartida devida, devendo a sociedade emitir novos títulos representativos das ações adquiridas.

182 Para mais desenvolvimentos, v. Alexandre de Soveral Martins, «Contitularidade de participações sociais: algumas notas», *DSR*, março 2011, ano 3, vol. 5, p. 25 e ss..

183 O art. 517º, 1, do CSC mostra que o ordenamento jurídico não acolhe bem que alguém se apresente «falsamente como titular de ações» e que vote «nessa falsa qualidade».

8.4. A tutela de adquirentes de boa fé através do disposto no nº 1 do art. 58º do CVM

8.4.1. Introdução

O art. 58º, 1, do CVM tutela o adquirente de boa fé perante a falta de legitimidade do alienante de valores mobiliários[184]. Porém, será necessário que o adquirente esteja de boa fé, que o alienante tenha atuado sem legitimidade e que a aquisição tenha sido efetuada de acordo com as regras de transmissão aplicáveis. Reunidos esses pressupostos, a falta de legitimidade do alienante é inoponível ao adquirente[185].

8.4.2. A boa fé do adquirente

Comecemos pela exigência de boa fé do adquirente. A lei protege o adquirente de boa fé sem cuidar de saber qual foi o comportamento do verdadeiro titular. Isto é, o adquirente de boa fé é tutelado mesmo que o verdadeiro titular não tenha tido culpa na atuação do alienante sem legitimidade.

No entanto, é preciso determinar o que significa dizer que o adquirente está de má fé. Consideramos que a má fé terá que ser apreciada relativamente à falta de legitimidade do alienante, e não no que diz respeito às regras de transmissão aplicáveis[186]. E isto por uma razão muito simples: se essas regras de transmissão não foram observadas, o adquirente não pode beneficiar da tutela conferida pelo art. 58º do CVM.

[184] Seguimos de muito perto o que escrevemos em *Cláusulas do contrato de sociedade que limitam a transmissibilidade das acções*, cit., p. 578 e ss.. No CódMVM, o art. 64º, 6, também protegia o terceiro adquirente de boa fé: sobre este regime, PAULA COSTA E SILVA, «Efeitos do registo e valores mobiliários. A protecção conferida ao terceiro adquirente», *ROA*, 1998, II, p. 859 e ss., CAROLINA CUNHA, *Letras e livranças: paradignas actuais e recompreensão de um regime*, cit., p. 450 e ss..

[185] O nº 3 do art. 79º do CVM dispõe, para os valores mobiliários escriturais, que os «atos de registo ou a sua recusa são impugnáveis junto dos tribunais comuns até 90 dias após o conhecimento do facto pelo impugnante, desde que ainda não tenham decorrido três anos após a data do registo». Trata-se de um regime que também tutela o eventual adquirente de valores mobiliários. Contudo, parece-nos que o âmbito de aplicação daquele preceito é mais restrito do que possa parecer à primeira vista: a impugnação de que ali se trata é a que diz apenas respeito ao próprio *ato de registo*. Em sentido diverso, DIOGO DRAGO, «Actos abstractos e circulação de valores mobiliários», *DVM*, V, Coimbra Editora, Coimbra, 2004, p. 501.

[186] No sentido de que se trata de boa ou má fé relativamente à falta de legitimidade, ALEXANDRE BRANDÃO DA VEIGA, *Transmissão de valores mobiliários*, cit., p. 107.

Também aqui, importa saber se a má fé é *apenas* o conhecimento efetivo da falta de legitimidade para transmitir do alienante (solução que defendemos[187]) ou é *também* o desconhecimento culposo, o desconhecimento quando há o dever de conhecer essa falta de legitimidade[188].

No regime das Letras e Livranças encontramos um lugar paralelo que nos poderia fazer pensar que a má fé não deveria abranger o desconhecimento culposo. Se lermos o art. 16º, II, da LULL, verificamos que aí é clara a contraposição entre a má fé e a falta grave: a má fé é o conhecimento da falta de direito do alienante[189].

Por outro lado, o que está na base do regime contido no nº 1 do art. 58º do CVM não pode deixar de ser a necessidade de proteção do comércio jurídico e da confiança nas transações. Esse objetivo será mais facilmente alcançado se os adquirentes puderem invocar a tutela conferida por aquele preceito ainda que o seu desconhecimento seja culposo.

Por fim, parece-nos também que a posição do adquirente de valores mobiliários que adquire de um alienante sem legitimidade estará próxima da posição do possuidor. E, quanto a este, o que diz o nº 1 do art. 1260º do Código Civil é que a «posse diz-se de boa fé, quando o possuidor ignorava, ao adquiri-la, que lesava o direito de outrem». Esta é uma boa fé psicológica[190], consagrada a propósito de um problema com claras semelhanças relativamente aos que são visados pelo nº 1 do art. 58º do CVM.

[187] Defendendo também que não podemos «exigir aqui uma boa fé subjectiva em sentido ético», Paulo Câmara, *Manual de direito dos valores mobiliários*, cit., p. 344.

[188] Não nos parece suficiente dizer, como faz Alexandre Brandão da Veiga, *Transmissão de valores mobiliários*, cit., p. 107, que «por má fé tem de se entender aqui *saber ou ter o dever de saber* que falta a legitimidade». Exigindo o desconhecimento não culposo da falta de legitimidade, Carolina Cunha, *Letras e livranças: paradigmas actuais e recompreensão de um* regime, cit., p. 456.

[189] Cfr. Gonçalves Dias, *Da letra e da livrança. Segundo a lei uniforme e o Código Comercial*, vol. I, Minerva, Famalicão, 1939, p. 442; Vaz Serra, «Títulos de crédito», *BMJ*, 61º, 1956, p. 158; Pereira de Almeida, *Direito comercial*, 3º vol., *Títulos de crédito*, AAFDL, Lisboa, 1988, p. 38.

[190] Cfr., nesse sentido, Orlando de Carvalho, «Introdução à posse», *RLJ*, 122º, p. 292. Com diferente opinião, Menezes Cordeiro, *Da boa fé no direito civil*, vol. I, Almedina, Coimbra, 1984, p. 415 e ss. e p. 513 e ss.. A conceção psicológica da boa fé é a que parece ter maior correspondência na letra do nº 1 do art. 1260º do Código Civil. E é também a que parece mais coerente com o facto de no art 19º do Anteprojeto de Pinto Coelho para o Código Civil, em que o problema foi tratado, constar o seguinte: «1. A posse diz-se de boa fé quando o possuidor ignore que a sua actuação pode ser lesiva de um direito alheio. 2. A ignorância

Isto, porém, sem prejuízo de se poder considerar que a invocação desse desconhecimento constitui um abuso de direito. Particularmente chocantes seriam as situações em que o adquirente tem consciência de que existe significativa probabilidade de não haver legitimidade do alienante e deliberadamente evita obter informação acerca daquela falta de legitimidade[191].

8.4.3. A falta de legitimidade do alienante

Avancemos um pouco mais. Como já foi dito, a aquisição de que trata o nº 1 do art. 58º do CVM é a aquisição efetuada a quem não tinha legitimidade: a aquisição a um alienante sem legitimidade. Essa falta de legitimidade do alienante não poderá ser oposta ao adquirente de boa fé[192].

A falta de legitimidade de que se protege o adquirente é a falta de legitimidade para transmitir. Desde logo, por ser esse o sentido que maior correspondência parece ter na letra da lei. Com efeito, o nº 1 do art. 58º contém a referência às aquisições efetuadas «de acordo com as regras de transmissão aplicáveis».

Discute-se, porém, o que deve entender-se por falta de legitimidade para transmitir. Já foi defendida uma conceção muito ampla de ilegitimidade a propósito do art. 58º do CVM: «tem de se entender esta "ilegitimidade" em sentido lato, como a falta de faculdade para dispor dos valores. Abrange por isso não apenas a ilegitimidade em sentido técnico, mas igualmente inibições, incapacidades ou outros factos que impedissem que aquela particular entidade alienasse os valores»[193]. Trata-se, na nossa opinião, de uma conceção demasiado ampla, que não parece oferecer um critério para avaliar as diversas situações e que inclui as próprias incapacidades.

é, contudo, irrelevante se procede de culpa ou negligência grave do possuidor» (cfr. LUÍS PINTO COELHO, «Da posse», *BMJ*, 88º, 1959, p. 145). Como aquele nº 2 não passou ao texto legal, isso parece dever ser entendido como significando que não se adotou uma conceção ética da boa fé.

[191] Referindo situações de *willful blindness*, AAVV, *Uniform Commercial Code. Official text and comments*, West Group, St. Paul, 2003, p. 741 (onde se foi buscar inspiração para o exemplo apresentado em texto, com adaptações).

[192] Para os negócios liquidados através de sistemas de liquidação, vejam-se o nº 2 do art. 274º, o art. 276º e o art. 277º, todos do CVM.

[193] ALEXANDRE BRANDÃO DA VEIGA, *Transmissão de valores mobiliários*, cit., p. 110.

Por legitimidade pode entender-se o «poder de actuação sobre uma situação jurídica própria»[194]. A falta de legitimidade verifica-se se o sujeito não tem poder de atuação sobre a situação jurídica própria ou se a situação jurídica sobre a qual pretende atuar não é própria. E a legitimidade de que se trata no nº 1 do art. 58º do CVM é a legitimidade do alienante e não de outrem[195].

A falta de legitimidade para alienar pode resultar, por exemplo, de o alienante não ser titular do valor que transmitiu. Outras situações podem criar mais dúvidas. Que dizer, se ao alienante (pessoa física) falta a capacidade de exercício[196]? Será que a particular situação do alienante que fundamenta a sua incapacidade não merece uma tutela maior em comparação com a que é conferida ao adquirente?

Há quem sustente que o adquirente dos valores mobiliários deve ser protegido em prejuízo do transmitente incapaz: «um agente do mercado de valores mobiliários não pode estar sujeito, se agiu de boa fé (...) a que

[194] Pedro Pais de Vasconcelos, *A procuração irrevogável*, Almedina, Coimbra, 2002, p. 121. Sobre o conceito de legitimidade, vejam-se ainda, com posições nem sempre coincidentes, Isabel Magalhães Colaço, «Da legitimidade no acto jurídico», *BMJ*, 10, 1949, p. 25, pondo a tónica na relação sujeito-objeto-conteúdo do ato («A legitimidade surge-nos, pois, neste primeiro momento, como uma posição relativa do sujeito e do objecto do acto, posição que se requer para que o agente possa imprimir a certo negócio jurídico determinado conteúdo»); Fernando Pessoa Jorge, *Do mandato sem representação*, Lisboa, 1961, p. 372 (a legitimidade «significa, como é doutrina corrente, que o agente deve ser titular da esfera jurídica sobre que os efeitos se projectam»); Carlos Mota Pinto, *Teoria geral do direito civil*, 4ª ed. (por António Pinto Monteiro e Paulo Mota Pinto), Coimbra Editora, Coimbra, 2005, p. 260, sublinhando a relação sujeito-conteúdo do ato-outros sujeitos («A legitimidade supõe uma relação entre o sujeito e o conteúdo do acto e, por isso, é antes uma posição, um modo de ser para com os outros»); Ewald Hörster, *A parte geral do direito civil português*, Almedina, Coimbra, 1992, p. 348, referindo-se à relação sujeito-outros sujeitos (as ilegitimidades «resultam de uma posição, isto é, de um modo de ser para com os *outros*»); Oliveira Ascensão, *Direito civil. Teoria Geral*, II, Coimbra Editora, Coimbra, 1999, p. 91 (exigindo uma «especial relação com as situações jurídicas que são actuadas»).

[195] Pode perguntar-se se se trata ali também da falta de legitimidade de alguém que atua como representante na alienação mas sem ter poderes para tal ou com abuso desses poderes. Na verdade, esse representante não é o alienante.

[196] Na Suíça, Pestalozzi-Henggeler, *Die Namenaktie und ihre Vinkulierung*, cit., p. 35, entendia que a boa fé do endossatário da ação nominativa não o protegia contra a incapacidade de exercício (*Handlunsunfähigkeit*) do endossante. Para o autor, a tutela do terceiro de boa fé não tem aqui sentido porque *a aparência jurídica que resulta da legitimação formal não cobre a incapacidade de exercício* (p. 37).

se venha posteriormente a descobrir que a pessoa em causa estava interdita (...)». A mesma solução resultaria para os casos em que o alienante fosse uma sociedade que sofresse de incapacidade de gozo relativamente à transmissão efetuada: o nº 1 do art. 58º do CVM também se aplicaria[197].

Porém, e no que diz respeito apenas ao âmbito de aplicação do art. 58º, 1, do CVM, a tutela da circulação de valores mobiliários não pode justificar tudo: não pode justificar que se posterguem os interesses dos menores, interditos ou inabilitados; não pode justificar que se posterguem os interesses que se quis proteger com o estabelecimento de incapacidades de gozo relativamente às pessoas coletivas.

Por isso, mesmo aceitando que o CVM consagrou uma conceção ampla de legitimidade, há que distinguir entre a legitimidade e a capacidade: esta «é um modo de ser ou qualidade do sujeito em si»[198]. Isto significa que, se o menor ou o interdito celebram um negócio de transmissão, como alienantes, para que não tinham capacidade de exercício, o problema não é de falta de legitimidade, mas de incapacidade. O mesmo se diga se o transmitente é uma sociedade que não tem capacidade de gozo para o ato referido. Nestes casos, o nº 1 do art. 58º do CVM não encontra aplicação.

Não quer dizer que a tutela da circulação esteja totalmente posta de parte. Se quem intervém como adquirente em ambos os casos que referimos por sua vez transmite a terceiro, este último já adquire de quem não tem legitimidade para transmitir[199].

O nº 1 do art. 58º do CVM apenas protege adquirentes perante alienantes sem legitimidade para alienar. Nada mais. Mas o adquirente não é apenas o terceiro adquirente: não é apenas o que se situa numa cadeia de transmissões e vê a sua posição afetada por uma ou mais causas de falta de legitimidade do alienante que sejam consequência de vícios que afetam anteriores transmissões dessa mesma cadeia[200].

Na medida em que o disposto no nº 1 do art. 58º do CVM apenas protege o adquirente de boa fé relativamente à falta de legitimidade do alienante, não diz respeito aos problemas que afetam a própria criação do valor

[197] Cfr., com os argumentos citados, ALEXANDRE BRANDÃO DA VEIGA, *Transmissão de valores mobiliários*, cit., p. 111.

[198] CARLOS MOTA PINTO, *Teoria geral do direito civil*, cit., p. 260.

[199] No caso de o negócio anterior ser anulável, há que ter ainda em conta a possibilidade de a anulabilidade ficar sanada.

[200] Mas também pode ser. Concordando com essa possibilidade, CAROLINA CUNHA, *Letras e livranças: paradigmas actuais e recompreensão de um regime*, cit., p. 453.

mobiliário. Aquele preceito não protege o adquirente de boa fé se o título foi falsificado materialmente ou se foi impresso sem que isso correspondesse à criação da participação que o título aparentemente representa[201]. O que dizemos não afasta eventuais direitos de indemnização que o caso possa justificar.

8.4.4. As regras de transmissão aplicáveis

As regras de transmissão aplicáveis deverão ter sido respeitadas para que se possa invocar o disposto no nº 1 do art. 58º do CVM. Aliás, se essas regras não tivessem sido cumpridas seria difícil concluir que o transmissário estaria de boa fé [202].

Vejamos novamente quais são essas regras quanto às ações tituladas transmissíveis de acordo com o regime contido no nº 1 do art. 102º do CVM.[203]. Relativamente às ações tituladas nominativas, exige-se a declaração de transmissão a favor do transmissário e o registo junto do emitente.

Quanto às ações escriturais e às tituladas que se transmitam como estas, a lei exige o registo em conta[204]. O respeito das regras de transmissão torna necessária a prévia inscrição a favor do disponente: cfr. o art. 70º do CVM[205].

[201] Cfr., com interesse, sobre as soluções do *UCC*, embora tendo em conta versão antiga do mesmo, Ernest Folk, «Article Eight: Investment Securities», cit., p. 675 e ss..

[202] Para os EUA, relacionando a boa fé com as regras de transmissão, Ernest Folk, «Article Eight: Investment Securities», cit., p. 684 e ss..

[203] Vimos que a L 15/2017 revogou o art. 101º, 1, do CVM. E isto apesar de não ter eliminado as ações ao portador já emitidas, deixando dúvidas quanto à sua possível transmissão.

[204] O que se diz em texto parece ser o mesmo que afirma Alexandre Brandão da Veiga, *Transmissão de valores mobiliários*, cit., p. 107: «tem pois de haver facto transmissivo para que se aplique o regime do 58º CdVM», sendo que os factos transmissivos, para o autor, não são os «negócios subjacentes». Mas o autor estende as regras de transmissão a outros requisitos que não se limitam aos «factos transmissivos» e que abrangem o que chama de «processo de transmissão» (últ. ob. cit., p. 114): são assim regras de transmissão, para o autor, também as que «respeitam às partidas dobradas, à conexão nas transferências, à falta de idoneidade manifesta do objecto, à incompetência absoluta do intermediário financeiro, e a violação do princípio da inscrição prévia». Para uma leitura do que sejam as regras de transmissão no caso de aquisições e alienações «potestativas», cfr. o mesmo autor e ob. cit., p. 122 e s.. Para os EUA, cfr. Ernest Folk, «Article Eight: Investment Securities», cit., p. 683, referindo-se a uma «formally perfect transfer» que seria a entrega (títulos ao portador) ou a entrega e endosso (títulos registados). Para a Itália, falando de uma posse qualificada do título a propósito do registo no livro dos sócios, Nicola Gasperoni, «Azioni di società», cit., p. 11.

[205] E, na nossa opinião, justifica-se igual regime, por analogia, para a transmissão das ações tituladas nominativas não integradas em sistema centralizado: o registo «junto do emitente

O nº 1 do art. 58º do CVM exige que sejam respeitadas as regras de transmissão aplicáveis. Essas regras são as previstas no próprio CVM. Por isso, se se admitir que a transmissão das ações representadas pode ter lugar de acordo com outras regras (isto é, se se admitir que as transmissões de ações representadas podem ter lugar de acordo com outras regras que não as previstas no CVM), a tutela conferida pelo nº 1 do art. 58º do CVM não será merecida.

8.4.5. A inoponibilidade ao adquirente

Se o adquirente estava de boa fé e foram respeitadas as regras de transmissão aplicáveis, não lhe será oponível a falta de legitimidade do alienante. Mas o que significa dizer que essa falta de legitimidade não é oponível ao adquirente?

Pensamos que o adquirente se torna verdadeiro titular dos valores mobiliários em causa. A letra da lei dá apoio a essa interpretação ao designar o transmissário como adquirente[206]. O ponto de partida assumido pela lei é o de que o adquirente não se torna titular se o alienante não tem legitimidade. No entanto, o preceito em causa regula os termos em que é ou não oponível ao adquirente a falta de legitimidade do alienante [207]. Se essa falta de legitimidade não é oponível ao adquirente, este torna-se titular.

Porém, a falta de legitimidade do alienante é oponível ao adquirente se este estiver de má fé. Nestes casos, o adquirente poderá estar legitimado para exercer os direitos, mas, como lhe é oponível a falta de legitimidade do alienante para alienar, não será considerado titular dos valores mobiliários.

A lei não diz quem é que não pode opor a falta de legitimidade ao adquirente quando este merece a tutela conferida pelo nº 1 do art. 58º do CVM. Mas, se o não diz, é porque ninguém a pode opor: não a pode opor a sociedade, o anterior titular das ações ou o credor deste. Desta forma, o nº 1 do art. 58º do CVM regula as relações entre o anterior titular e o adquirente de boa fé, mas também acaba por se revelar fundamental no que diz respeito às relações entre o adquirente de boa fé e a sociedade emitente.

ou junto de intermediário financeiro que o representa» exigido pelo nº 1 do art. 102º do CVM só deverá ser possível se houve prévia inscrição em nome do disponente.

206 Com o mesmo argumento em face do direito espanhol, cfr. VICENTE SANTOS MARTÍNEZ, «Acciones y obligaciones representadas mediante anotaciones en cuenta», cit., p. 470.

207 Com opinião aparentemente distinta, ALEXANDRE BRANDÃO DA VEIGA, *Transmissão de valores mobiliários*, cit., p. 124, pois afirma que o art. 58º do CVM é «uma regra especial sobre a inoponibilidade da *aquisição* de valores. Pressupõe uma aquisição (...)».

8.4.6. O caso das operações realizadas no âmbito de sistema de liquidação

O regime das operações realizadas em sistema de liquidação introduz alguns desvios ao regime do art. 58º do CVM. Com efeito, o art. 274º, 2, do mesmo Código estabelece que as «ordens de transferência são irrevogáveis, produzem efeitos entre os participantes e são oponíveis a terceiros a partir do momento em que tenham sido introduzidas no sistema». Além disso, e mais significativo ainda, o art. 277º acrescenta que a «invalidade ou a ineficácia dos negócios jurídicos subjacentes às ordens de transferência e às obrigações compensadas não afetam a irrevogabilidade das ordens nem o caráter definitivo da compensação».

Por sua vez, o art. 39º, 2, do Regulamento 909/2014 dispõe que as Centrais de Valores Mobiliários «asseguram que cada sistema de liquidação de valores mobiliários que gerem defina o momento da introdução das ordens de transferência e o momento em que as mesmas se tornam irrevogáveis nesse sistema de liquidação, nos termos dos artigos 3º e 5º da Diretiva 98/26/CE».

9. Transmissão de ações entre vivos

9.1. Transmissão de ações tituladas não integradas em sistema centralizado

9.1.1. Ações tituladas ao portador que estavam sujeitas ao regime do revogado art. 101º do CVM. As ações tituladas ao portador não integradas em sistema centralizado que estavam sujeitas ao regime do art. 101º, 1, do CVM transmitiam-se por entrega do título ao adquirente ou a depositário por este indicado[208]. Contudo, isso não significava que fosse dispensável

[208] No Código Comercial de 1888, o regime de transmissão das ações ao portador encontrava-se nos preceitos legais relativos à transmissão de títulos de crédito. Assim, dispunha o art. 483º que a transmissão dos títulos ao portador se fazia pela «entrega real». Discutia-se, porém, o valor dessa entrega. Vendo-a apenas como requisito de legitimação e entendendo que os títulos ao portador se transmitiam por efeito do contrato, cfr. Alberto dos Reis, *Dos titulos ao portador*, França Amado, Coimbra, 1899, p. 339 («A propriedade do título pertence ao comprador desde o momento em que o contracto se celebra, independentemente da tradição»); Vaz Serra, «Acções nominativas e acções ao portador», *BMJ*, 176º, a p. 78 e ss.; considerando que nos títulos ao portador havia exceção à consensualidade, Orlando de Carvalho, «Terceiros para efeitos de registo», *BFD*, 70º, 1994, p. 98. Perante o CSC, Nuno Pinheiro Torres, *Da transmissão de participações sociais não tituladas*, cit., p. 50, pronunciava-se a favor da existência de um negócio real *quoad constitutionem*, dizendo ainda que com a tradição ocorria «simultaneamente a transmissão da propriedade e a legitimação para o exercício dos direitos que estão compreendidos no título». Tendo já em conta o CVM, Coutinho de

a existência, validade e procedência de uma justa causa de atribuição[209]. Ou seja, com a entrega transmitiam-se as ações se aquela entrega ocorresse porque existia uma justa causa de atribuição válida e procedente.

Os títulos ao portador a transmitir podiam já estar depositados junto do depositário indicado pelo adquirente. Nesses casos, e como mandava o revogado nº 2 do art. 101º do CVM, a transmissão fazia-se por registo na conta do adquirente aberta junto daquele depositário.

A exigência de entrega do título para que as ações se considerassem transmitidas tinha como razão de ser a necessidade de procurar fazer coincidir a legitimação para o exercício dos direitos e a titularidade. Lembre-se que o (também revogado) art. 104º, 1, do CVM estabelecia que «o exercício de direitos inerentes aos valores mobiliários titulados ao portador» dependia «da posse do título ou de certificado passado pelo depositário [...]». Se a entrega era necessária para que a transmissão ocorresse e era também exigida para o exercício dos direitos inerentes, diminuia a possibilidade de termos direitos exercidos por quem não era titular. Por sua vez, o depositário só passaria o certificado se os títulos lhe fossem entregues ou se tinha procedido ao registo em conta (no caso agora do igualmente revogado art. 101º, 2, do CVM).

9.1.2. Ações tituladas nominativas sujeitas ao regime do art. 102º do CVM

As ações tituladas nominativas não integradas em sistema centralizado sujeitas ao regime do art. 102º do CVM transmitem-se, como resulta do respetivo nº 1, por declaração de transmissão escrita no título a favor do transmissário, seguida de registo junto do emitente. Mais uma vez, será ainda necessário que exista uma justa causa de atribuição válida e procedente[210].

Abreu, *Curso de direito comercial*, II, cit., p. 348, também entendia que a transmissão só ficava «perfeita» com a entrega. Almeida Costa/Evaristo Mendes, «Transmissão de acções tituladas nominativas», cit., p. 95, admitiam a transmissão por mero consenso. Considerando necessária a entrega para a transmissão, v., o Ac. STJ de 15 de maio de 2008 (Relator: Santos Bernardino), Proc. nº 08B153, e o Ac. RP de 18 de janeiro de 2011 (Relatora: Maria Cecília Agante), Proc. nº 2703/08.2TBMTS.P1, ambos em www.dgsi.pt.

[209] Sobre o conceito de justa causa de atribuição, cfr. Orlando de Carvalho, *Direito das coisas (do direito das coisas em geral)*, Centelha, Coimbra, 1977, p. 268 e ss., especialmente p. 272. Exigindo um título válido, v. o referido Ac. STJ de 15 de maio de 2008.

[210] Também Coutinho de Abreu, *Curso de direito comercial*, vol. II, cit., p. 348, afirma ser necessário o acordo entre as partes na circulação entre vivos de ações tituladas. Ao contrário

A declaração de transmissão entre vivos é efetuada pelos sujeitos referidos no nº 2 do art. 102º: depositário, funcionário judicial ou transmitente, conforme os casos. Posteriormente, será realizado o registo junto do emitente ou de intermediário financeiro que o represente, nos termos do disposto no nº 1 do art. 102º do CVM.

Quem tem legitimidade para requerer o registo da transmissão entre vivos é qualquer uma das entidades referidas no nº 2 do art. 102º. Se o registo vier a ser efetuado, o momento a partir do qual a transmissão produz efeitos é o da data do requerimento de registo.

As exigências estabelecidas no art. 102º, 1, do CVM são requisitos da transmissão do valor representado no título. Sem o cumprimento dos mesmos não há transmissão. E isso é assim mesmo entre as partes. Mas também se pode dizer que da celebração de um contrato para transmissão de ações tituladas nominativas sujeitas ao regime do art. 102º, 1, do CVM resulta a obrigação de apor no título a declaração de transmissão[211].

A doutrina nacional mostra-se dividida acerca das consequências da falta de declaração de transmissão a favor do adquirente e da falta de registo da transmissão[212]. É certo que a letra da lei (a letra do art. 102º, 1, do CVM)

do que afirma CARLOS FERREIRA DE ALMEIDA, «Registo de valores mobiliários», cit., p. 95, a nossa prática tem-nos revelado que não se trata de situações «em declínio».

211 Sobre a questão, abordando o problema da eventual aplicação do art. 830º, 1, do CCiv., ALEXANDRE DE SOVERAL MARTINS, *Cláusulas do contrato de sociedade que limitam a transmissibilidade das acções*, cit., p. 233, nt. 88.

212 Afirmando, perante o CVM, que a falta de registo apenas torna a transmissão ineficaz perante a sociedade, COUTINHO DE ABREU, *Curso de direito comercial*, vol. II, cit., p. 347; por sua vez, PEREIRA DE ALMEIDA, *Sociedades comerciais, valores mobiliários, instrumentos financeiros e mercados*, vol. 2, 7ª ed., Coimbra Editora, Coimbra, 2013, p. 37, considera que o registo «não é condição de validade, nem de eficácia nas relações entre transmitente e transmissário»; ALMEIDA COSTA/EVARISTO MENDES, «A transmissão de acções tituladas nominativas», cit., p. 79, fazem referência a um «*subsequente* momento legitimador e de exercício de direitos sociais (requerimento e efectivação do registo)». CARLOS FERREIRA DE ALMEIDA, «Registo de valores mobiliários», cit., p. 74, afirma que «o processo de transmissão conclui-se, ou pode concluir-se, através de registo na entidade emitente: sempre, se foram titulados (artigo 102º)»; a p. 105, parece considerar necessária para a produção de efeito translativo a declaração de transmissão. Por sua vez, ENGRÁCIA ANTUNES, *Os instrumentos financeiros*, cit., p. 95, nt. 184, escreve que é «ostensivo o relevo crucial do registo no regime de transmissão dos valores mobiliários [...] apenas se prescinde dele na transmissão dos valores titulados ao portador não depositados». Mas também o valor da declaração de transmissão não é igual para todos: no sentido de que é necessária para a transmissão, v. o já citado Ac. STJ de 15 de maio de 2008 e, perante o regime do CSC, o Ac. RP de 20.3.2001 (Relator: Afonso Correia), Proc.

é um forte apoio no sentido de se considerar que a falta de qualquer dos requisitos impede a transmissão[213]. Mas isso não basta. Há também razões de fundo que nos levam a sustentar ser aquela a leitura preferível.

O que se pretende com a solução legal é evitar que um sujeito inscrito como titular das ações não o seja efetivamente e que o verdadeiro titular não possa exercer os direitos inerentes ao valor mobiliário. A necessidade de declaração de transmissão a favor do transmissário colocada no título e de registo da transmissão dá maior segurança e certeza quanto à coincidência entre titularidade e legitimação, tornando mais difícil o surgimento de titulares não legitimados. Se o pretenso alienante tem no título declaração de transmissão a seu favor e a ação está registada no seu nome, o interessado em adquirir sabe, pelo menos, que os negócios que andem a ser realizados à margem do título e do registo não conferem a titularidade a outrem. E isso não é pouca coisa. A segurança e certeza também saiem reforçadas porque diminuem as razões que podem levar a sociedade a colocar em causa o que consta do registo e a legitimidade daí decorrente. E a tutela conferida pelo art. 58º do CVM aumenta a confiança de potenciais interessados em adquirir os valores mobiliários. Além disso, a necessidade de declaração de transmissão e de registo funciona como estímulo à sua realização.

A certeza e segurança conferidas pelo regime favorecem a negociação e circulação. Pelo contrário, a negociação e a circulação não são favorecidas com a existência de muitas alternativas sem um regime claro[214]. Convém, aliás, realçar que o regime da transmissão de ações que resulta do art. 102º do CVM não é aplicável apenas às referidas participações sociais[215]. A inexistência de uma verdadeira taxatividade dos valores mobiliários

nº JTRP00029513, in www.dgsi.pt. Exigindo a declaração de transmissão e o registo no caso da compra e venda, v. o ac. RC de 16 de março de 2010 (Relator (Artur Dias), Proc. nº 2033/09.2TBLRA.C1, in www.dgsi.pt.

[213] Na França, o art. L211-17 do *Code Monétaire et Financier* estabelece que «Le transfert de propriété de titres financiers résulte de l'inscription de ces titres au compte-titres de l'acquéreur» (sobre estas contas, v. o art. L211-6). Por sua vez, o art. L228-1 do *Code de Commerce* determina que «Dans les autres cas, le transfert de propriété résulte de l'inscription des valeurs mobilières au compte de l'acheteur, dans des conditions fixées par décret en Conseil d'Etat».

[214] Mas v., com outra leitura, ALMEIDA COSTA/EVARISTO MENDES, «Transmissão de acções tituladas nominativas», cit., p. 82, nt. 44.

[215] Aspeto que é frequentemente esquecido.

só reforça a necessidade de um regime de transmissão que dê certeza e segurança[216].

A intenção de fazer corresponder a legitimação e a titularidade resulta, aliás, do art. 517º, 1, do CSC. Segundo este último preceito, aquele «que, em assembleia geral de sócios, assembleia especial de acionistas ou assembleia de obrigacionistas, se apresentar falsamente como titular de ações, quotas, partes sociais ou obrigações, ou como investido de poderes de representação dos respetivos titulares, e nessa falsa qualidade votar, será punido [...]»[217].

A correspondência entre legitimação e titularidade é vantajosa na medida em que assegura que o sujeito que se apresenta a exercer os direitos sociais (e, desde logo, o de voto) sofrerá, em princípio, as consequências resultantes do mau exercício daqueles direitos. E isso funciona também como um mecanismo de tutela da sociedade[218] e da própria economia em geral.

O elemento histórico da interpretação fala também a favor da leitura que defendemos. O art. 168º, § 1, do CCom de 1888 estabelecia que «a propriedade e a transmissão das acções nominativas não produzirá effeitos para com a sociedade e para com terceiros senão desde a data do respectivo averbamento no livro de que trata este artigo» [219]. Resultava assim da

[216] Com outra opinião, ALMEIDA COSTA/EVARISTO MENDES, «Transmissão de acções tituladas nominativas», cit., p. 82 («A partir do momento em que o conceito de valor mobiliário deixou de ser um conceito fechado, ou relativamente fechado, tornou-se evidente que o regime constante do artigo 102º do CódVM tem carácter substancialmente supletivo»).

[217] Daí que não se possa concordar com o que afirmam ALMEIDA COSTA/EVARISTO MENDES, «Transmissão de acções tituladas nominativas», cit., p. 71: «Quem, por exemplo, se apresenta a exercer sistematicamente os direitos sociais, exibindo os competentes títulos accionários ou documentos probatórios de depósito, não tem que ser o titular; pode, designadamente, ser um procurador, um mandatário ou um credor pignoratício, com base em contratos ou instrumentos negociais que não têm que ser do conhecimento público ou da sociedade».

[218] Não podemos por isso concordar com ALMEIDA COSTA/EVARISTO MENDES, «Transmissão de acções tituladas nominativas», cit., p. 95, quando afirmam que «Em princípio, um eventual tráfico extra-societário das mesmas será um problema de índole geral, não jurídico-societário».

[219] Perante o teor das regras do Código Comercial de 1888, VAZ SERRA, «Acções nominativas e acções ao portador», *BMJ*, 176º, cit., p. 61, defendia que sem o averbamento «a propriedade e transmissão das acções não produziam efeitos para com a sociedade e para com terceiros». No mesmo sentido, PINTO FURTADO, *Código Comercial anotado*, vol. II, T. I, Almedina, Coimbra, 1986, p. 211. No Código Comercial de Ferreira Borges, o art. XX da Parte I, Livro II, Título

lei que o averbamento em causa era *requisito de eficácia* da transmissão já ocorrida[220] *em relação à sociedade e em relação a terceiros* (não entre as partes). A transmissão das ações nominativas (e bem assim das acções ao portador) tinha lugar com o mero consenso, sendo as restantes formalidades exigidas somente requisitos para a legitimação perante a sociedade e de eficácia perante terceiros[221].

Do Código Comercial de 1888 parecia resultar que o pertence deveria ser subscrito pelo transmitente[222]. A doutrina retirava do § 1 do art. 168º do CCom. «(porque sem isso não pode fazer-se o averbamento) que, no título, se inseria a declaração, subscrita pelo transmitente, de que a acção pertencia ao adquirente»[223].

No estudo de Vaz Serra sobre ações nominativas e ações ao portador[224], podia ler-se, na proposta de articulado sobre a matéria, que «(...) a titularidade das acções nominativas, quer originária, quer posteriormente adquirida, bem como os direitos e os ónus sobre elas constituídos, só produzem

XII, Secção I, dispunha que «Sendo a propriedade da acção restricta a individuo, ella será inscripta n'um livro da companhia: e a transferencia, que tiver logar, será lançada no mesmo livro, e assignada pelo cedente, ou por seu procurador bastante: pena de ficar sem effeito a cessão». Como se vê, não se limitava a ineficácia às relações com a sociedade ou com terceiros. Nas Companhias Pombalinas, a transmissão entre vivos das ações efectuava-se pela declaração de pertence, aposta pelo alienante, seguida de registo no livro de ações: RUI MARCOS, *As companhias pombalinas. Contributo para a história das sociedades por acções em Portugal*, cit., p. 635. A falta de registo teria como consequência a «total ineficácia jurídica em relação à *societas*»: mais uma vez, cfr. RUI MARCOS, últ. ob. cit., p. 638.

[220] Dizia ADRIANO ANTHERO, *Comentário ao Código Commercial Portuguez*, I, Artes e lettras, Porto, 191, p. 321, que «para a transferencia das acções nominativas, realiza-se um contracto, que, em geral, consta do proprio titulo; porque o modo mais simples de fazer essa transferencia é por indôsso, nos termos do art. 484º Póde, porém, ser feita por qualquer outro documento legal».

[221] Cfr. o Ac. STJ de 16 de junho de 1972, *RLJ*, 106º, p. 218, e o Ac. RC de 12 de dezembro de 1995, *CJ*, V, p. 60 (Relator: Virgílio de Oliveira). E aquela era também a opinião de PINTO COELHO, «Estudo sobre as Acções de Sociedades Anónimas», RLJ, 89º, p. 290; VAZ SERRA, Anotação ao Acórdão do Supremo Tribunal de Justiça de 16 de Junho de 1972, *RLJ*, 106º, 1973/74, p. 222; V.G. LOBO XAVIER, «Acção», cit., c. 68 (embora dissesse que o averbamento servia «ao menos para valer em face da sociedade emitente e de terceiros»; os termos utilizados por aquele Professor terão a ver, julgamos nós, com o regime que resultava do DL 150/77, a que adiante nos referiremos).

[222] Cfr. VAZ SERRA, «Acções nominativas e acções ao portador», *BMJ*, 177º, cit., p. 5.

[223] VAZ SERRA, «Acções nominativas e acções ao portador», cit., 175º, p. 39; cfr. tb. PINTO COELHO, «Estudo sobre as Acções de Sociedades Anónimas», cit., 89º, p. 291.

[224] «Acções nominativas e acções ao portador», *BMJ*, nº 178, cit., p. 64 e s.

efeitos em relação à sociedade desde a data da inscrição ou averbamento respectivo no livro de registo das acções»[225]. Dizia-se ainda ali que «a transferência de uma acção nominativa legitima o possuidor para o exercício dos direitos emergentes dela se o nome do adquirente se encontrar averbado na acção e no livro de registo das acções da sociedade (...)»[226]. Era clara a intenção de atribuir ao registo um mero efeito legitimador do adquirente perante a sociedade.

O DL nº 150/77, de 13 de abril[227], sujeitou as ações representativas do capital de sociedades anónimas ou em comandita por ações ao regime de registo ou depósito regulado naquele diploma, desde que as ações estivessem definitivamente tituladas ou representadas por cautelas. Além disso, ficavam sujeitas ao regime de registo ou de depósito tanto as ações ao portador, como as ações nominativas. Do DL 150/77 resultava que a «titularidade» e os «ónus» relativos às ações só produziam «efeitos» se as ações estivessem registadas ou depositadas nos termos ali definidos, dando assim a entender que se estava a alargar o âmbito de ineficácia da transmissão não registada: a titularidade e os ónus não produziam quaisquer efeitos, designadamente, entre as partes[228].

Posteriormente, o DL 408/82 manteve os regimes de registo e de depósito de ações para «facilitar o controlo (e, consequentemente, a tributação) das operações realizadas sobre estes valores mobiliários, bem como sobre a distribuição de dividendos»[229]. Dispunha o nº 1 do art. 4º do DL 408/82 que «a titularidade, os direitos, os ónus e os encargos sobre ações sujeitas a registo ou a depósito nos termos deste diploma só produzem efeitos se estas estiverem registadas ou depositadas de acordo com as respectivas normas». Daqui se retirava que *o registo ou depósito referidos eram condição de eficácia da aquisição da titularidade* das ações. Isso era assim, necessaria-

[225] Nº 3 do art. 11º

[226] Nº 1 do art. 14º.

[227] E não vamos dedicar atenção ao DL 211/75, de 19/4, porquanto o mesmo não terá chegado a entrar em vigor. Sobre o regime ali previsto, cfr. Brito Correia, *Direito comercial*, 2º vol., AAFDL, Lisboa, 1989, p. 379 e ss..

[228] V.G. Lobo Xavier, «Acção», cit., col. 69, dizia, a propósito do DL 150/77, que «o registo pela sociedade, em livro próprio, das acções (quer nominativas, quer ao portador) ou o seu depósito numa instituição de crédito representam assim uma condição da plena eficácia da transmissão efectuada segundo aquelas regras».

[229] Paula Costa e Silva, «A transmissão de valores mobiliários fora de mercado secundário», *ROA*, 1998, I, p. 351.

mente, para as ações nominativas, que estavam sujeitas a um dos regimes em causa: o do registo ou o do depósito. Não se fazia qualquer distinção quanto aos efeitos que ficavam dependentes do registo, se fosse o caso. Mais uma vez, se se entendesse que até os efeitos entre as partes ficavam dependentes daquele registo, dificilmente se compreenderia como é que o registo era apenas condição de legitimação.

Com o regime de transmissão das ações nominativas constante dos arts. 326º a 340º do CSC as discussões continuaram[230]. No que dizia respeito à transmissão entre vivos fora de bolsa, as ações ao portador transmitiam-se por entrega dos títulos e as ações nominativas por declaração do transmitente escrita no título e pelo pertence lavrado no mesmo e averbamento no livro de ações da sociedade por esta efetuados. O nº 1 do art. 326º do CSC não dispunha que o averbamento era condição de eficácia da transmissão em relação à sociedade e também não fazia a distinção entre efeitos em relação à sociedade e terceiros e efeitos entre as partes[231].

No Ac. RC de 12 de dezembro de 1995 entendeu-se que não havia «no artigo 326º qualquer separação entre a titularidade e a legitimação» e que «as formalidades do artigo 326º são, pois, constitutivas, essenciais para que se dê a transmissão da participação social ou das acções. E assim, o

[230] Com a entrada em vigor do CSC, não era totalmente claro se o DL 408/82 tinha ou não sido revogado. Sobre os termos da discussão, v. o nosso *Cláusulas do contrato de sociedade que limitam a transmissibilidade das ações*, cit., p. 256, nt. 131.

[231] Quem leia o art. 2022, 1, do *Codice Civile* italiano poderá tentar encontrar aí argumentos para sustentar que os requisitos que constavam do art. 326º do CSC não impediam a transmissão tendo em conta as semelhanças entre ambos. Com efeito, aquele preceito dispunha que «Il trasferimento del titolo nominativo si opera mediante l'annotazione del nome dell'acquirente sul titolo e nel registro dell'emittente [...]». No entanto, esta norma refere-se expressamente à *transferência* do *título*, o que, só por si, obriga a especiais cautelas na leitura do que se escreveu em Itália sobre a matéria. Para uma panorâmica, v. o nosso *Cláusulas do contrato de sociedade que limitam a transmissibilidade das ações*, cit., p. 249 e s., nt. 114. A leitura de obras mais recentes mostra que a divergência se mantém: cfr. FRANCESCO GALGANO, *Diritto commerciale. Le società*, Zanichelli, Bologna, 2013 (ristampa aggiornata 2013), p. 210 («Il solo consenso, perciò, non produce alcun effeto traslativo»), e, noutra direção, FRANCESCO COSTANTINO, «Le azioni: profili generali e circolazione», in ORESETE CAGNASSO/LUCIANO PANZANI (dir.), *Le nuove s.p.a.*, vol. 2, Torino, Zanichelli, 2013, p. 62 (defendendo que a propriedade do título da ação nominativa «circola com il semplice consenso»), bem como NICOLA DI LUCA, «Dei titoli nominativi» in ENRICO GABRIELLI (dir.), *Commentario del Codice Civile. Delle promesse unilaterali. Dei titoli di credito. art. 1987-2027*, UTET/Wolters Kluwer, Milanofiori Assago, 2015, p. 505 («la proprietà di titoli di credito nominativi, nonché la titolaritá dei diritti in essi menzionati [...] si trasmette e si acquista per effetto del consenso delle parti»).

mero negócio de transferência, sem ser acompanhado de tais formalidades, nem tem eficácia legitimadora nem eficácia translativa da titularidade (propriedade)».

No Ac. STJ de 6 de fevereiro de 1997[232] foi também dada atenção ao averbamento no livro de ações. O réu recorrente sustentou que o artº 326º do CSC deveria ser objecto de interpretação *restritiva*, pelo que seria de entender que «desde que tenha havido consenso negocial entre transmitente e adquirente (o que ocorreu) terá de considerar-se que se operou validamente a transmissão das ditas acções». A argumentação não convenceu o STJ, que rejeitou a interpretação restritiva do nº 1 do artº 326º da seguinte forma: «Para além da revogação expressa do artigo 168º do Código Comercial e da sua substituição pelo artigo 326º, nº 1, do Código das Sociedades Comerciais, em termos mais exigentes que os daquele e mesmo do que os do projecto de VAZ SERRA, a circunstância de se não discriminar naquele artigo 326º, nº 1, a eficácia relativamente à sociedade e a terceiros (também não detectável em qualquer outra disposição do novo Código respeitante a esta matéria), a relevância conferida à data do averbamento (artigo 326º, nº 5) e os termos imperativos e categóricos usados [no DL 408/82] nos artigos 1º, nº 1 («as acções nominativas [...] ficam sujeitas ao regime de registo [...]), 4º, nº 1 («a titularidade [...] sobre acções sujeitas a registo [...] só produzem efeitos se estas estiverem registadas [...]»), e 26º, nº 1 («a transmissão [...] de acções registadas somente será válida [...]»), afastam decisivamente, a pretendida interpretação restritiva».

No Ac. RL de 7 de dezembro de 1999[233] sustentou-se que «as formalidades do art. 326º são constitutivas, essenciais para que se dê a transmissão das acções (...). Daí que a transmissão entre vivos, fora da bolsa, de acções nominativas dependa, não só da declaração do transmitente escrita no título como também do pertence lavrado neste e do averbamento pela sociedade no livro de registo de acções».

[232] *BMJ*, 464, 1997, p. 551 e ss. (Relator: Almeida e Silva). A p. 557, dá-se conta de um parecer junto aos autos do Professor RAÚL VENTURA em que se defendeu que «se a transmissão se considera efectuada na data do averbamento, este é uma *formalidade da transmissão*, a qual só por esse facto se considera completa».

[233] *CJ*, 1999, V, p. 121 e ss. (Relator: Santos Martins). No Acórdão do Supremo Tribunal de Justiça de 6 de Outubro de 1998, publicado no *BMJ*, 480º, 1998, p. 490 e ss. (Relator: Silva Paixão), foi sustentado que o «pertence» exigido pelo art. 326º do CSC era uma das «formalidades essenciais para se poder operar a transmissão das acções», mas nada se dizia acerca do «averbamento».

A doutrina mostrou-se dividida. João Labareda[234] defendia que a transmissão só se verificava «mediante a declaração do transmitente escrita no título conjugada com o pertence lavrado no mesmo e averbado no livro próprio da sociedade», acrescentando ainda que se o averbamento for licitamente recusado a sociedade consegue com isso «inviabilizar a transmissão de acções». Pereira de Almeida[235] entendia que o «averbamento», a «emissão de um novo certificado em nome do adquirente ou a aposição do nome deste no documento já existente ("pertence" ou "transfert")» e a «posse efectiva do título por parte do transmissário – artº 326º, Cód. Sociedades» eram necessários para que a transmissão de títulos nominativos *produzisse efeitos perante a entidade emitente e terceiros.* Oliveira Ascensão[236] aceitava como boa a tese que considerava o averbamento como apenas «necessário para produzir efeitos em relação ao emitente e a terceiros». Nuno Pinheiro Torres entendeu que o registo e depósito de ações nominativas previstos no CSC só tinham «efeito legitimador perante a sociedade»[237].

O Código do Mercado de Valores Mobiliários (CódMVM), aprovado pelo DL 142-A/91, de 10 de abril, estabelecia, para a transmissão entre vivos dessas acções *nominativas depositadas,* que a mesma se operava pelo seu *lançamento, a débito, na conta de depósito do alienante e, a crédito, na conta de depósito do adquirente* (nº 1 do art. 89º do CódMVM). E esses lançamentos *substituíam, para todos os efeitos, «as formalidades estabelecidas para a sua transmissão* no Decreto-Lei nº 408/82, de 29 de Setembro, e nos artigos 326º e seguintes do Código das Sociedades Comerciais, *designadamente a declaração do transmitente escrita no título, o pertence lavrado no mesmo a favor do adquirente e o correspondente averbamento no livro de acções da sociedade, que não serão exigíveis»* (itálico nosso). Podia assim entender-se que as formalidades exigidas pelo art. 326º do CSC eram formalidades estabelecidas *para a transmissão* das ações nominativas: eram formalidades *exigíveis* para essa transmissão. Entre essas formalidades exigíveis para a transmissão das ações nominativas contava-se, *designadamente,* o averbamento no livro de ações da sociedade. Isto dava a entender que aquele averbamento integrava o conjunto de formalidades necessárias para que se desse a transmissão.

[234] João Labareda, *Das acções das sociedades anónimas,* cit., p. 30.

[235] Pereira de Almeida, *Direito comercial,* 3º vol., cit., p. 83.

[236] Oliveira Ascensão, *Direito comercial.* III, cit., p. 45 e s..

[237] Nuno Pinheiro Torres, *Da transmissão de participações sociais não tituladas,* UCP, porto, 1999, p. 49.

A evolução do regime mostra bem que, se houvesse a intenção de estabelecer que a declaração de transmissão e/ou o registo junto do emitente ou do seu representante fossem meros requisitos de eficácia perante a sociedade e/ou perante terceiros, teria sido utilizada uma redação bem diferente para o art. 102º, 1, do CVM. O afastamento quanto à redação do art. 168º, § 1º, do CCom mostra bem que a transmissão não se considera realizada sem o registo junto do emitente ou do seu representante. Tanto mais que, como já foi dito, o regime do art. 102º, 1, do CVM nem sequer está pensado apenas para as ações, ao contrário do que muitos parecem supor ao longo das averiguações históricas que efetuam.

Acresce que as ações escriturais se transmitem pelo registo na conta do adquirente (art. 80º, 1, do CVM). Este registo pode, em certos casos, ter lugar junto do próprio emitente. Sem aquele registo não se dá a transmissão. Atendendo ao princípio da neutralidade da representação, seria estranho que um registo junto do emitente tivesse mais valor num caso do que no outro.

O transmissário não fica sem proteção: é tutelado, desde logo, através do art. 102º, 7, do CVM, segundo o qual «o emitente não pode, para qualquer efeito, opor ao interessado a falta de realização de um registo que devesse ter efetuado nos termos dos números anteriores». E entre os interessados está, sem dúvida, o transmissário. Isso não significa que o transmissário já seja titular antes do registo. O mesmo, aliás, se pode dizer quanto ao teor do art. 102º, 5, do CVM, segundo o qual a «transmissão produz efeitos a partir da data do requerimento de registo junto do emitente». Este último preceito significa que a transmissão apenas se dá com o registo, mas a lei faz retroagir os efeitos da transmissão ao momento em que foi requerido o registo.

9.2. Transmissão de ações escriturais

A transmissão de ações escriturais tem lugar por registo na conta de registo do adquirente (nº 1 do art. 80º do CVM)[238]. Mas isso não significa que se

[238] Nessa medida, o registo é constitutivo: cfr., com essa opinião, já perante o CVM, COUTINHO DE ABREU, *Curso de direito comercial*, II, cit., p. 347; ISABEL VIDAL, «Da (Ir)relevância da forma de representação para efeitos da transmissão de valores mobiliários», *CadMVM*, 15, CMVM, Lisboa, 2002, p. 308; ALEXANDRE BRANDÃO DA VEIGA, *Transmissão de valores mobiliários*, cit., p. 30 (com ampla remissão para o direito estrangeiro). Era também essa a leitura de CARLOS FERREIRA DE ALMEIDA, «Desmaterialização dos títulos de crédito: valores mobiliários

prescinda de uma justa causa de atribuição[239]. Como não se prescinde também da sua validade e eficácia.

escriturais», cit., p. 34 e s., na vigência do CódMVM, sustentando que o beneficiário apenas teria o direito potestativo de requerer o registo, enquanto o transmitente ou (constituinte) teria a obrigação de omitir o exercício das faculdades inerentes ao valor em causa, e manteve-a em «Registo de valores mobiliários», cit., p. 101. Mas PEREIRA DE ALMEIDA, *Sociedades comerciais, valores mobiliários, instrumentos financeiros e mercados*, II, cit., p. 39, entende que o registo não é constitutivo e sim requisito para que o adquirente esteja legitimado para o exercício dos direitos sociais. Por sua vez, DIOGO DRAGO, «Actos abstractos e circulação de valores mobiliários», *cit.*, p. 503, p. 507 e p. 512 e s., embora entenda que o registo em causa é constitutivo, defende que se está apenas a tratar da transmissão do documento (escritural), constituindo-se o direito originariamente na esfera do adquirente. ALMEIDA COSTA/EVARISTO MENDES, «Transmissão de acções tituladas nominativas», cit., p. 95, afirmam a possibilidade de transmissão *solo consensu*, e a p. 97 vão mais longe e sustentam que o registo tem «uma função meramente declarativa e qualificadora». PAULA COSTA E SILVA, *Direito dos valores mobiliários. Relatório*, cit., p. 222, afirma expressmante que «a causa eficiente da transmissao é a operação de bolsa e que o momento da transmissão coincide com a data de realização desta operação». Considerando que sem o registo em conta não há transmissão, v. o já citado Ac. STJ de 15 de maio de 2008. No sentido de que o carácter constitutivo do registo garante certeza e segurança às transmissões, MARIA CARDARELLI, *L'azione dematerializzata. Dallo statuto alla fattispecie*, Giuffrè, Milano, 2001, p. 99. O nº 2 do art. 80º do CVM estabelece que o comprador de valores mobiliários escriturais em mercado regulamentado e em sistema de negociação multilateral ou organizado tem legitimidade para proceder à sua venda nesse mercado «independentemente do registo e a partir da realização da operação». O legislador quis tornar claro que não obstava à venda de valores mobiliários escriturais naqueles casos a falta de registo da compra a favor do agora vendedor. E nada mais. Aliás, a comparação com o disposto no anterior art. 405º do CódMVM, contido na Secção relativa às operações de bolsa, parece levar precisamente na direção referida, uma vez que neste último preceito se dizia que «a titularidade» passava para o comprador «a partir do momento em que se efetua a operação de bolsa». E essa referência à titularidade não consta daquele nº 2 do art. 80º do CVM. Julgamos que o nosso pensamento coincide com o de COUTINHO DE ABREU, *Curso de direito comercial*, II, cit., p. 347 e s., na medida em que afirma que o nº 2 referido vem atribuir legitimidade para vender antes do registo. Sobre o tema, considerando que o art. 80º, 2, do CVM «apenas atribui, ao comprador, legitimidade para alienar a posição jurídica adquirida não abrangendo, consequentemente, as demais situações que compõem a posição», ANTÓNIO BARRETO MENEZES CORDEIRO, *Manual de direito dos valores mobiliários*, cit., p. 190 (mas o autor lembra também o art. 210º, 1, do CVM).

[239] Nesse sentido, COUTINHO DE ABREU, *Curso de direito comercial*, II, cit., p. 348; ALEXANDRE BRANDÃO DA VEIGA, *Transmissão de valores mobiliários*, cit., p. 69 e ss., quanto aos negócios a que chama «subjacentes». O último autor referido afirma que o registo em conta vai depender também de uma ordem de transferência, pelo que entende ser o (eventual) negócio subjacente composto pelo (eventual) contrato e pela ordem de transferência. Tendo em conta ainda o CódMVM, CARLOS FERREIRA DE ALMEIDA, «Desmaterialização dos títulos de crédito:

As contas de registo individualizado podem, consoante os casos, estar abertas junto de intermediário financeiro (e integradas em sistema centralizado), junto de um único intermediário financeiro indicado pelo emitente ou junto do emitente ou de intermediário financeiro que o represente (cfr. o art. 61º do CVM).

A transmissão efetua-se por transferência entre contas: pelo lançamento a débito na conta de origem e a crédito na conta de destino (nº 1 do art. 71º do CVM)[240]. Nem todas as transferências entre contas resultam de transmissões de valores mobiliários escriturais: a transferência pode ter lugar entre contas do mesmo titular e, nesse caso, há transferência mas não há, obviamente, transmissão[241].

valores mobiliários escriturais», cit., p. 33 e s., afirmava que a transmissão entre vivos de valores mobiliários escriturais exigia «a sequência de *dois actos*», que seriam «o *negócio jurídico* em que se fundamenta a transmissão ou a constituição do direito, que tanto pode ser um negócio jurídico causal como uma ordem de transferência que é um negócio abstracto» e «o *registo*»; aquele Professor, em «Registo de valores mobiliários», cit., p. 126, e perante o art. 67º do CVM, parece manter a afirmação de que no caso da ordem escrita do disponente poderemos estar perante negócios abstratos. Na Itália, Maria Cardarelli, *L'azione dematerializzata. Dallo statuto alla fattispecie*, cit., p. 120, entende que o negócio de transmissão de ações «desmaterializadas» apenas terá efeitos obrigacionais que se traduzem na obrigação de obter o registo da transmissão. Mas na França, onde a desmaterialização das ações foi muito longe, Georges Ripert/René Roblot, *Traité de droit commercial*, T. 1, v. 2, 18ª ed., LGDJ, 2002, p. 309, sustentava que «nas relações com a sociedade e com terceiros, a inscrição em conta tem um papel de legitimação (...)»; opinião idêntica tinham Maurice Cozian/Alain Viandier/Florence Deboissy, *Droit des sociétés*, 16ª ed., Litec, Paris, 2003, p. 365, afirmando expressamente que a propriedade das ações se transfere pelo acordo entre as partes. Sobre o *virement de compte à compte*, considerando-o uma entrega (*livraison*) e, quando não são transmitidos todos os valores inscritos numa conta, uma operação de especificação ou individualização, Christine Lassalas, *L'inscription en compte des valeurs: la notion de propriété scripturale*, Presses Universitaires de La Faculté de Droit de Clermont-Ferrand/LGDJ, Clermont-Ferrand, 1997, p. 230 e ss.. Sobre o lançamento (*entrie*) como entrega, cfr. também Folk, «Article Eight: a premise and three problems», cit., p. 1385.

[240] Questionando, porém, que no caso de «securities registered in book-entry systems» se transfira a *ownership*, Thomas Keijser, *Financial collateral arrangements. The European Collateral Directive considered from a property and insolvency law perspective*, Kluwer, Deventer, 2006, p. 96.

[241] O art. 195º, 1, do CVM estabelece que a aquisição potestativa ali prevista se torna eficaz a partir da publicação do registo na CMVM, publicação essa que o interessado deverá realizar. Será a CMVM a enviar à entidade gestora do sistema centralizado ou à entidade registadora das ações a informação que seja necessária para a transferência entre contas. Mas também aquela aquisição não parece ser uma transmissão.

Têm legitimidade para requerer o registo da transmissão tanto o titular da conta onde se deva proceder ao registo como o titular da conta para onde devam ser transferidos os valores mobiliários (nº 2 do art. 66º do CVM). Se o requerente não tiver legitimidade, o registo pedido é recusado (art. 77º, 1, *c*)). As inscrições e averbamentos nas contas de registo são feitos com base em ordem escrita do disponente dos valores mobiliários ou com base em documento bastante para a prova do facto a registar (nº 1 do art. 67º do CVM).

A lei prevê inclusivamente alguns casos de registo oficioso (nº 1 do art. 66º), que assumem particular importância quando as ações estão integradas em sistema centralizado. No caso dos registos oficiosos, o art. 69º, 1, do CVM determina que serão lavrados com a data do facto registado.

Como decorre do art. 70º do CVM, a inscrição da aquisição depende de prévia inscrição a favor do disponente. Além disso, os direitos registados sobre o mesmo valor mobiliário prevalecem sobre outros tendo em conta a ordem de prioridade dos registos (art. 75º CVM).

Mais adiante daremos especial atenção às ações integradas em sistema centralizado. A complexidade das transmissões é, nesse caso, muito grande. Por isso mesmo é necessário que a entidade gestora do sistema adote regras operacionais, que estão sujeitas a registo (art. 89º, 1, do CVM).

9.3. Transmissão de ações em mercado regulamentado: a compra e venda de ações

9.3.1. O mercado regulamentado de instrumentos financeiros é uma das formas organizadas de negociação

Cumpridos certos pressupostos, as ações podem ser admitidas a negociação em mercados regulamentados de instrumentos financeiros. No entanto, os mercados regulamentados são apenas uma das formas organizadas de negociação previstas no art. 198º, 1, do CVM[242]. Para além deles, estão ali previstos os sistemas de negociação multilateral (SNM; em inglês, MTFs ou Multilateral Trading Facilities), os sistemas de negociação organizado(s) e a internalização sistemática[243]. A CMVM pode, através de regulamento,

[242] A redação surge alterada na Proposta de Lei, incluindo-se a menção aos sistemas de negociação organizados.

[243] O art. 330º, 2, do CVM estabelecia, na sua anterior redação, o dever de o intermediário financeiro, na ausência de indicações específicas do ordenador, executar as ordens que recebe empregando «todos os esforços razoáveis para obter o melhor resultado possível para

determinar outras formas organizadas de negociação de instrumentos financeiros.

A DMIF II inclui também nas plataformas de negociação os mercados regulamentados e os MTFs, tendo inovado de forma significativa com os *sistemas de negociação organizados* ou OTFs (*Organised Trading Facilities, organisierte Handelssysteme*). Como se vê no art. 4º, 1, 24), da DMIF II, os mercados regulamentados, os MTF e os OTF irão formar as *plataformas de negociação* (*trading venues*): um *Oberbegriff*[244]. É OTF o «sistema multilateral que não

os seus clientes, tendo em atenção o preço, os custos, a rapidez, a probabilidade de execução e liquidação, o volume, a natureza ou qualquer outro fator relevante». Mas na redação dada pela Lei 35/2018 pode ler-se: «2 -Na falta de indicações específicas do ordenador, o intermediário financeiro emprega na execução de ordens todos os esforços razoáveis para obter o melhor resultado possível para os seus clientes, tendo em atenção o preço, os custos, a rapidez, a probabilidade de execução e liquidação, o volume, a natureza ou qualquer outro fator relevante, nos termos previstos em regulamentação e atos delegados da Diretiva 2014/65/UE, do Parlamento Europeu e do Conselho, de 15 de maio de 2014». Por sua vez, o art. 330º, 7, do CVM acrescentava que no caso da execução de ordens de clientes fora do mercado regulamentado ou de MTF era necessário consentimento expresso do cliente (sob a forma de acordo geral ou em relação a cada operação). Fora, assim, afastado o princípio da concentração da negociação *no mercado em que o instrumento está admitido à negociação* (sobre isto, Sofia Rodrigues, «Cabimento da figura dos "mercados não regulamentados" no âmbito da DMIF», *DVM*, VIII, 2008, p. 328 e ss., Isabel Vidal, «Internalização sistemática», *DVM*, IX, 2009, p. 222 e s.). Com a Lei 35/2018, o nº 7 passou a ter a seguinte redação: «A execução de ordens de clientes fora de uma plataforma de negociação depende de consentimento expresso do cliente, o qual pode ser dado sob a forma de um acordo geral ou em relação a cada operação». Fundamentais para a compreensão do regime atual são também o novo art. 201º-B («Obrigação e negociação de ações em formas organizadas de negociação») e o art. 23º do RMIF. Quanto ao papel da DMIF I no sentido da abolição das «concentration rules», Guido Ferrarini/Paolo Saguato, «11. Governance and Organization of Trading Venues», in Danny Busch/Guido Ferrarini (ed.), *Regulation of the EU Financial Markets. MiFID II and* MiFIR, cit., p. 285-314, a p. 291, salientando a intenção de fragmentar os mercados e aumentar a concorrência e, com isso, a inovação e o avanço tecnológico. Os autores dão ainda conta, a p. 298 e ss., dos grandes grupos que se formaram na Europa e que concentram atividades de negociação, compensação, liquidação e custódia. V. tb. o que escrevemos na nt. 321. Quanto à evolução sentida nos últimos anos, v., p. ex., Jonathan Macey/Maureen o'Hara, «From Markets to Venues: Securities Regulation in an Evolving World», *StanLR*, 2005, 58, p. 563 e ss., Chris Brummer, «Disruptive Technology and Securities Regulation», *FordLR*, 2015, 84, p. 977 e ss..

244 Peter Jung/Elias Bischof, *Europäisches Finanzmarktrecht*, Nomos, Baden-Baden, 2015, p. 68. Para uma análise económica do direito sobre mercados e sistemas alternativos de negociação, Jonathan Macey/Maureen O'Hara, «Regulating Exchanges and Alternative Trading Systems: A Law and Economics Perspective», *Journal of Legal Studies*, 1999, 28, p. 17 e ss..

seja um mercado regulamentado nem um MTF dentro do qual múltiplos interesses de compra e venda de obrigações, produtos financeiros estruturados, licenças de emissão ou derivados manifestados por terceiros podem interagir de modo a que tal resulte num contrato nos termos do Título II da presente diretiva» (art. 4º, 1, 23). O art. 200º-A do CVM, aditado pela Lei 35/2018, contém uma definição muito próxima. Uma vez que nos OTFs não está em causa a negociação de ações[245], não nos vamos ocupar desses sistemas[246]. Mas os mercados regulamentados, os MTFs e os OTFs estão sujeitos a regras de transparência muito exigentes no regime DMIF II/RMIF (cobrindo outros instrumentos financeiros para além das ações)[247]. O art. 212º do CVM trata da «Informação ao público», mas há diferenças entre os mercados regulamentados e os sistemas de negociação multilateral, bem como, quanto aos sistemas de negociação organizados (v. os nºs 1

[245] E é assim porque se trata de uma plataforma com regras discricionárias. Como esclarece NIAMH MOLONEY, «12. EU Financial Governance and Transparency Regulation», in DANNY BUSCH/GUIDO FERRARINI (ed.), *Regulation of the EU Financial Markets. MiFID II and* MiFIR, cit., p. 315-343, a p. 325, «for this reason, OTFs are not permitted to trade equity securities, as the application of a discretionnary trading process would lead to poor quality transparency disclosures and related blurred signals as to the pricing sentiment for equity securities»

[246] Sobre eles, p. ex., NIAMH MOLONEY, *EU Securities and Financial Markets regulation*, 3ª ed, Oxford University Press, Oxford, 2014, p. 464 e ss.), e DANNY BUSCH/GUIDO FERRARINI, «Who's Afraid of MiFID II? An Introduction», in DANNY BUSCH/GUIDO FERRARINI (ed.), *Regulation of the EU Financial Markets. MiFID II and MiFIR*, cit., p. 15, que prevêem estarmos perante as futuras «reference venues» para uma parte significativa da negociação de derivados; por sua vez, GUIDO FERRARINI/PAOLO SAGUATO, «11. Governance and Organization of Trading Venues», in DANNY BUSCH/GUIDO FERRARINI (ed.), *Regulation of the EU Financial Markets. MiFID II and* MiFIR, cit., p. 285-314, a p. 294, consideram os OTF «the most radical reform in the trading venues architecture». V. tb., com interesse, o Considerando 7 do RMIF.

[247] V., sobre isto, NIAMH MOLONEY, «12. EU Financial Governance and Transparency Regulation», in DANNY BUSCH/GUIDO FERRARINI (ed.), *Regulation of the EU Financial Markets. MiFID II and* MiFIR, cit., p. 315-343, a p. 325 («The most extensive transparency requirements apply to the three forms of 'trading venue? For multilateral trading [...]. RMs, MTFs, and OTFs are all, however, subject to the same set of transparency rules»). Sobre a transparência pré-negociação, v., em particular, o art. 3º, 1, do RMIF. Quanto ao abuso de mercado, v. o Regulamento 596/2014 (Regulamento Abuso de Mercado ou RAM; em inglês, Market Abuse Regulation ou MAR). Sobre a aplicação do RAM aos MTF, v. RÜDIGER VEIL/CARMINE DI NOIA, «13. SME Growth Markets», in DANNY BUSCH/GUIDO FERRARINI (ed.), *Regulation of the EU Financial Markets. MiFID II and* MiFIR, cit., p. 345-362, a p. 353 e ss.. Há que contar, ainda, com diferenças resultantes do regime contido na Diretiva da Transparência.

e 2). Com a Lei 35/2018, surgiu um novo art. 215º-A que trata da «Informação sobre ofertas e operações numa plataforma de negociação». No seu n. 1, lê-se que as «entidades gestoras de uma plataforma de negociação divulgam ao publico a informação sobre ofertas e operações de instrumentos financeiros numa plataforma de negociação nos termos previstos nos artigos 3º, 6º, 8º, 10º, 12º e 13º do Regulamento (UE) nº 600/2014 [...] e respetiva regulamentação e atos delegados»[248].

O CVM dá uma noção de mercado regulamentado de instrumentos financeiros no nº 1 do art. 199º do CVM: «os sistemas que, tendo sido autorizados como tal por qualquer Estado membro da União Europeia, são multilaterais e funcionam regularmente a fim de possibilitar o encontro de interesses relativos a instrumentos financeiros com vista à celebração de contratos sobre tais instrumentos». Por sua vez, a DMIF II (art. 4º, 1, 21) considera mercado regulamentado «um sistema multilateral, operado e/ou gerido por um operador de mercado, que permite o encontro ou facilita o encontro de múltiplos interesses de compra e venda de instrumentos financeiros manifestados por terceiros – dentro desse sistema e de acordo com as suas regras não discricionárias – por forma a que tal resulte num contrato relativo a instrumentos financeiros admitidos à negociação de acordo com as suas regras e/ou sistemas e que esteja autorizado e funcione de forma regular e nos termos do Título III da presente diretiva»[249]. São mercados regulamentados, entre outros, a NYSE Euronext Amsterdam e a London Stock Exchange[250].

O mercado regulamentado pode ser um mercado de cotações oficiais. Nesse caso, o emitente dos valores mobiliários a negociar em mercado e as ações a admitir devem satisfazer requisitos adicionais (arts. 228º e 229º do CVM).

A existência de mercados de capitais é indicada como um fator que torna mais fácil a captação da poupança, pois naqueles mercados quem investe está muitas vezes a contar com maiores possibilidades de realizar o desinvestimento[251]. Mas, se a sociedade tem ações admitidas à negociação em mercado regulamentado, isso tem consequências no que diz res-

[248] Sobre as dispensas ou publicações diferidas, v. os noºs 3 e 4 do art. 215º-A.

[249] Na DMIF I, v. o art. 4º, 14).

[250] V. https://registers.esma.europa.eu/publication/searchRegister?core=esma_registers_mifid_rma

[251] Cfr. AMADEU FERREIRA, *Direito dos valores mobiliários*, cit., p. 9.

peito às normas a que fica sujeita[252]. Desde logo, porque será considerada sociedade aberta (art. 13º; 1, *c)*, do CVM), aplicando-se o respetivo regime.

O próprio CVM contém muitos preceitos que pressupõem a admissão à negociação em mercado regulamentado das ações. E no CSC encontram-se vários preceitos que visam em particular as sociedades emitentes de ações admitidas à negociação em mercado regulamentado: v., p. ex., os arts. 77º, 1, 349º, 4, *a)*, 414º, 6, 423º-B, 5, 444º, 6, 446º-A, 1. Noutros casos, as normas do CSC fazem referência a valores mobiliários admitidos à negociação em mercado regulamentado, sendo então necessário verificar em que termos se aplicam quando os valores em causa são ações: cfr. os arts. 368º, 5, 374º-A, 1, 396º, 1 e 3, 413º, 2, *a)*, 414º, 4, 423º-B, 4, e 444º, 2.

9.3.2. A admissão à negociação em mercado regulamentado

No que diz respeito aos valores mobiliários, só podem ser objeto de negociação organizada (e, portanto, de operações realizadas em mercado regulamentado) os que sejam fungíveis. Este é um requisito que se acha consagrado na al. *a)* do nº 1 do art. 204º do CVM[253].

Por sua vez, o nº 2 do mesmo preceito acrescenta que «são fungíveis, para efeitos de negociação organizada, os valores mobiliários que pertençam à mesma categoria, obedeçam à mesma forma de representação, estejam objetivamente sujeitos ao mesmo regime fiscal e dos quais não tenham sido destacados direitos diferenciados».

Além disso, para serem objeto de negociação organizada os valores mobiliários devem ser livremente transmissíveis[254], devem estar integralmente liberados e não podem estar sujeitos, em regra, a penhor ou qualquer outra situação jurídica que os onere. No que diz respeito a estas onerações, o art. 204º, 1, *a)*, exceciona os casos em que estejam «respeitados os requisitos previstos em regulamentação e atos delegados da Diretiva nº 2014/65/UE [...]»[255].

[252] O direito do mercado de capitais suscita questões interessantes no que diz respeito à sua relação com o direito das sociedades: v., p. ex., MARCUS LUTTER, «Gesellschaftsrecht und Kapitalmarkt», AAVV., *Festschrift für Wolfgang Zöllner*, Carl Heymanns, Köln, etc., 1998, p. 363-383.

[253] A redação foi alterada com a Lei 35/2018.

[254] Não é absolutamente necessário que esse seja o regime: v., sobre o tema, JÜRGEN THAN, «Die Übertragung vinkulierter Namensaktien im Effektengiroverkehr», AAVV., *Entwicklungslinien im Bank- und Kapitalmarktrecht. Festschrift für Gerk Nobbe*, RWS, Köln, 2009, p. 791 e ss.

[255] Na redação dada pela Lei 35/2018.

A admissão de ações (e não só) à negociação em mercado regulamentado encontra-se regulada de forma pormenorizada nos arts. 227º e ss. do CVM[256]. Aí se estabelecem requisitos quer quanto ao emitente (nº 3 do art. 227º), quer quanto às ações em causa (nºs 1, 2, e 6 do art. 227º)[257]. Se o mercado em que se pretende a admissão à negociação forma cotação oficial, o art. 228º do CVM acrescenta ainda alguns requisitos quanto ao emitente e o art. 229º quanto às ações.

O pedido de admissão à negociação de ações em mercado regulamentado pode ser apresentado pelo emitente[258]. Se o emitente *já for uma sociedade aberta*, o pedido de admissão à negociação também pode ser apresentado por titulares de, pelo menos, 10% das ações emitidas da mesma categoria (art. 233º, 1, *b*))[259]. Porém, a «admissão à negociação abrange todos os valores mobiliários da mesma categoria» (art. 232º, 3)[260].

O pedido de admissão à negociação é apresentado à entidade gestora do mercado regulamentado em cujo mercado os valores serão negociados: cfr. o nº 1 do art. 233º do CVM. Será esta entidade que decidirá se

[256] O art. 227º foi alterado pela Lei 35/2018.

[257] Sobre valores mobiliários sujeitos a direito estrangeiro, v. o art. 231º.

[258] Questão complexa é a de saber a quem cabe decidir a apresentação do pedido. Para PAULO CÂMARA, *Manual de direito dos valores mobiliários*, cit., p. 501, nt. 1580, na sociedade anónima é o órgão de administração que tem competência para a «manifestação de vontade» (o que constitui uma formulação suscetível de gerar equívocos). Quanto à formação dessa vontade, muito dependerá do que conduz ao pedido de admissão à negociação e, em particular, das ações que serão admitidas à negociação (ações próprias da sociedade, ações emitidas em aumento de capital com supressão de direito de preferência, ações dos sócios maioritários, etc.). MANUEL REQUICHA FERREIRA, *Acordos de aceitação e de não-aceitação de OPA*, Almedina, Coimbra, 2015, p. 40 e ss., defende a necessidade de deliberação da assembleia geral, mas não é claro se considera que a falta da mesma tem eficácia externa. Quanto à necessidade de deliberação dos acionistas, questionando a posição dos minoritários e as maiorias exigíveis para as deliberações, MARCUS LUTTER, «Gesellschaftsrecht und Kapitalmarkt», in *Festschrift für Wolfgang Zöllner*, cit., p. 377 e ss..

[259] Considerando que se trata de um «direito de minorias tendente a salvaguardar a liquidez», PAULO CÂMARA, *Manual de direito dos valores mobiliários*, cit., p. 502. O art. 205º, 2, do CVM permite que os valores mobiliários admitidos à negociação em mercado regulamentado sejam «subsequentemente negociados noutros mercados regulamentados e em sistemas de negociação multilateral ou organizado sem o consentimento do emitente». A redação do preceito não deixa de gerar algumas dificuldades quanto à identificação do seu sentido na articulação com o disposto no art. 233º, *b*).

[260] Frisando isso mesmo, PAULO CÂMARA, «As operações de saída do Mercado», *DVM*, V, p. 127-184, a p. 137.

as ações são ou não admitidas à negociação em mercado regulamentado (arts. 205º, 1[261], e 234º, 1).

Apresentado o pedido de admissão à negociação, a entidade gestora deverá enviar à CMVM cópia do pedido de admissão, e bem assim os documentos que sejam necessários para aprovação do prospeto: nº 2 do art. 233º do CVM[262]. Aprovado o prospeto pela CMVM[263], o requerente deve proceder à sua divulgação antes da admissão das ações à negociação: nº 1 do art. 236º do CVM.

O atual regime de prospeto contido no CVM deve ser lido tendo em especial conta a Diretiva 2003/71/CE e o Regulamento (CE) 806/2004.

O Regulamento (UE) 2017/1129 ocupa-se também do prospeto a publicar antes da admissão à negociação em mercado regulamentado (cfr. o art. 3º, 3). Embora o Regulamento apenas seja aplicável, em geral, a partir de 21 de julho de 2019, vários preceitos são aplicáveis antes dessa data. O art. 1º, 5, enumera situações em que não será obrigatória a publicação do prospeto antes da admissão de valores mobiliários à negociação em mercado regulamentado.

Depois de admitidas à negociação em mercado regulamentado, as ações podem ser subsequentemente negociadas noutros mercados regulamentados e em sistemas de negociação multilateral sem necessidade, para o efeito, de consentimento do emitente (art. 205º, 2, do CVM).

9.3.3. Admissão de ações à negociação em mercado regulamentado e divulgação de informações

A admissão das ações à negociação em mercado regulamentado torna necessária a comunicação de informações várias relativas à sociedade emitente: cfr. os arts. 244º e ss. do CVM. Muitas são também as informações que devem ser divulgadas e enviadas para o sistema previsto no art. 367º (cfr. o art. 244º, 4, do CVM)[264]. Tudo isso deve ser devidamente ponderado antes de tomar a decisão de requerer a admissão à negociação.

[261] Que foi alterado pela Lei 35/2018, surgindo a menção à seleção para negociação em sistema de negociação organizado.

[262] O art. 236º, 2, enumera vários casos em que o prospeto para admissão à negociação não é exigido.

[263] Se for a entidade competente para isso, evidentemente: v., o art. 236º, 1 do CVM.

[264] Sobre o ponto de acesso eletrónico europeu, v. o art. 367º, 3, do CVM.

Veja-se que, por exemplo, e de acordo com o disposto no nº 1 do art. 248º-A, as sociedades que emitiram as ações admitidas à negociação ficam obrigadas a divulgar informação privilegiada[265].

Por sua vez, o art. 245º-A torna necessário que os emitentes de ações admitidas à negociação em mercado regulamentado situado ou a funcionar em Portugal incluam no relatório anual de gestão, em capítulo especialmente elaborado para o efeito ou em anexo ao relatório, um «relatório detalhado sobre a estrutura e as práticas de governo societário» contendo diversa informação.

Porém, nos casos de negociação subsequente referida no art. 205º, 2, não tendo havido consentimento do emitente compreende-se que este não seja obrigado «a prestar qualquer informação adicional por virtude da negociação nesses outros mercados ou sistemas de negociação multilateral [...]» (art. 205º, 3, do CVM – com a Lei 35/2018, foi acrescentado «ou organizado»). Na DMIF II, o art. 18º, 8, estabelece que se «um valor mobiliário admitido à negociação num mercado regulamentado for também transacionado num MTF ou num OTF sem o consentimento do seu emitente, este não ficará sujeito a qualquer obrigação no que diz respeito à prestação inicial, corrente ou *ad hoc* de informações financieras perante esse MTF ou OTF».

Com a Lei 35/2018 surgiu um novo art. 215º-A relacionado com a divulgação sobre ofertas e operações. No ponto 9.3.1. já se deu conta do mesmo e para aí remetemos.

9.3.4. Suspensão e exclusão da negociação em mercado regulamentado. Interrupção da negociação

Após a admissão à negociação em mercado regulamentado, podem verificar-se factos que obriguem à suspensão ou exclusão de ações da negociação. No art. 213º do CVM[266] está prevista a suspensão ou exclusão por decisão da entidade gestora do mercado regulamentado[267].

265 O art. 250º permite à CMVM dispensar a divulgação de certas informações «quando seja contrária ao interesse público e possa causar prejuízo grave para o emitente, desde que a ausência de divulgação não induza o público em erro sobre factos e circunstâncias essenciais para a avaliação dos valores mobiliários», mas exceciona, designadamente, o disposto no art. 248º-A. Por sua vez, o art. 248º-A, 2 e ss., identifica casos em que se permite o diferimento da divulgação de informação priveligiada, remetendo-se para o Regulamento 596/2014 e sua regulamentação e atos delegados.

266 A Lei 35/2018 alterou a sua redação.

267 Sobre os efeitos da suspensão ou exclusão, v. o art. 215º do CVM. A redação foi alterada pela Lei 35/2018, mas apenas quanto ao nº 5.

E se a entidade gestora do mercado regulamentado não proceder à suspensão em tempo oportuno, poderá a CMVM ordenar que ela o faça. Essa ordem pode mesmo ter lugar «quando a situação do emitente implique que a negociação seja prejudicial para os interesses dos investidores» (art. 214º, 1, *a*), do CVM). A CMVM pode também ordenar à entidade gestora do mercado regulamentado que proceda à exclusão da negociação «quando comprovar a violação das leis ou regulamentos aplicáveis» (art. 214º, 1, *b*), do CVM). A CMVM pode inclusivamente estender a suspensão ou exclusão a todos os mercados regulamentados e sistemas de negociação multilateral em que as ações da mesma categoria são negociados (art. 214º, 1, *c*); com a Lei 35/2018, foi acrescentada a menção ao sistema de negociação organizado). A suspensão ou exclusão pode ainda ser ordenada pela CMVM quando, nos termos da lei, o Banco de Portugal o solicite (art. 214º, 5).

Há ainda dois regimes que importa convocar: o da perda da qualidade de sociedade aberta e o da aquisição potestativa prevista no art. 194º.

Pode ler-se no art. 29º, 2, do CVM que a «declaração de perda de qualidade de sociedade aberta implica a imediata exclusão da negociação em mercado regulamentado das ações da sociedade e dos valores mobiliários que dão direito à sua subscrição ou aquisição» (v. tb., em especial, o art. 27º). A readmissão fica vedada no prazo de um ano. O regime referido é especialmente importante tendo em conta que o CVM não prevê a exclusão referida através de deliberação da sociedade emitente. *E não seria bom deixar a sociedade prisioneira daquele mercado*[268].

Se tiver lugar a aquisição potestativa permitida pelo art. 194º, 1, do CVM, isso tem como consequência a exclusão da negociação em mercado regulamentado das ações emitidas pela sociedade e, bem assim, dos valores mobiliários que a elas dão direito. A readmissão também fica vedada durante um ano (cfr. o art. 195º, 4, do CVM). Aquela aquisição implica igualmente, «em termos imediatos», a perda da qualidade de sociedade aberta.

Por sua vez, o ar. 213º-A, introduzido pela Lei 35/2018, ocupa-se da interrupção da negociaçãoem mercado regulamentado (ou da sua restri-

[268] Alertando para isso mesmo, PAULO CÂMARA, *Manual de direito dos valores mobiliários*, cit., p. 760. No entanto, os perigos para os minoritários também merecem atenção. Sobretudo, tendo em conta o disposto no art. 490º do CSC. Quanto aos referidos perigos, v. MARCUS LUTTER, «Gesellschaftsrecht und Kapitalmarkt», cit., p. 380 e ss.. Enumerando vantagens associadas ao *going private*, FRANK EASTERBROOK/DANIEL FISCHEL, «Corporate Control Transactions», *YaleLJ*, 1982, 91, p. 706.

ção) em caso de variação significativa de preços (nesse mercado ou em mercado conexo) durante curto período de tempo.

9.3.5. Transmissão de ações em mercado regulamentado

A transmissão de ações em mercado regulamentado obedece a regras particulares. Desde logo, porque as ações admitidas à negociação em mercado regulamentado são obrigatoriamente integradas em sistema centralizado: isso resulta, para as ações escriturais, do disposto no art. 62º do CVM e, para as ações tituladas, do que se lê na al. *a)* do nº 2 do art. 99º do CVM[269].

Vamos de seguida tratar a transmissão de ações em mercado regulamentado. Só nos vamos ocupar da compra e venda de ações[270]. Além disso, apenas trataremos de operações em mercado regulamentado a contado[271]. Também dirigiremos a atenção sobretudo para as operações em que o membro do mercado atua por conta de outrem.

Em primeiro lugar, trataremos da transmissão de ações escriturais. Isto porque, como veremos com maior desenvolvimento, as ações tituladas, para serem negociadas em mercado regulamentado, têm de ser integradas em sistema centralizado e, a partir daí, aplica-se o disposto no CVM quanto aos valores mobiliários escriturais integrados naquele sistema.

9.3.6. As ações escriturais admitidas à negociação em mercado regulamentado são obrigatoriamente integradas em sistema centralizado

Sabemos que os valores mobiliários escriturais se transmitem pelo registo na conta do adquirente. A transferência entre contas faz-se pelo lançamento a débito na conta de origem e a crédito na conta de destino.

Se os valores mobiliários escriturais estão integrados em sistema centralizado, como é obrigatoriamente o caso das ações escriturais admitidas

[269] A redação foi alterada com a Lei 35/2018.

[270] Não vamos procurar saber, agora, se a compra e venda de ações a contado em «bolsa» é ou não um contrato. Sobre os termos do problema, cfr. ANTÓNIO MENEZES CORDEIRO, «Transmissão em bolsa de acções depositadas», *Banca, bolsa e crédito Estudos de direito comercial e de dirito da economia*, Almedina, Coimbra, 1990, p. 155, PAULA COSTA E SILVA, «Compra, venda e troca de valores mobiliários», *Direito dos Valores Mobiliários*, Lex, Lisboa, 1997, p. 253, OLIVEIRA ASCENSÃO, «A celebração de negócios em Bolsa», *DVM*, I, cit., p. 182 e ss.; para a França, FRANÇOIS-XAVIER LUCAS, *Les transferts temporaires de valeurs mobilières. Pour une fiducie de valeurs mobilières*, LGDJ, Paris, 1997, p. (defendendo que se trata de contrato por existir encontro de ofertas).

[271] V. o art. 222º, 1.

à negociação em mercado regulamentado, a transferência entre contas é feita «em conformidade com os valores globais a transferir, comunicados pela entidade gestora do sistema centralizado de valores mobiliários»: cfr. o nº 2 do art. 71º do CVM. Isto é, o intermediário financeiro fará a transferência entre contas de acordo com os valores globais a transferir, e esses valores globais são comunicados pela entidade gestora do sistema centralizado. Isso assegura um maior controlo relativamente às transferências a efetuar.

Um sistema centralizado de valores mobiliários é um conjunto de contas (nº 1 do art. 91º do CVM), e contém pelo menos as seguintes: *a)* contas de emissão, abertas no emitente (cfr. o nº 1 do art. 44º); *b)* contas de registo individualizado junto dos intermediários financeiros para tal autorizados[272]; *c)* contas de controlo de emissão abertas pelos emitentes na entidade que gere o sistema centralizado de valores mobiliários (cfr. al. *a)* do nº 3 do art. 44º do CVM); *d)* contas de controlo das contas de registo individualizado, abertas agora pelos intermediários financeiros na entidade gestora do sistema.

Assim, o próprio emitente de valores mobiliários escriturais integrados num sistema centralizado de valores mobiliários tem junto de si aberta uma conta de emissão. Essa conta é em parte reproduzida noutra conta, aberta pelo emitente junto da entidade gestora do sistema centralizado. Dizemos em parte reproduzida porque nem todas as menções do registo da emissão efetuado no emitente têm que ser reproduzidas na conta aberta junto da entidade gestora do sistema: têm de ser reproduzidas as que são referidas nas als. *a)*, *b)* e *c)* do nº 1 do art. 44º do CVM.

A conta aberta junto da entidade gestora do sistema centralizado é uma conta de controlo: uma conta de controlo da emissão. E esse controlo é feito pela entidade gestora do sistema centralizado de valores mobiliários, que verificará, desde logo, a quantidade de valores mobiliários integrados no sistema e a quantidade de valores emitidos.

Por outro lado, como vimos já, os valores mobiliários escriturais constituem-se por registo em conta individualizada aberta junto das entidades registadoras. Se os valores mobiliários estão integrados em sistema centralizado, existirão contas de registo individualizado abertas junto de

[272] Porém, a CMVM prevê, através de regulamento, casos em que a conta de registo individualizado pode ser aberta diretamente junto da entidade gestora do sistema centralizado (art. 91º, 6, do CVM).

intermediários financeiros autorizados (mas veja-se ainda o nº 3 e o nº 6 do art. 91º do CVM). Dessas contas de registo individualizado constará, pelo menos, o que se prevê no art. 68º do CVM.

Além disso, os intermediários financeiros junto dos quais estão abertas as contas de registo individualizado têm de abrir, na entidade gestora do sistema centralizado, contas de controlo das contas de registo individualizado. Isto é, têm de abrir contas que revelem a totalidade de determinados valores mobiliários que estão neles registados. Em traços largos, diremos que isto serve para que a entidade gestora do sistema possa comparar a conta de controlo da emissão – que revela a quantidade de valores mobiliários emitidos e a série – com a quantidade de valores mobiliários dessa emissão que está registada junto dos intermediários financeiros.

Estas contas (de emissão, de registo individualizado, de controlo de emissão, de controlo das contas de registo individualizado) estão interligadas. É através delas que «se processa a constituição e a transferência» dos valores mobiliários integrados no sistema centralizado em causa e que «se assegura o controlo de quantidade dos valores mobiliários em circulação e dos direitos sobre eles constituídos»: cfr. o art. 88º do CVM[273].

No que diz respeito a ações escriturais admitidas à negociação em mercado regulamentado, resulta do acima exposto que: existirá uma conta de emissão aberta no emitente e uma conta de controlo da emissão aberta na entidade gestora do sistema; as ações escriturais estarão registadas em conta de registo individualizado aberta junto de intermediário financeiro, sendo os registos integrados em sistema centralizado feitos obrigatoriamente em suporte informático (nº 1 do art. 65º do CVM); os intermediários financeiros abrirão junto da entidade gestora do sistema contas de controlo das contas de registo individualizado.

Não é qualquer pessoa que pode negociar diretamente em mercado regulamentado. Diz o nº 1 do art. 206º do CVM que a «negociação dos instrumentos financeiros efetua-se em mercado regulamentado e em sistema de negociação multilateral ou organizado através dos respetivos membros ou participantes»[274], que são admitidos pela entidade gestora

[273] Falando de um sistema de controlo de valores, ALEXANDRE BRANDÃO DA VEIGA, «Sistemas de controlo de valores no novo Código dos Valores Mobiliários», *CadMVM*, 7, Abril de 2000, p. 107. A Lei 35/2018 acrescentou um nº 4.

[274] A Lei 35/2018 alterou a redação do preceito.

(art. 206º, 3)[275]. Note-se, porém, que negociar através de membros não é o mesmo que reservar aos membros essa negociação.

Os membros do mercado regulamentado podem receber ordens[276] e, em função dessas ordens, introduzem ofertas no sistema de negociação (nº 2 do art. 208º do CVM[277]). Mas, se apenas exercerem funções de negociação, «só podem ser admitidos após terem celebrado contrato com um ou mais membros que assegurem a liquidação das operações por eles negociadas» (art. 223º, 2)[278].

[275] Sobre essa admissão como membro de mercado regulamentado, v. em especial o art. 223º do CVM. A negociação «através» dos membros deixa abertas várias possibilidades. Sobre o «acesso eletrónico direto», v. o art. 4º (1), 41), da DMIF II, que o define assim: «um mecanismo através do qual um membro, participante ou cliente numa plataforma de negociação permite que uma pessoa utilize o seu código de negociação para que possa transmitir por via eletrónica diretamente à plataforma de negociação ordens relativas a um instrumento financeiro e inclui mecanismos que envolvam a utilização, por uma pessoa, da infraestrutura do membro, participante ou cliente ou de qualquer sistema de conexão por ele disponibilizado para transmitir as ordens (acesso direto de mercado) e os mecanismos em que essa infraestrutura não seja utilizada por uma pessoa (acesso patrocinado)». Considerando que, ao abrigo do art. 2º, 1, *d)*, iii), da DMIF II os utilizadores de acesso eletrónico direto serão considerados «investment firms», PIERRE-HENRI COGNAC, «17. Algorithmic Trading and High-Frequency Trading (HFT)», in DANNY BUSCH/GUIDO FERRARINI (ed.), *Regulation of the EU Financial Markets. MiFID II and MiFIR*, cit., p. 478. Sobre os riscos do acesso eletrónico direto para a integridade e eficiência do mercado, MARIA JESÚS PEÑAS MOYANO, «Sistemas organizados de contratación en los mercados regulados. La trasposición de sus principios a los mercados electrónicos en entornos no regulados», in VELASCO SAN PEDRO/ECHEBARRÍA SÁENZ/HERRERO SUÁREZ (dir.), *Acuedros horizontales, mercados electrónicos y otras cuestiiones actuales de competencia y* distribución, Lex Nova/Thomson Reuters, Valladolid, 2014, p. 451 e ss., a p. 453. Com a Lei 35/2018, o acesso eletrónico direto acha-se referido no art. 317º-H, aditado ao CVM. É no nº 7 desse art. 317º-H que surge identificado o que se entende por acesso eletrónico direto, estando feita na al. *b)* a distinção entre acesso direto ao mercado e acesso patrocinado.

[276] Sobre estas, v. os arts. 325º e ss. do CVM.

[277] Para a distinção entre ordens e ofertas, cfr. ALEXANDRE BRANDÃO DA VEIGA, «As fases de negociação e de liquidação e compensação de operações de bolsa a contado», *Direito dos valores mobiliários*, I, Coimbra Editora, Coimbra, p. 203. A ordem não conduz necessariamente à conclusão da compra e venda de ações pretendida. O sistema de negociação deve ser adequado «à correta formação dos preços dos instrumentos financeiros neles negociados e à liquidez do mercado, assegurando designadamente a transparência das operações» (art. 208º, 1, CVM). A Lei 35/2018 alterou o preceito de modo a incluir os sistemas de negociação organizados. Com essa mesma Lei surge o aditamento de um art. 208º-A, que trata dos requisitos dos sistemas de negociação. Sobre estes, p. ex., MIGUEL SANTOS ALMEIDA, «High-frequency trading – Regulação e compliance no contexto da nova DMIF II», cit., p. 435 e ss.

[278] Os sistemas de liquidação de instrumentos financeiros permitem a «execução de ordens de transferência, entre os participantes, de instrumentos financeiros ou de direitos deles

Se um membro do mercado regulamentado introduz no sistema de negociação uma oferta de venda de ações escriturais, essa oferta pode encontrar-se com uma oferta de compra introduzida também por um membro do mercado. Nesse caso, realiza-se a operação.

Os titulares de ações escriturais integradas em sistema centralizado celebram um contrato para registo de valores mobiliários com os intermediários financeiros em que estão abertas as contas de registo individualizado, contrato esse que está previsto no art. 343º do CVM (hoje reduzido ao seu nº 1). O registo de valores mobiliários constitui, na terminologia da lei, serviço auxiliar dos serviços e atividades de investimento: cfr. o art. 291º, *a)*, do CVM[279].

Os intermediários financeiros irão introduzir ofertas relativas a esses valores mobiliários se houver um «negócio de cobertura, que vai servir de base à subscrição ou transação de valores mobiliários»[280].

As ordens dadas serão executadas pelo intermediário financeiro, antes de mais, nas condições e no momento que o ordenador indicar, como se pode ler no nº 1 do art. 330º do CVM. Aquelas condições determinarão se o intermediário financeiro deve atuar em nome do ordenador ou não.

Nos casos em que as ações escriturais estão registadas em intermediários financeiros[281], como é o caso se estiverem integradas em sistema centralizado, há entre o titular das ações e o intermediário financeiro referido

destacados» (art. 266º, 1, CVM). Um participante no sistema de liquidação pode estabelecer relações contratuais com certas outras entidades para permitir a estas a execução de ordens de transferência através do sistema: v. o art. 267º, 2 e 4, do CVM. Sobre a introdução de ordens de transferência, v. o art. 274º do CVM.

279 Com a Lei 35/2018, a al. *a)* passou a ter a seguinte redação: «*a)* O registo e o depósito de instrumentos financeiros, bem como os serviços relacionados com a sua guarda, como a gestão de tesouraria ou de garantias, com exceção do serviço de administração de sistema de registo centralizado de valores mobiliários previsto no ponto 2, secção A do Anexo ao Regulamento (UE) nº 909/2014, do Parlamento Europeu e do Conselho, de 23 de julho de 2014».

280 Luis de Menezes Leitão, «Actividades de intermediação e responsabilidade dos intermediários financeiros», *DVM*, II, 2000, p. 133. Para uma abordagem da qualificação dos contratos de intermediação, Rui Pinto Duarte, «Contratos de intermediação no Código dos Valores Mobiliários», *CadMVM*, 7, 2000, p. 351 e ss., , a p. 366 e ss.. Fazendo uma análise cuidadosa dos contratos de receção, execução e transmissão de ordens, Paulo Câmara, *Manual de direito dos valores mobiliários*, cit., p. 438 e ss..

281 Já vimos que o registo e depósito de instrumentos financeiros são serviços auxiliares dos serviços e atividades de investimento: art. 291º, *a)*, CVM.

uma relação de clientela[282]. E isso tem, desde logo, os efeitos mencionados no nº 3 do art. 326º do CVM.

A compra e venda de ações em mercado regulamentado, que é realizada através de membros desse mercado, obriga a distinguir, de um lado, quem dá uma ordem de venda e a relação que estabelece com o membro do mercado que introduz a oferta de venda e, do outro lado, quem dá uma ordem de compra e a relação que estabelece com o membro que introduz a oferta de compra. Essas relações estão fora do mercado regulamentado: neste mercado, a negociação é efetuada através de membros do mesmo[283] (membros que exercem a função de negociação).

Os membros do mercado regulamentado introduzem ofertas no sistema de negociação, conforme resulta do nº 2 do art. 208º do CVM. Os mercados regulamentados devem adotar sistemas de negociação e os membros do mercado executam as ordens que aceitam introduzindo ofertas nesse sistema.

Depois de realizada a operação de mercado de que estamos a tratar (a compra e venda de ações escriturais a contado), é necessário proceder à transferência de valores mobiliários das contas de origem para as contas de destino. E é necessário também pagar o preço da compra. Para que isso possa vir a ocorrer, criam-se *sistemas de liquidação* «por acordo escrito pelo qual se estabelecem regras comuns e procedimentos padronizados para a execução de ordens de transferência, entre os participantes, de instrumentos financeiros ou de direitos deles destacados» (art. 266º, 1, do CVM)[284]. Sublinhe-se: as transferências em causa têm lugar entre os participantes no sistema de liquidação[285].

Como resulta do art. 207º, 5, do CVM, os membros do mercado regulamentado podem designar o sistema de liquidação das operações que realizam no mercado desde que estejam preenchidos os requisi-

[282] Cfr. Ferreira de Almeida, «Relação de clientela na intermediação de valores mobiliários», *DVM*, III, 2001, p. 123. O art. 322º, 3, do CVM estabelece que se considera existir anterior relação de clientela, nomeadamente, quando o «intermediário financeiro tenha a seu cargo o registo ou o depósito de instrumentos financeiros pertencentes ao investidor».

[283] Sobre isto, embora perante o direito então em vigor, Paula Costa e Silva, «Compra, venda e troca de valores mobiliários», *Direito dos valores mobiliários*, Lex, Lisboa, 1997, p. 250.

[284] Como se vê do que se disse no texto, há que ter presente a distinção entre os sistemas centralizados de valores mobiliários, os sistemas de negociação e os sistemas de liquidação. Sobre os internalizadores de liquidação, v. os arts. 9º e 76ºdo Regulamento (UE) 909/2014.

[285] Sobre os participantes no sistema de liquidação, v. os arts. 267º e 268º do CVM.

tos previstos naquele preceito. Os participantes no sistema de liquidação introduzem neste sistema ordens de transferência: serão ordens de transferência de dinheiro ou de valores mobiliários[286]. Os participantes no sistema de liquidação colocam à disposição do sistema o dinheiro (para a liquidação financeira) ou os valores mobiliários (para a liquidação «física») necessários à boa liquidação das operações: cfr. o nº 1 do art. 279º do CVM. São esses participantes que são responsáveis por essa liquidação[287].

As ordens de transferência introduzidas no sistema serão executadas nos termos do art. 275º: deverá ser colocado à disposição do beneficiário, em conta aberta por este junto de agente de liquidação, o montante *bruto* indicado em cada ordem de transferência ou o saldo *líquido* apurado por efeito de *compensação* bilateral ou multilateral.

O intermediário financeiro a que tenha sido dada ou transmitida ordem de *venda* em mercado regulamentado pode obter o bloqueio das ações escriturais em relação às quais lhe tenha sido dada ou transmitida a ordem: al. *b)* do nº 2 do art. 72º do CVM[288]. A realização do bloqueio garantirá que aquelas ações, vendidas em mercado regulamentado, poderão ser colocadas à disposição do sistema de liquidação.

É, no entanto, o participante nesse sistema de liquidação que está obrigado a colocar as ações à disposição do sistema de liquidação, como se lê no art. 279º, 1 e 2, do CVM. Enquanto estiver em vigor o bloqueio «a entidade registadora fica proibida de transferir os valores mobiliários bloqueados»: nº 4 do art. 72º do CVM. Posteriormente à liquidação física das operações deve ter lugar o registo em conta individualizada[289].

Nos termos do art. 80º, 2, do CVM, a «compra em mercado regulamentado e em sistema de negociação multilateral ou organizado de valores mobiliários escriturais confere ao comprador, independentemente do

[286] O art. 274º, 1, permite também que o participante delegue nas entidades ali referidas.

[287] O art. 279º, 3, do CVM acrescenta que o «participante indicado para liquidação de uma operação pode, por sua vez, indicar outro participante no sistema para a efetuar, mas não se libera se este recusar a indicação» (sobre essa recusa v. tb. o art. 279º, 4).

[288] Com a Lei 35/2018, a redação do preceito surge alterada, passando a fazer-se referência a «valores mobiliários em relação aos quais lhe tenha sido dada ou transmitida ordem de venda em mercado regulamentado ou em sistema de negociação multilateral ou organizado».

[289] Sobre a movimentação das contas dos clientes de intermediários financeiros, v. o art. 306º-D do CVM.

registo e a partir da realização da operação, legitimidade para a sua venda nesse mercado»[290].

O Regulamento 909/2014[291] «estabelece requisitos uniformes para a liquidação de instrumentos financeiros na União e regras em matéria de organização e conduta das Centrais de Valores Mobiliários (CSDs), a fim de promover uma liquidação segura, eficaz e simples» (art. 1º, 1). De acordo com o art. 5º, 2, a data de liquidação, em regra, «não pode ser posterior ao segundo dia útil a contar da data em que é efetuada a negociação». Por sua vez, o art. 39º, 7, estabelece que as «transações de valores mobiliários contra fundos entre participantes diretos num sistema de liquidação de valores mobiliários gerido por uma CSD e liquidadas nesse sistem a de liquidação de valores mobiliários são liquidadas numa base de DVP». «DVP» significa «Entrega contra pagamento»: «um mecanismo de liquidação de valores mobiliários que associa uma transferência de valores mobiliários a uma transferência de fundos, de forma a que a entrega dos valores mobiliários só se verifica se ocorrer a correspondente transferência de fundos e vice-versa» (art. 2º, 1, 27)).

9.3.7. As ações tituladas são também obrigatoriamente depositadas em sistema centralizado quando estejam admitidas à negociação em mercado regulamentado

Resulta do disposto na al. *a)* do nº 2 do art. 99º do CVM que as ações tituladas admitidas à negociação em mercado regulamentado são obrigatoriamente depositadas em sistema centralizado[292]. De acordo com a redação

[290] Na redação dada pela Lei 35/2018.

[291] Regulamento (UE) 909/2014 do Parlamento Europeu e do Conselho de 23 de julho de 2014 «relativo à melhoria da liquidação de valores mobiliários na União Europeia e às Centrais de Valores Mobiliários (CSDs) [...]». CSD significa Central Securities Depository. Sobre a entrada em vigor e aplicação do Regulamento, v. o art. 76º. A Lei 35/2018 contém no Anexo III o Regime Jurídico das Centrais de Valores Mobiliários.

[292] Contudo, o CVM torna possível esse depósito em sistema centralizado por iniciativa do emitente, como se comprova lendo a al. *b)* do nº 1 do art. 99º do referido diploma. Mesmo nos casos em que é obrigatória a integração dos valores mobiliários titulados em sistema centralizado, entendia Alexandre Brandão da Veiga, «Sistemas de controlo de valores no novo Código dos Valores Mobiliários», cit., p. 126, que isso só quereria dizer que «para que sejam negociados em mercado regulamentado têm de estar integrados em sistema. Mas nada obriga o titular dos valores em mantê-los integrados nesse sistema. Pode perfeitamente guardá-los em casa ou depositá-los num intermediário financeiro não integrado nesse sistema (99º/1/a). A consequência é que não os pode negociar em mercado regulamentado. Mas a situação não é ilícita».

dada pela Lei 35/2018, isso passou a ser assim também quando estejam admitidas à negociação em sistema de negociação multilateral.

Após o depósito em sistema centralizado, as ações são registadas em conta: nº 1 do art. 106º do CVM. As ações tituladas integradas em sistema centralizado ficam sujeitas ao disposto no CVM quanto aos valores mobiliários escriturais integrados em sistema centralizado (art. 105º), designadamente no que diz respeito à sua transmissão em mercado regulamentado por compra e venda a contado.

Claro está, porém, que o registo em conta individualizada quando haja depósito dos títulos em sistema centralizado não é constitutivo do valor mobiliário.

O Regulamento 909/2014 estabelece, no seu art. 3º, 1, que «os emitentes estabelecidos na União que emitam ou tenham emitido valores mobiliários admitidos à negociação ou negociados em plataformas de negociação» têm que assegurar que «esses valores mobiliários são representados sob forma escritural, mediante a sua imobilização, ou mediante emissão direta sob forma desmaterializada»[293]. Pelo facto de surgir contraposta a «emissão direta» à imobilização parece não haver afastamento da solução adotada no CVM. O depósito dos títulos irá conduzir à imobilização referida no Regulamento, seguindo-se o registo em conta, que corresponderá à «representação» sob forma escritural. O próprio Considerando 11 conduz nesse sentido: «O presente regulamento não deverá impor um método específico de registo escritural inicial, que poderá assumir a forma de uma imobilização, ou de uma desmaterialização imediata». E o art. 2º, 1, 3), define «imobilização» como sendo «o ato de depositar os valores mobiliários titulados numa CSD de modo a que as transferências subsequentes possam ser efetuadas por registo em conta em sistema centralizado».

9.3.8. Entidades gestoras de mercados regulamentados, entidades gestoras de sistemas centralizados de valores mobiliários, entidades gestoras de sistemas de liquidação

Os *mercados regulamentados* de valores mobiliários deverão ter uma *entidade gestora*[294]. O DL 357-C/2007, de 31 de outubro[295], ocupa-se,

[293] Mas v., quanto à sua aplicação no tempo, o art. 76º, 2.

[294] A Euronext Lisbon – Sociedade Gestora de Mercados Regulamentados, S.A., é um exemplo.

[295] Que a Lei 35/2018 alterou. Como resulta do art. 1º, 2, do referido DL, este não se aplica «às centrais de valores mobiliários, sujeitas ao Regulamento (UE) nº 909/2014 [...] e aos atos delegados e atos de execução que o desenvolvem».

designadamente, do regime das sociedades gestoras de mercado regulamentado.

Cabe às entidades gestoras de mercados regulamentados um conjunto muito vasto de competências. É a elas que compete, designadamente, decidir sobre a admissão à negociação em mercado regulamentado (art. 205º do CVM), a admissão dos membros do mercado regulamentado (art. 206º, 3, do CVM), a definição do elenco das operações a realizar em cada mercado regulamentado (art. 207º, 1, do CVM), a aprovação de regras para o mercado regulamentado (art. 209º do CVM) e a adoção de mecanismos e procedimentos de fiscalização (art. 211º do CVM)[296].

As entidades gestoras de mercados regulamentados não se confundem com as entidades gestoras de sistemas centralizados de valores mobiliários[297]. A estas últimas compete, desde logo, estabelecer as regras operacionais necessárias ao funcionamento do sistema centralizado e adotar as medidas necessárias para «prevenir e corrigir qualquer divergência entre a quantidade, total e por categorias, de valores mobiliários emitidos e a quantidade dos que se encontram em circulação»: cfr. o nº 1 do art. 92º do CVM.

Os sistemas de liquidação de valores mobiliários podem ser geridos por entidades gestoras de sistemas de liquidação (arts. 269º, 1, *b)*, 272º, 1, *b)*). Mas já não podem ser geridos por sociedade gestora de sistema centralizado de valores mobiliários. A anterior versão do art. 45º, 1, do DL 357-C/2007, permitia a constituição de «sociedades que tenham por objeto social o exercício, isolado ou conjunto, da gestão» daqueles dois sistemas. Com a Lei 35/2018, aquele preceito passou a prever o seguinte: «1 – Podem ser constituídas sociedades que tenham por objeto social o exercício exclusivo da gestão de sistema de liquidação de valores mobiliários ou da gestão de sistema centralizado de valores mobiliários».

Também não é permitido que uma sociedade gestora de sistema de liquidação de valores mobiliários e/ou de sistema centralizado de valores mobiliários preste serviços de gestão de mercado regulamentado e de sistema de negociaçãomultilateral ou organizado: art. 45º, 2, do DL 357-C/2007. Mais uma vez, a Lei 35/2018 fez surgir alterações em conformidade com as que introduz no nº 1.

[296] Organizando os poderes das entidades gestoras de mercados em poderes de supervisão e poderes de regulação, Paulo Câmara, *Manual de direito dos valores mobiliários*, cit., p. 469.

[297] A separação ajuda a evitar a contaminação pelos problemas de um ou de outro lado. Permite também uma maior especialização e, com isso, maior controlo.

A sociedade gestora de sistemas de liquidação de operações de mercado regulamentado tem que preencher os requisitos fixados no DL 357-C/2007: cfr. o art. 287º, 1, do CVM.

O Regulamento 909/2014 considera Central de Valores Mobiliários (CSD) «uma pessoa coletiva que efetua a gestão de um sistema de liquidação de valores mobiliáros referido no Anexo, Secção,A, ponto 3, e que presta pelo menos um dos serviços principais enumerados no Anexo, Secção A». Os arts. 10º e ss. contêm o regime de autorização e supervisão das CSDs e os arts. 26º e ss. os requisitos aplicáveis.

Por sua vez, o Anexo III da Lei 35/2018 contém o Regime jurídico das Centrais de Valores Mobiliários (CSD's). Estas adotam o tipo sociedade anónima (art. 1º, 1, do Anexo). Uma CSD pode ser sociedade «gestora de sistema de liquidação e de sistema centralizado de valores mobiliários», «gestora de sistema de liquidação e de registo inicial de valores mobiliários num sistema de registo centralizado» ou «gestora de sistema de liquidação e de serviço de administração de sistema de registo centralizado» (art. 1º, 2, do Anexo). Lembre-se, ainda, o teor do art. 2º, 1, 1), do Regulamento 909/2014 e a Secção A do respetivo Anexo, bem como o art. 88º, 4, do CVM.

9.4. Sistemas de negociação multilateral

Como vimos já, o CVM admite a existência de sistemas de negociação multilateral de instrumentos financeiros, considerando-os uma das formas organizadas de negociação de instrumentos financeiros (art. 198º, 1, do CVM).

De acordo com o art. 200º, 1, do CVM, são considerados sistemas de negociação multilateral (MTFs ou *Multilateral Trading Facilities*) os sistemas que «têm essa qualidade e possibilitam o encontro de interesses relativos a instrumentos financeiros no sistema e de acordo com regras não discricionárias com vista à celebração de contratos sobre tais instrumentos, bem como os sistemas referidos no nº 2 do artigo 23º do Regulamento (UE) nº 600/2014 [...]»[298].

[298] Aparentemente, os «sistemas que têm essa qualidade» serão os sistemas de negociação multilateral. V., na DMIF I, o art. 4º, 15); na DMIF II, o art. 4º, 22). Sobre os sistemas multilaterais, v., na DMIF II, o art. 4º, 19). A DMIF II prevê também, no seu art. 33º, 1, o registo de MTF como mercado de «PME em crescimento» (*SME growth market*), sendo SME, para efeitos da Diretiva, «as empresas que tenham uma capitalização bolsista média inferior a 200 000 000 EUR com base nas cotações finais dos três anos civis anteriores». Com a Lei

Fazendo a comparação com o disposto no art. 199º, 1, do CVM, vemos que, ao contrário dos mercados regulamentados, no art. 200º, 1, não surge mencionada para os MTFs a exigência de que funcionem regularmente[299].

Os sistemas de negociação multilateral (e as regras subjacentes) estão sujeitos a registo na CMVM (art. 202º, 1). Além disso, podem ser geridos por uma entidade gestora ou por intermediário financeiro «de acordo com o seu regime» (art. 203º, 1). A gestão de sistema de negociação multilateral integra os serviços e atividades de investimento em instrumentos financeiros, com as inerentes consequências (art. 290º, 1, *g)*, do CVM)[300].

Várias normas são comuns aos regimes dos mercados regulamentados e dos sistemas de negociação multilateral[301]. Com efeito, o art. 200º, 2 e 3, do CVM manda aplicar aos sistemas de negociação os «requisitos fixados na secção I do capítulo II» do Título em causa e, bem assim, os arts. 222º-A («Variação mínima de ofertas de preços»), 223º-A («Comissões»), 224º, 1 a 4 («Acesso remoto a mercados autorizados em Portugal»), e 225º, 1 e 2 («Acesso remoto a mercados autorizados no estrangeiro»), do CVM.

A Secção I («Disposições comuns» – arts. 202º a 216º) do Capítulo II («Mercados regulamentados, sistemas de negociaçaõ multilateral e siste-

35/2018, os sistemas de negociação multilateral de PME em crescimento surgem previstos no novo art. 201º-A do CVM.

[299] Mas v., considerando que o caráter regular «está igualmente presente e subjacente ao regime traçado para os sistemas de negociação multilateral», ISABEL VIDAL, «Internalização sistemática», cit., p. 223. No entanto, o funcionamento regular não aparece referido no art. 4º, 1, 22) da DMIF II. Sobre a concorrência que os MTFs fazem aos mercados regulamentados, p. ex., ANDRÉ SANTOS, «Os sistemas de negociação multilateral: uma perspectiva jurídica actual», *CadMVM*, nº 42, agosto 2012, p. 8 e ss., ANTÓNIO PEREIRA DE ALMEIDA, *Sociedades comerciais, valores mobiliários, instrumentos financeiros e mercados*, vol. 2, cit., p. 101 e s..

[300] Na DMIF II, o Anexo I, A (8) integra a exploração de MTF nos serviços e atividades de investimento. O operador de um MTF será considerado como sendo empresa de *investimento* e sujeito às correspondentes regras da DMIF. Não é isso que se passa com o operador de mercado regulamentado: «as operating a regulated market does not constitute an investment service or investment activity, the operator is not deemed to be an investment firm (in any event in this capacity» (DANNY BUSCH, «9. Agency and Principal Dealing under MiFID I and MiFID II», in DANNY BUSCH/GUIDO FERRARINI (ed.), *Regulation of the EU Financial Markets. MiFID II and MiFIR*, cit., p. 229, nt. 6..

[301] A DMIF II e o RMIF também seguem no sentido de um alinhamento entre os regimes dos mercados regulamentados e dos MTFs: NIAHM MOLONEY, *EU Securities and Financial Markets Regulation*, cit., p. 476.

mas de negociação organizados») do Título IV («Negociação») contém um conjunto de disposições relativas ao registo na CMVM, à entidade gestora, ao objeto da negociação, à admissão à negociação em mercado regulamentado e à seleção para negociação em sistema de negociação multilateral (ou organizado), aos membros, à informação sobre admissão, negociação e exclusão (novo art. 205.-A, aditado pela L 28/2017), às operações, aos sistemas de negociação[302], às regras, aos direitos inerentes, à fiscalização de operações, à informação ao público, à suspensão e exclusão da negociação em mercado regulamentado, à interrupção da negociação em mercado regulamentado[303], aos poderes da CMVM, aos efeitos da suspensão e exclusão e à atividade regulamentadora da CMVM[304]. Alguns dos preceitos ali contidos são, por natureza, apenas aplicáveis aos mercados regulamentados ou aos sistemas de negociação organizados. Além disso, várias normas

[302] A Lei 35/2018 adita um art. 208º-A, relativo aos requisitos dos sistemas de negociação.

[303] A Lei 35/2018 aditou um art. 213º-A relativo à interrupção da negociação em mercado regulamentado. No nº 1 lê-se o seguinte: «Quando houver uma variação significativa dos preços de um instrumento financeiro nesse mercado ou num mercado conexo durante um curto período de tempo, a entidade gestora deve interromper ou restringir temporariamente a negociação». Por sua vez, o nº 4, *b)*, acrescenta que a entidade gestora deve dispor de sistemas e procedimentos para que a CMVM possa «coordenar uma resposta à escala de todo o mercado e determinar se é adequado suspender a negociação noutras plataformas de negociação em que o instrumento financeiro seja negociado, até que a negociação seja retomada no mercado de origem». O novo art. 209º-A trata da «Execução de ordens em sistemas de negociação organizado».

[304] A Lei 35/2018 adita um art. 215º-A relativo à informação sobre ofertas e operações numa plataforma de negociação, como vimos antes. Sobre os riscos de criação de um «dark MTF», André Santos, «Os sistemas de negociação multilateral: uma perspectiva jurídica actual», *CadMVM*, nº 42, agosto 2012, p. 23. «Dark trading» envolve «orders with partial or missing pre-trade transparency, meaning that these orders are hidden from the rest of the market»: Danny Busch/Guido Ferrarini, «Who's Afraid of MiFID II? An Introduction», in Danny Busch/Guido Ferrarini (ed.), *Regulation of the EU Financial Markets. MiFID II and MiFIR*, cit., p. 17. As ordens escondidas do mercado não contribuem para a transparência pré-negociação: cfr. Peter Gomber/Ilya Gvozdevskiy, «14. Dark Trading under MiFID II», in Danny Busch/Guido Ferrarini (ed.), *Regulation of the EU Financial Markets. MiFID II and* MiFIR, cit., p. 363-389, a p. 364, que mostram a distinção entre «regulated dark pools» (com exemplos) e «unregulated dark pools» (p. 365) e enumeram as vantagens do «dark trading» (redução do impacto no mercado de grandes ordens, ganhos obtidos com a diferença de preço em relação aos «lit markets», redução do risco de fuga de informação e ocultação de limites ou volume das ordens). Sobre as «dark pools», entre, nós, Paulo Câmara, «DMIF II: a nova pedra angular do direito dos mercados financeiros», in Paulo Câmara (coord.), *O novo direito dos valores mobiliários*, cit., p. 199 e ss., a p. 200.

tornam claro que já têm em conta a distinção entre mercados regulamentados e sistemas de negociação multilateral. Acresce que a remissão feita no art. 200º, 2, para a referida secção I do capítulo II diz respeito aos «requisitos» dos «sistemas». A técnica legislativa não é, já se vê, a melhor.

No que diz respeito aos sistemas de negociação multilateral, os valores mobiliários não estão sujeitos ao regime de *admissão à negociação em mercado regulamentado*, mas sim a uma *seleção para negociação* (art. 205º, 1, do CVM). Destacamos que no art. 200º do CVM não são exigidas para a seleção para negociação a prévia divulgação do prospeto regulado pelos arts. 236º e ss. e o pedido do emitente que surge previsto no art. 233º, 1, *a)*, quanto à admissão à negociação em mercado regulamentado (para o Regulamento 2017/1129 v., em especial, o Considerando 14).

A referência, na lei ou em contrato, à cotação numa certa data é considerada («sempre») como dizendo respeito ao «preço de referência definido pela entidade gestora do mercado regulamentado a contado», não ao preço em sistema de negociação multilateral (art. 222º, 1, do CVM). São ainda detetáveis diferenças de regime, por exemplo, quanto à informação ao público (v. art. 212º, 2) e à suspensão e exclusão de negociação (arts. 213º e 214º)[305].

O problema ganha maior relevo se pensarmos que cerca de 40% da atividade nos MTFs da UE era, em 2013, de alta frequência (HFT ou *High Frequency Trading*)[306]. Sobre a negociação de alta frequência e a utilização de algoritmos, lê-se o seguinte no Considerando 64 da DMIF II: «As empresas de investimento e as plataformas de negociação deverão assegurar a aplicação de medidas rigorosas para garantir que a negociação algorítmica ou as técnicas de negociação algorítmica de alta frequência não criem perturbações no mercado e não possam ser utilizada para fins abusivos. As plataformas de negociação deverão igualmente assegurar que os seus sistemas de negociação são sólidos e foram adequadamente testados para lidar com maiores fluxos de ordens ou situações de tensão no mercado e que existem interruptores (circuit breakers) nas plataformas de negociação para parar ou restringir temporariamente a negociação se se verificarem subitamente movimentos de preços inesperados».

[305] Para desenvolvimentos, v. André Santos, «Os sistemas de negociação multilateral: uma perspectiva jurídica actual», cit. p. 15 e ss. (o autor lembra também, a p. 33, os poderes de regulamentação da CMVM conferidos pelo art. 216º do CVM).

[306] Niamh Moloney, *EU Securities and Financial Markets regulation*, cit., p. 526, nt. 69.

De acordo com o art. 4º, 1, 39), da DMIF II, negociação algorítmica é «negociação em instrumentos financeiros, em que um algoritmo informático determina automaticamente os parâmetros individuais das ordens, tais como o eventual início da ordem, o calendário, o preço ou a quantidade da ordem ou o modo de gestão após a sua introdução, com pouca ou nenhuma intervenção humana. Esta definição não inclui qualquer sistema utilizado apenas para fins de encaminhamento de ordens para uma ou mais plataformas de negociação, para o processamento de ordens que não envolvam a determinação de parâmetros de negociação ou para a confirmação das ordens ou o processamento pós-negociação das transações executadas».

Por sua vez, o art. 4º, 1, 40), considera HFT «uma técnica de negociação algorítmica caracterizada por: *a)* Uma infraestrutura destinada a minimizar a latência de rede e de outros tipo, incluindo pelo menos um dos seguintes sistemas para a entrada de ordens algorítmicas: partilha de instalações (co-location), alojamento de proximidade ou acesso eletrónico direto de alta velocidade; *b)* A determinação pelo sistema da abertura, geração, encaminhamento ou execução de ordens sem intervenção humana para as transações ou ordens individuais; e *c)* Elevadas taxas de mensagens intradiárias constituídas por ordens, ofertas de preços ou cancelamentos»[307]. A HFT é uma modalidade da negociação algorítmica. A minimização de latência consiste na «redução do intervalo de tempo entre a transmissão e a receção de dados informáticos, o que implica o aumento da velocidade de propagação da informação, bem como a melhoria dos respetivos meios de transferência»[308]. O objetivo de minimar a latência tem como razão de ser a necessidade de aumentar a capacidade de reação perante alterações que entretanto surjam[309].

[307] Sobre a negociação algorítmica, v. os arts. 17º, 48º, 49º e 50º da DMIF II e os arts. 18º e 19º do Regulamento Delegado (UE) 2017/565 (já alterado). A Lei 35/2018 deu considerável atenção à negociação algorítmica e de alta frequência os novos: v. arts 208º-A, 213º-A, 317º-E, 317º-F, 317º-G, 397º-A, todos do CVM.

[308] José Manuel Quelhas, «High-frequency trading (HFT)», BCE, LVIII, 2015, p. 369 e ss., a p. 372; v. tb. Teresa Mira Oliveira «"High-Frequency Trading" – O novo paradigma da negociação automatizada», RDS, X, 2018, 2, p. 319 e ss., a p. 323, nt. 17.

[309] V., p. ex., Miguel Santos Almeida, «High-frequency trading – Regulação e compliance no contexto da nova DMIF II», in Paulo Câmara (coord.), *O novo direito dos valores mobiliários*, Almedina, Coimbra, 2017, p. 427 e ss., a p. 431.

Como lembra PIERRE-HENRI COGNAC[310], a negociação algorítmica e, no âmbito desta, a de alta frequência envolvem riscos para a estabilidade do mercado. A HFT cria, inclusivamente, o perigo de abuso de informação ou de manipulação de mercado (v., p. ex., a decisão, citada por Pierre-Henri Cognac, da *Commission des Sanctions* da AMF no processo contra *Euronext Paris SA* e *Virtu Financial Europe Ltd*, de 4 de dezembro de 2015). São destacados pelo autor[311] os comportamentos que consistam em «ping orders», «quote stuffing», «momentum ignition» e «layering and spoofing», chamando ainda a atenção[312] para o facto de os negociadores por conta própria que realizam negociação de alta frequência terem de ser autorizados como empresa de investimento, com as consequências daí resultantes no que diz respeito aos requisitos da Diretiva 2013/36/EU. Por sua vez, MERRIT FOX[313] destaca a utilização da HFT para se fazer «front running» e «slow market arbitrage»[314].

9.5. Internalização sistemática

A outra forma organizada de negociação de instrumentos financeiros expressamente prevista no CVM que nos interessa aqui tratar é a inter-

[310] «Algorithmic Trading and High-Frequency Trading (HFT)», in DANNY BUSCH/GUIDO FERRARINI (ed.), *Regulation of the EU Financial Markets. MiFID II and MiFIR*, cit., p. 469-485, a p. 469,

[311] A p. 483. Entre nós v. TERESA MIRA OLIVEIRA, «"High-Frequency Trading" – O novo paradigma da negociação automatizada», cit., p. 333 e ss., que também analisa situações de possível abuso de informação.

[312] A p. 482.

[313] «18. MiFID II and Equity Trading: a US View», in DANNY BUSCH/GUIDO FERRARINI (ed.), *Regulation of the EU Financial Markets. MiFID II and MiFIR*, cit., p. 487 e ss., a p. 499.

[314] Cfr. tb. o art. 12º, 2, *c)*, do Regulamento 596/2014, de acordo com o qual «Considera-se como manipulação de mercado, entre outros, a seguinte conduta: [...] *c)* Colocar ordens numa plataforma de negociação, incluindo o seu cancelamento ou alteração, por meio de qualquer mecanismo de negociação, incluindo meios eletrónicos como estratégias de negociação algorítmica e de alta frequência, tendo um dos efeitos referidos no nº 1, alíneas *a)* ou *b)*, ao: *i)* perturbar ou atrasar o funcionamento do sistema de negociação da plataforma de negociação, ou que seja idónea para o fazer, *ii)* dificultar a identificação por outras pessoas de ordens verdadeiras no sistema de negociação da plataforma de negociação, ou que seja idónea para o fazer, nomeadamente através da introdução de ordens que resultem na sobrecarga ou desestabilização do livro de ofertas, ou *iii)* gerar, ou ser idónea para gerar, uma indicação falsa ou enganosa sobre a oferta ou a procura, ou o preço, de um instrumento financeiro, nomeadamente através da introdução de ordens para iniciar ou exacerbar uma tendência». No CVM, v. os arts. 379º, 379º-A – C.

nalização sistemática (art. 198º, 1, do CVM)[315]. Considera-se internalização sistemática (art. 201º, 1) «a negociação, por intermediário financeiro, de instrumentos financeiros por conta própria em execução de ordens de clientes fora de mercado regulamentado, de sistemas de negociação multilateral ou organizado, de modo organizado, frequente, sistemático e de modo substancial, sem operar um sistema multilateral»[316].

Neste caso, o intermediário financeiro[317] conclui o negócio com recurso aos instrumentos financeiros que o próprio pode utilizar para o efeito, atuando por conta própria e por conta do cliente. Atua, assim, dos dois lados da transação[318]. A negociação por contra própria é também abrangida no âmbito dos serviços e atividades de investimento em instrumentos financeiros (art. 290º, 1, *e)*, do CVM), com as inerentes consequências.

Na DMIF I, o internalizador sistemático era «uma empresa de investimento que, de modo organizado, frequente e sistemático, negoceia por conta própria executando ordens de clientes fora de um mercado regulamentado ou de um MTF» (art. 4º, 1, 7). Por sua vez, a DMIF II, no art. 4º, 1, 20), define da seguinte forma o internalizador sistemático: «uma empresa de investimento que, de modo organizado, frequente, sistemático e substancial, negoceia por conta própria quando executa ordens de clientes fora

[315] Na redação inicial do art. 210º do CVM, o nº 2 apenas estabelecia que as «operações sobre valores mobiliários admitidos à negociação em mercado regulamentado, que sejam realizadas fora de mercado regulamentado, são comunicadas à entidade gestora do mercado onde os valores mobiliários estejam admitidos à negociação». Com o DL 66/2004 foi acrescentado um nº 3: «Sempre que a proteção dos investidores o justifique, a CMVM estabelece, através de regulamento, os deveres de informação dos intermediários financeiros que, de forma usual, procedam à execução de ordens de clientes fora de mercado regulamentado, nomeadamente no que respeita às condições de preço em que se propõe efetuar essas operações». A internalização sistemática surgiu regulada com o DL 357-A/2007, de 31 de outubro. Como se lia no preâmbulo deste diploma, essa regulação «encontra justificação no facto de se ter constatado que muitos intermediários financeiros têm vindo a negociar naqueles termos [leia-se: negociação por conta própria, por parte do intermediário financeiro, em execução de ordens dos investidores, de forma organizada e sistemática] sem que houvesse um quadro regulatório que garantisse aos investidores que as operações assim executadas se baseavam em regras de transparência e não discriminação, assegurando a sua execução nas melhores condições possíveis».

[316] Contrapondo internalização sistemática a internalização incidental, Paulo Câmara, *Manual de direito dos valores mobiliários*, cit., p. 495.

[317] Sobre os intermediários financeiros em instrumentos financeiros v. o art. 293º, 1, do CVM.

[318] Sublinhando isso mesmo, Danny Busch, «9. Agency and Principal Dealing under MiFID I and MiFID II», cit., p. 231.

de um mercado regulamentado, de um MTF ou de um OTF, sem operar um sistema multilateral». No parágrafo seguinte acrescenta-se ainda: «O modo frequente e sistemático é medido pelo número de transações OTC no instrumento financeiro realizadas pela empresa de investimento por conta própria quando executa ordens de clientes. O *modo substancial* é medido quer pelo *volume de transações OTC* realizadas pela empresa de investimento relativamente ao *total da carteira de negociação da empresa de investimento* num instrumento financeiro específico, quer pelo *volume de transações OTC* realizadas pela empresa de investimento relativamente ao *total das transações na União* no instrumento financeiro específico. A definição de internalizador sistemático apenas é aplicável se os limites preestabelecidos para um modo frequente e sistemático e para um modo substancial forem ambos cruzados ou se uma empresa de investimento optar pelo regime do internalizador sistemático»[319].

A internalização sistemática situa-se no âmbito da negociação OTC[320]. Mas o art. 1º, 7, da DMIF II estabelece que, sem prejuízo dos arts. 23º e 28º do RMIF, «todas as transações de instrumentos financeiros a que se referem o primeiro e segundo parágrafos que não sejam concluídas em

[319] NIAMH MOLONEY, «12. EU Financial Governance and Transparency Regulation», cit., p. 330, lembra que no RMIF (arts. 14, 15, e 18) o regime de transparência pré-negociação previsto para a internalização sistemática é «instrument specific but a firm must declare as an SI where, in relation to the instrument in question, it meets the features of an SI». O regime do RMIF limita, no entanto, o âmbito do regime de transparência para proteger o internalizador sistemático tendo em conta que se trata de negociação bilateral.

[320] Considerando que a internalização sistemática é «essentially bilateral and sits in the OTC space», NIAMH MOLONEY, *EU Securities and Financial Markets regulation*, cit., p. 462 (v. tb. p. 479). Salientando que a DMIF II não define o que seja o OTC, NIAMH MOLONEY, *EU Securities and Financial Markets regulation*, cit., p. 462 (o que, aliás, já acontecia com a DMIF I, apesar do Considerando 53)). O art. 23º, 1, do RMIF revela uma certa tendência para a concentração das transações sobre ações admitidas à negociação em mercado regulamentado ou negociadas em plataforma de negociação «num mercado regulamentado, MTF ou internalizador sistemático, ou numa plataforma de negociação considerada equivalente [...]» (mas v. as exceções ali contidas). Como destacam PETER GOMBER/ILYA GVOZDEVSKIY, «14. Dark Trading under MiFID II», in DANNY BUSCH/GUIDO FERRARINI (ed.), *Regulation of the EU Financial Markets. MiFID II and MiFIR*, cit., p. 386, dali resultará uma migração de «volumes from OTC trading into regulated venues». O art. 201º-B que a Lei 35/2018 adita ao CVM tem a seguinte redação: «Os intermediários financeiros apenas podem efetuar transações fora de uma forma organizada de negociaçao em ações admintidas à negociação em mercado regulamentado ou negociadas numa plataforma de negociação nos casos previstos no nº 1 do artigo 23º do Regulamento (UE) nº 600/2014 [...] e respetiva regulamentação e atos delegados».

sistemas multilaterais ou internalizadores sistemáticos devem respeitar as disposições pertinentes do Título III do Regulamento (UE) nº 600/2014» (cfr. tb. o art. 198º, 5, com redação confusa).

Estando em causa a internalização sistemática de ações admitidas à negociação em mercado regulamentado, a redação do art. 201º, 2, do CVM anterior à Lei 35/2018 obrigava a respeitar os «requisitos fixados no capítulo III» do Título em causa (cfr. os arts. 252º-257º entaõ em vigor)[321]. Com a Lei 35/2018, o art. 201º é profundamente alterado[322] e são revogados os arts. 253º a 257º e o nº 2 do art. 252º.

O art. 252º do CVM sujeita os intermediários financeiros que sejam internalizadores sistemáticos a deveres de divulgação de informação «sobre ofertas, de execução de ordens de clientes e de acesso a preços de ofertas, nos termos previstos nos artigos 14º, 15º, 17º e 18º do Regulamento (UE) nº 600/2014 [...] e respetiva regulamentação e atos delegados». De acordo com o art. 14º, 1, 1º par. daquele Regulamento, as empresas de investimento tornam públicas as ofertas de preço firmes relativas, designadamente, a ações negociadas em plataforma de negociação para as quais sejam internalizadores sistemáticos e para que exista mercado líquido. Se não existir mercado líquido, a divulgação de ofertas de preço aos clientes terá lugar a pedido destes. Por sua vez, o art. 198º, 4, do CVM manda aplicar o Título III do RMIF à operação dos intermediários financeiros «que, de forma organizada, frequente, sistemática e de modo substancial, negoceiem por conta própria ao executarem ordens de clientes fora de um mercado regu-

[321] Mas isso não queria dizer que todos os preceitos do referido Capítulo III apenas se aplicassem a ações admitidas à negociação em mercado regulamentado.

[322] «2 – São definidos em regulamentação e atos delegados da Diretiva 2014/65/UE, do Parlamento Europeu e do Conselho, de 15 de maio de 2014, os limites aplicáveis e prazos de avaliação relevantes para efeitos de determinar quando um intermediário financeiro: *a)* Negoceia de modo frequente e sistemático, calculado com base no número de transações executadas no mercado de balcão num instrumento financeiro quando negoceie por conta própria em execução de ordens de clientes; e *b)* Negoceia de modo substancial, com base: *i)* No volume de negociação correspondente a transações executadas no mercado de balcão pelo intermediário financeiro relativamente ao total da sua carteira de negociação num instrumento financeiro específico; e *ii)* No volume de negociação correspondente a transações executadas no mercado de balcão pelo intermediário financeiro relativamente ao total das transações na União Europeia nesse instrumento financeiro. 3 – [...]. 4 – [...]. 5 -O intermediário financeiro que atinja ou ultrapasse os limites referidos no número anterior é qualificado como internalizador sistemático, devendo de imediato comunicar esse facto à CMVM, incluindo os instrumentos relativamente aos quais exerce a atividade de internalização sistemática«.

lamentado, de um sistema de negociação multilateral ou de um sistema de negociação organizado».

Vemos, assim, como é relevante a distinção entre ações para as quais *exista um mercado líquido* e ações para as quais *não exista um mercado líquido*. Só no primeiro caso é que o art. 14º, 1, do Regulamento prevê que o internalizador sistemático está obrigado a divulgar os preços firmes. Se não há mercado líquido para as ações em causa, o internalizador sistemático tem o dever de divulgar ofertas de preços aos seus clientes se houver pedido destes. A exigência de liquidez para a divulgação referida visa proteger os interesses do internalizador sistemático, pois onde a liquidez falta aumenta o risco de aquele enfrentar «moves against its trading position»[323].

O art. 14º, 2, do RMIF acrescenta que os arts. 14º a 17º não se aplicam aos internalizadores sistemáticos sempre que negoceiam «com volumes superiores ao volume normal de mercado».

Falámos já do RMIF. Mas não queremos deixar de lembrar que o Regulamento (CE) nº 1287/2006, da Comissão, de 10 de agosto, aplicava a Diretiva 2004/39/CE (ou DMIF I[324]), que foi revogada, com efeitos a partir de 3 de janeiro de 2018, pela DMIF II (v. art. 94º[325]). O art. 21º do Regulamento 1287/2006 enumerava os critérios para que uma empresa de investimento pudesse ser considerada um internalizador sistemático e regulava de forma pormenorizada deveres de informação.

Por sua vez, o RMIF é aplicável, em geral, a partir de 3 de janeiro de 2018[326]. É particularmente importante o regime de transparência pré- e pós-negociação (os internalizadores sistemáticos estão sujeitos a um regime diferente quanto à transparência pré-negociação; quanto ao regime pós-negociação, v. art. 20º, 1, do RMIF[327]).

[323] NIAMH MOLONEY, *EU Securities and Financial Markets regulation*, cit., p. 488. Sobre a importância da liquidez do mercado em que as ações são negociadas, v. HENRY MANNE, «Our two corporation systems: law and economics», *VaLRev*, 53, 1967, p. 259-284, a p. 264 e s..

[324] Considerando que a DMIF I resolveu o problema dos internalizadores sistemáticos «in a disputable way», EBERHARD SCHWARK, «The hamonization of the Securities Law in Europe», *DVM*, VII, p. 443-464, a p. 456.

[325] Na redação dada pela Diretiva (UE) 2016/1034, de 23 de junho de 2016.

[326] Na redação do segundo parágrafo dada pelo Regulamento (UE) 2016/1033, de 23 de junho de 2016. V., porém, o art. 55º, que revela serem aplicáveis várias das disposições imediatamente após a entrada em vigor do Regulamento – ou seja, no vigésimo dia seguinte ao da sua publicação no JOUE – e outras só a partir de 3 de janeiro de 2020.

[327] O art. 28º, 1, da DMIF I apenas abrangia a transmissão de ações, não sendo esse o caso do preceito mencionado no texto.

Como o intermediário financeiro atuará «por conta própria», o regime aplicável não pode ignorar a possibilidade de existirem eventuais conflitos de interesses entre aquele intermediário e os seus clientes. Tanto mais que estão em causa negócios que serão celebrados fora de mercado regulamentado ou de sistema de negociação multilateral e, portanto, sem estarem sujeitos aos mesmos requisitos. Daí que mereçam especial atenção a determinação do preço para a realização do negócio[328], o acesso às ofertas do internalizador e a transparência (v. os arts. 14º e ss. do RMIF). Além disso, o intermediário financeiro apenas pode executar ordens de clientes fora de uma plataforma de negociação mediante consentimento expresso do cliente, podendo esse consentimento ser dado sob a forma de acordo geral ou relativamente a cada operação (art. 330º, 7, CVM).

Como vimos, só haverá internalização sistemática tratando-se de negociação que tenha lugar «de modo organizado, frequente, sistemático e de modo substancial»[329]. Em causa estarão, em regra, intermediários financeiros de considerável dimensão, pois são esses que terão possibilidade de, por conta própria, executar as ordens de clientes[330].

10. Usufruto de ações

As ações podem ser objeto de usufruto[331]. Isso decorre, desde logo, do art. 23º, 1, do CSC. O preceito estabelece o seguinte: «A constituição de usufruto sobre participações sociais, após o contrato de sociedade, está sujeita

[328] Considerando que a oferta firme de preços é uma proposta que, com a aceitação, gera um contrato, Isabel Vidal, «Internalização sistemática», cit., p. 236.

[329] A DMIF II exige também, para além do mais, que se trate de negociação de modo substancial.

[330] Carla Pereira, «Internalização sistemática – Subsídios para o estudo de uma nova forma organizada de negociação», *CadMVM*, 27, 2007, agosto, p. 149.

[331] Sobre o usufruto de ações podem ver-se Barbosa de Magalhães, «Usufruto de acções, de partes e de quotas sociais», *ROA*, 12, 1952, p. 5 e ss., José Gabriel Pinto Coelho, «Usufruto de ações», *RLJ*, 90º, nº 3097, p. 45-90; Coutinho de Abreu, *Curso de direito das sociedades*, II, cit., p. 319 e ss., Margarida Costa Andrade, «Artigo 23º», in J.M. Coutinho de Abreu (coord.), *Código das Sociedades Comerciais em comentário*, vol. I, cit., p. 389-425, Alexandre Mota Pinto, «Usufruto de acções. Análise em particular dos direitos do usufrutuário de acções», *AJ*, 38, 2014, p. 78-89. Pronunciámo-nos também sobre o assunto em *Cláusulas do contrato de sociedade que limitam a transmissibilidade das acções*, cit., pp. 67, 77, 96, 110 e ss., 392 e ss., 529 e ss., para onde remetemos quem busque mais desenvolvimentos. Mas v., considerando que o usufruto de ações é «"território de ninguém" da investigação jurídica», Alexandre Mota Pinto, últ. ob. cit., p. 73.

à forma exigida e às limitações estabelecidas para a transmissão destas». Este regime vale também para as ações.

A referência que o art. 23º, 1, do CSC faz ao período posterior ao contrato de sociedade tem feito surgir dúvidas acerca do âmbito de aplicação do preceito. Aquela referência não constava, aliás, da versão inicial do CSC, tendo sido introduzida por Declaração de retificação publicada em 29 de novembro de 1986[332]. Na nossa opinião, o contrato de sociedade em causa é o que foi celebrado de acordo com as exigências legais quanto à forma. Ainda assim, o sentido da referência ao momento posterior ao contrato de sociedade não é claro. O art. 23º, 1, estará a querer fazer a distinção entre a constituição de usufruto juntamente com a celebração do próprio contrato de sociedade e a posterior a essa celebração?

Quanto às ações tituladas não integradas em sistema centralizado, o art. 103º do CVM estabelece que a constituição, modificação ou extinção do usufruto terá lugar de acordo com os termos estabelecidos para a transmissão da titularidade das mesmas. Se as ações tituladas estiverem integradas em sistema centralizado, é-lhes aplicável o regime que vale para os valores mobiliários escriturais integrados naquele sistema (art. 105º do CVM)[333].

No que diz respeito às ações escriturais, o art. 81º, 5, do CVM manda aplicar os anteriores nºs 1 a 3. Assim, a constituição tem lugar «pelo registo na conta do titular dos valores mobiliários», devendo ser feita a indicação da quantidade de valores mobiliários que são objeto do usufruto e da identificação do usufrutuário. Visto que o usufrutuário terá, nos termos do art. 1467º, 1, *b)*, do CCiv., o direito de votar («salvo quando se trate de deliberações que importem alteração dos estatutos ou dissolução da sociedade»), o usufruto pode ser constituído por registo em conta do usufrutuário (art. 81º, 2, do CVM). Como decorre do art. 81º, 3, do CVM, a entidade registadora em que se encontre aberta a conta dos valores mobiliários objeto do usufruto não pode transferir esses valores para conta aberta noutra entidade registadora se não o comunicar previamente ao usufrutuário.

[332] Chamando a atenção para isso mesmo, Margarida Costa Andrade, «Artigo 23º», cit., p. 397.

[333] Porém, é necessário ter em conta que as ações sujeitas a penhor ou a qualquer outra situação jurídica que os onere não podem, em regra, ser objeto de negociação organizada (art. 204º, 1, *a)*, do CVM), estando excecionados desse regime os casos em que são respeitados os «requisitos previstos em regulamentação e atos delegados da Diretiva nº 2014/65/UE, do Parlamento Europeu e do Conselho, de 15 de maio de 2014».

De acordo com o art. 68º, 1, *g)*, do CVM, a «constituição, a modificação e a extinção de usufruto» ficarão a constar da conta de registo individualizado do titular. O usufrutuário tem legitimidade para requerer o registo do usufruto (art. 66º, 2, *b)*, do CVM). O registo prova-se através de certificado emitido pela entidade registadora, certificado esse que também prova o direito de usufruto (art. 78º, 1 e 2, do CVM). Os direitos inerentes aos valores mobiliários podem ser exercidos através da entidade registadora ou, não sendo esse o caso, pela apresentação daqueles certificados (art. 83º do CVM).

O art. 23º, 2, do CSC remete para o regime constante dos arts. 1466º e 1467º do CCiv. no que diz respeito aos direitos do usufrutuário de participações sociais, embora ressalvando as modificações contidas no CSC e os direitos que neste lhe são também atribuídos (v. os arts. 92º, 5, 293º e 462º). A extensão dos direitos reconhecidos ao usufrutuário de participações sociais enquanto tal permite compreender a sujeição da constituição do usufruto em causa («após o contrato de sociedade», pelo menos) às limitações estabelecidas para a transmissão das participações[334].

Da remissão para os arts. 1466º e 1467º do CCiv. resulta que o usufrutuário de participações sociais tem direito «à fruição dos prémios ou outras utilidades aleatórias produzidas» pela participação, aos «lucros distribuídos correspondentes ao tempo de duração do usufruto»[335], a «votar nas assembleias gerais, salvo quando se trate de deliberações que importem alteração dos estatutos ou dissolução da sociedade» e a «usufruir os valores que, no acto de liquidação da sociedade ou da quota, caibam à parte social sobre que incide o usufruto». Quando estejam em causa deliberações «que importem alteração dos estatutos ou dissolução da sociedade, o voto pertence conjuntamente ao usufrutuário e ao titular da raiz» (art. 1467º, 2, do CCiv.)[336].

334 Considerando que antes da formalização do contrato de sociedade a constituição de usufruto será livre, MARGARIDA COSTA ANDRADE, «Artigo 23º», cit., p. 397.

335 Ainda que distribuídos mais tarde.

336 Sobre o exercício desse direito em tais casos, MARGARIDA COSTA ANDRADE, «Artigo 23º», cit., p. 403 e ss, ALEXANDRE MOTA PINTO, «Usufruto de acções. Análise em particular dos direitos do usufrutuário de acções», cit., p. 84 e ss. Sobre o direito de impugnação de deleberações sociais, v. MARGARIDA COSTA ANDRADE, últ. loc. cit., p. 405 e ss. Na Alemanha, a ausência de uma solução legal como a portuguesa causa muitas dificuldades: relatando as dúvidas da doutrina quanto ao direito de voto em caso de *Nießbrauch*, CHRISTOPH VON

O art. 92º, 4, do CSC estabelece, por sua vez, que o direito de usufruto sobre as participações sociais se estende às novas participações ou às existentes se houver aumento de capital social por incorporação de reservas. A alternativa (novas participações/participações existentes) compreende-se tendo em conta que o aumento de capital por incorporação de reservas pode dar lugar, dentro das condições legais, à criação de novas ações ou não (v. o art. 92º, 2 e 4, do CSC).

Nos casos em que, por lei ou convenção, caiba ao usufrutuário exercer o direito de voto, o art. 293º reconhece-lhe a possibilidade de exercer o direito à informação conferido na secção em causa. Esse direito à informação que «compete» ao usufrutuário não afasta o direito à informação que possa «competir» ao nu-proprietário.

11. Penhor de ações

A constituição de penhor sobre participações sociais é admitida pelo art. 23º, 3, do CSC[337]. Porém, é necessário que seja respeitada a forma exigida e as limitações estabelecidas para a transmissão entre vivos das mesmas participações[338].

Este regime abrange a constituição de penhor sobre ações. A transmissão entre vivos de ações não está, em regra, sujeita a especiais exigências de forma quanto ao negócio causal[339]. No entanto, o contrato de sociedade

Bülow, «§ 29», in Heribert Hirte/ Christoph Von Bülow (her.), *Kölner Kommentar zum WpÜG*, 2. Aufl, Carl Heymanns/Wolters Kluwer, Köln, 2010, , Rn. 124.

[337] O penhor incide sobre a participação social, e não sobre a representação da mesma. No caso de a sociedade entrar em liquidação o penhor não deixa imediatamente de ser penhor da participação nem o sócio perde logo a propriedade da participação (com outra leitura, Margarida Costa Andrade, «Artigo 23º», cit., p. 417).

[338] Do art. 23º, 3, do CSC decorre que «só» assim pode ser constituído o penhor de participações sociais. A redação do art. 23º, 1, do mesmo Código é diferente, como vimos. O art. 23º, 3, do CSC permite questionar se é ou não de afastar a constituição do penhor no próprio contrato de sociedade ou em momento anterior à celebração deste pela forma legalmente prevista. Afirmando, porém, que «a equivalência entre o regime da oneração e o da transmissão é aqui total, isto é, independentemente de o penhor ser celebrado antes ou depois da formalização do contrato de sociedade», Margarida Costa Andrade, «Artigo 23º», cit., p. 399 e s..

[339] Apenas nos vamos preocupar com o penhor de ações que sejam valores mobiliários. Estamos a pressupor que a sociedade emitente tem o respetivo ato constitutivo devidamente formalizado, registado e publicado e que as ações estão representadas por registos em conta ou por títulos.

pode conter limitações quanto à transmissão entre vivos de ações, nos termos do art. 328º do CSC[340].

Se o penhor recai sobre ações tituladas, a respetiva constituição, modificação ou extinção têm lugar de acordo com o estabelecido para a transmissão da titularidade das ações (art. 103º do CVM[341]).

Quanto às ações tituladas ao portador que estavam sujeitas ao regime do revogado art. 101º do CVM, a constituição do penhor dependia, em regra, de entrega do título ao credor pignoratício ou ao depositário por ele indicado (v. tb. o revogado art. 101º, 2 e 3, do CVM)[342]. Curiosamente, o art. 2º, 2, *a)*, da L 15/2017 apenas proíbe a transmissão de valores mobiliários ao portador, não sendo claro a partir de que momento vale essa proibição. Nada diz o preceito relativamente à constituição de penhor. Mas o art. 103º do CVM manda aplicar à constituição de penhor sobre valores mobiliários titulados o regime de transmissão da titularidade. E este regime constava do revogado art. 101º do CVM...

No caso das ações tituladas nominativas a que seja aplicável o art. 102º do CVM, a constituição do penhor depende da declaração de constituição escrita no título a favor do credor pignoratício e de registo junto do emitente ou de intermediário financeiro que o represente (art. 102º, 1, do CVM).

No caso das ações escriturais, a constituição de penhor, bem como a sua modificação ou extinção, devem constar da conta de registo individualizado e de acordo com o art. 68º, 1, *g)*, do CVM. A realização do registo da constituição do penhor das ações escriturais é, aliás, necessário para que o penhor se considere constituído, como resulta do art. 81º, 1, do CVM. Lendo este último preceito, vemos que, em regra, o registo da constituição do penhor é efetuado na conta do próprio titular das ações, sendo feita a «indicação da quantidade de valores mobiliários dados em

340 Sobre a aplicação destes limites à constituição de penhor ou de usufruto sobre ações, v. o nosso *Cláusulas do contrato de sociedade que limitam a transmissibilidade das acções*, cit., p. 392 e ss..

341 Aparentemente, estarão em causa a constituição, modificação ou extinção que tenham lugar por acordo das partes.

342 Isso mesmo devia ser tido em conta e devidamente acautelado para uma devida articulação com o regime do exercício dos direitos inerentes. Se assim não acontecesse, o titular das ações que não tinha consigo os títulos das ações ao portador e a quem cabia o exercício dos direitos inerentes às ações poderia enfrentar problemas quando quisesse exercer aqueles direitos. Lembrando o referido, Soares da Fonseca, *O penhor de acções*, 2ª ed., Almedina, Coimbra, 2007, p. 83 e s., e Margarida Costa Andrade, «Artigo 23º», cit., p. 396.

penhor, da obrigação garantida e da identificação do beneficiário»[343]. No entanto, se o direito de voto tiver sido «atribuído» ao credor pignoratício, o penhor também pode ser constituído por registo em conta do próprio credor pignoratício (art. 81º, 2, do CVM). O credor pignoratício tem legitimidade para requerer o registo da respetiva situação jurídica, como se lê no art. 66º, 2, *b)*, do CVM.

Em princípio, os direitos inerentes às participações sociais oneradas com o penhor não são exercidos pelo credor pignoratício. Porém, as partes podem convencionar que esse exercício caiba ao referido credor (art. 23º, 4, do CSC)[344]. É isso também que surge escrito no art. 81º, 4, do CVM quanto aos valores mobiliários escriturais: «Salvo convenção em contrário, os direitos inerentes aos valores mobiliários empenhados são exercidos pelo titular dos valores mobiliários empenhados».

[343] O art. 81º, 3, do CVM também estabelece que a entidade registadora onde esteja aberta a conta dos valores mobiliários empenhados apenas pode efetuar a transferência dos valores para conta aberta noutra entidade registadora se isso tiver sido previamente comunicado ao credor pignoratício.

[344] No CCiv., o art. 671º, *b)*, estabelece que o credor pignoratício não pode, em regra, usar a coisa empenhada sem consentimento do autor do penhor. No entanto, já a poderá usar sem esse consentimento «se o uso for indispensável à conservação da coisa». Mas, por outro lado, o art. 672º, 1, do CCiv. também revela que os frutos da coisa estão sujeitos a um regime distinto: em regra, «serão encontrados nas despesas feitas» com a coisa e nos juros vencidos, «devendo o excesso, na falta de convenção em contrário, ser abatido no capital que for devido». Na vigência do CCCiv. de Seabra, os dois problemas eram discutidos. CUNHA GONÇALVES, *Tratado de direito* civil, vol. V, Coimbra Editora, Coimbra, 1932, p. 243, entendia que o credor pignoratício não podia usar da coisa empenhada (salva a convenção em contrário) e que, se não podia usar, também não poderia «tirar proveito algum, ou apropriar-se dos frutos ou rendimentos do mesmo penhor» (p. 244). Já DIAS FERREIRA, *Codigo Civil portuguez annotado*, vol. II, 2ª ed., Imprensa da Universidade, Coimbra, 1895, p. 135, sustentava que «Póde, porém, o credor pignoraticio usar do objecto empenhado, ainda que o uso não tenha sido convencionado»; defendendo também que o credor pignoratícito tem o direito de usar a «cousa [...] quando se não haja convencionado o contrário», GUILHERME MOREIRA, *Instituições do direito civil* português, vol. 2, 2ª ed., Coimbra Editora, Coimbra, 1925, p. 334 (o autor sustenta igualmente que nos casos de coisa «rendosa, o legislador presumiu que os rendimentos dela serão recebidos pelo credor pignoratício»). Considerando que, no caso de penhor de quotas, na falta de convenção os direitos serão exercidos pelo devedor antes do vencimento do penhor, mas, «após o vencimento [...] esses direitos passariam a ser exercidos pelo credor pignoratício, assim se obstando à completa frustração do seu direito real de garantia», NOGUEIRA SERENS, «Penhor de quota – Venda dos imóveis da sociedade em prejuízo do credor», cit., p. 10. Com outra leitura, COUTINHO DE ABREU, *Curso de direito* comercial, II, cit., p. 322, nt. 778, e MARGARIDA COSTA ANDRADE, «Artigo 23º», cit., p. 408 e s..

Quanto às ações tituladas ao portador que estavam sujeitas ao regime do revogado art. 104º, 1, do CVM, o exercício dos direitos inerentes dependia da posse do título ou, sendo o caso, de certificado passado pelo depositário.

Por sua vez, o exercício dos direitos inerentes às ações tituladas nominativas a que se aplica o art. 104º, 2, do CVM tem lugar «de acordo com o que constar do registo do emitente». Os títulos podem ter cupões para o exercício dos direitos inerentes às ações (art. 104º, 3, do CVM)[345].

No caso das ações escriturais, o exercício dos direitos inerentes tem lugar através da entidade registadora ou, se não for esse o caso, pela apresentação dos certificados mencionados no art. 78. do CVM (art. 83º do CVM). Se as ações tituladas estiverem integradas em sistema centralizado, ficam sujeitas ao regime das ações escriturais integradas em sistema centralizado (art. 105º do CVM).

O art. 293º do CSC permite também ao credor pignoratício exercer o direito à informação conferido pela secção em causa quando caiba àquele, por lei ou convenção, o exercício do direito de voto.

12. O penhor financeiro e a alienação fiduciária em garantia[346]

12.1. Introdução. A alienação fiduciária em garantia e o princípio do numerus clausus

A alienação fiduciária em garantia e o penhor financeiro são modalidades de contratos de garantia financeira. Como se lê no art. 2º, 2, do DL 105/2004, de 8 de maio (alterado pelos DLs 85/2011, de 29 de junho, e 192/2012, de 23 de agosto), distinguem-se um do outro «consoante tenham, ou não, por efeito a transmissão da propriedade com função de garantia». No entanto, o mesmo preceito revela que podem existir outras modalidades, pois utiliza-se ali o advérbio «designadamente»[347].

[345] O art. 301º do CSC também faz referência (apenas) aos cupões destinados à cobrança de dividendos. Considerando-os títulos de crédito, Carlos Ferreira de Almeida, «Direito a dividendos no âmbito de oferta pública de aquisição de acções», *DVM*, V, 2004, p. 29-89, a p. 41.

[346] Retomamos em grande parte o teor do texto «As garantias financeiras no processo de insolvência», publicado na *RDI*, nº 1, 2017, e, com desenvolvimentos, em *Estudos de direito da insolvência*, Almedina, Coimbra, 2018. A sistematização é diferente, alguns temas são desenvolvidos e são atualizadas as referências bibliográficas.

[347] Os contratos de garantia financeira que preencham os requisitos previstos no DL 105/2004 não deixarão de conduzir à constituição de garantias financeiras previstas na lei, parece-nos. Alertando para o disposto no art. 604º, 1 e 2, do CCiv., Diogo Graça, *Os contratos de garantia financeira*, Almedina, Coimbra, 2010, p. 21.

A alienação fiduciária em garantia (*title transfer, Vollrechtsübertragung,*) tem por efeito a transmissão da propriedade com função de garantia[348]. O adquirente torna-se verdadeiro proprietário[349]: o negócio não tem mera natureza obrigacional[350]. Como se lê no Considerando (13) da Diretiva 2002/47/CE, esta «visa proteger a validade dos acordos de garantia financeira baseados na transferência da plena propriedade da garantia financeira, por exemplo através da eliminação da «requalificação» desses acordos de garantia financeira (incluindo os acordos de recompra) como penhores de títulos». O preâmbulo do DL 105/2004 também dá conta do obstáculo à validade da alienação fiduciária em garantia perante o teor do art. 1306º do CCiv. e o princípio da taxatividade ou do *numerus clausus*. Tendo em

[348] A lei portuguesa usa os termos «alienação fiduciária em garantia». Curiosamente, na doutrina estrangeira há quem questione *se os verdadeiros negócios fiduciários são abrangidos pela Diretiva 2002/47/CE*, uma vez que não terão em vista garantir a negociabilidade (*tradeability*): THOMAS KEIJSER, *Financial collateral arrangements. The European Collateral Directive considered from a property and insolvency law perspective*, cit., p. 72. Por sua vez, MARCO SCHLAEGEL, *Die Finanzsicherheiten-Richtlinie (2002/47/EG) und ihre Umsetzung in das deutsche Recht*, cit., p. 75, destaca que a transmissão em causa é realizada «ohne treuhänderische Bindung» e que «keine fiduziarische Sicherheit darstellt». No art. 2º, 1, *b)*, da Diretiva 2002/47/CE podemos ler a seguinte definição: «"Acordo de garantia financeira com transferência de titularidade", um acordo, incluindo os acordos de recompra, ao abrigo do qual o prestador da garantia transfere a plena propriedade da garantia financeira, ou o pleno direito à mesma, para o beneficiário da garantia a fim de assegurar a execução das obrigações financeiras cobertas ou de as cobrir de outra forma». Quanto aos casos de titularidade indireta, GEOFFREY YEOWART/ROBIN PARSONS, *Yeowart and Parsons on The Law of Financial Collateral*, cit., p. 153, escrevem que «where intermediated securities are transferred, the colateral-provider is only likely to transfer beneficial (i.e equitable), and not legal, ownership. Legal ownership is likely to be held by the central securities depository». Para os autores, a «alienação fiduciária em garantia» abrangerá também estas situações, lembrando ainda que no caso *Cukurova Finance International and Cukurova Holdings AS v. Alfa Telecom Turkey LTD [2009]*, UKPC 19, se entendeu que «full ownership» poderia abranger «full ownership of the beneficial interest».

[349] HUGH BEALE/MICHAEL BRIDGE/LOUISE GULLIFER/EVA LOMNICKA, *The law of security and title-based financing*, 3. ed., Oxford University Press, Oxford, 2018, p. 42, dizem por isso que o «financial collateral» é transmitido («transferido») «outright».

[350] De acordo com o art. 3º, 2, 2º par. do Regulamento 909/2014, caso «os valores mobiliários sejam transferidos na sequência de um acordo de garantia financeira, na aceção do artigo 2º, nº 1, alínea *a)*, da Diretiva 2002/47/CE, esses valores mobiliários são registados sob forma escritural numa CSD antes ou na data de liquidação, a não ser que já tenham sido registados sob essa forma». Porém, discute-se o que significa «transferidos na sequência»: v. GEOFFREY YEOWART/ROBIN PARSONS, *Yeowart and Parsons on The Law of Financial Collateral*, cit. p. 430 e ss..

conta que o proprietário, de acordo com o art. 1305º do CCiv., «goza de modo pleno e exclusivo dos direitos de uso, fruição e disposição das coisas que lhe pertencem, dentro dos limites da lei e com observância das restrições por ela impostas», a alienação fiduciária em garantia poderia violar o princípio da taxatividade ou *numerus clausus* no que diz respeito aos direitos reais[351]. Agora, esse problema perdeu grande parte do seu sentido.

Como veremos, as garantias financeiras não têm apenas como objeto as ações. Mas será aos aspetos com estas relacionados que daremos especial atenção.

12.2. O regime jurídico essencial

O regime do penhor financeiro e da alienação fiduciária em garantia consta, antes de mais, do já referido DL 105/2004. O art. 22º desse diploma estabelece, no entanto, que os «regimes comum ou especial estabelecidos para outras modalidades de penhor ou reporte» aplicam-se em «tudo o que não vier previsto no presente diploma». Naturalmente, o regime jurídico das garantias não pode ser ignorado.

351 No entanto, a questão é discutida, como se pode ver em ALEXANDRE DE SOVERAL MARTINS, *Cláusulas do contrato de sociedade que limitam a transmissibilidade das acções*, cit., p. 156. O tema tem continuado a ser objeto de atenção doutrinal. CARLOS FERREIRA DE ALMEIDA, «Alienação da propriedade em garantia», cit., p. 315, considera que, fora dos casos previstos na lei, os «actos de alienação (fiduciária) em garantia devem ser considerados nulos, por contrários a lei imperativa, embora susceptíveis de conversão» e que (p. 314) a propriedade estará a servir «para contornar o princípio do *numerus clausus* dos direitos reais de garantia». Por sua vez, CATARINA MONTEIRO PIRES, *Alienação em* garantia, Almedina, Coimbra, 2010, p. 81, manifesta-se favorável à validade da *fiducia cum creditore*. RUI PINTO DUARTE, *Curso de direitos reais*, 3ª ed., Principia, Cascais, 2013, p. 190, admite o estabelecimento contratual de relações fiduciárias sem eficácia *erga omnes*, ao mesmo tempo que afirma serem «nulos os acordos de efeito similar ao pacto comissório, no âmbito de contratos fiduciários». CALVÃO DA SILVA, *Banca, bolsa e seguros*, cit., p. 229, defende a «validade da venda em garantia e promessa de revenda da coisa alienada com o escopo de garantir ou cobrir o cumprimento de obrigações». Para estudos desenvolvidos sobre os negócios fiduciários, cfr. PEDRO PAIS DE VASCONCELOS, *Contratos atípicos*, Almedina, Coimbra, 1995 (esp. P. 254 e ss.), ANDRÉ FIGUEIREDO, *O negócio fiduciário perante terceiros. Com aplicação especial na gestão de valores mobiliários*, Almedina, Coimbra, 2014, e A. BARRETO MENEZES CORDEIRO, *Do Trust no Direito Civil*, Almedina, Coimbra, 2017, mas reimp. da edição de 2016 (em esp. P. 751 e ss.). Para uma comparação entre a alienação fiduciária e a *fiducia cum creditore*, VIEIRA CURA, «A "fiducia" romana e a alienação fiduciária em garantia no direito actual», AAVV, *O sistema contratual romano: de Roma ao direito actual*, Faculdade de Direito de Lisboa, Lisboa, 2010, p. 213.

Além disso, o DL 105/2004 deve ser lido tendo em conta a Diretiva que transpôs: trata-se da Diretiva 2002/47/CE, do Parlamento Europeu e do Conselho, de 6 de junho (alterada pelas Diretivas 2009/44/CE, de 6 de maio, e 2014/59/EU, de 15 de maio), e que é uma Diretiva de «harmonização mínima» (Considerando 22). Para a sua compreensão podem ajudar, por exemplo, a Comunicação da Comissão «Aplicação de um enquadramento para os mercados financeiros: Plano de ação», de 1999, o Relatório da ISDA *Collateral Arrangements in the European Financial Markets: The Need for National Law Reform*, de 2000, e o *Working Document on Collateral from the Commission to relevant bodies for consultation*, também de 2000, para além, obviamente, de todos os documentos preparatórios.

Mas outros textos devem ser lembrados. Desde logo, a Diretiva 98/26/CE, de 19 de maio de 1998 e «relativa ao carácter definitivo da liquidação nos sistemas de pagamentos e de liquidação de valores mobiliários», particularmente importante quando tem lugar o recurso a um sistema de liquidação (cfr., a propósito, os arts. 274º, 2, 277º e 283º do CVM). Como se lê na Proposta de Diretiva relativa aos acordos de garantia financeira COM (2001) 168 final, p. 3, a Diretiva 98/26/CE «apenas abrange o primeiro segmento da política monetária, no quadro do qual o Euro-sistema alimenta o mercado no seu conjunto com meios líquidos, proporcionando-os às instituições de crédito contra garantias». Os negócios puramente bilaterais não eram incluídos[352]. São ainda especialmente relevantes a Diretiva 2014/59/UE (Diretiva da resolução), o Regulamento 2015/2365, relativo à transparência das operações de financiamento através de valores mobiliários e de reutilização (que altera também o Regulamento 648/2012, igualmente importante), o Regulamento 806/2014, que estabelece regras e um procedimento uniformes para a resolução de instituições de crédito e de certas empresas de investimento no quadro de um Mecanismo Único de Resolução (o MUR) e de um Fundo Único de Resolução bancária (o FUR) (alterando o Regulamento (EU) nº 1093/2010) e o próprio RGIC, em todos eles se encontrando normas que se aplicam aos acordos de garantia finan-

[352] V. MARCO SCHLAEGEL, *Die Finanzsicherheiten-Richtlinie (2002/47/EG) und ihre Umsetzung in das deutsche Recht*, Peter Lang, Frankfurt etc., 2007, p. 41; salientando também o caráter limitado da Diretiva 98/26/CE, GEOFFREY YEOWART/ROBIN PARSONS, *Yeowart and Parsons on The Law of Financial Collateral*, cit., p. 10 (a p. 16, os autores lembram igualmente o âmbito restrito das instituições abrangidas).

ceira e à prestação dessas garantias. No CVM destacamos os (novos) arts. 306º-E e 306º-F, bem como o art. 284º.

Os textos mencionados são muitas vezes difíceis de compreender porque, no que diz respeito às Diretivas, seguem de perto versões noutras línguas, e, quanto ao DL 105/2004, porque usa expressões importadas que carecem de cuidada interpretação perante as especificidades do direito nacional.

12.3. O reporte e o empréstimo como garantias financeiras

Haverá contrato de garantia financeira se estiverem preenchidos os requisitos estabelecidos nos arts. 3º a 7º do referido diploma. O art. 2º, 3, mostra que o reporte é considerado contrato de alienação fiduciária em garantia[353],

[353] Considerando que o reporte não é um *repo (sale and repurchase agreement)*, PESTANA DE VASCONCELOS, «Do reporte com função de crédito e garantia», AAVV., *Nos 20 anos do Código das Sociedades Comerciais. Homenagem aos Profs. Doutores A. Ferrer Correia, Orlando de Carvalho e Vasco Lobo Xavier*, vol. III, Coimbra Editora, Coimbra, 2007, p. 10, nt. 4 e ANTÓNIO MENEZES CORDEIRO/A. BARRETO MENEZES CORDEIRO, «Repurchase Agreements», RDS, 2013, 1/2, p. 53 e ss. A versão em língua inglesa da Diretiva 2002/47/CE usa os termos *repurchase agreements* ou *repos* no Considerando (3) e *repurchase agreements* no art. 2º, 1, *b)*. Também na Alemanha se discute quando é que um *repurchase agreement* é um *Pensionsgeschäft*: v., p. ex., CHRISTOPHER KIENLE, «§ 105. Wertpapierleihe und Wertpapier-Pensionsgeschäft», in HERBERT SCHIMANSKY/HERMANN-JOSEF BUNTE/HANS-JÜRGEN LWOWSKI, *Bankrechts-Handbuch*, 4. Aufl., Beck, München, 2011, Rn. 16 e 18. Sobre as diferenças entre *repo* e *buy-sell back transaction*, THOMAS KEIJSER, *Financial collateral arrangements. The European Collateral Directive considered from a property and insolvency law perspective*, cit., p. 12. Para definições de «venda com acordo de recompra» e «compra com acordo de revenda», v. a (revogada) Diretiva 2006/49 do Parlamento Europeu e do Conselho de 14 de junho de 2006 relativa à adequação dos fundos próprios das empresas de investimento e das instituições de crédito, art. 3º, (1), *m)*. JOÃO LABAREDA, «Contrato de garantia financeira e insolvência das partes contratantes», AAVV., *Estudos dedicados ao Professor Doutor Luís Alberto Carvalho Fernandes*, vol. II, Universidade Católica, Lisboa, p. 113, considera que o reporte será alienação fiduciária em garantia se tiver essa função atribuída pelas partes. Para ajudar a compreender os termos do problema, é necessário ter em conta que o art. 477º do CCom. considera reporte o contrato «constituído pela compra, a dinheiro de contado, de títulos de crédito negociáveis e pela revenda *simultânea* de *títulos da mesma espécie*, a termo, mas por preço determinado, sendo a compra e a revenda feitas *à mesma pessoa*» (itálicos nossos). Ora, no art. 14º do DL 105/2004 está previsto que, na alienação fiduciária em garantia, o beneficiário da garantia restitua, até à data ali prevista, «a *garantia financeira prestada* ou objeto equivalente» (mais uma vez, os itálicos são nossos). No caso dos instrumentos financeiros, e para efeitos do diploma, o art. 13º, *ii)*, considera equivalentes os «instrumentos financeiros do mesmo emitente ou devedor, que façam parte da mesma emissão ou categoria e tenham o mesmo valor nominal, sejam expressos na mesma moeda e

sendo mais discutível que esteja ali abrangido o empréstimo de valores mobiliários. Com efeito, no empréstimo de valores mobiliários com carácter translativo a parte que recebe inicialmente esses valores pretende, pelo menos tipicamente, aceder a eles. Não pretende obter um financiamento. O empréstimo é celebrado precisamente para que uma das partes possa ser titular desses valores. Mas não é de afastar que se possa conceber um esquema negocial em que mesmo o empréstimo de valores mobiliários tenha a função de garantia[354]. Nomeadamente, no que diz respeito à contraprestação.

12.4. O perigo de «requalificação» e a regra de conflitos. A conta de referência

Um dos problemas com que a prática se defronta é o do enquadramento dos contratos celebrados. Não é indiferente que se considere estar em causa uma alienação fiduciária em garantia ou um penhor financeiro. Desde logo, por causa do regime aplicável, que pode ter consequências sérias em caso de insolvência de uma das partes[355]. Foi também esse risco de «requalificação» (*recharacterisation, Umdeutung*) que se pretendeu evitar, como resulta do Considerando 13 da Diretiva[356]. E aqui, sobretudo, através do regime relativo à lei aplicável nela contido.

O art. 9º da Diretiva, sob a epígrafe «Conflito de leis», ao remeter para a «lei do país em que a conta de referência está localizada» torna mais fácil saber qual é essa lei. E isso não é de importância diminuta,

tenham a mesma denominação, ou outros instrumentos financeiros, quando o contrato de garantia financeira o preveja, na ocorrência de um facto respeitante ou relacionado com os instrumentos financeiros prestados enquanto garantia financeira original».

354 Admitindo que o «stock loan» seja «title transfer financial colateral arrangement», HUGH BEALE/MICHAEL BRIDGE/LOUISE GULLIFER/EVA LOMNICKA, *The law of security and title-based financing*, cit., p. 42. Entre nós, JOÃO LABAREDA, «Contrato de garantia financeira e insolvência das partes contratantes», cit., p. 113, também admite o empréstimo de valores mobiliários com função de garantia.

355 Se, por exemplo, foi celebrado um contrato de alienação fiduciária em garantia que, depois, é «requalificado» como contrato de constituição de penhor financeiro, isso terá consequências se quem prestou a garantia for declarado insolvente: GEOFFREY YEOWART/ROBIN PARSONS, *Yeowart and Parsons on The Law of Financial Collateral*, cit., p. 325.

356 Sobre os riscos associados à «requalificação», em particular quanto ao penhor financeiro e figuras equivalentes, GEOFFREY YEOWART/ROBIN PARSONS, *Yeowart and Parsons on The Law of Financial Collateral*, cit., p. 9: «Generally, the recharacterised arrangement would not satisfy the necessary formalities and restrictions, and therefore could be void, vulnerable to avoidance or otherwise unenforceable».

pois uma parte muito considerável das garantias financeiras tem natureza «transfronteiriça»[357]. De acordo com o nº 1, qualquer questão sobre alguma das «matérias especificadas no nº 2, colocada em relação a uma garantia sob a forma de títulos escriturais, será regulada pela lei do país em que a conta de referência está localizada. A referência à lei do país deve ser entendida como uma referência ao seu direito interno [...]».

O art. 2º, 1, *g)*, da Diretiva define «garantia sob a forma de títulos escriturais» como «uma garantia financeira que tenha sido prestada ao abrigo de um acordo de garantia financeira que consista em instrumentos financeiros e cuja titularidade seja comprovada pela inscrição num registo ou numa conta *mantida por um intermediário ou em seu nome*» (itálico nosso). Em causa estão, não «títulos» escriturais, mas instrumentos financeiros com representação escritural ou, julgamos nós, sujeitos ao seu regime (na versão em francês, «instruments financiers transmissibles par inscription en compte»). A «conta de referência», por sua vez, é, «em relação às garantias sob a forma de títulos escriturais, no quadro de um acordo de garantia financeira, o registo ou a conta – que podem ser mantidos pelo beneficiário da garantia – em que são feitas as inscrições, mediante as quais essa garantia é prestada ao beneficiário da garantia» (art. 2º, 1, *h)*, da Diretiva 2002/47/CE). Assim, a conta de referência é identificada a partir do registo ou conta em que são feitas as inscrições para a prestação da garantia (tudo dependendo também de saber se se trata de penhor ou de alienação fiduciária em garantia). Como os registos ou contas em que são feitas as inscrições são mantidos por intermediários, estamos ainda perante uma aplicação da regra ou princípio PRIMA (*Place of the Relevant Intermediary Approach* ou *Place of the Relevant Intermediary Account*)[358]. O regime previsto

[357] Sobre a importância do *cross-border-use* de valores mobiliários como garantias no comércio interbancário, ANNINA BINTZ, *Die grenzüberschreitende Verwendung von Wertpapieren als Sicherheiten*, Peter Lang, Frankfurt, 2008, p. 98 e s.; referindo-se aos casos em que é admitida a abertura de contas de registo individualizado de valores mobiliários junto da entidade gestora do sistema centralizado de valores mobiliários (art. 91º, 6, do CVM) e a outras possíveis soluções que facilitam a constituição de garantias sobre valores mobiliários em situações transfronteiriças, ANDRÉ FIGUEIREDO, «Novidades da infraestrutura do mercado de capitais: o Regulamento nº 909/2014 relativo à melhoria da liquidação de valores mobiliários na União Europeia e às Centrais de Valores Mobiliários», in AAVV, *Direito dos valores mobiliários*, AAFDL/IVM, Lisboa, 2016 (e-book), p. 246.

[358] Sobre o tema, v. MARCO SCHLAEGEL, *Die Finanzsicherheiten-Richtlinie (2002/47/EG) und ihre Umsetzung in das deutsche Recht*, cit., p. 85 e ss., alertando para as dificuldades em identificar

no art. 9º da Diretiva não pode ser afastado por convenção das partes, o que se compreende tendo em conta os interesses de terceiros que podem estar em causa[359]. A regra PRIMA torna também mais fácil o *margining*, a *substitution* e a compensação[360].

A própria Comissão, na sua Comunicação «sobre a legislação aplicável aos efeitos patrimoniais de transações de valores mobiliários», pronunciou-se sobre os termos «localizada» e «situada», entendendo que têm o mesmo significado (p. 5) e considerou que aceita três critérios: o do local onde são prestados os serviços de custódia, o do acordo relativo à conta e o de definir «localizada» como «efetuando ou controlando lançamentos nas contas de valores mobiliários, gerindo pagamentos ou operações societárias ou executando qualquer outra atividade regular necessária para a administração de contas de valores mobiliários» (p. 6).

O art. 21º do DL 105/2004 utiliza o critério da localização da *conta em que é feito o registo da garantia* para determinar a lei aplicável às matérias ali mencionadas. Também essa conta de referência deve ser identificada a partir do registo ou conta em que são feitas as inscrições para a prestação da garantia (art. 2º, 1, *h)*, da Diretiva 2002/47/CE).

o local do registo ou conta e para alguma indefinição no art. 9º da Diretiva que terá sido motivada pela aproximação da Conferência de Haia para discutir temas relacionados. Para o autor, decorre da Proposta de Diretiva [COM(2001)168 final] que o acordo de garantia financeira será sujeito à lei escolhida pelas partes e isso deverá permitir identificar o local da conta de referência (p. 93). Identificando seis locais que poderiam ser tidos em consideração, Geoffrey Yeowart/Robin Parsons, *Yeowart and Parsons on The Law of Financial Collateral*, cit., p. 318. Para uma distinção entre *Factual* PRIMA e *Contractual* PRIMA, Philipp Paech, «Securities, intermediation and the Blockchain – An inevitable choice between liquidity and legal certainty?», *LSE Law, Society and Economy Working Papers 20/2015*, p. 13, ssrn (consulta em 15.4.2018).

[359] Sobre a influência que teve o art. 9º, 2, da Diretiva 98/26/CE, Geoffrey Yeowart/Robin Parsons, últ ob. cit., p. 28. Quanto à *Convenção da Haia sobre a legislação a aplicar a certos direitos respeitantes a valores mobiliários detidos junto de intermediários*, v. Maria Helena Brito, «A Convenção da Haia sobre a lei aplicável a certos direitos respeitantes a valores mobiliários depositados num intermediário», *DVM*, V, 2004, p. 91-126, e Geoffrey Yeowart/Robin Parsons, últ. ob. cit., p. 318 e ss. (dando ênfase à importância conferida à lei que regula o acordo relativo à conta e referindo-se a uma *Party Autonomy Approach* limitada pelo *Qualifying Office Test*); quanto aos problemas que as cadeias de intermediários colocam, já os referimos acima a propósito da *Convenção de Genebra sobre regras substantivas para valores mobiliários intermediados* (*Convention on Substantive Rules for Intermediated Securities*, de 9 de outubro de 2009).

[360] Philipp Paech, «Securities, intermediation and the Blockchain – An inevitable choice between liquidity and legal certainty?», cit., p. 15.

12.5. Os requisitos dos arts. 3º a 7º do DL 105/2004

12.5.1. Nota prévia

Os requisitos dos arts. 3º a 7º dizem respeito aos *sujeitos* que podem intervir nos contratos, às *obrigações financeiras garantidas*, ao *objeto* das garantias financeiras, ao *desapossamento* e à *prova*. É a esses requisitos que vamos agora dedicar a nossa atenção. Mas sem esquecer que, como vimos, é o próprio DL 105/2004, no seu art. 22º, que estabelece serem de aplicar os «regimes comum ou especial estabelecidos para outras modalidades de penhor ou reporte» no que não estiver previsto naquele diploma.

12.5.2. Os sujeitos

Os contratos de garantia financeira apenas podem ter como prestadores e beneficiários sujeitos que integrem uma das categorias enumeradas no art. 3º, 1, do DL 105/2004: («a) Entidades públicas [...]; *b)* Banco de Portugal, outros bancos centrais, Banco Central Europeu, Fundo Monetário Internacional, Banco de Pagamentos Internacionais, bancos multilaterais de desenvolvimento [...], Banco Europeu de Investimento; *c)* Instituições sujeitas a supervisão prudencial [...]; *d)* Uma contraparte central, um agente de liquidação ou uma câmara de compensação, tal como definidos [...], incluindo instituições similares regulamentadas no âmbito da legislação nacional [...]; *e)* Uma pessoa que não seja pessoa singular, que atue na qualidade de fiduciário ou de representante por conta de uma ou mais pessoas, incluindo [...]); na al. *f)* são, inclusivamente, mencionadas as *pessoas coletivas*, estando aí abrangidas as *sociedades comerciais*, desde que a outra parte seja uma das outras entidades mencionadas nas als. *a)* a *d)*[361]. A Proposta de Diretiva de março de 2001 não previa essa possibilidade, mas o alargamento verificado no texto final parece ter ficado a dever-se à pres-

[361] Os regimes jurídicos aplicáveis a cada categoria estabelecem limitações. Entre nós, considerando que o DL 105/2004 consagra na al. *f)* do art. 3º, 1, um regime mais restritivo do que o previsto na Diretiva por não fazer referência a contratos celebrados com os sujeitos mencionados na al. *e)*, Alexandre Jardim, «Acordos de garantia financeira: o respectivo regime jurídico face ao Decreto-Lei 105/2004, de 8 de Maio. Algumas questões», *RB*, 62, julho/dezembro, 2006, p. 144, Diogo Graça, *Os contratos de garantia financeira*, cit., p. 26, nt. 40. O prestador e o beneficiário da garantia devem pertencer a uma das categorias mencionadas no art. 3º, 1. Parece, assim, que as pessoas coletivas identificadas na al. *f)* podem ser também beneficiários da garantia. Mas v., considerando que o credor é instituição de crédito ou entidade equiparada e que só será sujeito ativo das obrigações garantidas um profissional do setor, Menezes Cordeiro, *Manual de direito bancário*, 6ª ed., Almedina, Coimbra, 2016, p. 825.

são da ISDA (International Swaps and Derivatives Association) e da FBE (Fédération Bancaire de l'Union Européenne)[362].

A Diretiva, por seu lado, admite que a lei interna exclua a referida possibilidade (art. 1º, 2, *e)*), mas o legislador nacional não seguiu esse caminho. Temos, assim, soluções que fazem sobretudo sentido para os chamados *big players* e para a criação de liquidez nos mercados internacionais[363] que serão também aplicáveis à arraia-miúda[364]. Daí o relevo que o conhecimento do regime das garantias financeiras tem para as PMEs.

Note-se, porém, que a lei portuguesa não admite que as pessoas singulares sejam beneficiárias ou prestadores de garantias financeiras. Isso está, aliás, em conformidade com o texto em português da Diretiva 2003/47/CE[365].

Mais recentemente, o art. 306º-E, aditado ao CVM pela Lei 35/2018, veio estabelecer, no seu nº 1, que o «intermediário financeiro não pode celebrar acordos de garantia financeira com transferência de titularidade

[362] THOMAS KEIJSER, *Financial collateral arrangements. The European Collateral Directive considered from a property and insolvency law perspective*, cit., p. 51.

[363] V. THOMAS KEIJSER, *Financial collateral arrangements. The European Collateral Directive considered from a property and insolvency law perspective*, cit., p. 3. A liquidez é conseguida, como o autor descreve a p. 17, através da possibilidade de o beneficiário dispor do objeto da garantia.

[364] Referindo-se, para o direito austríaco, a transações entre, de um lado, «ein "professioneller" Akteur» dos mercados financeiros e, do outro, pessoas coletivas ou um *Einzelunternehmer*, THOMAS KRUMHUBER/ANDREAS ZAHRADNIK, *Finanzsicherheiten-Gesetz*, cit., p. 28. Os mencionados autores, a p. 41, alertam também para os riscos que o afastamento dessa possibilidade trará consigo para as empresas de um determinado Estado-Membro que escolha tal solução.

[365] A versão em língua alemã da Diretiva permite que *Einzelkaufleute* sejam beneficiários ou prestadores. Lembrando isso mesmo, CHRISTOPH THOLE, «§ 130», in GODEHARD KAYSER/CHRISTOPH THOLE (her.), *Insolvenzordnung*, 8. Aufl., C.F. Müller, Heidelberg, 2016, Rn. 50 (o art. 1º, 2, *d)*, da Diretiva exclui «natürliche Personen, die nicht Kaufleute sind»). No entanto, o *Einzelkaufmann* não é sempre e apenas uma pessoa singular: cfr., p. ex., a propósito do § 28 do *HGB*, JAN THIESSEN, «§ 28», in KARSTEN SCHMIDT (her.), *Münchener Kommentar zum HGB*, Bd. 1., 4. Aufl., Beck (Beck-online), 2016, Rn. 19 (para quem o conceito pode abranger também *«Personenhandelsgesellschaften», «juristische Personen» e, segundo alguns, a «Erbengemeinschaft»)*, PATRICK BÖMECKE, *§ 28*, in MARTIN HÄUBLEIN/ROLAND HOFFMANN-THEINERT, *Beck'scher On-Line Kommentar HGB*, 14. Edition, Stand: 01.08.2016, Beck (Beck-online), München, 2016, Rn. 4 (defendendo que o conceito de «*Einzelkaufmann*» utilizado no § 28 do HGB não deve ser lido em sentido técnico, mas como abrangendo até «*Personenhandelsgesellschaften, Kapitalgesellschaften* und *juristische Personen iSv § HGB § 33»)*. Na Áustria, THOMAS KRUMHUBER/ANDREAS ZAHRADNIK, *Finanzsicherheiten-Gesetz*, 2. Aufl., Verlag Österreich, Wien, 2012, p. 47, afirmam também que a Diretiva não abrange «natürliche Personen im Privatbereich».

com investidores não profissionais como forma de garantir obrigações desses clientes, incluindo obrigações futuras ou potenciais». Se o acordo de garantia financeira com transferência de titularidade for celebrado entre o intermediário financeiro e investidor profissional, o nº 2 obriga a uma avaliação e a ponderações prévias (v. o nº 3).

12.5.3. As obrigações financeiras garantidas

Quanto às obrigações financeiras garantidas, o art. 4º do DL 105/2004 revela que são obrigações abrangidas por contrato de garantia financeira cuja prestação consiste em liquidação em numerário[366] ou na entrega de instrumentos financeiros. Podemos assim estar perante empréstimos[367] ou em face de esquemas negociais muito mais complexos: pense-se nas obrigações que resultam dos chamados derivados e nas garantias prestadas nesse âmbito[368].

[366] É discutível se o *numerário em que devem ser liquidadas as obrigações financeiras cobertas* pode ou não abranger o pagamento em dinheiro «vivo». É que o art. 2º, 1, *d)*, da Diretiva 2002/47 considera numerário o «dinheiro creditado numa conta, em qualquer moeda, ou créditos similares que confiram o direito à restituição de dinheiro, tais como depósitos no mercado monetário», sendo muito próxima a redação do art. 5º, 1, *a)*, do DL 105/2004. Mas o *numerário em que devem ser liquidadas as obrigações financeiras cobertas* não se confunde com o *numerário objeto de garantia* (de que se tratará no ponto seguinte). Defendendo que estará abrangido no art. 4º do DL 105/2004 «o pagamento de dinheiro, seja qual for o modo como ele opere em termos liberatórios, incluindo o recurso a meios de pagamento e, até, no limite, a entrega física, se o devedor assim quiser desonerar-se e não houver razões que o credor possa legitimamente invocar para afastar o dever de receber por essa via», João Labareda, «Contrato de garantia financeira e insolvência das partes contratantes», cit., p. 108; aceitando também que a obrigação de pagamento pode dizer respeito a «dinheiro vivo, crédito em conta, cheque», Sofia Borges, «A transposição em Portugal da Directiva dos acordos de garantia financeira», *Actualidad Jurídica Uría Menendez*, 13, 2006, p. 84; por sua vez, Engrácia Antunes, *Direito dos contratos comerciais*, Almedina, Coimbra, 2009, aceita que nas obrigações garantidas que tenham por objeto liquidação em numerário esta pode dizer respeito a dinheiro, letras e cheques.

[367] V., p. ex., Geoffrey Yeowart/Robin Parsons, *Yeowart and Parsons on The Law of Financial Collateral*, cit., p. 461 e ss..

[368] Sobre o tema, Marco Schlaegel, *Die Finanzsicherheiten-Richtlinie (2002/47/EG) und ihre Umsetzung in das deutsche Recht*, cit., p. 19 e ss., abordando os negócios a termo realizados em «bolsa» e OTC. Quanto à importância dos *collateral arrangements* para garantir a exposição líquida no âmbito de um *master agreement*, Geoffrey Yeowart/Robin Parsons, *Yeowart and Parsons on The Law of Financial Collateral*, cit., p. 11, e, para uma descrição da utilidade das garantias financeiras em casos de exposição a derivados e, em particular, para casos de «close-

De acordo com o art. 2º, 1, *f)*, da Diretiva 2002/47/CE, as «Obrigações financeiras cobertas» «podem consistir total ou parcialmente em: *i)* obrigações presentes ou com prazo certo, efetivas, condicionais ou futuras, incluindo as obrigações decorrentes de um acordo principal ou de um instrumento semelhante, *ii)* obrigações em relação ao beneficiário da garantia, a cargo de uma pessoa que não o prestador da garantia, *iii)* obrigações ocasionais, de uma determinada categoria ou tipo»[369].

12.5.4. O objeto da garantia

No que diz respeito ao objeto da garantia, o mesmo pode consistir em numerário, instrumentos financeiros e créditos sobre terceiros. O *numerário* é aqui entendido como *saldo disponível de conta bancária ou créditos similares que confiram direito à restituição de dinheiro*[370]. Não abrange, assim, notas e moedas.

Quanto aos instrumentos financeiros, estes incluem os valores mobiliários (e, portanto, também as ações), os instrumentos do mercado monetário[371] e créditos ou direitos relativos aos referidos instrumentos financeiros (art. 5º, 1, do DL 105/2004)[372].

out netting», p. 449 e ss.; a p. 549 e ss., mostram o interesse das garantias financeiras para as *margins* que as contrapartes centrais devem exigir para limitar a sua exposição.

[369] Considerando que as obrigações financeiras garantidas podem ser futuras, condicionais, do próprio garante ou de terceiro, CALVÃO DA SILVA, *Banca, bolsa e seguros*, cit., p. 223. Criticando a contraposição obrigações presentes/obrigações com prazo certo, VIEIRA CURA, «A "fiducia" romana e a alienação fiduciária em garantia no direito actual» cit., p. 208, nt. 123 («as obrigações que se contrapõem às que têm prazo certo são as puras»).

[370] Como se lê no Considerando (18) da Diretiva 2002/47/CE, pretende-se que seja «possível fornecer garantias em numerário segundo sistemas de transferência da titularidade e de constituição de garantia real, protegidos respetivamente pelo reconhecimento da compensação ou pelo penhor do montante em numerário». Quanto ao dinheiro virtual, não parece que seja numerário.

[371] Sobre os instrumentos do mercado monetário, v. JOSÉ ENGRÁCIA ANTUNES, «Os instrumentos do mercado monetário», *BCE*, LX, 2017, p. 359-403.

[372] A Diretiva 2002/47 define os instrumentos financeiros no seu art. 2º, 1, *e)*, da seguinte forma: «ações e outros valores mobiliários equivalentes a ações, bem como obrigações e outros instrumentos de dívida, se forem negociáveis no mercado de capitais, e quaisquer outros valores mobiliários habitualmente negociados e que confiram o direito a adquirir tais ações, obrigações ou outros valores mobiliários através de subscrição, compra ou troca ou que deem lugar a uma liquidação em numerário (com a exclusão dos meios de pagamento) incluindo as unidades de participação em organismos de investimento coletivo, os instrumentos do mercado monetário e os créditos ou direitos sobre quaisquer dos instrumentos referidos ou

Mais uma vez, o legislador nacional poderia ter sido mais cauteloso. É que o art. 1º, 4, *b)*, da Diretiva *permitia excluir* a possibilidade de constituição de garantias financeiras sobre, por exemplo, ações próprias do prestador de garantia.

Como a lei portuguesa não o fez, é possível que a sociedade devedora, para obter crédito, constitua uma garantia financeira sobre as suas ações próprias[373]. Naturalmente que na altura em que o credor tem que recorrer à garantia a situação da própria sociedade emitente das ações e devedora pode ser muito má. Aquela garantia pode, assim, ser um balão cheio de ar.

Relativamente aos créditos sobre terceiros, só estão em causa os que sejam pecuniários e «decorrentes de um acordo mediante o qual uma instituição de crédito concede um crédito sob a forma de empréstimo» (art. 5º, 1, *c)*, do DL 105/2004). Por outro lado, quando o prestador ou o beneficiário da garantia não seja uma das entidades mencionadas no art. 3º, 1, *b)* do DL 105/2004[374], ficam excluídos os créditos concedidos a quem seja

a eles associados». No que diz respeito às ações e valores mobiliários equivalentes, não parece que tenham que ser negociáveis no mercado de capitais. Na versão em língua inglesa do art. 2º, 1, *e)*, lê-se: «shares in companies and other securities equivalent to shares in companies and bonds and other forms of debt instruments if these are negotiable on the capital market, and any other securities which are normally dealt in and which give the right to acquire any such shares, bonds or other securities by subscription, purchase or exchange or which give rise to a cash settlement (excluding instruments of payment), including units in collective investment undertakings, money market instruments and claims relating to or rights in or in respect of any of the foregoing». GEOFFREY YEOWART/ROBIN PARSONS, *Yeowart and Parsons on The Law of Financial Collateral*, cit., p. 59, nt. 37, consideram que resulta dos trabalhos preparatórios da Diretiva que estariam excluídas as «shares in private companies» e que, ao surgir feita a referência a «any other securities which are normally dealt in [...]», se estaria a dizer que os instrumentos financeiros anteriormente enumerados também teriam normalmente que ser «dealt in». A questão surge colocada entre nós por ALEXANDRE JARDIM, «Acordos de garantia financeira: o respectivo regime jurídico face ao Decreto-Lei 105/2004, de 8 de Maio. Algumas questões», cit., p. 161 e ss., e por DIOGO GRAÇA, *Os contratos de garantia financeira*, cit., p. 33, nt. 58. Convém ainda lembrar que os créditos ou direitos relativos aos instrumentos financeiros referidos ou a eles associados são realidades muito diversas: sobre isto, SOFIA BORGES, «A transposição em Portugal da Directiva dos acordos de garantia financeira», cit., p. 85.

373 Respeitando, obviamente, o respetivo regime contido no CSC. Lembrando isso mesmo, CALVÃO DA SILVA, *Banca, bolsa e seguros*, cit., p. 223.

374 «Banco de Portugal, outros bancos centrais, Banco Central Europeu, Fundo Monetário Internacional, Banco de Pagamentos Internacionais, bancos multilaterais de desenvolvimento

considerado consumidor, de acordo com a L 24/96, ou a microempresas ou pequenas empresas, tal como estas são entendidas na Recomendação 2003/361/CE, da Comissão Europeia (art. 5º, 2, do DL 105/2004)[375].

12.5.5. O desapossamento ou o controlo

A *celebração do contrato* de garantia financeira não se confunde com a *prestação* da garantia financeira[376]. De acordo com o art. 6º, 2, do DL 105/2004, uma garantia financeira considera-se *prestada* se o respetivo *objeto* foi «entregue, transferido, registado» ou de outro modo «se encontre na posse ou sob o controlo do beneficiário da garantia ou de uma pessoa que atue em nome deste, incluindo a composse ou o controlo conjunto com o proprietário»[377]. Daí resulta o chamado desapossamento ou controlo, que pode consistir, designadamente, no simples registo do objeto da garantia (quando tal seja

nos termos referidos no Aviso do Banco de Portugal nº 5/2007 e Banco Europeu de Investimento».

[375] Quanto aos consumidores, às microempresas e às pequenas empresas foi utilizada a possibilidade aberta pelo art. 1º, 4, *c)*, da Diretiva 2002/47/CE.

[376] Como resulta do art. 1º, 5, da Diretiva 2002/47/CE, esta só é aplicável «à garantia financeira desde que tenha sido prestada e se tal puder ser provado por escrito«. O art. 6º, 1, do DL 105/2004 também estabelece que o «diploma é aplicável às garantias financeiras cujo objeto seja efetivamente prestado».

[377] No art. 2º, 2, da Diretiva 2002/47/CE lê-se que na «presente diretiva, as referências à garantia financeira que é "prestada" ou à "prestação" de uma garantia financeira dizem respeito à garantia financeira que é entregue, transferida, detida, registada ou objeto de outro tratamento, de tal modo que esteja na posse ou sob o controlo do beneficiário da garantia ou de uma pessoa que atue em nome do beneficiário da garantia [...]». O Considerando (9) esclarece que «a única condição de validade em relação às partes suscetível de ser imposta pelo direito nacional relativamente à garantia financeira deverá ser que esta esteja sob o controlo do beneficiário da garantia ou de uma pessoa que aja em seu nome [...]». Discute-se, porém, se a Diretiva exigia o desapossamento ou controlo também na alienação fiduciária em garantia: v. GEOFFREY YEOWART/ROBIN PARSONS, *Yeowart and Parsons on The Law of Financial Collateral*, cit., p. 167, nt. 2, parecendo concordar com quem entende que «the transfer of the 'full ownership' of, or 'full entitlement' to, the financial colateral under a title transfer financial colateral arrangement necessarily imports the concept of dispossession». Defendendo que, na alienação fiduciária em garantia, o contrato será real e que «o acordo de vontades das partes não é suficiente para a perfeição do contrato», VIEIRA CURA, «A "fiducia" romana e a alienação fiduciária em garantia no direito actual» cit., p. 206. No que diz respeito às ações, o desapossamento ou controlo levanta questões interessantes no que diz respeito ao exercício dos direitos sociais (direito aos lucros de exercício distribuíveis, direito de voto, etc.): que direitos pode exercer quem constitui a garantia? Sobre isto, GEOFFREY YEOWART/ROBIN PARSONS, *Yeowart and Parsons on The Law of Financial Collateral*, cit., p. 207 e ss..

admissível)[378]. E isso tem especial interesse quando falamos de valores mobiliários escriturais, tendo em conta o respetivo regime de transmissão e oneração[379]. É, porém, necessário ter em conta, também aqui, que, no que diz respeito às garantias «sob a forma de títulos escriturais», o art. 2º, 1, *g*), da Diretiva 2002/47/CE tem em vista apenas os casos em que a «titularidade seja comprovada pela inscrição num registo ou numa conta *mantida por um intermediário ou em seu nome*» (itálico nosso)[380].

O art. 2º, 2, da Diretiva 2002/47/CE admite que o prestador da garantia tenha o direito de *substituir ou retirar o seu excedente*[381]. Isso não prejudica a

[378] Como alerta o Advogado Geral M. Szpunar nas conclusões do processo C-156/15 (*Private Equity Insurance Group SIA c. Swedbank AS*), nt. 19, a Comissão «sugere que a 'posse ou o controlo' constituem uma única condição, enquanto que, do ponto de vista da jurisprudência invocada pelo Governo do Reino Unido, bem como da doutrina do direito inglês, se trata de dois critérios alternativos». Afirmando precisamente que se trata de critérios alternativos, GEOFFREY YEOWART/ROBIN PARSONS, *Yeowart and Parsons on The Law of Financial Collateral*, cit., p. 183.

[379] HUGH BEALE/MICHAEL BRIDGE/LOUISE GULLIFER/EVA LOMNICKA, *The law of security and title-based financing*, cit., p. 48, revelam como, em casos de intermediação, a posse ou controlo podem ser alcançados, justamente, através de um registo em nome de alguém que age por conta do beneficiário da garantia: «a chargee who gets the securities credited to an account in its own name or in the name of someone acting on its behalf has 'possession or control'». A p. 61, os mesmos autores mostram alguns dos riscos envolvidos nas garantias que têm como objeto instrumentos financeiros ou numerário que são mantidos («hold for») por terceiro por conta do prestador da garantia, pois será necessário que o beneficiário da garantia tenha, perante esse terceiro, o direito de impedir o prestador de utilizar a garantia (salvo no que diz respeito ao eventual direito de substituir ou retirar o excedente).

[380] Por isso mesmo é que nas *Erläuternde Bemerkungen* à *Regierungsvorlage* da lei austríaca, reproduzidas por THOMAS KRUMHUBER/ANDREAS ZAHRADNIK, *Finanzsicherheiten-Gesetz*, cit., p. 57, se afirma que o «Aktienbuch (§ 61 Abs. 1 AktG 1965) ist damit aber nicht gemeint» e que se trata de um «besonderer sachenrechtlicher Modus» (p. 67). Por outro lado, e como já vimos, o Considerando (10) da Diretiva 2002/47/CE afasta do âmbito dos atos formais o endosso ou inscrição no registo do emitente a «transferência ou constituição de penhor sobre instrumentos financeiros *que não sejam títulos escriturais*» (itálico nosso). V. tb., com importância, os arts. 3º, 2, e 76º do Regulamento (UE) 909/2014.

[381] E, tratando-se de créditos sobre terceiros, de *cobrar* os respetivos proveitos até nova ordem. O facto de, no caso de o objeto ser constituído por créditos sobre terceiros, se admitir que o prestador da garantia mantenha o direito de cobrar «os respetivos proveitos até nova ordem», revela, por um lado, que esse desapossamento não carece da concessão, ao beneficiário da garantia, do direito de cobrar esses «proveitos». Chamando a atenção para isso mesmo, HUGH BEALE/MICHAEL BRIDGE/LOUISE GULLIFER/EVA LOMNICKA, últ. ob. cit., p. 69, embora alertando, a p. 70, para o facto de uma interpretação restritiva considerar que a cobrança

garantia financeira já prestada[382]. Mas também se demonstra assim que o direito de retirar a garantia (e não apenas o excedente) prejudica a garantia financeira prestada[383].

12.5.5. Prova (e «formalidades»)

De acordo com o art. 7º do DL 105/2004, o regime do diploma aplica-se aos *contratos de garantia financeira* e às *garantias financeiras* «cuja celebração e prestação sejam suscetíveis de prova por documento escrito ou de forma juridicamente equivalente»[384]. Note-se que se está apenas a exigir que essas formas sejam respeitadas para a *aplicação do regime* em causa (incluindo, obviamente, as regras para os casos de insolvência) e não para a validade dos atos.

Como já resulta do que foi acima exposto, não é só a prova por documento escrito que vale: também se admite a *forma juridicamente equivalente*. E o art. 7º, 2, do DL 105/2004 considera que o «registo em suporte eletrónico ou em outro suporte duradouro equivalente cumpre a exigência

pelo prestador da garantia só fará sentido quanto aos casos em que o fim é o de «reducing excess colateral». Mas, por outro lado, torna mais difícil compreender em que consiste o desapossamento. Sobretudo, quanto à necessidade de obter a colaboração do terceiro devedor. Sobre o tema, contrapondo uma leitura *liberal* a uma abordagem *restritiva*, Hugh Beale/Michael Bridge/Louise Gullifer/Eva Lomnicka, *The law of security and title-based financing*, cit., p. 82 e s.. Lembrando as razões que justificaram a possibilidade de ter créditos como objeto de garantia financeira, Geoffrey Yeowart/Robin Parsons, *Yeowart and Parsons on The Law of Financial Collateral*, cit., p. 218, que mencionam o interesse da solução para obter liquidez junto do BCE.

382 Como se lê no Considerando (9) da Diretiva 2002/47/CE, «a única condição de validade em relação às partes suscetível de ser imposta pelo direito nacional relativamente à garantia financeira deverá ser que esta esteja sob o controlo do beneficiário da garantia ou de uma pessoa que aja em seu nome, não excluindo técnicas de garantia que permitam ao prestador da garantia substituí-la ou retirar o seu excedente [...]».

383 Caso contrário, «the right to withdraw excess colateral would be redundant»: Hugh Beale/Michael Bridge/Louise Gullifer/Eva Lomnicka, *The law of security and title-based financing*, cit., p. 56. Os autores (p. 57 e s.) destacam ainda a necessidade de, pelo menos relativamente a instrumentos financeiros e numerário, existir *legal and practical control*, embora admitam que isso é contestado.

384 Como lembra Calvão da Silva, *Banca, bolsa e seguros*, cit., p. 227, o art. 364º, 2, do CCiv. estabelece que se «resultar claramente da lei que o documento é exigido apenas para prova da declaração, pode ser substituído por confissão expressa, judicial ou extrajudicial, contanto que, neste último caso, a confissão conste de documento de igual ou superior valor probatório».

de prova por documento escrito ou de forma juridicamente equivalente à forma escrita»[385].

O regime nacional parece, a um primeiro olhar, mais generoso do que o que resulta da Diretiva 2002/47 quanto à prestação de garantia financeira, visto que tanto o respetivo art. 1º, 5, como o seu art. 3º, 2, apenas fazem referência à prova por uma «forma juridicamente equivalente» relativamente ao *acordo* de garantia financeira (e não relativamente à *prestação* da garantia). Mas o Considerando (10) admite a *prova da prestação* da garantia por escrito ou num suporte duradouro e o art. 2º, 3, acrescenta que na Diretiva a referência a «por escrito» inclui o «registo em suporte eletrónico ou em qualquer outro suporte duradouro»[386].

Fundamental é que a *prova da prestação* da garantia financeira permita *identificar o objeto* correspondente. Essa exigência surge, assim, prevista para a prestação de garantia, não para a celebração do contrato (art. 7º, 3, do DL 105/2004)[387].

[385] Aceitando a prova por e-mail e por outras mensagens eletrónicas que aparecem por escrito num écran e através de gravação de negociações telefónicas, HUGH BEALE/MICHAEL BRIDGE/LOUISE GULLIFER/EVA LOMNICKA, *The law of security and title-based financing*, cit., p. 52 (quanto às gravações de negociações telefónicas, os autores lembram o teor da «Posição comum (CE) N.o 32/2002 adoptada pelo Conselho em 5 de Março de 2002 tendo em vista a adopção da Directiva 2000/.../CE do Parlamento Europeu e do Conselho, de ..., relativa aos acordos de garantia financeira (2002/C 119 E/03)»). Admitindo que a garantia financeira seja prestada por declaração eletrónica ou em suporte equivalente e por conversa telefónica gravada, MENEZES CORDEIRO, *Manual de direito bancário*, cit., p. 829.

[386] Admitindo que o escrito seja posterior ao acordo ou à prestação, HUGH BEALE/MICHAEL BRIDGE/LOUISE GULLIFER/EVA LOMNICKA, *The law of security and title-based financing*, cit., p. 52. Os autores aceitam, inclusivamente, que um registo eletrónico gerado automaticamente por sistema de computador através do qual a transferência seja feita é suficiente caso o registo possa ser lido no écran ou impresso, ainda que as partes não tenham celebrado o acordo ou dado instruções por escrito («it may well be that an electronic record that is automatically generated by a computer system by which the transfer is made would satisfy this requirement if the record can be read on screen or printed out, even though the parties had not made an agreement or given instructions in writing»). Também THOMAS KRUMHUBER/ANDREAS ZAHRADNIK, *Finanzsicherheiten-Gesetz*, cit., p. 69, admitem que a prova escrita seja «ex post», pois não terá «eficácia constitutiva» («konstitutive Wirkung für die Bestellung der Finanzsicherheit»)

[387] No que diz respeito a garantias financeiras prestadas ao banco central pelas instituições de crédito no âmbito de operações de cedência de liquidez, as que tenham por objeto créditos sobre terceiros estão sujeitas a um regime especial: para a *identificação do crédito sobre terceiros* e a *prova da prestação da garantia* (entre as partes, em relação aos devedores ou a terceiros) é suficiente «a inclusão numa lista de créditos apresentada ao beneficiário da garantia por

Mas se, por um lado, é exigida prova, nos termos expostos, quanto à celebração do contrato e à prestação da garantia para que seja aplicável o DL 105/2004, por outro o art. 8º, 1, deste mesmo diploma estabelece que «a validade a eficácia ou a admissibilidade como prova de um contrato de garantia financeira e da prestação de uma garantia financeira não dependem da realização de qualquer ato formal». O preceito tem em vista, evidentemente, outras eventuais exigências para além das que resultam dos arts. 6º e 7º[388].

O Considerando (10) da Diretiva 2002/47/CE ajuda a compreender melhor o sentido dos preceitos mencionados: «a celebração, validade, conclusão, exequibilidade ou admissibilidade enquanto prova de um acordo de garantia financeira, ou a prestação de uma garantia financeira no âmbito de um acordo de garantia financeira, não deverão depender da realização de qualquer ato formal, como o estabelecimento de um documento sob qualquer forma específica ou de algum modo especial, o registo num organismo oficial ou público ou a inscrição num registo público, o anúncio num jornal ou revista, num registo ou publicação oficial, ou sob qualquer outra forma, a notificação de um funcionário publico, o fornecimento de

escrito, ou de forma juridicamente equivalente à forma escrita» (art. 7º, 4, do DL 105/2004). Existem aqui claras diferenças relativamente ao que consta do art. 1º, 5, da Diretiva 2002/47/CE. Defendendo que o DL 192/2012 não revogou o nº 4 do art. 7º, na sua anterior redação, e que veio, isso sim, aditar um nº 5, Calvão da Silva, *Banca, bolsa e seguros*, cit., p. 226. O atual nº 4 tem em vista apenas garantias financeiras prestadas ao banco central pelas instituições de crédito no âmbito de operações de cedência de liquidez, as que tenham por objeto créditos sobre terceiros. Mas, por outro lado, preocupa-se com a prova entre as partes e em relação aos devedores e a terceiros.

[388] Se o *objeto* da garantia financeira é constituído por *créditos sobre terceiros*, o art. 8º, 3, do DL 105/2004 ressalva a existência de regimes de «registo ou notificação, para efeitos de conclusão, prioridade, execução ou admissibilidade enquanto prova contra o devedor ou terceiros». Admitindo que os Estados-Membros exijam «a prática de um ato formal, como o registo ou a notificação, para efeitos da perfeição, prioridade, execução ou admissibilidade enquanto prova contra o devedor ou contra terceiros», v. o art. 3º, II, da Diretiva 2002/47/CE. Por outro lado, se as garantias que têm por objeto créditos sobre terceiros são prestadas por instituições de crédito ao banco central «no âmbito de operações de cedência de liquidez», tais garantias «não dependem de registo nem de notificação ao devedor» e prevalecem «sobre quaisquer outros direitos sobre os mesmos créditos, ainda que registados ou notificados ao devedor em data posterior à constituição do penhor financeiro» (art. 8º, 4, do DL 105/2004). Porém, o art. 11º, 4, *c)*, também exige, em regra, na execução do penhor financeiro de créditos sobre terceiros constituído a favor do banco central pelas instituições de crédito no âmbito das operações de cedência de liquidez, a notificação como requisito de «eficácia em relação ao devedor do crédito empenhado».

prova sob forma especial quanto à data de estabelecimento de um documento ou instrumento, o montante das obrigações financeiras em causa ou qualquer outra questão». E acrescenta-se mais adiante: «Para efeitos da presente diretiva, os atos exigidos nos termos da legislação de um Estado-Membro enquanto condição necessária para a transferência ou constituição de penhor sobre instrumentos financeiros que não sejam títulos escriturais, tais como o endosso em caso de títulos à ordem, ou a inscrição no registo do emitente em caso de títulos registados, não deverão ser considerados atos formais». Isto é especialmente importante se tivermos em conta o que dispõe o CVM no que diz respeito à transmissão de valores mobiliários titulados e à constituição de penhor sobre eles[389].

12.5.6. O penhor financeiro e o direito de disposição

O contrato de penhor financeiro *pode* conferir ao beneficiário da garantia o *direito de disposição (right of disposal, right of use, Verfügungsrecht)* sobre o objeto da mesma (art. 9º, 1). Só não será assim no que diz respeito a créditos sobre terceiros[390].

O art. 2º, 1, *m)*, da Diretiva 2002/47/CE define assim o direito de disposição: «o direito conferido ao beneficiário da garantia de utilizar ou alienar a garantia financeira prestada nos termos de um acordo de garantia financeira com constituição de penhor, como seu proprietário, nas condições desse acordo de garantia financeira»[391]. Como é sabido, o art. 671º, *b)*, do CCiv. impede o credor pignoratício de usar a coisa «sem consentimento do autor do penhor, exceto se o uso for indispensável à conservação da coisa», acrescentando a al. *c)* que o referido credor está também obrigado a restituir a coisa após a extinção da obrigação garantida.

É fácil de ver que, nos casos em que é conferido o direito de disposição, isso permite aumentar a liquidez nos mercados financeiros[392]: o beneficiá-

[389] Lembrando que a Diretiva não afasta o relevo do registo no *Aktienbuch*, THOMAS KRUMHUBER/ANDREAS ZAHRADNIK, *Finanzsicherheiten-Gesetz*, cit., p. 14.

[390] E isto porque não têm natureza fungível: cfr. a Exposição de Motivos da Proposta de Diretiva do Parlamento Europeu e do Conselho que altera, no respeitante aos sistemas interligados e aos créditos sobre terceiros, a Diretiva 98/26/CE relativa ao carácter definitivo da liquidação nos sistemas de pagamentos e de liquidação de valores mobiliários e a Diretiva 2002/47/CE relativa aos acordos de garantia financeira, p. 9.

[391] V. tb. o art. 5º da mesma Diretiva (que não se aplica aos créditos sobre terceiros: nº 6).

[392] V., p. ex., o texto das *Erläuternde Bemerkungen* à *Regierungsvorlage* da lei austríaca, reproduzido em THOMAS KRUMHUBER/ANDREAS ZAHRADNIK, *Finanzsicherheiten-Gesetz*, cit., p. 76.

rio pode dispor do objeto da garantia e, se o fizer, este continuará a circular. E o beneficiário não só pode alienar o objeto da garantia, como pode voltar a onerá-lo (*rehypothecation*), «nos termos previstos no contrato, como se fosse seu proprietário» (art. 9º, 2, do DL 105/2004)[393].

Mas há mais vantagens associadas ao direito de disposição: as melhores condições de financiamento que o beneficiário da garantia pode conceder ao prestador atendendo ao que pode ganhar com o exercício do direito de disposição; uma maior possibilidade de escolha entre a alienação em garantia e o penhor financeiro e, com este último, a redução do risco de crédito assumido pelo prestador da garantia (no que diz respeito ao direito de restituição)[394].

O beneficiário da garantia que exerce o direito de disposição não era titular do objeto da garantia. Compreendem-se, pois, os deveres que no art. 10º do DL 105/2004 lhe são impostos e que tem que cumprir até à data convencionada para o cumprimento das obrigações garantidas (se, evidentemente, o devedor cumpriu também). Assim, o beneficiário da garantia deverá, em regra, restituir ao prestador da garantia objeto equivalente ao objeto da garantia financeira original[395]. O objeto equivalente

[393] Se os valores mobiliários são escriturais, o exercício do direito de disposição depende de menção no respetivo registo em conta; se são titulados, carece de menção na conta de depósito (art. 9º, 3, do DL 105/2004). Recorde-se, mais uma vez, o art. 2º, 1, *g*), da Diretiva 2002/47/CE. De acordo com o Considerando (19) da Diretiva, a «reutilização não prejudica a legislação nacional relativa à separação dos patrimónios e à igualdade de tratamento dos credores». O art. 3º, 2, par. 2º, do Regulamento 909/2014 também se preocupa com a trasferência de valores mobiliários na sequência de um acordo de garantia financeira, mas é discutido em que casos se aplicará.

[394] Sobre isto, Geoffrey Yeowart/Robin Parsons, *Yeowart and Parsons on The Law of Financial Collateral*, cit., p. 21 e s.; a p. 244, nt. 3, os autores lembram também a utilidade do direito de disposição para as contrapartes centrais quanto às «margin and default fund contributions provided by its members».

[395] Sobre o que deve entender-se por «objeto equivalente», v. o art. 13º do DL 105/2004. O art. 2º, 1, *i*), da Diretiva 2002/47/CE faz referência a «garantia equivalente»: «i) tratando-se de numerário, um pagamento do mesmo montante e na mesma moeda, *ii*) tratando-se de instrumentos financeiros, instrumentos financeiros do mesmo emitente ou devedor, que façam parte da mesma emissão ou categoria e tenham o mesmo valor nominal, sejam expressos na mesma moeda e tenham a mesma denominação ou, quando o acordo de garantia financeira preveja a transferência de outros ativos em caso de ocorrência de um facto que diga respeito ou afete os instrumentos financeiros fornecidos enquanto garantia financeira ou com eles relacionados, estes outros ativos». Quanto aos riscos que correm os que prestam as garantias, lembrando o caso Lehmann, Eddy Wimeersch, «22. Shadow Banking and the Functioning

não só substitui a garantia financeira original, como também se considera prestado no momento da prestação da garantia financeira original (art. 10º 3, do DL 105/2004[396]). Mas o contrato de penhor financeiro pode prever que o beneficiário da garantia tenha antes que entregar ao prestador da garantia uma quantia em dinheiro correspondente ao valor que o objeto da garantia tem no momento do vencimento da obrigação da restituição, «nos termos acordados pelas partes e segundo critérios comerciais razoáveis» (art. 10º, 1, *b)*). O contrato de penhor financeiro pode, no entanto, prever que o beneficiário da garantia se livre da obrigação de restituição por meio de compensação, devendo o crédito do prestador da garantia ser avaliado nos termos da al. *b)* do art. 10º, 1[397].

12.5.7. O penhor financeiro e o direito de disposição (cont.): o Regulamento 2015/2365

O Regulamento 2015/2365, de 25 de novembro de 2015[398], deu especial atenção à reutilização[399]. Esta consiste na «utilização por uma contraparte, em seu nome e por sua própria conta ou por conta de outra contraparte, incluindo uma pessoa singular, de instrumentos financeiros recebidos no âmbito de um acordo de garantia. Essa utilização abrange a transferência de titularidade ou o exercício do direito de disposição nos termos do artigo

of Financial Markets», in Danny Busch/Guido Ferrarini (ed.), *Regulation of the EU Financial Markets. MiFID II and MiFIR*, cit., p. 613-657, a p. 647.

396 Cfr. tb. o art. 5º, 3, da Diretiva 2002/47/CE.

397 O cumprimento antecipado das obrigações financeiras garantidas não afasta o regime do art. 10º, 1, do DL 105/2004 (v. o nº 2).

398 Regulamento (UE) 2015/2365 do Parlamento Europeu e do Conselho de 25 de novembro de 2015 «relativo à transparência das operações de financiamento através de valores mobiliários e de reutilização e que altera o Regulamento (EU) nº 648/2012». Sobre a entrada em vigor e aplicação do Regulamento v. o seu art. 33º.

399 E não só. Particularmente importantes são as obrigações de notificação a repositórios de transações e as exigências que recaiem sobre fundos de investimento. O Regulamento insere-se na estatégia da Comissão de regular o chamado «shadow banking»: cfr. Geoffrey Yeowart/Robin Parsons, *Yeowart and Parsons on The Law of Financial Collateral*, cit., p. 672. Sobre o «shadow banking», p. ex., Antonio Lopo Martinez, «Operações fora do balanço e sistema bancário sombra. Riscos de nova crise financeira e desafios para a regulamentação», BCE, LX, 2017, p. 405 e ss. (o autor, a p. 471, lembra o «teste do pato»: «um banco sombra parece um banco, vende produtos financeiros como um banco, mas, paradoxalmente, não é supervisionado como um banco»). A reutilização é objeto de atenção de vários outros regimes: v., p. ex., as Diretivas 2009/65/CE (OICVM) e 2011/61/UE (DGFIA), o RGOIC, a L 18/2015 e o DL 40/2014.

5º da Diretiva 2002/47, mas não a liquidação do instrumento financeiro em caso de incumprimento da contraparte que presta a garantia». Naturalmente, o âmbito de aplicação do Regulamento é relevantíssimo, pois o art. 2º do Regulamento 2015/2365 contém limitações tendo sobretudo em conta os sujeitos da operação. O seu nº 4 diz, inclusivamente, respeito ao art. 15º (bem como ao art. 4º). O próprio termo «contraparte» tem o seu significado específico.

Interessa-nos sobretudo destacar o disposto no art. 15º, que tem precisamente por epígrafe «Reutilização de instrumentos financeiros recebidos no âmbito de um acordo de garantia». De acordo com o respetivo nº 1, a contraparte que presta a garantia deve *receber certas informações* e, nos casos de acordo de garantia com constituição de *penhor financeiro com direito de disposição*, é necessário que dê o seu *consentimento expresso*, ou, no caso de se tratar de acordo de garantia com *transferência de titularidade*, que dê também o seu *acordo expresso* em prestar a garantia. Assim, o direito de reutilização de instrumentos financeiros recebidos a título de garantia fica sujeito «pelo menos à observância das seguintes condições, cumulativamente consideradas: *a)* A contraparte que presta a garantia foi devidamente informada por escrito pela contraparte que recebe essa garantia dos riscos e consequências que podem ser inerentes a uma das seguintes situações: *i)*, concessão do direito de disposição da garantia ao abrigo de um acordo de garantia com constituição de penhor nos termos do artigo 5º da Diretiva 2002/47/CE, *ii)* celebração de um acordo de garantia com transferência de titularidade; *b)* A contraparte que presta a garantia deu o seu consentimento prévio expresso, conforme confirmado pela assinatura da contraparte que presta a garantia, aposta por escrito ou de forma juridicamente equivalente num acordo de garantia com constituição de penhor, cujos termos prevejam o direito de disposição nos termos do artigo 5º da Diretiva 2002/47/CE, ou acordou expressamente em prestar a garantia mediante um acordo de garantia com transferência de titularidade. No que diz respeito à alínea *a)* do primeiro parágrafo, a contraparte que presta a garantia é pelo menos informada por escrito dos riscos e das consequências que podem sobrevir em caso de incumprimento da contraparte que recebe a garantia».

Além disso, e agora olhando para o nº 2 do art. 15º, vemos que o *exercício do próprio direito de reutilização* «fica sujeito pelo menos à observância das seguintes condições, cumulativamente consideradas: *a)* A reutilização é efetuada nos termos especificados no acordo de garantia a que se refere o nº 1, alínea *b)*; *b)* Os instrumentos financeiros recebidos no âmbito de um acordo de garantia são transferidos da conta da contraparte que presta a garantia. Em derrogação da alínea *b)* do primeiro parágrafo, caso uma contraparte num acordo de garantia esteja estabelecida num país terceiro e a conta da contraparte que presta a garantia seja mantida num país terceiro e seja regida pelo direito desse país, a reutilização é comprovada quer por uma transferência da conta da contraparte que presta a garantia quer por outro meio adequado».

Porém, o regime do art. 15º «não afeta o direito nacional relativo à validade ou ao efeito de uma operação» (nº 4)[400]. Mas, por outro lado, não prejudica «legislação setorial mais estrita, nomeadamente as Diretivas 2009/65/CE e 2014/65/CE, e ainda do direito nacional destinado a garantir um nível mais elevado de proteção das contrapartes que prestam as garantias» (nº 3). O regime sancionatório previsto é particularmente pesado (v., em especial, o art. 22º, 4, *g), ii)*).

12.5.8. O penhor financeiro e o direito de venda ou apropriação

Relativamente ao penhor financeiro, o DL 105/2004 admite que o beneficiário da garantia, para executar a garantia, *faça seu* o objeto da garantia «mediante venda ou apropriação [...] se tal tiver sido convencionado pelas partes» e se «houver acordo das partes relativamente à avaliação dos instrumentos financeiros e dos créditos sobre terceiros dados em garantia» (art. 11º, 1). Os requisitos parecem ser cumulativos[401].

A redação do art. 11º, 1, do DL 105/2004 afasta-se da que foi dada ao art. 4º, 1, *a)*, da Diretiva 2002/47/CE. Com efeito, neste último preceito faz-se antes referência à «possibilidade de realizar, de uma das seguintes formas, qualquer garantia financeira fornecida ao abrigo de um acordo de garantia financeira com constituição de penhor e segundo as disposições nele previstas: *a)* Instrumentos financeiros, mediante venda ou apropriação [...]»[402]. Ou seja, a realização mediante venda não significa «fazer seu» ou objeto da garantia.

[400] V., a propósito, o Considerando 23 do Regulamento.

[401] Mas a lei podia ser mais clara. Em apoio do carácter cumulativo podemos convocar o art. 4º, 2, da Diretiva 2002/47/CE, pois aí os requisitos são, claramente, cumulativos. Porém, como se dirá no texto, só está em causa a apropriação (não a venda).

[402] De acordo com o art. 4º, 1, da Diretiva 2002/47/CE, «Os Estados-Membros assegurarão que sempre que ocorra um facto que desencadeie a execução, o beneficiário da garantia

Outra diferença em relação ao texto da Diretiva deve ser aqui realçada. Segundo o art. 11º, 1, *a)*, do DL 105/2004, parece, à primeira vista, ser necessário que as partes *convencionem a possibilidade de venda* do objeto da garantia. Por sua vez, o art. 4º, 2, da Diretiva *apenas exige convenção para a apropriação*, embora estabeleça também que a convenção relativa à apropriação deve ser acompanhada de *acordo sobre a avaliação*. O que faz pensar que o art. 4º, 2, da Diretiva *não vem acrescentar a necessidade de convenção* entre as partes quanto à apropriação (essa necessidade já resultaria do art. 4º, 1), *mas apenas que tal convenção tem que ser acompanhada da convenção sobre a avaliação.*

Pela nossa parte, consideramos que apenas se retira do art. 4º, 1, *a)*, da Diretiva 2002/47/CE que os Estados-Membros devem assegurar que será possível *acordar quanto aos termos da venda* (venda de garantia financeira fornecida ao abrigo de acordo de garantia financeira *segundo as disposições nele previstas*)[403], mas que *não será necessário convencionar a possibilidade de venda* para que esta possa ocorrer[404]. O art. 4º, 1, da Diretiva 2002/47/CE deve, assim, conduzir a uma interpretação restritiva do art. 11º, 1, do DL 105/2004, lendo-o em conformidade com o art. 4º, 1 e 2, da Diretiva e, portanto, de modo a *não se exigir convenção para que o beneficiário da garantia possa vender* o objeto da garantia[405]. Mas, se essa convenção existir, a segurança aumenta.

tenha a possibilidade de realizar de uma das seguintes formas qualquer garantia financeira fornecida ao abrigo de um acordo de garantia financeira com constituição de penhor *e segundo as disposições nele previstas* [...]» (itálico nosso).

403 Fará, até, muito sentido que esses termos da venda sejam acordados para que se evitem futuros conflitos. Designadamente, quanto ao valor obtido.

404 Nesse sentido, quanto à Diretiva, Thomas Keijser, *Financial collateral arrangements. The European Collateral Directive considered from a property and insolvency law perspective*, cit., p. 283: «Under Article 4 of the Collateral Directive a pledgee is able to choose between a sale and, if this has been agreed upon, appropriation». Parecendo dispensar o acordo quanto à possibilidade de venda perante o regime português, Margarida da Costa Andrade, «O penhor financeiro com direito de disposição de valores mobiliários», *ROA*, jan/dez, 2010, I/IV, p. 384 («Pelo facto [...] de a Directiva se referir expressamente à não sujeição da execução a um leilão público ou à aprovação prévia das suas condições por um tribunal, quererá isto dizer que a venda será extrajudicial e ordenada pelo beneficiário»). Calvão da Silva, *Banca, bolsa e seguros*, ed., Almedina, Coimbra, , p. 235, parece exigir acordo também para a venda («mediante venda ou apropriação, se tal estiver previsto no contrato de penhor [...]»).

405 Como é sabido, o art. 675º do CCiv. exige convenção das partes para que a venda seja feita extraprocessualmente.

De qualquer modo, o exposto revela ser admissível, à luz da Diretiva, que no penhor financeiro de instrumentos financeiros ou créditos sobre terceiros *não se convencione o direito de apropriação* e se *convencionem limites ao direito de venda*[406].

A existência da alternativa venda/apropriação será particularmente útil quando exista o receio de que a venda possa ter que ser realizada num momento em que os preços estão baixos. Se existe a possibilidade de os preços descerem, pode vir a ser mais vantajoso exercer o direito de apropriação[407].

O art. 11º, 1, do DL 105/2004 *não faz distinção quanto ao objeto* do penhor financeiro, mas a al. *b) não faz referência* às garantias que tenham por objeto numerário. O art. 4º, 1, da Diretiva 2002/47/CE não prevê a venda ou apropriação quando o objeto é constituído por numerário, estando prevista a aplicação do numerário para liquidação das obrigações financeiras cobertas: a al. *b)* daquele art. 4º, 1, só menciona, para as garantias que tenham por objeto numerário, a *compensação* do «seu montante com as obrigações financeiras cobertas» ou a aplicação do mesmo para a *liquidação* destas[408]. Ainda assim, poderá dizer-se que a apropriação de numerário fará sentido quando a conta está aberta junto de terceiro[409] ou, não sendo esse o caso, quando o objeto da garantia e a obrigação garantida surjam referidos em diferentes moedas e haja a expetativa de que a moeda em que se identifica o numerário se valorize[410]. Eis, pois, um ponto que merecia maior clareza.

406 Nesse sentido, Hugh Beale/Michael Bridge/Louise Gullifer/Eva Lomnicka, *The law of security and title-based financing*, cit., p. 64, lembrando que o art. 4º, 1, da Diretiva faz referência às disposições previstas no acordo.

407 Geoffrey Yeowart/Robin Parsons, *Yeowart and Parsons on The Law of Financial Collateral*, cit., p. 256.

408 No sentido de que a possibilidade de apropriação não valerá para o penhor financeiro sobre numerário, Diogo Graça, *Os contratos de garantia financeira*, cit., p. 62, e Miguel Lucas Pires, *Penhor ou penhores? O regime tradicional do penhor e a proliferação de regimes especiais – implicações para a unidade conceptual e natureza jurídica do instituto*, vol. II, Polis, Lisboa, 2015, p. 466, nt. 3003.

409 Geoffrey Yeowart/Robin Parsons, *Yeowart and Parsons on The Law of Financial Collateral*, cit., p. 255.

410 Geoffrey Yeowart/Robin Parsons, *Yeowart and Parsons on The Law of Financial Collateral*, cit., p. 255: «where the charged cash and the secured liability are denominated in different currencies and the currency of the cash is expected to appreciate over time against the currency of the liability».

No caso de ser convencionada a apropriação, não se trata de verdadeiro pacto comissório: isto na medida em que o prestador da garantia tem direito a receber «o montante correspondente à diferença entre o valor do objeto da garantia e o montante das obrigações financeiras garantidas» (art. 11º, 2)[411]. Os requisitos referidos (convenção quanto à apropriação e convenção quanto à avaliação) parecem ser cumulativos[412]. Pode é questionar-se se só o penhor acompanhado das referidas convenções é verdadeira garantia financeira[413].

Como vimos, o art. 11º, 1, *b)*, do DL 105/2004 estabelece a necessidade de, para beneficiar do regime de execução ali previsto, existir acordo relativo à avaliação dos instrumentos financeiros e dos créditos sobre terceiros[414]. Porém, isso não afasta a existência de eventual obrigação legal de «proceder à realização ou avaliação da garantia financeira e o cálculo das

[411] Vendo nisto a prova de que não está verdadeiramente consagrada a admissibilidade do pacto comissório, Carvalho Fernandes, «A admissibilidade do negócio fiduciário no direito português», *Ars Iudicandi.* Estudos em homenagem ao Prof. Doutor António Castanheira Neves, II, BFD/Coimbra Editora, Coimbra, 2008, p. 250, e (aparentemente) João Labareda, «Contrato de garantia financeira e insolvência das partes contratantes», cit., p. 117, nt. 24; referindo-se a um pacto marciano, Alexandre Jardim, «Acordos de garantia financeira: o respectivo regime jurídico face ao Decreto-Lei 105/2004, de 8 de Maio. Algumas questões», RB, 62, julho/dezembro 2006, p. 155, Pestana de Vasconcelos, *A cessão de créditos em garantia e a insolvência – em particular da posição do cessionário na insolvência do cedente*, Coimbra Editora, Coimbra, 2007, p. 633 e s., nt. 1224, Tiago Soares da Fonseca, *O penhor de acções*, cit., p. 139, Diogo Graça, *Os contratos de garantia financeira*, cit., p. 62, Carlos Ferreira de Almeida, «Alienação da propriedade em garantia», *Estudos dedicados ao Professor Doutor Luís Alberto Carvalho Fernandes*, I, UCE, Lisboa, 2011, p. 327, e Menezes cordeiro, *Direito bancário*, 6ª ed., Almedina, Coimbra, 2016, p. 834. O preâmbulo do DL 105/2004 fazia expressa referência à «aceitação do pacto comissório» e era também ao pacto comissório que se referia a epígrafe do art. 11º. Aceitando que se tratava de pacto comissório, Margarida Costa Andrade, «O penhor financeiro com direito de disposição de valores mobiliários», *ROA*, jan/dez 2010, I/IV, p. 368. Sobre o pacto marciano, Júlio Gomes, «Sobre o âmbito da proibição do pacto comissório, o pacto autónomo e o pacto marciano», *CDP*, 8, 2004, p. 57 e ss., e Miguel Lucas Pires, *Penhor ou penhores? O regime tradicional do penhor e a proliferação de regimes especiais – implicações para a unidade conceptual e natureza jurídica do instituto*, cit., p. 460 e ss..

[412] João Labareda, *Contrato de garantia financeira e insolvência das partes contratantes*, cit., p. 116.

[413] Admitindo, porém, o «penhor financeiro simples», Margarida Costa Andrade, «O penhor financeiro com direito de disposição de valores mobiliários», cit., p. 384.

[414] De acordo com o art. 675º, 2, do CCiv., é «lícito aos interessados convencionar que a coisa empenhada seja adjudicada ao credor pelo valor que o tribunal fixar».

obrigações financeiras garantidas de acordo com critérios comerciais razoáveis» (art. 11º, 3, do DL 105/2004[415]).

Se o beneficiário da garantia executa o penhor financeiro, «fica obrigado a restituir ao prestador o montante correspondente à diferença entre o valor do objeto da garantia e o montante das obrigações financeiras garantidas» (art. 11º, 2, do DL 105/2004). Obviamente, a restituição deve ter lugar se a diferença for «para mais»[416]. Isso explica-se porque estamos perante uma garantia e porque assim se protegem também os interesses dos restantes credores do prestador da garantia[417]. Mas, claro, o prestador da garantia corre o risco de o beneficiário não restituir a diferença.

O art. 8º, 2, do DL 105/2004, depois de ressalvar o que possa ter sido acordado pelas partes, estabelece que a «execução da garantia pelo beneficiário não está sujeita a nenhum requisito, nomeadamente a notificação prévia ao prestador da garantia da intenção de proceder à execução». Trata-se de uma solução que parece ir mais longe do que a prevista no art. 4º, 4, da Diretiva 2002/47/CE. Este último dispõe que, «sob reserva das condições decididas no acordo de garantia financeira com constituição de penhor», a realização da garantia financeira pelas formas referidas no nº 1 (incluindo a venda ou apropriação) não estão sujeitas «à obrigação de: *a)* Notificação prévia da intenção de proceder à realização; *b)* As condições da realização serem aprovadas por um tribunal, funcionário público ou outra pessoa; *c)* A realização ser efetuada através de um leilão público ou segundo qualquer outra forma prescrita; ou *d)* Ter decorrido qualquer

[415] Cfr. o art. 4º, 6, da Diretiva 2002/47/CE. O Considerando (17) da Diretiva tem o seguinte teor: «A presente diretiva institui processos de execução rápidos e não formalistas que permitem salvaguardar a estabilidade financeira e limitar efeitos de contágio em caso de incumprimento de uma das partes num acordo de garantia financeira. Todavia, a presente diretiva equilibra os objetivos supramencionados com a proteção do prestador de garantia e de terceiros, pela confirmação explícita da possibilidade de os Estados-Membros manterem ou introduzirem na sua legislação nacional um controlo *a posteriori* suscetível de ser exercido pelos tribunais no que respeita à realização ou determinação do valor da garantia financeira e ao cálculo das obrigações financeiras cobertas. Tal controlo deverá permitir que as autoridades judiciais verifiquem que a realização ou determinação do valor foi efetuada segundo critérios comerciais razoáveis». No entanto, discute-se se esse controlo apenas poderá servir para essa verificação ou se poderá ir mais longe: sobre a questão, GEOFFREY YEOWART/ROBIN PARSONS, *Yeowart and Parsons on The Law of Financial Collateral*, cit., p. 285.

[416] Se a diferença for «para menos», a obrigação correspondente, em princípio, não se extingue.

[417] THOMAS KEIJSER, *Financial collateral arrangements. The European Collateral Directive considered from a property and insolvency law perspective*, cit., p. 99.

prazo adicional». O que, convenhamos, não é a mesma coisa que estabelecer que não está sujeita a «nenhum requisito».

Ora, no Considerando (10) da Diretiva lê-se, entre outras coisas, que «os atos exigidos nos termos da legislação de um Estado-Membro enquanto condição necessária para a transferência ou constituição de penhor sobre instrumentos financeiros que não sejam títulos escriturais, tais como o endosso em caso de títulos à ordem, ou a inscrição no registo do emitente em caso de títulos registados, não deverão ser considerados atos formais». *E não faz sentido que outra seja a solução quando se trate da venda ou da apropriação em caso de execução*[418]. O que, entre nós, e perante o regime de transmissão dos valores mobiliários titulados, faz toda a diferença[419]-[420].

[418] Hugh Beale/Michael Bridge/Louise Gullifer/Eva Lomnicka, *The law of security and title-based financing*, cit., p. 617 e s., dão conta de uma decisão proferida no Reino Unido pelo *Privy Council* considerando que a apropriação de ações "registered and directly held" podia ter lugar "without registration of the colateral taker as legal owner". Porém, não bastaria um simples pensamento: seria necessário "an overt act evincing the intention to exercise a power of appropriation, communicated to the colateral-provider". Os autores revelam também as dificuldades da apropriação em caso de titularidade indireta. Sobre os casos de titularidade indireta e "desmaterializada", Geoffrey Yeowart/Robin Parsons, *Yeowart and Parsons on The Law of Financial Collateral*, cit., p. 267, nt. 27; os mesmos autores, a p. 514, nt. 2, descrevem pormenorizadamente as situações em que a titularidade indireta tem lugar através de intermediários que interrompem a ligação entre o investidor e o emitente e as outras em que os intermediários não interrompem essa ligação («look-through legal systems»).

[419] Esse foi um problema tratado num dos processos *Cukurova* perante a lei aplicável: Geoffrey Yeowart/Robin Parsons, *Yeowart and Parsons on The Law of Financial Collateral*, cit., p. 260 e ss., fazem um relato circunstanciado dos mesmos.

[420] Quanto à execução de penhor financeiro que tenha por objeto créditos sobre terceiros e que tenha sido «constituído a favor do banco central pelas instituições de crédito no âmbito das operações de cedência de liquidez», o art. 11º, 4, *c)*, do DL 105/2004 exige, como requisito de eficácia em relação ao devedor do crédito empenhado, a notificação deste último, que não será exigida, no entanto, nos casos em que o beneficiário da garantia exerce a faculdade prevista na anterior al. *b)*: se o mesmo beneficiário exige «que o prestador da garantia, ainda que em liquidação, pratique em seu nome e representação todos os atos que se revelem adequados à boa gestão dos créditos e das respetivas garantias, incluindo os serviços de cobrança e as relações com os devedores». Também o art. 3º, 1, segundo parágrafo, da Diretiva 2002/47/Ce prevê a possibilidade de os Estados-Membros exigirem «a prática de um ato formal, como o registo ou a notificação, para efeitos da perfeição, prioridade, execução ou admissibilidade enquanto prova contra o devedor ou contra terceiros».

12.5.9. A alienação fiduciária em garantia e a obrigação de restituição

O art. 14º, 1, *a)*, do DL 105/2004 obriga o beneficiário da garantia prestada através de alienação fiduciária em garantia a restituir ao prestador a garantia financeira prestada ou objeto equivalente. Essa obrigação de restituição existe para os casos em que se dá o cumprimento das obrigações financeiras garantidas[421]. Embora o art. 14º, 1, não o diga, é o que resulta do art. 9º, 1, *a)*, para o penhor financeiro. Facilmente se compreende que assim também seja agora: afinal de contas, a alienação foi... fiduciária em garantia.

Porém, as als. *b)* e *c)* do art. 14º, 1, apresentam duas alternativas a essa restituição. Mas como veremos, é discutível se essas alternativas existem sempre ou se têm que ser convencionadas[422].

Na referida al. *b)*, está previsto que o beneficiário da garantia, em lugar da restituição da garantia financeira prestada ou de objeto equivalente, pode entregar ao prestador uma «quantia em dinheiro correspondente ao valor que o objeto da garantia tem no momento do vencimento da obrigação de restituição». No entanto, a lei acrescenta que isso deverá ter lugar

[421] Com a mesma leitura, Catarina Monteiro Pires, *Alienação em garantia*, cit., p. 138. Para Pestana de Vasconcelos, «Os contratos de garantia financeira», AAVV., *Estudos em honra do Professor Doutor José de Oliveira Ascensão*, vol. II, Almedina, Coimbra, 2008, p. 1296, a «norma carece de ligeira interpretação correctiva, porque, em regra, o cumprimento da obrigação de restituição só se tem que fazer após o cumprimento da obrigação garantida». Atendendo à obrigação de restituição, Calvão da Silva, *Banca, bolsa e seguros*, cit., p. 238, considera estarmos perante uma propriedade temporária. Salientando que a transmissão para o beneficiário da garantia faz com que o transmitente corra o risco de insolvência do beneficiário ou da sua incapacidade para restituir «equivalent securities», Charles Proctor, *The law and practice of international banking*, 2. ed., Oxford University Press, Oxford, 2015, p. 644; dando conta de que, muitas vezes, o direito a obter a restituição pode ter sido cedido a um credor do transmitente ou um credor deste pode pretender o ressarcimento através daquele direito, Geoffrey Yeowart/Robin Parsons, *Yeowart and Parsons on The Law of Financial Collateral*, cit., p. 11.

[422] Considerando que na alienação fiduciária em garantia é sempre possível a entrega de quantia em dinheiro correspondente ao valor do objeto da garantia no momento do vencimento da obrigação de restituição ou a compensação, Diogo Graça, *Os contratos de garantia financeira*, cit., p. 92. Parece ser também essa a leitura que fazem Calvão da Silva, *Banca, bolsa e seguros*, cit., p. 237, e Menezes Cordeiro, *Direito bancário*, cit., p. 837. Já Vieira Cura, A «fiducia» romana e a alienação fiduciária em garantia no direito actual», cit., p. 210, defende que, embora «o beneficiário da garantia tenha como obrigação fundamental [...] a restituição do objecto da garantia [...] a lei admite, no entanto, outras formas de o beneficiário da garantia se desonerar, desde que haja acordo nesse sentido entre o prestador da garantia e o respectivo beneficiário».

«nos termos acordados pelas partes e segundo critérios comerciais razoáveis». Isso parece fazer supor que a alternativa apenas é aplicável se houver acordo das partes. Não julgamos plausível que apenas se tivesse deixado para as partes o acordo quanto à avaliação a efetuar. Aliás, no que diz respeito ao penhor financeiro com direito de disposição vemos que o art. 10º, 1, *b)*, só permite a entrega de dinheiro em alternativa *se o contrato de penhor financeiro previr essa possibilidade*. Essa é, também, a exigência que resulta do art. 5º, 2, segundo parágrafo, da Diretiva 2002/47/CE: em alternativa à transferência de garantia equivalente, o beneficiário que exerceu o direito de disposição pode, «na medida em que as condições do acordo de garantia financeira com constituição de penhor o prevejam», aplicar a garantia em compensação ou para liquidação das obrigações financeiras cobertas.

O mesmo se diga quanto à alternativa a que é feita referência na al. *c)*: livrar-se da sua obrigação por meio de compensação (*netting*) e sendo o crédito do prestador da garantia avaliado nos termos previstos na al. *b)*. Ao mandar ter em conta os termos da avaliação previstos na al. anterior, a al. *c)* parece pressupor também que a compensação só surge como alternativa *se isso tiver sido acordado* pelas partes. Embora a al. *c)* do art. 14º não o diga, a compensação dirá respeito à obrigação de restituir: é o que resulta também, agora expressamente, do art. 10º, 1, *c)*.

12.5.10. A alienação fiduciária em garantia e o Regulamento 2015/2365 (remissão). A Lei 35/2018

Vimos acima, a propósito do direito de disposição em caso de penhor financeiro, que no Regulamento 2015/2365, de 25 de novembro de 2015, a reutilização consistia na «utilização por uma contraparte, em seu nome e por sua própria conta ou por conta de outra contraparte, incluindo uma pessoa singular, de instrumentos financeiros recebidos no âmbito de um acordo de garantia. Essa utilização abrange a transferência de titularidade ou o exercício do direito de disposição nos termos do artigo 5º da Diretiva 2002/47, mas não a liquidação do instrumento financeiro em caso de incumprimento da contraparte que presta a garantia». Remetemos para o ponto em que tratámos da matéria.

A Lei 35/2018 introduziu no CVM um novo art. 306º-E. No seu nº 1, surge o seguinte: «O intermediário financeiro não pode celebrar acordos de garantia financeira com transferência de titularidade com investidores não profissionais como forma de garantir obrigações desses clientes, incluindo obrigações futuras ou potenciais». Quanto à celebração dos mesmos acordos com investidores profissionais, os nºs 2, 3 e 4 estabelecem exigências consideráveis: de ponderação, de documentação, de informação e alerta.

12.5.11. Alienação fiduciária em garantia e incumprimento

Para a alienação fiduciária em garantia não encontramos no DL 105/2004 um preceito equivalente ao art. 11º («Execução dos acordos de penhor financeiro»). Por isso, o disposto no art. 8º, 2, ganha particular importância: «Sem prejuízo do acordado pelas partes, a execução da garantia pelo beneficiário não está sujeita a nenhum requisito [...]». Se a obrigação garantida não é cumprida, o adquirente mantém a titularidade do objeto da garantia[423]. Mas se, no caso de incumprimento, o beneficiário da garantia não tem de restituir a garantia, parece que terá de restituir «o montante correspondente à diferença entre o valor do objeto da garantia e o montante das obrigações financeiras garantidas»[424].

13. Reporte de ações: o art. 477º do CCom

De acordo com o art. 477º do CCom, o reporte consiste na «*compra*, a dinheiro de *contado*, de *títulos de crédito negociáveis*» e na «*revenda simultânea* de títulos da *mesma espécie*, a *termo*, mas por *preço determinado*, sendo a compra e a revenda feitas à *mesma pessoa*» (itálicos nossos)[425]. No § único

[423] Mas v., parecendo exigir que seja acordada a «execução» através da «conservação definitiva da propriedade do objecto dado em garantia ao credor», Vieira Cura, «A "fiducia" romana e a alienação fiduciária em garantia no direito actual», cit., p. 211. A cautela manda, assim, que a questão seja expressamente regulada.

[424] Cfr., nesse sentido, Calvão da Silva, *Banca, bolsa e seguros*, cit., p.238. Dando a entender que será necessário acordo quanto à restituição do excesso de valor do objeto dado em garantia sobre a dívida garantida, Vieira Cura, «A "fiducia" romana e a alienação fiduciária em garantia no direito actual», cit., p. 211. Mais uma vez, o facto de surgirem dúvidas acerca da questão justifica que se trate da mesma expressamente.

[425] Sobre o reporte no direito português, cfr. Ruy Ennes Ulrich, *Do reporte no direito commercial portuguez*, Imprensa da Universidade, Coimbra, 1906, p. 17 e ss., com crítica desenvolvida ao conceito do art. 477º do Código Comercial; Cunha Gonçalves, *Da compra e venda no direito comercial português*, cit., p. 518 e ss.; Menezes Cordeiro, «Do reporte: subsídios para o regime jurídico do mercado de capitais e da concessão de crédito», *Banca, bolsa e crédito*, cit., p. 167 e ss.; António Menezes Cordeiro/A. Barreto Menezes Cordeiro, «Repurchase agreements», *RDS*, 2013, 1 e 2, p. 39 e ss. (sendo de destacar a aproximação entre reporte e *buy and sell back transition*); Sofia Nascimento Rodrigues, «Os contratos de reporte e de empréstimo no Código dos Valores Mobiliários», *CadMVM*, ed.

daquele artigo encontra-se estabelecido que é «condição essencial à validade do reporte a entrega real dos títulos». Temos, assim, uma compra e uma revenda celebradas em simultâneo, feitas à mesma pessoa. O preço da revenda é determinado nesse momento, apesar de ser concluída a termo. O preço da revenda até pode ser inferior ao da venda: nesse caso o contrato é designado Deporte.

A compra e a revenda dizem respeito a títulos negociáveis da mesma espécie (identidade de espécie). O vendedor a pronto chama-se reportado, o comprador a pronto chama-se reportador.

No reporte de ações há verdadeira transmissão das mesmas para o comprador inicial[426], que compra a contado e que, *ao mesmo tempo*, as revende a termo. Uma revenda é, evidentemente, diferente de uma *promessa de revenda*. O comprador-revendedor (ou reportador) torna-se verdadeiro proprietário das ações. O art. 2º, 3, do DL 105/2004 mostra que o reporte é ali considerado contrato de alienação fiduciária em garantia[427].

Embora o art. 477º do CCom. apenas faça menção ao reporte de títulos de crédito negociáveis, não quer isso dizer, hoje, que as ações *escriturais* não possam ser objeto de contrato de reporte. O art. 2º, 3, do DL 105/2004 parece apoiar essa leitura. O próprio Preâmbulo do DL 486/99 (que aprovou o CVM) afirmava já (ponto 10) um princípio de neutralidade da forma de representação dos valores mobiliários. Mas será necessário assegurar que terá lugar o equivalente à entrega dos títulos (inexistentes agora).

especial, 2000, p. 290 e ss., SOFIA LENCART, *A celebração de contratos de reporte por sociedades gestoras de fundos de investimento mobiliário*, Almedina, Coimbra, 2000, JOÃO CALVÃO DA SILVA, «"Global Master Repurchase Agreement" e reporte financeiro», *cit.*, p. 345 e ss., PESTANA DE VASCONCELOS, *Do reporte com função de crédito e garantia*, cit., p. 9-59 e o que escrevemos no ponto 12.3. Na Alemanha, a doutrina faz a distinção entre *echten Wertpapierpensionsgeschäft* e *unechten Wertpapierpensionsgeschäft* (neste último, o reportador não tem que revender as ações, embora o possa fazer: v. CHRISTOPH VON BÜLOW, «§ 29», in HERIBERT HIRTE/CHRISTOPH VON BÜLOW (her.), *Kölner Kommentar zum WpÜG*, cit., Rn. 119 e 120.

[426] V., p. ex., ADRIANO ANTHERO, *Comentario ao Codigo Commercial Portuguez*, II, Artes e lettras, Porto, 1915, p. 284; MENEZES CORDEIRO, «Do reporte: subsídios para o regime jurídico do mercado de capitais e da concessão de crédito», cit., p. 451; PAULO CÂMARA, *Parassocialidade e transmissão de valores mobiliários*, dissertação, Lisboa, 1996, p. 203 e s.. Para a Itália, falando de um «duplice trasferimento», CAMPOBASSO, *Diritto commerciale*, 3, 3. ed., UTET, Torino, 2002 (rist.), p. 205.

[427] Mas v. o que foi escrito sobre as garantias financeiras. O art. 284º, 3, do CVM estabelece que os direitos decorrentes, designadamente, de reporte são considerados garantias. No entanto, isso é assim para «os efeitos» do artigo em causa.

14. Empréstimo

O empréstimo de valores mobiliários está previsto em vários preceitos do CVM. O art. 350º do CVM permite concluir que o empréstimo de valores mobiliários pode transferir a titularidade dos valores mobiliários para o mutuário. É, aliás, esse o regime regra, embora seja admitida disposição contratual em contrário[428].

Se o empréstimo de ações transfere a titularidade das ações, o sujeito que recebe as ações torna-se titular delas[429]. No que diz respeito ao empréstimo que não é translativo da propriedade, e se não for de excluir a sua licitude apesar da redação do art. 350º, 1, produzirá efeitos entre as partes.

O art. 291º, *b)*, do CVM considera que é serviço auxiliar dos serviços e atividades de investimento a «concessão de crédito, incluindo o empréstimo de valores mobiliários, para a realização de operações sobre instrumentos financeiros em que intervém a entidade concedente de crédito».

É usual que o empréstimo tenha lugar porque quem recebe as ações necessita desses valores mobiliários por alguma razão[430]. Mas também pode ocorrer porque o vendedor das ações estará a necessitar de dinheiro.

O art. 280º, 3, *a)*, do CVM admite inclusivamente que o empréstimo de valores mobiliários constitua um procedimento de substituição para os casos de incumprimento das obrigações dos participantes em sistema de liquidação de operações de mercado regulamentado ou de sistema de negociação multilateral (ou organizado).

[428] A disposição legal evita discussões como a que, no Brasil, surge relatada a propósito da reestruturação societária da OI quanto à titularidade do «direito de recesso»: v. NORMA JONSSEN PARENTE, *Mercado de capitais*, in MODESTO CARVALHOSA (coord.), *Tratado de direito empresarial*, VI, 2ª tiragem, Thomson Reuters/Revista dos Tribunais, São Paulo, 2016, p. 171 e ss.

[429] Sobre os empréstimos translativos da propriedade, cfr., para a França, YVES GUYON, *Les sociétés. Aménagements statutaires et conventions entre associés*, in *Traité des contrats* (sous la direction de Jacques Ghestin), 5. ed., LGDJ, Paris, 2002, p. 378.

[430] O empréstimo de ações pode permitir realizar *covered short sales* (por contraposição às *uncovered* ou *naked short sales*): v., sobre a relação, NIAHM MOLONEY, *EU Securities and Financial Markets Regulation*, cit., p. 539, e o art. 12º, 1, *a)*, do Regulamento (UE) 236/2012. Sobre o *short selling*, v., em especial, os Regulamentos (UE) 236/2012, 826/2012, 827/2012, 918/2012 e 919/2012. O regime dos EUA teve alguma influência nas regras europeias: v., sobre isto, NIAHM MOLONEY, *EU Securities and Financial Markets Regulation*, cit., p. 548.

III
Ofertas públicas de aquisição de ações

1. Breve enquadramento histórico da regulamentação das OPA

Os autores localizam temporalmente as primeiras OPA nos finais dos anos 40 do séc. XX[431], indicando que tiveram lugar no Reino Unido (*take over bid*)[432] e nos Estados Unidos da América (*tender offer*[433]). Muitas OPA deram lugar a verdadeiras batalhas jurídicas, fazendo surgir uma terminologia «belicista»: *wounded list, shootouts, hired guns, defensive tactics, poison pills*...[434]

Em Portugal, o regime jurídico das ofertas públicas de aquisição de ações constava dos arts. 306º a 315º do CSC[435]. Foi sob a vigência desse regime que ocorreu a primeira OPA entre nós, lançada sobre a Betão Liz,

431 Teixeira Garcia, *OPA. Da Oferta Pública de Aquisição e seu regime jurídico*, Coimbra Editora, Coimbra, 1995, p. 21; Menezes Falcão, «A OPA obrigatória», *DVM*, III, 2001, p. 188, indica antes os anos 50 do séc. XX como época do surgimento das OPA.

432 Considerando que surgiram primeiro no Reino Unido, Jennifer Hill, «Takeovers, poison pills and protecionism in comparative corporate governance», *Festchrift für Klaus Hopt zum 70 Geburtstag am 24. August 2010*, Bd. 1, De Gruyter, Berlin/New York, 2010, p. 794-814, p. 802.

433 Sobre as dificuldades em encontrar um conceito, Hanno Merkt, *US-amerikanisches Gesellschaftsrecht*, 3ª ed., Deutscher Fachverlag, Frankfurt-a.-M., 2013, p. 759, apresentando o *eight-factor test*.

434 Para mais exemplos, Thomas Hazen, *Treatise on The law of securities regulation*, vol. 3., cit., p. 321 e ss..

435 V. tb., posteriormente, a Portaria 422-A/88. Antes do CSC, o DL 429/83, de 13 de dezembro, tinha em vista as ofertas públicas lançadas no estrangeiro tendo como objeto ações de sociedades anónimas ou em comandita por ações com sede estatutária ou de facto em Portugal: v. Paulo Câmara, *Manual de direito dos valores mobiliários*, cit., p. 592. Lembrando ainda o DL 371/78, Requicha Ferreira, «OPA concorrente», *DVM*, X, 2011, p. 135-502, a p. 145.

S.A., em 1989[436]. Posteriormente, aquele regime passou a encontrar-se também, em parte, no CMVM. O DL 261/95, de 3 de outubro, eliminou os preceitos do CSC que tratavam da matéria.

Atualmente, parte essencial do regime jurídico das OPAs está no CVM. O Título III trata das Ofertas Públicas e aí se acha um Capítulo III dedicado às Ofertas Públicas de Aquisição de valores mobiliários. Muitas das soluções adotadas na legislação interna são condicionadas pelo direito da União Europeia, com destaque para a Diretiva 2004/25/CE, de 21 de abril de 2004 (Diretiva das OPAs[437]), entretanto alterada[438]. Esta Diretiva teve um parto difícil[439]. A primeira proposta da Comissão data de 1989[440], seguindo-se propostas modificadas em 1990, 1996, 1997 e 2002. A aprova-

[436] TEIXEIRA GARCIA, *OPA. Da Oferta Pública de Aquisição e seu regime jurídico*, cit., p. 31, e CUNHA VAZ, *As OPA na União Europeia face ao novo Código dos Valores Mobiliários*, Almedina, Coimbra, 2000, p. 144, nota 370 e, sobre a evolução do nosso direito das OPA, p. 146 e ss.

[437] Mas v. tb., em especial, a Diretiva 2003/71/CE (Diretiva dos Prospetos), entretanto alterada e revogada pelo Regulamento (UE) 2017/1129 (embora essa revogação tenha efeitos apenas, em geral, a partir de 21 de julho de 2019: cfr. o art. 46º), e o Regulamento (CE) 809/2004 (Regulamento dos Prospetos), também alterado.

[438] A Diretiva das OPA é «texto relevante para efeitos do EEE».

[439] Cfr., p. ex., mais recentemente, HOLGER FLEISCHER, «1. Kapitel. Einführung», in NIKOLAUS PASCHOS/HOLGER FLEISCHER (her.), *Handbuch Übernahmerecht nach dem WpÜG*, Beck, München, 2017, p. 22 e ss., e, entre nós, v., p. ex., MENEZES CORDEIRO, *Direito Europeu das Sociedades*, Almedina, Coimbra, 2005, p. 515 e ss., ANA SÁ COUTO, «Breve comentário à transposição da Directiva das OPA», CadMVM, 25, 2006, Dezembro, p. 70 e ss., PAULO CÂMARA, *Manual de direito dos valores mobiliários*, cit., p. 616 e ss., HUGO MOREDO SANTOS, *Transparência, OPA obrigatória e imputação de direitos de voto*, Coimbra Editora, Coimbra, 2008, p. 217 e ss.. A Diretiva das OPA pode ser melhor compreendida com a leitura do *Report of the High Level Group of Company Law Experts on issues related to Takeover Bids*, cit., p. 13 e ss. O Grupo de Trabalho tinha que se pronunciar sobre três conjuntos de assuntos: «How to ensure the existence of a level playing field in the European Union concerning the equal treatment of shareholders across Member States; The definition of the notion of an "equitable price" to be paid to minority shareholders; The right for a majority shareholder to buy out minority shareholders ("squeeze-out right")» (p. 1). Sobre a transposição da Diretiva na França, Áustria, Suécia, Reino Unido, Itália e Alemanha, v. THEODOR BAUMS/ANDREAS CAHN (her.), *Die Umsetzung der Übernahmerichtlinie in Europa*, De Gruyter, Berlin, 2006. Para uma análise económica das *tender offers*, das *mandatory bids* e dos *squeeze-outs*, MIKE BURKART/FAUSTO PANUNZI, «Mandatory bids, squeeze-out, sell-out and the dynamics of the tender offer process», in GUIDO FERRARINI/KLAUS HOPT/JAAP WINTER/EDDY WYMEERSCH (ed.), *Reforming company and takeover law in Europe*, Oxford University Press, Oxford, 2004, p. 737-765.

[440] O Relatório Pennington, porém, data de 1974.

ção da atual Diretiva pelo Parlamento Europeu só teve lugar em 2004[441]. A leitura da Diretiva deve ser feita tendo especialmente em conta as definições constantes do art. 2º. Como já vimos, os valores mobiliários são ali entendidos como sendo «títulos negociáveis que conferem direitos de voto numa sociedade» (nº 1, al. *e)*). Além disso, a margem de manobra deixada aos Estados-Membros é considerável. Basta ver que logo o art. 3º, 2, *b)*, estabelece que os Estados-Membros, para efeitos da observância dos princípios previstos no seu nº 1, podem «estabelecer condições adicionais e disposições mais restritivas do que as exigidas pela presente diretiva para regulamentar as ofertas».

2. Quando é que a oferta é pública. A OPA como proposta de aquisição? Uma oferta relativa a valores mobiliários é pública, de acordo com o nº 1 do art. 109º do CVM, quando é «dirigida, no todo ou em parte, a destinatários indeterminados».

Além desses casos, será também pública, segundo o que se lê no nº 3 do mesmo art. 109º, a oferta relativa a valores mobiliários que, não sendo dirigida a destinatários que possam ser considerados indeterminados: *a)* É dirigida à generalidade dos acionistas de sociedade aberta[442]; *b)* É precedida ou acompanhada de prospeção ou recolha de intenções de investimento junto de destinatários indeterminados[443] ou de promoção publicitária; ou *c)* É dirigida a, pelo menos, 150 pessoas «que sejam investidores não qualificados, por Estado membro»[444].

[441] Sobre a sua transposição, v. o *Commission Staff Working Document, Report on the Implementation of the Directive on Takeover Bids*, 21.2.2007, SEC (2007) 268.

[442] Considerando pública a oferta dirigida «tão-só à totalidade dos titulares de ações com direito de voto da sociedade», ORLANDO VOGLER GUINÉ, «Comentário geral sobre OPAs», in J. M. COUTINHO DE ABREU (coord.), *Código das Sociedades Comerciais em comentário*, V, Almedina, Coimbra, 2012, p. 376-380, a p. 377.

[443] A recolha de intenções de investimento surge regulada pelos arts. 164º e ss. do CVM, que se integram no Capítulo dedicado às ofertas públicas de *distribuição*. A recolha prévia de intenções de investimento parece afastada no caso das OPS: considerando que a «actividade de *testing the waters* apenas é vedada em relação às OPAs», PAULO CÂMARA, *Manual de direito dos valores mobiliários*, cit., p. 584.

[444] Temos já em conta a redação dada pelo DL 22/2016. Serão contudo sempre particulares as ofertas previstas no nº 1 do art. 110º do CVM: as ofertas relativas a valores mobiliários que são apenas dirigidas a investidores qualificados; as ofertas de subscrição que sociedades com capital fechado dirigem à generalidade dos seus acionistas se não forem abrangidas pelo art. 109º, 3, *b)*. Para casos em que a oferta particular ainda obriga a comunicação à CMVM, v. o art. 110º, 2. O art. 111º afasta do âmbito de aplicação do título em causa vários grupos de situações.

Apenas vamos dedicar atenção à OPA de ações[445]. Ao contrário do que muitas vezes se pensa, com uma OPA sobre ações não se tem necessariamente em vista a aquisição de ações admitidas à negociação em mercado regulamentado. Isso resulta, desde logo, do disposto no nº 4 do art. 187º do CVM[446]. E não tem sequer que constituir, em regra, uma OPA de ações emitidas por sociedade aberta[447].

A OPA, para além de ser uma oferta pública, é também uma oferta de aquisição: dirige-se à aquisição de valores mobiliários. Contém uma proposta emitida pelo oferente para alcançar essa aquisição. Mas a OPA de ações não é apenas a proposta. Mais do que isso, as OPA de ações são processos para a celebração de contratos de alienação e aquisição de ações[448], neles se encontrando uma proposta no anúncio de lançamento e eventuais aceitações[449]. Assim, a OPA não se confunde com um convite a contratar ou com uma promessa pública.

[445] O art. 173º, 1, do CVM parece admitir OPA sobre quaisquer valores mobiliários. Referindo-se a um princípio da liberdade do objeto das OPA, PAULO CÂMARA, *Manual de direito dos valores mobiliários*, cit., p. 596. No entanto, o art. 173º, 3, também revela que às OPA sobre valores mobiliários «que não sejam ações ou valores mobiliários que conferem direito à sua subscrição ou aquisição não se aplicam as regras relativas ao anúncio preliminar, aos deveres de informação sobre transações efetuadas, aos deveres do emitente, à oferta concorrente e à oferta pública de aquisição obrigatória». Sobre a evolução do objeto das OPA entre nós, HUGO MOREDO SANTOS, *Ofertas concorrentes*, cit., p. 32 e ss..

[446] Quanto às ofertas «em mercado regulamentado ou sistema de negociação multilateral registado na CMVM que sejam apresentadas exclusivamente através dos meios de comunicação próprios desse mercado ou sistema», v. o art. 111º, 1, *d)*, do CVM (o preceito surge alterado com a Lei 35/2018, pois passa a ser feita a referência aos sisteas de negociação organizados). A Diretiva das OPA tem em vista as OPA de «aquisição de valores mobiliários de sociedades sujeitas à legislação dos Estados-Membros, quando esses valores mobiliários são, no todo ou em parte, admitidos à negociação num mercado regulamentado [...]» (art. 1º, 1).

[447] Lembrando isso mesmo, HUGO MOREDO SANTOS, *Transparência, OPA obrigatória e imputação de direitos de voto*, cit., p. 248 e s. (o autor recorda também que, no caso da OPA obrigatória, o CVM já exige que a sociedade visada seja aberta), ORLANDO VOGLER GUINÉ, *Da conduta (defensiva) da administração "Opada"*, Almedina, Coimbra, 2009, p. 22, nt. 14. Defendendo que «uma proposta de aquisição de ações de uma sociedade não aberta não consiste numa OPA nem se encontra sujeita ao regime jurídico mobiliário», ANTÓNIO BARRETO MENEZES CORDEIRO, *Manual de direito dos valores mobiliários*, cit., p. 367.

[448] Se a OPA não tem por objeto ações ou valores mobiliários que conferem direito à sua subscrição ou aquisição emitidos pela sociedade visada, o processo é simplificado: v. o art. 173º, 3, do CVM.

[449] PAULO CÂMARA, *Manual de direito dos valores mobiliários*, cit., p. 595, apresenta as OPA como «propostas dirigidas ao público tendo em vista a aquisição de valores mobiliários,

3. Objetivos das OPA

Os objetivos que o oferente pretende alcançar com a realização da OPA sobre ações de uma sociedade anónima podem ser muito variados. Alguns merecem ser destacados[450].

O oferente pode querer simplesmente adquirir o domínio sobre a sociedade visada, daí podendo depois retirar as consequências possíveis[451]. Mas

através de um processo estabelecido por lei». Referindo-se a uma proposta, p. ex., CARLOS FERREIRA DE ALMEIDA, «Direito a dividendos no âmbito de oferta pública de aquisição de acções», *DVM*, V, 2004, p. 73, REQUICHA FERREIRA, «OPA concorrente», cit., p. 156 (proposta dirigida ao público), JUAN FERNÁNDEZ-ARMESTO/LUIS DE CARLOS BERTRÁN, *El derecho del mercado financiero*, Civitas, Madrid, 1992, p. 547 (proposta de contratar).

[450] Cfr., p. ex., THEODOR BAUMS, «Feindliche Übernahmen und Magementkontrolle – Anmerkungen aus deutscher Sicht», Arbeitspapier 1/93, Institut für Handels- und Wirtschaftsrecht, Univ. Osnabrück, http://www.jura.uni-frankfurt.de, TEIXEIRA GARCIA, *OPA. Da Oferta Pública de Aquisição e seu regime jurídico*, cit., p. 38 (com uma completa enumeração dos argumentos contra e a favor das OPA a p. 19 e ss.); para as *tender offers*, ROBERT CLARK, *Corporate Law*, Little, Brown and Company, Boston/Toronto, 1986, p. 533 e ss.. A compreensão dos objetivos das OPA torna-se mais fácil se tivermos em conta os contributos da análise económica do direito: v., p. ex., EUGENE FAMA, "Efficient Capital Markets: A Review of Theory and Empirical Work", *JFin*, 25, 1970, p. 383-417, LUCIAN BEBCHUK, «The case for facilitating competing tender offers: a reply and extension», *StanfLRev*, 35, 1982, p. 23-50, FRANK EASTERBROOK/DANIEL FISCHEL, «Corporate Control Transactions», *YaleLJ*, 1982, 91, p. 698-737 (questionando a necessidade de igual distribuição dos ganhos resultantes de uma transmissão do controlo), JOHN COFFEE JR, *ColumLRev*, 1984, 84, p. 1145 e ss. (dando conta das várias correntes), MICHAEL JENSEN, «Takeovers: Their Causes and Consequences», *JEconPersp*, 1988, 21-48 (com ampla descrição das críticas feitas às «takeovers» e das suas vantagens). Com uma análise global, v. HOLGER FLEISCHER/ECKART BUEREN, «1. Kapitel. Einführung. § 3 Wirtschaftl. U. rechtsökonomische Grundlagen des Übernahmerechts», in NIKOLAUS PASCHOS/HOLGER FLEISCHER (her.), *Handbuch Übernahmerecht nach dem WpÜG*, cit., p. 76 e ss..

[451] Na Diretiva das OPA, a definição de OPA dada no art. 2º, 1, *a)*, também contém a referência a uma oferta realizada subsequentemente à aquisição do controlo ou tendo como objetivo essa aquisição do controlo «nos termos do direito nacional». Na Alemanha, o § 29, (1), da *WpÜG* faz expressa referência ao objetivo de aquisição de controlo a propósito do conceito de *Übernahmeangebote*: «sind Angebote, die auf den Erwerb der Kontrolle gerichtet sind». O controlo será a detenção de pelo menos 30% dos direitos de voto na sociedade alvo: § 29, (2), da *WpÜG*. Este último conceito será relevante tanto para o dever de publicidade, como para o dever de lançar uma OPA (§ 35 da *WpÜG*). Mas nem todas as *Angebote* são *Übernahmeangebote*: a *WpÜG* prevê também ofertas de aquisição que não visam a aquisição do controlo, como se vê logo pela definição de *Angebote* dada pelo § 2, (1), da *WpÜG*. A isto soma-se que o § 34 da *WpÜG* manda aplicar às *Übernahmeangebote*, em regra, o regime dos §§ 10 a 28. Assim, uma oferta para aquisição do controlo está sujeita a um regime mais pesado do que as restante ofertas de aquisição: cfr. CHRISTOPH ROTHENFUßER, «3. Kapitel. Maßnahmen und Fragen im

o oferente já pode ter o domínio da sociedade visada e pretender apenas reforçar esse domínio.

Alcançado ou reforçado o domínio, o oferente poderá então pensar em realizar reestruturações, substituindo inclusivamente administradores que considere menos capazes. Uma nova administração pode dinamizar a sociedade[452], pois é por vezes difícil abandonar estratégias

Vorfeld eines Angebots. § 11. Kontrollerlangung und Stimmrechtszurechnung», in NIKOLAUS PASCHOS/HOLGER FLEISCHER (her.), *Handbuch Übernahmerecht nach dem WpÜG*, cit., p. 429. A oferta obrigatória, por seu lado, está prevista no § 35 da *WpÜG*: agora, a oferta deve ser lançada depois de alcançado o controlo da sociedade alvo. Questionando se aquele patamar de 30% ainda permitirá adquirir o controlo nas sociedades do DAX30, CHRISTOPH VON BÜLOW, «§ 29», in HERIBERT HIRTE/CHRISTOPH VON BÜLOW (her.), *Kölner Kommentar zum WpÜG*, 2. Aufl., Carl Heymanns, 2010, Rn. 2. O mesmo autor, apesar de considerar que se trata de um conceito «streng formal» de controlo, também mostra que a norma visa alcançar a clareza e a segurança jurídicas (Rn. 73).

[452] Como escreve ROBERT CLARK, *Corporate Law*, cit., p. 533, os oferentes monitorizam o desempenho das sociedades-alvo e atuam como veículos para disciplinar a «suboptimal performance». O comportamento dos administradores e as suas consequências podem justificar o lançamento da OPA e a subsequente destituição daqueles. Sobre a discussão em torno da (pretensa?) eficácia disciplinadora da ameaça de uma OPA, p. ex., FRANK EASTERBROOK/DANIEL FISCHEL, «Corporate Control Transactions», cit., p. 705, THEODOR BAUMS, «Feindliche Übernahmen und Magementkontrolle – Anmerkungen aus deutscher Sicht», p. 2 e ss.; HANNO MERKT, *US-amerikanisches Gesellschaftsrecht*, cit., p. 812 e ss. (os últimos dois olhando para a compatibilização daquela eficácia disciplinadora com o regime da atuação dos membros do *Vorstand*); entre nós, com mais referências, MANUEL REQUICHA FERREIRA, *Acordos de aceitação e de não-aceitação de OPA*, Almedina, Coimbra, 2015, p 63, nt. 138. Tendo em conta que a atuação dos administradores (e não só) pode ter consequências na cotação das ações, surge o que a doutrina tem designado por «market for corporate control»: cfr. HENRY MANNE, «Mergers and the Market for Corporate Control», *J. Pol. Econ*, 73, 1965, pp. 110-120, a p. 113 («As an existing company is poorly managed – in the sense of not making as great a return for the shareholders as could be accomplished under other feasible managements – the market price of the shares declines relative to the shares of other companies in the same industry or relative to the market as a whole»). Porém, a decisão de lançar uma OPA envolve problemas de «agência»: sobre o tema, MIKE BURKART/FAUSTO PANUNZI, «Mandatory bids, squeeze-out, sell-out and the dynamics of the tender offer process», cit., p. 744. Defendendo que o «market for corporate control» apenas serve como «remedy of last resort», JOHN COFFEE JR., «Regulating the market for corporate control: a critical assessment of the tender offer's role in corporate governance», cit., p. 1153. Questionando a eficácia do «market for corporate control» como «court of last resource» tendo em conta que no Reino Unido predominam as «non-hostile takeovers», CHARLIE WEIR, «The market for corporate control», cit., p. 339. A forma como o mercado reage à informação disponibilizada é, evidentemente, decisiva. Num mercado eficiente, o preço reflete plenamente a informação disponível (EUGEN FAMA, «Efficient capital markets: a review of theory and empirical work», *JFinance*, 1970, 25, p. 383).

antigas[453]. Aquela dinamização pode ocorrer através do estabelecimento de laços mais fortes com sociedades coligadas ou com uma melhor utilização do património da sociedade[454]. A concentração pode também ser um resultado desejado, com a neutralização da sociedade-alvo.

O oferente pode ainda, pura e simplesmente, desejar fazer um bom negócio. A OPA é lançada apenas para realizar um investimento, apostando na baixa cotação das ações da sociedade visada. A futura venda dessas mesmas ações pode trazer consigo um ganho considerável.

Outro dos objetivos que pode estar subjacente ao lançamento da OPA é o de eliminar um concorrente. Sobretudo se, depois da aquisição, a sociedade visada é liquidada. Essa liquidação pode, aliás, surgir como o objetivo da OPA porque o oferente, desde o início, tem em vista o valor de liquidação da sociedade, que pode acolher no seu património ativos invejáveis cobiçados para atividades que nada têm a ver com o objeto social da sociedade visada.

Há ainda que contar com eventuais vantagens que os próprios administradores da sociedade oferente pretendam alcançar com a realização da oferta[455]. A vontade de criação de impérios e o *status* associado[456] podem estar na base da atuação. Os sócios da oferente devem, por isso, estar atentos à operação[457]. Nem sempre esta conduz a uma *win-win situation* dentro da sociedade oferente.

O lançamento da OPA pode ainda ter lugar apenas porque tem de ser. Com efeito, o CVM prevê casos em que o lançamento é obrigatório[458].

453 MICHAEL JENSEN, «Takeovers: their causes and consequences», *JEconPer*, vol. 2, nº 1, 1998, p. 21 e ss., 23.

454 MICHAEL JENSEN, «Takeovers: their causes and consequences», cit., a p. 23, mostra-se particularmente entusiasmado com o *market for corporate control* na medida em que permite que recursos abundantes sejam transferidos «to their highest-valued use». Sobre as sinergias que podem ser geradas como motivo para lançar uma OPA v. KLAUS HOPT, «Modern company and capital market problems: improving European Corporate Governance after Enron», cit., p. 479.

455 ROBERT CLARK, *Corporate Law*, cit., p. 537.

456 Sobre as estratégias de «empire building» v., p. ex., JOHN COFFEE JR., «Regulating the Market for Corporate Control: A Critical Assessment of the Tender Offer's Role in Corporate Governance», cit., p. 1157 e 1167 e ss..

457 V., sobre isto, nota «The Conflict Between Managers and Shareholders in Diversifying Acquisitions: A Portfolio Theory Approach», *YaleLJ*, 1979, p. 1238-1253.

458 Lembrando isso mesmo, HUGO MOREDO SANTOS, *Ofertas concorrentes*, cit., p. 25.

Quando assim seja, o lançamento pode apenas destinar-se a cumprir o dever (e a evitar as consequências do incumprimento).

Mas as OPAs sobre ações devem também ser vistas numa outra perspetiva: a do acionista, para quem constituem uma oportunidade para abandonar a sociedade (opção *exit*). Como afirma Hopt, «takeover regime is part of corporate governance, ie external corporate governance via the market for corporate control»[459]. Os acionistas que vendem as ações no âmbito de uma OPA estão muitas vezes a dar um sinal à administração da sociedade. E se a OPA permite atingir o controlo, aquela administração pode acabar por ser substituída[460].

4. Modalidades: total/parcial; amigável/hostil; obrigatória/facultativa; de compra/de troca/mista

Várias são as modalidades de OPA sobre ações que, teoricamente, podem ser concebidas. Assim, é possível distinguir, antes de mais, as OPA *totais* de ações das OPAs *parciais* de ações. Sublinhe-se que estamos a falar apenas de OPAs de *ações*. Por isso, podemos dizer que as OPA totais de ações têm por objeto todas as ações da sociedade visada[461]. As OPA parciais de ações (*partial bid*), obviamente, só têm por objeto uma parte dessas ações[462].

[459] Klaus Hopt, «European Company Law and Corporate Governance: where does the Action Plan of the European Commission Lead?», AAVV., *Corporate governance in context. Corporations, states, and markets in Europe, Japan and the US*, Oxford University Press, Oxford-New York, 2005, p. 125. Sobre o *market for corporate control*, lembramos Henry Manne, «Mergers and the market for corporate control», *JPolEcon*, 73, 1965, p. 110-120 (e em particular a p. 113), e «Our two corporation systems: law and economics», cit., p. 265 e ss.. Para um resumo de argumentos, Charlie Weir, «The market for corporate control», in Mike Wright/Donald Siegel/Kevin Keasey/Igor Filatotchev (ed.), in *The Oxford Handbook of Corporate Governance*, OUP, Oxford, 2013, p. 328-343 (sobretudo a p. 330-331).

[460] Dando conta de que «within three years of an acquisition, half of all managers at targets are out of work», Easterbrook/Fischel, *The economic structure of corporate law*, cit., p. 162.

[461] Hugo Moredo Santos, *Transparência, OPA obrigatória e imputação de direitos de voto*, cit., p. 288, refere que a «qualificação como totais ou parciais não pode ser feita sem apelar ao tipo e categoria em causa».

[462] O art. 173º, 2, do CVM, mostra que o próprio oferente pode, em certos casos, aceitar a oferta. Com efeito, e segundo o mencionado preceito, se «a oferta pública não visar a aquisição da totalidade das ações da sociedade visada e dos valores mobiliários que conferem direito à sua subscrição ou aquisição, emitidos pela sociedade visada, não é permitida a aceitação pelo oferente ou por pessoas que com este estejam em alguma das situações previstas no nº 1 do artigo 20º». Logo, se a oferta pública de aquisição visar a aquisição da *totalidade* das ações da

Quanto às OPA parciais, tenha-se em conta que da al. *c)* do art. 155º do CVM resulta que cabe à CMVM regulamentar a quantidade mínima de valores mobiliários que pode ser objeto de oferta pública[463].

As OPA devem ser sempre dirigidas a todos os titulares de valores mobiliários que são objeto da OPA, como se lê no art. 173º, 1, do CVM. *Nesse sentido,* todas as OPA são *gerais*[464]. E se for esse o sentido com que o termo é utilizado, não se podem contrapor OPA *parciais* a OPA *gerais*[465], uma vez que, por definição, todas serão gerais.

No entanto, os arts. 187º, 3, *b)*, e 194º, 1, do CVM designam como OPA *geral* a que tem por objeto a totalidade das ações e de outros valores mobiliários emitidos pela sociedade que confiram direito à subscrição ou aquisição daquelas ações. Estas também foram já batizadas como OPA *universais*[466] ou *totalitárias*[467].

As OPA podem ainda distinguir-se em OPA *amigáveis* ou OPAs *hostis*[468]: na nossa leitura, amigáveis (*friendly takeovers, freundliche Übernahmen*) serão

sociedade visada e dos valores mobiliários que conferem direito à sua subscrição ou aquisição emitidos pela sociedade visada, a oferente já pode aceitar a oferta. Mas também se pode dar o caso de a sociedade só ter emitido ações.

463 A maior ou menor amplitude da OPA quanto ao objeto pode ter consequências: v., p. ex., os arts. 173º, 2, 189º, 1, *a)* e 194º do CVM. Chamando a atenção para esses preceitos, REQUICHA FERREIRA, «OPA concorrente», cit., p. 158, nt. 45.

464 PAULO CÂMARA, «O dever de lançamento de oferta pública de aquisição no novo Código dos Valores Mobiliários», cit., p. 225.

465 PAULO CÂMARA, «O dever de lançamento de oferta pública de aquisição no novo Código dos Valores Mobiliários», cit., p. 226, nt. 52, ID., *Manual de direito dos valores mobiliários,* cit., p. 627, nt. 1696; HUGO MOREDO SANTOS, *Transparência, OPA obrigatória e imputação de direitos de voto,* cit., p. 297. Com outra leitura, MARGARIDA COSTA ANDRADE, «Algumas considerações sobre a oferta pública de aquisição de acções simples e voluntária no regime jurídico português», *BFD,* 78, 2002, p. 699 e ss., p. 720.

466 Nesse sentido, PAULO CÂMARA, «O dever de lançamento de oferta pública de aquisição no novo Código dos Valores Mobiliários», *Direito dos valores mobiliários,* II, cit., p. 226 e *Manual de direito dos valores mobiliários,* cit., p. 653. Mas a p. 575 ainda afirma que a OPA será geral «quando visa o universo das acções e dos valores mobiliários que dêem direito à sua subscrição ou aquisição emitidos pela sociedade visada».

467 V., p. ex., CALVÃO DA SILVA, «Suspensão do dever de lançamento de OPA», *Estudos jurídicos (Pareceres),* Almedina, Coimbra, 2001, p. 14.

468 Ou agressivas: cfr. RAÚL VENTURA, «Ofertas públicas de aquisição e de venda de valores mobiliários», *Estudos vários sobre sociedades anónimas,* Almedina, Coimbra, 1992, p. 124. Mas não está excluído que uma OPA se inicie como hostil e, graças à melhoria das condições oferecidas, termine como amigável: HANNO MERKT, *US-amerikanisches Gesellschaftsrecht,* cit., p. 744.

as que não contam com a opinião desfavorável da administração, hostis (*hostile takeovers, feindliche Übernahmen*) serão as que se deparam com essa opinião desfavorável[469]. O relatório previsto no art. 181º, 1, dará indicações acerca da posição do órgão de administração[470]. Sem esquecer, porém, que a rejeição inicial pode ser apenas um passo numa estratégia dirigida a fazer subir o valor da contrapartida[471].

Geralmente, as sociedades visadas que são controladas por um número de acionistas reduzido têm uma administração hostil a uma OPA que não satisfaça os interesses daquele grupo de controlo. A própria administração pode recear a sua substituição no caso de a OPA ser bem sucedida. Mas o facto de o controlo da sociedade se concentrar naquele pequeno número de acionistas reduz a possibilidade de sucesso da OPA[472].

É também possível separar as OPAs *facultativas* das OPAs *obrigatórias*[473]. Estas últimas são impostas ao oferente, na medida em que constitui um dever lançá-las, enquanto as facultativas não são impostas, não existindo um dever de as lançar. Para um exemplo de OPA obrigatória, veja-se o nº 1 do art. 187º do CVM.

A proposta de aquisição que a OPA contém deve indicar a contrapartida oferecida. Essa contrapartida pode ser dinheiro (*cash tender offer*), e então a aquisição realizar-se-á através de *compra*. Pode a contrapartida consistir

[469] Afirmando também que a OPA é hostil quando é «rejected by the board», CHARLIE WEIR, «The market for corporate control», cit., p. 333. Quando o oferente pretende levar a cabo a liquidação da sociedade alvo, é designado *corporate raider, pirate* ou *Gesellschaftsräuber*: v. HANNO MERKT, *US-amerikanisches Gesellschaftsrecht*, 3. Aufl., Deutscher Fachverlag, 2013, p. 738. Aceitando considerar a OPA como «hostil apenas face a certos acionistas», ORLANDO VOGLER GUINÉ, «Comentário geral sobre OPAs», cit., p. 380.

[470] O relatório deve ser enviado ao oferente e à CMVM e divulgado ao público no prazo de oito dias a contar da receção dos projetos de prospeto e de anúncio de lançamento (art. 181º, 1). A referência feita aos projetos de anúncio de lançamento e de prospeto compreende-se melhor se tivermos em conta que a OPA está sujeita a registo prévio na CMVM (art. 114º, 2) e que, de acordo com o art. 115º, 1, *m*) e *o*), o pedido de registo deve ser instruído com o projeto de prospeto e com o projeto de anúncio de lançamento (sendo que este é exigível, nos termos dos arts. 173º, 3, e 175º do CVM; v. tb. o art. 115º, 2). Estamos, naturalmente, a pressupor que a OPA em causa tem como autoridade competente para a supervisão a CMVM.

[471] CHARLIE WEIR, «The market for corporate control», cit., p. 333.

[472] CUNHA VAZ, *As OPA na União Europeia face ao novo Código dos Valores Mobiliários*, cit., p. 28.

[473] Mas v., considerando haver uma «certa impropriedade terminológica na designação», PAULO CÂMARA, *Manual de direito dos valores mobiliários*, cit., p. 645.

em outros valores mobiliários, emitidos ou a emitir[474]: nesse caso estaremos perante uma proposta de *troca*[475]. Os valores mobiliários que constituirão a contrapartida podem ser emitidos pelo oferente ou não (art. 178º, 2). Se a contrapartida consistir em dinheiro e valores mobiliários, será uma proposta *mista*. Sobre estas modalidades, cfr. os arts. 177º e 178º do CVM.

5. Âmbito de aplicação e lei aplicável

Diz-se que o dinheiro não conhece fronteiras e isso é bem verdade no âmbito das OPA. As questões relacionadas com o âmbito de aplicação dos regimes jurídicos ganham cada vez maior relevo com a progressiva internacionalização dos mercados.

De acordo com o art. 108º, 1, do CVM, os preceitos do título dedicado às ofertas públicas são aplicáveis, em regra, a essas ofertas se as mesmas forem «dirigidas especificamente a pessoas com residência ou estabelecimento em Portugal». E isto independentemente da *lei pessoal do oferente*, da *lei pessoal do emitente* e do *direito aplicável aos valores mobiliários objeto da oferta*.

Foi dito que, em regra, o Título III é aplicável às referidas ofertas porque há que contar também com o disposto no nº 2 do art. 108º e com o art. 145º-A. A remissão feita no art. 108º, 1, para o art. 145º, 2 e 3, não nos interessa aqui, uma vez que nestas últimas normas estão em causa ofertas públicas de distribuição (aprovação do prospeto).

O art. 145º-A preocupa-se com a identificação da autoridade competente para a supervisão da oferta pública de aquisição[476]. Melhor: com a identificação dos casos em que a CMVM é competente para a supervisão da oferta. O art. 108º, 2, tem, precisamente, em vista as OPA previstas no art. 145º-A.

De acordo com o art. 145º-A, 1, a CMVM é a autoridade competente para a supervisão de OPA em várias hipóteses:

474 Como lembra Paulo Câmara, *Manual de direito dos valores mobiliários*, cit., p. 599, a oferta pública de troca com valores a emitir «implica a coexistência de uma OPA e de uma oferta pública de subscrição».

475 V., porém, as limitações resultantes do art. 188º, 5, do CVM quanto às OPAs obrigatórias. Chamando a atenção para os maiores riscos de fraude ou manipulação em *takeovers* que oferecem aos acionistas algo mais do que apenas dinheiro, James Cox/Robert Hillman/Donald Langevoort, *Securities Regulation. Cases and Materials*, cit., p. 985.

476 Sobre o art. 145º-A v. Dário Moura Vicente, «Ofertas públicas de aquisição internacionais», cit., p. 487 e ss..

A) OPA que tenham por objeto valores mobiliários emitidos por *sociedades sujeitas a lei pessoal portuguesa* desde que: *a)* Esses valores mobiliários estejam *admitidos à negociação em mercado regulamentado situado ou a funcionar em Portugal*, ou *b)* Aqueles valores mobiliários *não estejam admitidos à negociação em mercado regulamentado* (art. 145º-A, 1).

B) OPA de valores mobiliários em que a sociedade visada está sujeita a *lei pessoal estrangeira* se os valores mobiliários objeto da oferta: *a)* Estão *exclusivamente* admitidos à negociação em mercado regulamentado situado ou a funcionar em Portugal, ou *b)* ainda que não tenham sido exclusivamente admitidos à negociação em mercado regulamentado situado ou a funcionar em Portugal, foram admitidos *em primeiro lugar* à negociação em mercado regulamentado situado ou a funcionar em Portugal e não estão admitidos à negociação no Estado membro onde se situa a sede da sociedade emitente (art. 145º-A, 2).

C) Tratando-se de OPA de valores mobiliários em que os valores objeto da oferta são *admitidos à negociação em simultâneo em mais de um mercado regulamentado de diversos Estados membros*, mas não são admitidos à negociação no Estado membro onde se situa a *sede da sociedade emitente*, esta última «escolhe, no primeiro dia de negociação, a autoridade competente para a supervisão da oferta de entre as autoridades desses Estados membros e comunica essa decisão aos mercados regulamentados em causa e às respetivas autoridades de supervisão» – assim, se os valores objeto da oferta foram também admitidos à negociação em mercado regulamentado de Portugal e a sociedade emitente não tem sede aqui, a sociedade emitente pode escolher a CMVM como autoridade competente para a supervisão da OPA (art. 145º-A, 3).

O art. 108º, 2, mostra que as OPA previstas no art. 145º-A não ficam necessariamente sujeitas, em relação a certas matérias, à lei portuguesa e, em particular, ao Título III do CVM. Vejamos que matérias estão em causa.

Em primeiro lugar, o art. 108º, 2, faz menção à contrapartida proposta, ao processamento da oferta, ao conteúdo do prospeto da oferta à à divulgação da oferta: aplica-se a lei do Estado membro cuja autoridade supervisora seja competente para a supervisão da oferta, que, como vimos, pode ou não ser a CMVM.

Em segundo lugar, é feita referência à informação aos trabalhadores da sociedade visada, à percentagem de direitos de voto que constitui domínio, às derrogações ou dispensas ao dever de lançamento de oferta pública de aquisição e às limitações de poderes do órgão de administração da sociedade visada: aplica-se a essas matérias a lei pessoal da sociedade emitente dos valores mobiliários objeto da oferta. E essa lei pode, ou não, ser a lei portuguesa.

6. OPA e regime das concentrações de empresas

6.1. Introdução

As concentrações de empresas permitem ganhar dimensão e alcançar economias de escala. O crescimento das empresas torna possível a atuação global, fortalecendo a economia de um país. A eficiência aumentará muito provavelmente. Consequentemente, os preços podem baixar[477].

Mas nem todas as concentrações trazem apenas vantagens. Desde logo, pela posição de domínio que podem permitir alcançar e que possa ser prejudicial para o mercado e para a concorrência. A concentração de empresas reduz os fatores de produção disponíveis e pode reduzir o número de concorrentes[478]. Os regimes de controlo das concentrações visam evitar também essas desvantagens, mas sem se estabelecer um regime de pura e simples proibição. A necessidade de alcançar uma solução que permita um equilíbrio entre os interesses em presença assim o ditou[479]. O controlo das concentrações visa evitar que da operação «(i) nasça uma posição dominante susceptível de entravar a concorrência num determinado mercado ou resulte (ii) uma redução substancial do nível de concorrência existente no mercado»[480].

477 As muitas vantagens associadas às concentrações, bem como a necessidade de consolidar a economia europeia do pós-guerra, terão levado a que o Tratado CEE, de 1957, não tenha incluído disposições visando as concentrações.

478 De modo semelhante, Vito Mangini/Gustavo Olivieri, *Diritto antitrust*, cit., p. 97, e Federico Ghezzi/Gustavo Olivieri, *Diritto antitrust*, Giappichelli, Torino 2013, p. 263.

479 Vito Mangini/Gustavo Olivieri, *Diritto antitrust*, cit., p. 92.

480 Miguel Gorjão-Henriques, «A aquisição de empresas no direito da concorrência», in Paulo Câmara (coord.), *Aquisição de empresas*, Coimbra Editora, Coimbra, 2011, p. 265. Sublinhando a importância do controlo preventivo das concentrações para evitar que sejam alcançadas ou reforçadas posições de domínio no mercado e dessa forma se possa também determinar o funcionamento do mesmo, Ricardo Alonso Sotto, «Fusiones y adquisiciones y derecho de la competência: el control de las operaciones de concentración económica», in José Maria Álvarez Arjona/Ángel Carrasco Perera (dir.), *Adquisiciones de empresas*, cit., p. 829.

A aquisição de participações sociais através de OPA pode constituir uma concentração de empresas à luz do direito interno (falamos do Regime Jurídico da Concorrência) ou perante o Regulamento (CE) 139/2004.

6.2. No Regime Jurídico da Concorrência (RJC) português

O art. 36º do RJC procura identificar o que deve entender-se por concentração de empresas. Haverá, assim, concentração de empresas se, antes de mais, há mudança de controlo sobre a totalidade ou parte de uma ou mais empresas. Mas, além disso, essa mudança de controlo deve resultar de fusão entre duas ou mais empresas ou partes de empresas (art. 36º, 1, *a)*, RJC) ou da «aquisição, direta ou indireta, do controlo da totalidade ou de partes do capital social ou de elementos do ativo de uma ou de várias outras empresas, por uma ou mais empresas ou por uma ou mais pessoas que já detenham o controlo de, pelo menos, uma empresa»[481].

O que é, porém, o controlo? Decorre do art. 36º, 3, do RJC que devemos entender por controlo a «possibilidade de exercer, com carácter duradouro, isoladamente ou em conjunto, e tendo em conta as circunstâncias de facto ou de direito, uma influência determinante sobre a atividade de uma empresa». Basta, na verdade, essa possibilidade, não sendo necessário o efetivo exercício de influência determinante.

O RJC obriga à realização de uma notificação «prévia» à Autoridade da Concorrência de operações de concentração que preencham determinados requisitos (cfr. o art. 37º, 1)[482]. No entanto, apesar de a notificação ser

[481] No regime anterior, o nº 1 do art. 8º da Lei nº 18/2003, de 11 de junho, al. *b)*, dispunha que haveria concentração de empresas se «uma ou mais pessoas singulares que já detenham o controlo de pelo menos uma empresa ou de uma ou mais empresas adquirirem, direta ou indiretamente, o controlo da totalidade ou de partes de uma ou de várias outras empresas». O nº 3 do art. 8º referido esclarecia que «o controlo decorre de qualquer ato (...) que implique a possibilidade de exercer, isoladamente ou em conjunto, e tendo em conta as circunstâncias de facto ou de direito, uma influência determinante sobre a atividade de uma empresa, nomeadamente: *a)* Aquisição da totalidade ou de parte do capital social». Para casos em que a lei considerava não haver concentração, cfr. o nº 4 do art. 8º. Sobre indemnizações por infrações ao direito da concorrência v. a L 23/2018.

[482] No art. 37º, 4, do RJC abre-se a possibilidade de serem feitas notificações voluntárias. Estas dizem respeito aos casos em que as empresas que participam na operação demonstram «uma intenção séria de concluir um acordo» ou, tratando-se de oferta pública de aquisição ou troca, «a intenção pública de realizar tal oferta», se «do acordo ou da oferta previstos resulte uma operação de concentração». Esta notificação voluntária será realizada antes da notificação prévia obrigatória prevista no art. 37º, 2, do RJC. Para além das notificações já mencionadas,

considerada «prévia», o art. 37º, 2, do RJC mostra que, na generalidade dos casos, a notificação deve ser efetuada após a *conclusão do acordo*. Tratando-se de aquisição de participação de controlo em sociedade emitente de ações admitidas à negociação em mercado regulamentado, a notificação deve ser efetuada após a data da divulgação de anúncio de aquisição, do que se retira que a aquisição ocorreu. Se for uma operação de concentração resultante de procedimento para formação de contrato público, após a adjudicação definitiva e antes de realizada: mas a adjudicação já teve lugar.

Daí que Carolina Cunha[483] conclua que «a *interdição* do artigo 40º se dirige essencialmente à *actividade de execução* dos negócios ou dos actos jurídicos que estiveram na génese do dever de notificar, na medida em que tais actos estejam inseridos na *lógica de concretização* da concentração».

Já no caso de *oferta pública de aquisição* (ou de troca, no dizer do art. 37º, 2) a notificação deve ser efetuada *após a data da divulgação do anúncio preliminar*, sendo certo que nesse momento ainda não se deu a aquisição. No entanto, o art. 40º, 2, do RJC também estabelece que, em caso de oferta pública de compra ou de troca notificada nos termos do art. 37º, não é prejudicada a realização da oferta «desde que o adquirente não exerça os direitos de voto inerentes às participações em causa ou os exerça apenas tendo em vista proteger o pleno valor do seu investimento com base em derrogação concedida» nos termos do nº 3.

A operação de concentração que esteja sujeita a notificação prévia não pode realizar-se antes dessa notificação. Se foi notificada, também não pode realizar-se antes da decisão de não oposição por parte da Autoridade da Concorrência. Essa decisão de não oposição pode ser expressa ou tácita. Isto, naturalmente, sem prejuízo do que vimos suceder no que diz respeito às ofertas públicas de compra ou de troca (art. 40º, 2, do RJC).

As empresas envolvidas podem, porém, pedir de forma fundamentada que seja derrogado o cumprimento da obrigação de suspensão da operação de concentração, tendo em conta o disposto no art. 40º, 3, do RJC. Esse pedido pode inclusivamente ser apresentado antes da própria notificação.

Se a operação de concentração teve lugar antes da notificação realizada, e para além de outras sanções, as pessoas singulares ou coletivas que

as operações de concentração apenas projetadas podem ser previamente avaliadas (art. 37º, 5, do RJC).

483 Carolina Cunha, «Artigo 40º», in Manuel Lopes Porto e outros (coord.), *Lei da concorrência. Comentário conimbricense*, Almedina, Coimbra, 2017, p. 552.

adquiriram o controlo «devem suspender imediatamente os seus direitos de voto». Por sua vez, o órgão de administração fica obrigado «a não praticar atos que não se reconduzam à gestão normal da sociedade». Fica também impedida a alienação de participações ou partes do ativo social da empresa adquirida (art. 40º, 4, *a*), do RJC). Porém, o art. 40º 4, *b*) permite que os adquirentes do controlo peçam, de forma fundamentada, a derrogação das obrigações previstas na alínea anterior.

Tendo ocorrido a operação de concentração antes da notificação (que foi feita também), a Autoridade da Concorrência pode lançar mão das medidas previstas no art. 56º, 4.

Se é violada a proibição constante do art. 40º, 1, do RJC, os negócios que a violam são ineficazes (art. 40º, 6) e estaremos perante uma contraordenação punível com coima (art. 68º, *f*), do RJC). Nesses termos, a notificação é prévia à eficácia da operação. Porém, é preciso não esquecer a referida derrogação admitida pelo art. 40º 4, *b*).

6.3. As concentrações no direito da concorrência da União Europeia

No que tange as concentrações de «dimensão comunitária»[484] aplica-se em regra o Regulamento (CE) nº 139/2004, do Conselho, de 20 de janeiro de 2004[485] (doravante o «Regulamento»). Com efeito, os «Estados-Membros não poderão aplicar a sua legislação nacional de concorrência às concen-

[484] Para vermos o que são concentrações de dimensão comunitária temos que olhar para o art. 1º do Regulamento 139/2004, que contém vários «limiares de natureza quantitativa» (Considerando 9). Está fundamentalmente em causa a dimensão económica da concentração.

[485] O Regulamento (CE) 802/2004 da Comissão de 21 de abril de 2004 constitui regulamento de execução do Regulamento 139/2004. São igualmente dignas de especial menção, para além de outras, as seguintes Comunicações: Comunicação Consolidada da Comissão em matéria de competência ao abrigo do Regulamento (CE) nº 139/2004 do Conselho relativo ao controlo das concentrações de empresas (Comunicação Consolidada 2008/C 95/01, doravante Comunicação Consolidada), Comunicação 2004/C 31/03 (*Orientações para a apreciação das concentrações horizontais nos termos do regulamento do conselho relativo ao controlo das concentrações de empresas*, doravante *Orientações para a apreciação das concentrações horizontais*) e a Comunicação 2008/C 265/07 (*Orientações para a apreciação das concentrações não horizontais nos termos do Regulamento do Conselho relativo ao controlo das concentrações de empresas*, doravante *Orientações para a apreciação das concentrações não horizontais*). Naturalmente, há que ter em conta o valor jurídico dessas Comunicações. Para um enunciar de razões que explicam a ausência de um regime dedicado ao controlo das concentrações nos «Tratados Fundadores», Miguel Gorjão-Henriques, «A aquisição de empresas no direito da concorrência», cit., p. 274 e s..

trações de dimensão comunitária» se o Regulamento não o previr (Considerando 18)[486].

O Regulamento 139/2004 sucedeu ao Regulamento 4064/89, que já tinha sido alterado pelo Regulamento (CEE) 1310/97. O regime destes textos compreende-se melhor se tivermos em conta que os arts. 101º e 102º do Tratado Sobre o Funcionamento da União Europeia não são suficientes para enfrentar de forma sistemática concentrações de empresas de dimensão «comunitária». Isso já era reconhecido, à luz dos preceitos então em vigor, pelo menos desde 1973 com o caso *Continental Can*[487]. Como escreve Ricardo Alonso Soto[488], as normas do Tratado referidas «no resultan facilmente aplicables a una operación de concentración de empresas, que no es un mero comportamento conjuntural de colusión o abuso de poder de mercado sino que generalmente comporta importantes câmbios estructurales que desembocan en una integración de empresas con perdida de su autonomía y muchas veces incluse de su propia personalidad jurídica».

Interessa-nos ver, antes de mais, o disposto na al. *b)* do nº 1 do art. 3º do Regulamento[489]. A concentração de empresas (que antes eram indepen-

[486] Nos casos previstos no art. 4º, 5, do Regulamento a Comissão pode ter que apreciar uma concentração sem dimensão comunitária quando aquela possa ser apreciada «no âmbito da legislação nacional de concorrência de, pelo menos, três Estados-Membros». É uma via que tem por objetivo evitar a necessidade de iniciar procedimentos num grande número de Estados-Membros. No art. 22º do Regulamento está também permitido que um ou mais Estados-Membros solicitem à Comissão o exame de concentração sem dimensão comunitária que «afete o comércio entre estados-Membros e ameace afetar significativamente a concorrência no território do Estado-Membro ou Estados-Membros que apresentam o pedido». Por outro lado, o Regulamento também prevê que, em certos casos, tenha lugar uma apreciação desconcentrada de uma concentração de dimensão comunitária: cfr. os arts. 4º, 4, e 9º, relativamente aos casos em que a concentração pode ou ameaça afetar significativamente a concorrência num mercado no interior de um Estado-Membro que apresenta todas as características de um mercado distinto. A isto acresce que no art. 21º, 4, está prevista a possibilidade de os Estados-Membros tomarem «as medidas apropriadas para garantir a proteção de interesses legítimos para além dos contemplados no presente regulamento, desde que esses interesses sejam compatíveis com os princípios gerais e com as demais normas do direito comunitário».

[487] V. Nicole Hacker, «Einleitung zur Fusionskontrollverordnung», in Hans von der Groeben/Jürgen Schwarze/Armin Hatje, *Europäisches Unionsrecht*, 7. Aufl., Nomos (Beck-online), 2015, Rn. 1.

[488] Ricardo Alonso Soto, «Fusiones y adquisiciones y derecho de la competência: el control de las operaciones de concentración económica», cit., p. 840.

[489] Que tem, diga-se de passagem, uma redação pouco clara.

dentes[490]) existirá, designadamente e em princípio, quando «uma mudança de controlo duradouro resulta da [...] *b)* Aquisição por uma ou mais pessoas, que já detêm o controlo de pelo menos uma empresa, ou por uma ou mais empresas por compra de partes de capital ou de elementos do ativo, por via contratual ou por qualquer outro meio, do controlo direto ou indireto do conjunto ou de partes de uma ou de várias outras empresas»[491]-[492].

A própria criação de uma empresa comum «que desempenhe de forma duradoura todas as funções de uma entidade económica autónoma constitui uma concentração na aceção da alínea *b)* do nº 1» do art. 3º. E a criação da empresa comum pode resultar da aquisição do controlo conjunto de uma sociedade já existente[493].

O controlo relevante pode ser adquirido através de uma OPA pela qual, designadamente, o adquirente se torne titular da maioria do capital. Mas não só. Nos termos do nº 2 do art. 3º do Regulamento nº 139/2004, «o controlo decorre dos direitos, contratos ou outros meios que conferem, isoladamente ou em conjunto, e tendo em conta as circunstâncias de facto e de direito, a possibilidade de exercer uma influência determinante sobre uma

[490] VITO MANGINI/GUSTAVO OLIVIERI, *Diritto antitrust*, 2ª ed., Giappichelli, Torino, 2005, p. 97. Com efeito, a operação de concentração relevante pressupõe uma mudança de controlo duradoura: se muda, é porque não fica na mesma... Uma simples reestruturação interna num grupo de empresas já não será uma concentração: Comunicação Consolidada, § 51, e SIMON HIRSBRUNNER/STEFAN RATING, «VO (EG) 139/2004 Artikel 3», in HANS VON DER GROEBEN/JÜRGEN SCHWARZE/ARMIN HATJE, *Europäisches Unionsrecht*, Beck (Beck-online), Rn. 17 (sobre os aspetos em causa nas empresas públicas, v. Rn. 18).

[491] Para uma explicação sucinta, CAROLINA CUNHA, *Controlo das concentrações de empresas*, Almedina/IDET, Coimbra, 200?, p. 77 e ss.. Quanto ao controlo indireto, pode ler-se na Comunicação Consolidada o seguinte: «13. [...] Uma participação de controlo detida por várias entidades de um grupo é, em princípio, atribuída à empresa que exerce o controlo sobre os vários titulares formais dos direitos. Em outros casos, entre os elementos de prova necessários para demonstrar a existência deste tipo de controlo indireto, podem figurar, isoladamente ou em combinação e a avaliar caso a caso, alguns fatores como participações, vínculos contratuais, fontes de financiamento ou laços familiares»

[492] No Regulamento, o conceito de empresa está pressuposto: SIMON HIRSBRUNNER/STEFAN RATING, «VO (EG) 139/2004 Artikel 3», in HANS VON DER GROEBEN/JÜRGEN SCHWARZE/ARMIN HATJE, *Europäisches Unionsrecht*, cit., Rn. 8.

[493] Comunicação Consolidada, § 140, VITO MANGINI/GUSTAVO OLIVIERI, *Diritto antitrust*, cit., p. 102, e FEDERICO GHEZZI/GUSTAVO OLIVIERI, *Diritto antitrust*, Giappichelli, Torino, 2013, p. 270. A «passagem do controlo exclusivo para o controlo conjunto é considerada uma operação que exige notificação, uma vez que altera o tipo de controlo da empresa comum»: Comunicação Consolidada, § 86.

empresa e, nomeadamente [...] *b)* Direitos ou contratos que conferem uma influência determinante na composição, nas deliberações ou nas decisões dos órgãos de uma empresa». O controlo consistirá, assim, na «possibilidade de exercer uma influência determinante sobre uma empresa». O que importa é a possibilidade de «influenciar a política comercial e as orientações estratégicas da empresa controlada»[494]. Como se lê na Comunicação Consolidada da Comissão (§ 57), o «controlo exclusivo pode decorrer, de direito, de uma participação minoritária, quando lhe estão associados direitos específicos». Mais: o controlo pode até resultar de uma participação minoritária que permita vetar decisões estratégicas[495]. A própria passagem de uma situação de controlo conjunto para controlo exclusivo ou de controlo exclusivo para controlo conjunto pode constituir uma concentração[496]. E limitamos a análise apenas aos casos com relação mais próxima com uma eventual OPA.

De acordo com o art. 2º, 3, do Regulamento, devem «ser declaradas incompatíveis com o mercado comum as concentrações que entravem significativamente uma concorrência efetiva, no mercado comum ou numa parte substancial deste, em particular em resultado da criação ou do reforço de uma posição dominante»[497]. Daí que as concentrações de dimensão comunitária devam ser notificadas previamente e que em regra seja suspensa a sua realização (mas v. a exceção prevista no art. 7º, 2 e, quanto às derrogações, o art. 7º, 3).

[494] Vito Mangini/Gustavo Olivieri, *Diritto antitrust*, cit., p. 101. Sublinhando a autonomia da definição de controlo no direito da concorrência, Marie-Anne Frison-Roche/Marie-Stéphane Payet, *Droit de la concurrence*, Dalloz, Paris, 2006, p. 297.

[495] Comunicação Consolidada, § 54: «Em primeiro lugar, a empresa que exerce o controlo exclusivo tem o poder de influenciar as decisões comerciais estratégicas da outra empresa [...]. Em segundo lugar, verifica-se igualmente uma situação de controlo exclusivo quando um único acionista pode vetar decisões estratégicas numa empresa, embora este acionista não tenha poderes para, por si só, impor tais decisões (o chamado controlo exclusivo negativo)».

[496] Comunicação Consolidada, § 21, Vito Mangini/Gustavo Olivieri, *Diritto antitrust*, cit., p. 101, e Federico Ghezzi/Gustavo Olivieri, *Diritto antitrust*, cit., p. 269. Mas a Comissão já considera não haver alteração do tipo de controlo «quando se verifica uma passagem do controlo exclusivo negativo para o controlo exclusivo positivo: Comunicação Consolidada, § 83.

[497] A expressão «entrave significativo» pode suscitar alguma apreensão. Mostrando receio por uma utilização do controlo de concentrações como «un (atipico quanto potente) strumento di politica industriale nelle mani delle Autorità *antitrust*», Federico Ghezzi/Gustavo Olivieri, *Diritto antitrust*, cit., p. 258.

No entanto, o art. 4º, 1, do Regulamento refere-se à notificação da concentração à Comissão «antes da sua realização»[498] e «após a conclusão do acordo [...] ou a aquisição de uma participação de controlo»[499]. Mas o art. 7º, 1, também estabelece que a concentração de dimensão comunitária «não pode ter lugar nem antes de ser notificada nem antes de ter sido declarada compatível com o mercado comum por uma decisão tomada nos termos da alínea *b)* do nº 1 do artigo 6º, ou dos nºs 1 ou 2 do artigo 8º, ou com base na presunção prevista no nº 6 do artigo 10º». Acrescenta o art. 7º, 4, que a «validade de qualquer transação realizada sem que se observe o nº 1 depende de uma decisão tomada ao abrigo da alínea *b)* do nº 1 do artigo 6º ou dos nºs 1, 2 ou 3 do artigo 8º ou da presunção estabelecida no nº 6 do artigo 10º»[500].

Em certos casos a Comissão pode fazer acompanhar a decisão de «condições e obrigações destinadas a garantir que as empresas em causa cumprem os compromissos perante ela assumidos para tornar a concentração compatível com o mercado comum» (art. 6º, 2, do Regulamento) e pode «exigir que as empresas em causa procedam à dissolução da concentração, em especial através [...] da alienação de todas as participações ou ativos adquiridos [...]» (art. 8º, 4, do Regulamento)[501].

Repare-se que, mais uma vez, as concentrações não são proibidas em si. Aliás, lê-se no Considerando (4) do Regulamento que as reestrutu-

[498] Ou efetivação: MIGUEL GORJÃO-HENRIQUES, *Direito da União*, 7ª ed., Almedina, Coimbra, 2014, p. 682, e MIGUEL GORJÃO-HENRIQUES, «A aquisição de empresas no direito da concorrência», cit., p. 300.

[499] O art. 4º, 2, § 2, permite a apresentação de uma «notificação nos casos em que as empresas em causa demonstrem à Comissão a sua intenção de boa fé de concluir um acordo ou, no caso de uma oferta pública de aquisição, quando anunciaram publicamente a sua intenção de realizar tal oferta, desde que do acordo ou oferta previstos resulte uma concentração de dimensão comunitária». Falando de uma «notificação cautelar de projectos de concentração», MIGUEL GORJÃO-HENRIQUES, *Direito da União*, cit., p. 677, nt. 2030.

[500] Considerando que a sanção que decorre do art. 7º, 4, do Regulamento é a nulidade, FEDERICO GHEZZI/GUSTAVO OLIVIERI, *Diritto antitrust*, cit., p. 286. Na versão em língua inglesa surge a palavra «validity» e em língua francesa «validité». No entanto, a versão em língua alemã usa a expressão «Wirksamkeit». Considerando que as demais consequências da decisão de proibir que resultam para os atos de execução (*Vollzug*) se retiram dos direitos nacionais, ABLASSER-NEUHUBER, «VO 139/2004/EG Art. 7», in ULRICH LOEWENHEIM/KARL MEESSEN/ALEXANDRER RIESENKAMPFF (her.), *Kartellrecht*, cit., Rn. 11.

[501] Sobre as medidas de correção, v. a Comunicação da Comissão sobre as medidas de correção passíveis de serem aceites nos termos do Regulamento (CE) nº 139/2004 do Conselho e do Regulamento (CE) nº 802/2004 da Comissão.

rações (incluindo as que ocorrem sob a forma de concentrações) «deverão ser apreciadas de modo positivo, na medida em que correspondam às exigências de uma concorrência dinâmica que contribui para aumentar a competitividade da indústria europeia, para melhorar as condições do crescimento e para elevar o nível de vida na Comunidade».

Mesmo as concentrações verticais e as conglomerais podem ser declaradas incompatíveis com o mercado comum. Com efeito, ao reforçar a posição de mercado de uma empresa pode a concentração produzir o encerramento de mercados[502]. No caso das concentrações verticais, a tendência para um aumento da eficácia tem levado a que por vezes sejam vistas com um olhar menos severo[503]. A própria Comissão, nas *Orientações para a apreciação das concentrações não horizontais* (§ 12), considera que as «concentrações não horizontais são, regra geral, menos suscetíveis de restringir a concorrência efetiva do que as concentrações horizontais».

7. Fases

7.1. No CVM

Vamos de seguida referir as fases que integram uma OPA. Apenas vamos enumerar as fases previstas no CVM. Vimos já, é certo, alguns aspetos relevantes no que diz respeito às concentrações de empresas. Fica por tratar a eventual necessidade de intervenção de uma autoridade reguladora com competências noutros âmbitos (v.g., no setor bancário ou segurador) e não serão igualmente percorridos os dados que se podem colher no regime legal relativo às sociedades coligadas.

502 Federico Ghezzi/Gustavo Olivieri, *Diritto antitrust*, cit., p. 300.

503 Marie-Anne Frison-Roche/Marie-Stéphane Payet, *Droit de la concurrence*, cit., p. 321. As concentrações verticais e as concentrações conglomerais compõem as concentrações «não horizontais»: as que ocorrem «quando as empresas em causa desenvolvem atividades em mercados relevantes distintos» (*Orientações para a apreciação das concentrações não horizontais*, § 2). São concentrações verticais as que «dizem respeito a empresas que desenvolvem atividades a níveis diferentes da cadeia de abastecimento» (§ 4) e são concentrações conglomerais as que ocorrem «entre empresas que mantêm relações que não são nem horizontais (enquanto concorrentes no mesmo mercado relevante) nem verticais (enquanto fornecedores ou clientes)» (§ 5). São consideradas concentrações horizontais as que se verificam «quando as empresas em causa são concorrentes efetivos ou potenciais no mesmo mercado relevante» (*Orientações para a apreciação das concentrações horizontais*, § 5).

7.2. Preparatória. O anúncio preliminar

A fase preparatória inicia-se com a tomada de decisão de lançamento da OPA[504]. Em causa estará uma decisão definitiva, embora nem sempre seja fácil saber quando é que tal decisão já foi tomada. Não só no que diz respeito às pessoas singulares, mas também às pessoas coletivas e, em particular, às sociedades. A decisão pode considerar-se tomada ainda que não tenha havido decisão acerca de como a executar[505].

Não obstante ser difícil identificar muitas vezes o momento exato da tomada de decisão, parece adequado o critério segundo o qual isso ocorre quando se pode dizer que na própria perspetiva do oferente e de acordo com o decurso normal das coisas a decisão é tão certa que já não pode recuar[506]. Tratando-se de pessoas coletivas e, em particular, de sociedades comerciais, a decisão considera-se tomada quando tenha lugar a última decisão necessária[507].

[504] Mas, como é evidente, a própria decisão pressupõe a realização de estudos e análises. Desde logo, para a escolha da sociedade alvo: HANNO MERKT, *US-amerikanisches Gesellschaftsrecht*, cit., p. 738. PAULO CÂMARA, *Manual de direito dos valores mobiliários*, cit., a p. 600, afirma que a «oferta inicia-se com a divulgação do anúncio preliminar». Considerando *preparatória* a fase *anterior à tomada de decisão*, ANTÓNIO BARRETO MENEZES CORDEIRO, *Manual de direito dos valores mobiliários*, cit., p. 368.

[505] V., p. ex., HEINZ-DIETER ASSMANN, «§ 10», in HEINZ-DIETER ASSMANN/THORSTEN PÖTZSCH/UWE SCHNEIDER (her.), *Wertpapiererwerbs- und Übernahmegesetz*, 2. Aufl., Otto Schmidt, Köln, 2013, Rn. 12

[506] HERIBERT HIRTE, «§ 10», in HERIBERT HIRTE/, *Kölner Kommentar zum WpüG*, , Rn. 27 («von ihr nicht mehr abrücken wird»). Com diferente leitura, porém, ULRICH WACKERBARTH, «§ 10 WpÜG», in WULF GOETTE/MATHIAS HABERSACK/SUSANNE KALSS (her.), *Münchener Kommentar zum Aktiengesetz*, 4. Aufl., Bd. 6, Beck (Beck-online), München, 2017, Rn. 24 e ss. (considerando decisivo o perigo de abuso de informação), e, com terceira leitura, HEINZ-DIETER ASSMANN, «§ 10», cit., Rn. 12 («subjektiv unbedingten Handlungswillen»).

[507] Parecendo ir nesse sentido, para a Alemanha, HEINZ-DIETER ASSMANN, «§ 10», cit., Rn. 15, HERIBERT HIRTE, «§ 10», cit., Rn. 35. Contra, ULRICH WACKERBARTH, «§ 10 WpÜG», cit., Rn. 39 e s. (há decisão tomada se o orgão de representação tomou a decisão e atuou em conformidade), e MATTHIAS SANTELMANN/FLORIAN STEINHARDT, «§ 10», in ROLAND STEINMEYER, *WpÜG. Wertpapier- und Übernahme Gesetz. Kommentar*, 3. Aufl., Erich Schmidt, Berlin, 2013, Rn. 16 (mas apenas nos casos em que a decisão do *Vorstand* está dependente de um consentimento do *Aufsichtsrat* que é dado como certo).

Uma vez tomada aquela decisão («Logo que tome», diz a lei)[508]-[509], o oferente terá de proceder ao envio de *anúncio preliminar* às entidades referidas no nº 1 do art. 175º[510]: a CMVM, a sociedade visada e as entidades gestoras dos mercados regulamentados ali mencionadas. O documento comprovativo da entrega do anúncio preliminar (bem como do projeto de anúncio de lançamento e do projeto de prospeto) à sociedade visada e às entidades gestoras referidas é importante, desde logo, porque o art. 179º, *a)*, torna necessário que o pedido de registo da OPA seja com ele instruído.

O anúncio preliminar (que não se confunde com o *anúncio de lançamento*) deverá ser objeto de publicação e o seu conteúdo vem indicado no art. 176º, para onde remetemos. De acordo com o respetivo nº 2, o limite mínimo ou máximo da quantidade de valores mobiliários a adquirir e a sujeição da oferta a condições só serão eficazes se constarem logo do anúncio preliminar.

A publicação do anúncio preliminar tem importantes consequências. Vejamos algumas.

Com essa publicação o oferente fica obrigado a requerer o *registo* da oferta. Para isso, terá de obter os documentos necessários para depois requerer esse registo na CMVM: cfr. o art. 179º, que remete também para o art. 115º[511].

[508] No caso da OPA obrigatória, o anúncio preliminar da oferta «deve ocorrer imediatamente após a verificação do facto constitutivo do dever de lançamento» (art. 191º, 1, do CVM).

[509] Quanto ao órgão da eventual sociedade oferente competente para tomar a decisão de lançar a OPA, há que ter em conta o regime de cada tipo de sociedade e, bem assim, o art. 11º, 4 e 5, do CSC. Mas v., aparentemente com outra opinião, PAULO CÂMARA, *Manual de direito dos valores mobiliários*, cit., p. 581.

[510] V., porém, a proibição constante do art. 185º-A, 2, do CVM quanto às ofertas concorrentes. Sobre os problemas que essa norma coloca perante o regime das OPAs obrigatórias, HUGO MOREDO SANTOS, *Ofertas concorrentes*, cit., p. 81 e s..

[511] O art. 115º, 1, *a)*, parte final, do CVM exige que o pedido de registo seja instruído com cópia das decisões administrativas exigíveis. A necessidade dessas decisões pode levar ao condicionamento da oferta. O RJC, no seu art. 40º, 2, estabelece que a proibição de realização de uma operação de concentração constante do nº 1 «não prejudica a realização de uma oferta pública de compra ou de troca que tenha sido notificada à Autoridade da Concorrência ao abrigo do artigo 37º desde que o adquirente não exerça os direitos de voto inerentes às participações em causa ou os exerça apenas tendo em vista proteger o pleno valor do seu investimento com base em derrogação concedida nos termos do número seguinte». V. tb. o art. 7º, 2, do Regulamento 129/2004. A questão que se coloca é, assim, a de saber se o processo de registo pode ou não ser suspenso até à decisão da AdC ou da Comissão Europeia.

Além disso, após a *publicação do anúncio preliminar* e *até ao apuramento do resultado* da oferta, recaem sobre a sociedade visada os deveres mencionados no art. 181º, 5.

Por sua vez, o oferente e as pessoas que com ele se encontrem em alguma das situações previstas no art. 20º do CVM ficam sujeitas ao disposto no art. 180º quanto às transações realizadas na pendência da oferta (após a publicação do anúncio preliminar e até ao apuramento do resultado da oferta). No que diz respeito à *negociação fora de mercado regulamentado*, a negociação de valores mobiliários da categoria dos que são objeto da OPA ou dos que integram a contrapartida só pode ter lugar se a CMVM o autorizar, após parecer prévio da sociedade visada (art. 180º, 1, *a)*). As transações realizadas pelos sujeitos referidos sobre valores mobiliários emitidos pela sociedade visada ou da categoria dos que integram a contrapartida devem ser objeto de informação à CMVM de acordo com o disposto no art. 180º, 1, *b)*. As aquisições de valores mobiliários da categoria dos que são objeto da oferta ou que integram a contrapartida posteriores à publicação do anúncio preliminar imputam-se no cálculo da quantidade mínima que o adquirente se propõe adquirir, sendo o caso (art. 180º, 2). Além disso, e nos termos do art. 180º, 3, pode surgir a necessidade de alterar o valor da contrapartida[512].

Referimos que logo após a tomada de decisão de lançamento da OPA o oferente deve enviar o anúncio preliminar também à sociedade visada. A partir do momento em que *tome conhecimento da decisão* de lançamento de oferta pública de aquisição que incida sobre *mais de um terço* dos valores mobiliários da respetiva categoria, e até ao apuramento do resultado ou da cessação do respetivo processo em momento anterior, o órgão de administração da sociedade visada está sujeito a algumas limitações quanto aos

[512] O art. 180º, 1, diz respeito ao período entre a publicação do anúncio preliminar («a partir») e o apuramento do resultado da oferta («até»). Por sua vez, o nº 2 e 3 já se dirigem ao período posterior à publicação do anúncio preliminar. Além disso, no nº 3 vemos referência às aquisições que ocorram no «âmbito de ofertas públicas de aquisição voluntárias» (al. *a)*) e no «âmbito de ofertas públicas de aquisição obrigatórias» (al. *b)*). Os termos utilizados não deixam de suscitar dúvidas. Para problemas semelhantes nos EUA, olhando para acordos celebrados antes do anúncio da oferta mas com *closing* posterior ao período da oferta e com condições relacionadas com a própria oferta, JAMES COX/ROBERT HILLMAN/DONALD LANGEVOORT, *Securities Regulation. Cases and materials*, cit., p. 1003 e ss. (os autores, a p. 1007, preocupam-se também com acordos que, de alguma forma, constituem um *safe harbour*). Sobre as aquisições paralelas, REQUICHA FERREIRA, «OPA concorrente», cit., p. 439 e ss..

atos que pode praticar: cfr. o art. 182º. O conhecimento pela sociedade visada da decisão de lançamento de oferta pública de aquisição pode inclusivamente ter lugar antes de lhe ser feita a entrega do anúncio preliminar. É certo que o art. 182º, 2, *a)*, dispõe que se equipara ao conhecimento do lançamento da oferta a receção pela sociedade visada do anúncio preliminar, mas isso não significa que só essa receção valha como conhecimento daquele lançamento.

A partir da publicação do anúncio preliminar de OPA de valores mobiliários *admitidos à negociação em mercado regulamentado*, qualquer outra oferta pública de aquisição de valores mobiliários da mesma categoria terá que ser realizada através de oferta concorrente[513], que está regulada no art. 185º do CVM. Essa oferta concorrente está sujeita a algumas regras próprias, que constam não só do art. 185º como também dos arts. 185º-A e 185º-B[514].

Nas ofertas públicas em que seja exigível prospeto (como é o caso da OPA de ações[515]), é obrigatória a intervenção de intermediário financeiro para assistência *a partir do anúncio preliminar* e para receção das declarações de aceitação (al. *b)* do nº 1 do art. 113º e art. 337º[516]). Contudo, tais funções

[513] Requicha Ferreira, «OPA concorrente», cit., p. 166; com leitura diferente, exigindo que a oferta inicial venha a ser registada e lançada, Hugo Moredo Santos, *Ofertas concorrentes*, cit., p. 54 e ss..

[514] O regime é complexo e não o poderemos analisar detidamente neste momento. Logo no art. 185º, 1, do CVM surge feita a menção a uma OPA «de valores mobiliários admitidos à negociação em mercado regulamentado», discutindo-se se essa restrição deve ou não valer: v. Hugo Moredo Santos, *Ofertas concorrentes*, cit., p. 75 e s., e Requicha Ferreira, «OPA concorrente», cit., p. 169, nt. 61.

[515] Cfr. o art. 134º do CVM.

[516] De acordo com o nº 2 do art. 337º, são obrigatoriamente prestados por intermediário financeiro os serviços de assistência de *elaboração do prospeto*, de *elaboração do anúncio de lançamento*, de preparação e apresentação do pedido de aprovação de prospeto (mas no caso da OPA de ações o pedido de registo já é instruído com o projeto de prospeto – art. 115º, 1, *m)*), de *preparação e apresentação do pedido de registo prévio na CMVM* (como é necessário na OPA de ações), e de *apuramento das declarações de aceitação* (salvo nos casos do art. 127º, 1, *b)*, do CVM). Sobre o contrato de assistência, v. Rui PInto Duarte, «Contratos de intermediação no Código dos Valores Mobiliários», *CadMVM*, 2000, 7, p. 353-372, Luís Menezes Leitão, «Actividades de intermediação e responsabilidade dos intermediários financeiros», *DVM*, II, 2000, p. 139 e ss.; José Queirós Almeida, «Contratos de intermediação financeira enquanto categoria jurídica», *CadMVM*, 2006, 24, p. 291-303, Paulo Câmara, *Manual de direito dos valores mobiliários*, cit., p. 447 e s., António Barreto Menezes Cordeiro, *Manual de direito dos valores mobiliários*, cit., p. 313 e ss., em particular p. 325.

«podem ser desempenhadas pelo oferente, quando este seja intermediário financeiro autorizado a exercê-las» (art. 113º, 2, CVM).

Como é evidente, tendo em conta que a fase seguinte é o registo da oferta na CMVM, a fase preparatória também integra a preparação desse pedido de registo, que vai exigir a apresentação de documentação muito variada (cfr. os arts. 115º e 179º CVM). E as als. *b)* e *c)* do art. 179º do CVM mostram também que o oferente, *quando for pedido o registo,* já deve, consoante os casos, ter realizado antes depósitos em dinheiro, obtido garantias bancárias ou conseguido o bloqueio de valores mobiliários.

De acordo com o art. 121º, 2, do CVM, todo o material publicitário que se relaciona com a OPA tem que ser sujeito a aprovação prévia pela CMVM.

7.3. Registo da oferta na CMVM

A realização da OPA está sujeita a registo prévio na CMVM: cfr. os arts. 114º, 2, e 179º. O pedido de registo deve ser apresentado no prazo de 20 dias a contar da publicação do anúncio preliminar: al. *b)* do nº 2 do art. 175º do CVM, que também admite a prorrogação pela CMVM até 60 dias no caso de oferta pública de troca.

De acordo com o disposto na al. *b)* do nº 2 do art. 337º do CVM, é obrigatoriamente prestado por intermediário financeiro o serviço de assistência de preparação e apresentação do pedido de registo na CMVM.

O pedido de registo da oferta deve ser acompanhado de um conjunto muito variado de documentos, como se pode ler nos arts. 115º e 179º[517]. Eventualmente, a CMVM pode solicitar informações complementares ao oferente, ao emitente ou a qualquer pessoa que esteja para com aqueles numa das situações previstas no art. 20º, 1, do CVM (arts. 115º, 3, e 118º, 3, CVM).

Segue-se a decisão da CMVM[518], que efetuará o registo ou, se for o caso, recusará o registo: cfr. os arts. 118º e 119º. Como se lê no art. 118º, 1, *a),* o registo deve ser comunicado ao oferente no prazo de oito dias, contados nos termos do art. 118º, 2. A ausência de decisão nesse prazo «implica

[517] Mas de acordo com o art. 115º, 2, a junção de documentos «pode ser substituída pela indicação de que os mesmos já se encontram, em termos atualizados, em poder da CMVM».

[518] Dando conta da discussão em torno de uma eventual «Europäisierung der Übernahmeaufsicht», mas considerando-a «Zukunftsmusik», HOLGER FLEISCHER, «1. Kapitel. Einführung», in NIKOLAUS PASCHOS/HOLGER FLEISCHER (her.), *Handbuch Übernahmerecht nach dem WpÜG*, cit., p. 17.

o indeferimento tácito do pedido» (art. 118º, 4). Mas o registo da oferta pública de aquisição também «implica a aprovação do respetivo prospeto» (art. 118º, 6).

De acordo com o que se pode ler nas als. *b)* e *c)* do art. 179º do CVM, quando o oferente pedir o registo, se a contrapartida consiste em dinheiro, já deverá ter procedido ao depósito da quantia ou obtido garantia bancária. Tratando-se de oferta de troca, deverá ter obtido o bloqueio dos valores mobiliários já emitidos oferecidos como contrapartida (e dos referidos no art. 173º, 2 – aparentemente, os que sejam abrangidos pela limitação ali referida e pertencerem ao oferente ou a pessoas que com este estejam em alguma das situações previsas no art. 20º, 1).

Além disso, como resulta também da al. *a)* do art. 179º, quando é efetuado o pedido de registo da oferta já deverá ter ocorrido a entrega à sociedade visada (e não só) do anúncio preliminar, do projeto de anúncio de lançamento e do projeto de prospeto. A sociedade visada, depois de receber os projetos de anúncio de lançamento e de prospeto, fica logo obrigada a elaborar, no prazo de oito dias[519] e nos termos do art. 7º do CVM, um relatório sobre a oportunidade e as condições da oferta. Esse relatório será enviado ao oferente e à CMVM e divulgado ao público, de acordo com o disposto no nº 1 do art. 181º do CVM[520].

7.4. Anúncio de lançamento da oferta

Efetuado o registo na CMVM, deve ter lugar o anúncio do lançamento da oferta[521]. Sobre esse anúncio, veja-se o art. 183º-A do CVM, que no nº 2 trata da respetiva publicação. O anúncio de lançamento «deve ser publicado, em simultâneo com a divulgação do prospeto [...]» (art. 183º-A, 2).

A oferta pode ser sujeita a condições[522]. No entanto, tais condições devem corresponder a um interesse legítimo do oferente e não podem

[519] Ou de cinco dias após a divulgação de adenda aos documentos da oferta, se for o caso.

[520] Eventualmente, o relatório do órgão de administração pode ter como anexo um parecer dos trabalhadores sobre as «repercussões da oferta a nível do emprego»: art. 181º, 4.

[521] A que António Menezes Cordeiro, «Ofertas públicas de aquisição», *Direito dos valores mobiliários*, Lex, Lisboa, 1997, p. 288, atribui a natureza de oferta ao público .

[522] Não, porém, a OPA obrigatória: Paulo Câmara, «O dever de lançamento de oferta pública de aquisição no novo Código dos Valores Mobiliários», cit., p. 611. As condições podem ser muito variadas e dizer respeito, por exemplo, às declarações de aceitação ou a atos da própria sociedade. Quanto à OPA concorrente, v. o art. 185º, 5 e 6, do CVM.

afetar o funcionamento normal do mercado (art. 124º, 3, do CVM). Além disso, não podem ser condições cuja verificação dependa do oferente (art. 124º, 4, do CVM)[523].

Como vimos, antes do anúncio do lançamento já deverá ter sido publicado o anúncio preliminar. E, como se lê na al. *a)* do nº 2 do art. 175º do CVM, daí decorre o dever, para o oferente, de *lançar a oferta em termos não menos favoráveis* para os destinatários do que os que constavam do anúncio preliminar publicado[524].

7.5. O prazo da oferta

A OPA deve ter um prazo, que «pode variar entre 2 e 10 semanas» (art. 183º, 1, do CVM; cfr. tb. o art. 125º). Porém, a CMVM, por sua iniciativa ou a pedido do oferente, pode prorrogar a oferta em certos casos (revisão, lançamento de oferta concorrente, proteção dos interesses dos destinatários – art. 183º, 2). O *anúncio de lançamento* contém o *prazo* da oferta (art. 183º-A, 1, *f)*).

O prazo mínimo tem vantagens, desde logo, para os destinatários, pois permite-lhes recolher mais informações e ponderar melhor o que fazer. O prazo máximo permite reduzir as consequências negativas que a OPA pode ter para a sociedade alvo. Desde logo, tendo em conta o regime do art. 182º do CVM e a limitação de poderes que dele resulta para o órgão de administração da sociedade visada. Além disso, um prazo mais alargado facilita o lançamento de ofertas concorrentes[525]. Por sua vez, uma prorrogação pode implicar custos acrescidos para o oferente.

7.6. O prospeto

O anúncio de lançamento da OPA «deve ser publicado, em simultâneo com a divulgação do prospeto [...]» (art. 183º-A, 2). Mas o prospeto só pode

[523] Também o § 18, Abs. 1, da WPÜG contém essa proibição. No sentido de que se tratará de condições que o oferente pode causar, STEPHAN GEIBEL/RAINER SÜβMANN, «§ 18», in LUTZ ANGERER/STEPHAN GEIBEL/RAINER SÜSSMANN, *Wertpapiererwerbs- und Übernahmegesetz (WpÜG)*, 3. Aufl., Beck (Beck-online), München, 2017, Rn. 8, e ULRICH WACKERBARTH, «WpÜG § 18», in WULF GOETTE/MATHIAS HABERSACK/SUSANNE KALSS (her.), *Münchener Kommentar zum Aktiengesetz*, 4. Aufl., Bd. 6, Beck (Beck-online), München, 2017, Rn. 11, mas defendendo este último uma interpretação extensiva.

[524] Sobre esta questão, ANTÓNIO MENEZES CORDEIRO, «Ofertas públicas de aquisição», cit., p. 289 e s..

[525] HUGO MOREDO SANTOS, *Ofertas concorrentes*, cit., p. 79.

ser divulgado *depois da sua aprovação* pela CMVM (art. 140º, 1)[526]. Como decorre do art. 118º, 6, o registo da OPA implica a aprovação do respetivo prospeto[527].

Após a aprovação, o prospeto (versão final), já com a indicação do número de registo, deve ser enviado à CMVM e *colocado à disposição do público* pelo oferente «com uma antecedência razoável em função das características da oferta e dos investidores a que se destina» (art. 140º, 2). Por aí se vê que *antes de iniciado o prazo de vigência da oferta* tem de estar *divulgado o prospeto*. Aliás, também resulta do n. 1 do art. 134º do CVM que a realização de qualquer oferta pública relativa a valores mobiliários é, em regra, «precedida de divulgação de um prospeto».

O prospeto é um documento cuja importância deve ser destacada devido à informação que dele tem de constar. Essa informação deve ser «completa, verdadeira, atual, clara, objetiva e lícita», permitindo aos destinatários «formar juízos fundados sobre a oferta, os valores mobiliários que dela são objeto e os direitos que lhe são inerentes, sobre as características específicas, a situação patrimonial, económica e financeira e as previsões relativas à evolução da atividade e dos resultados do emitente e de um eventual garante» (art. 135º, 1; quanto às referidas previsões, v. tb. o nº 2).

O conteúdo do prospeto de OPA de ações deve respeitar o disposto nos arts. 136º (conteúdo comum) e 138º[528], podendo ainda ser necessário adaptá-lo de acordo com o previsto no art. 139º. Além disso, se a contrapartida consistir em valores mobiliários, o prospeto deve incluir «todas as informações que seriam exigíveis se os valores mobiliários fossem objeto

[526] O art. 21º, 1, do Regulamento (UE) 2017/1128 dispõe que o prospeto, uma vez aprovado, é colocado à disposição do público «com uma antecedência razoável e o mais tardar no início da oferta ao público [...]». Sobre a entrada em vigor e aplicação, v. o art. 49º do Regulamento.

[527] Vimos já em que casos é que a CMVM é competente para a supervisão de OPAs. O art. 147º-A trata dos casos em que o prospeto de OPA que tem por objeto valores mobiliários admitidos à negociação em mercado regulamentado situado ou a funcionar em Portugal foi aprovado por autoridade competente de outro Estado membro. O prospeto foi objeto da preocupação do legislador europeu: cfr., em particular, a Diretiva dos Prospetos (Diretiva 2003/71/CE, de 4 de novembro de 2003) e o Regulamento (CE)809/2004, de 29 de abril de 2004, bem como vários Regulamentos Delegados. V. tb. o Regulamento (UE) 2017/1129, já anteriormente referido, e que revoga a Diretiva dos Prospetos (mas, em regra, apenas a partir de 21 de julho de 2019: cfr. o art. 46º).

[528] Sobre a inserção por remissão, v. o art. 136º-A do CVM.

de oferta pública de venda ou de subscrição» (art. 138º, 2)[529]. Será então necessário, designadamente, respeitar o disposto no art. 137º e incluir o sumário com as informações previstas no art. 135º-A.

No entanto, o art. 141º do CVM prevê a possibilidade de, em certos casos, a CMVM dispensar a inclusão de algumas informações no prospeto. Essa dispensa poderá ocorrer a requerimento do emitente ou do oferente. Por outro lado, pode tornar-se necessária uma adenda ou uma retificação ao prospeto (art. 142º).

7.7. O prospeto (cont.). A responsabilidade pelo prospeto

Se existir desconformidade entre o conteúdo do prospeto e o disposto no art. 135º do CVM[530], está previsto nos arts. 149º-154º um regime de responsabilidade pelos danos causados. Trata-se de um regime que tem em vista o prospeto divulgado no âmbito da realização de uma oferta pública relativa a valores mobiliários[531].

O que encontramos no art. 149º é um regime que, em alguns dos seus aspetos, é particularmente severo[532]. Desde logo, porque o art. 149º, 1, con-

[529] Podem estar em causa valores mobiliários emitidos ou a emitir. Como a remissão contida no art. 138º, 2, apenas diz respeito às informações a incluir no prospeto, torna-se problemático saber se outras normas relativas às ofertas de venda ou de subscrição também serão aplicáveis e, se o forem, em que termos.

[530] A desconformidade entre o conteúdo do prospeto e o disposto no art. 135º do CVM não se confunde com a hipótese de não ter sido sequer elaborado prospeto. O § 24 da *WpPG* alemã trata de casos em que faltou a divulgação do prospeto.

[531] Sobre a responsabilidade pelo conteúdo do prospeto relativo à admissão de valores mobiliários à negociação em mercado regulamentado, v. o art. 243º do CVM.

[532] Sobre a responsabilidade pelo prospeto, v., entre muitos, HEINZ-DIETER ASSMANN, *Prospekthaftung als Haftung für die Verletzung Kapitalmarktbezogener Inforfmationsverkehrspflichten nach deutschem und US-amerikanischem Recht*, Carl Heymanns, Köln, etc., 1985, KLAUS HOPT/ H.-C. VOIGT (ed.), *Prospekt- und Kapitalmarktinformationshaftung*, Mohr Siebeck, Tübingen, 2005, HEINZ-DIETER ASSMANN/MICHAEL SCHLITT/WOLF VON KOPP-COLOMB (her.), *Wertpapierprospektgesetz. Vermögensanlagengesetz*, 3. Aufl., Otto Schmidt, Köln, 2017, p. 577 e ss.; entre nós, JORGE SINDE MONTEIRO, *Responsabilidade por conselhos, recomendações ou informações*, Almedina, Coimbra, 1989, p. 97 e ss., AAVV., *A privatização da Sociedade Financeira Portuguesa. Regras sobre reprivatizações. Responsabilidade pelo prospeto. Culpa* in contrahendo. *Vícios ocultos das empresas reprivatizadas*, Lex, Lisboa, 1995, MANUEL DA SILVA, «Dos critérios de aferição de insuficiência de informação numa oferta pública de subscrição de valores mobiliários fundadora de responsabilidade civil pelo prospecto», *CadMVM*, 3, 1998, p. 161 e ss., ANA PERES, «Responsabilidade do emitente pelo conteúdo do prospecto», *CadMVM*, 5, agosto, 1999, p. 53 e ss., CARLOS COSTA PINA, *Dever de informação e responsaiblidade pelo*

sagra uma presunção de culpa relativamente aos sujeitos ali identificados[533]. Depois, porque a culpa é apreciada «de acordo com elevados padrões de diligência profissional» (art. 149º, 2). A tudo isso acresce que o art. 150º identifica sujeitos que respondem independentemente de culpa e o art. 151º estabelece a solidariedade entre os responsáveis.

No entanto, não está excluída a possibilidade de afastamento da presunção de culpa (embora, evidentemente, se devam ainda ter em conta as já mencionadas situações de responsabilidade objetiva). No art. 149º, 3 e 4, encontramos causas de exclusão de responsabilidade e, por sua vez, o art. 153º do CVM estabelece que o direito de indemnização «deve ser exercido no prazo de seis meses após o conhecimento da deficiência do conteúdo do prospeto» e também cessa, «em qualquer caso, decorridos dois anos desde o termo de vigência do prospeto»[534].

Como estamos apenas a tratar das OPA, a indemnização deve colocar o lesado (se dano houver[535]) na posição em que se encontraria se, no momento da aquisição, o conteúdo do prospeto respeitasse o art. 135º (art. 152º, 1). Mas o montante deverá ser reduzido se os responsáveis conseguirem provar que o dano se deve também a «causas diversas dos vícios da informação ou da previsão constantes do prospeto» (art. 152º, 2).

A Diretiva 2003/71/CE trata da responsabilidade inerente ao prospeto no seu art. 6º. O Regulamento (UE)2017/1129[536] ocupa-se também

prospecto no mercado primário de valores mobiliários, Coimbra Editora, Coimbra, 1999, Paulo Câmara, *Manual de direito dos valores mobiliários*, cit., p. 729 e ss.. Considerando que se trata de responsabilidade pré-contratual, António Barreto Menezes Cordeiro, *Manual de direito dos valores mobiliários*, cit., p. 364. Para uma «terceira via», Manuel Carneiro da Frada, *Teoria da confiança e responsabilidade civil*, Almedina, Coimbra, 2004, p. 185 e ss.,. Sem tomar posição (embora diga, a p. 740, tratar-se de responsabilidade por factos ilícitos), mas com tratamento do tema, Paulo Câmara, *Manual de direito dos valores mobiliários*, cit., p. 736. Quanto à responsabilidade do ROC, v. José Melo Rodrigues/Juliano Ferreira, «Responsabilidade pelo conteúdo do prospeto. O caso específico do Revisor Oficial de Contas», *CadMVM*, 2016, dezembro, 55, p. 167 e ss., Alexandre de Soveral Martins, «A responsabilidade dos auditores», in Mafalda Miranda Barbosa/Francisco Muniz (coord.), *Responsabilidade civil*, vol. II, IJ/FDUC, 2018, p. 27 ss..

533 A enumeração constante do preceito não significa que não possam ser encontrados outros responsáveis. Desde logo, a própria CMVM. Sobre o tema, Paulo Câmara, *Manual de direito dos valores mobiliários*, cit., p. 739.

534 Quanto a esse termo de vigência, v. o art. 143º.

535 Discute-se se é necessário que se trate de lesado que fundou a decisão de investimento no prospeto: Paulo Câmara, *Manual de direito dos valores mobiliários*, cit., p. 740.

536 V. o art. 49º quanto à data de aplicação. Quanto à revogação da Diretiva 2003/71, v. o art. 46º.

da responsabilidade pelo prospeto no seu art. 11º. É o seguinte o teor do preceito:

«1. Os Estados-Membros asseguram que a responsabilidade pela informação dada num prospeto, e nas eventuais adendas do mesmo, incumbe pelo menos ao emitente ou aos seus órgãos de administração, direção ou supervisão, ao oferente, à pessoa que solicita a admissão à negociação num mercado regulamentado ou ao garante, conforme o caso. O prospeto identifica claramente as pessoas responsáveis pelo prospeto, e pelas eventuais adendas do mesmo, com a indicação dos respetivos nomes e funções ou, no caso das pessoas coletivas, das respetivas denominações e sedes estatutárias, devendo conter declarações efetuadas pelos mesmos que atestem que, tanto quanto é do seu conhecimento, a informação contida no prospeto está de acordo com os factos e que não existem omissões suscetíveis de afetar o seu alcance. 2. Os Estados-Membros asseguram que as suas disposições legislativas, regulamentares e administrativas em matéria de responsabilidade civil são aplicáveis às pessoas responsáveis pela informação dada num prospeto. No entanto, os Estados-Membros asseguram que ninguém possa ser tido por civilmente responsável meramente com base no sumário por força do artigo 7º ou do sumário específico de um prospeto UE Crescimento por força do artigo 15º, nº 1, segundo parágrafo, incluindo em qualquer tradução deste, salvo se: Quando lido em conjunto com as outras partes do prospeto, o mesmo contiver menções enganosas, inexatas ou incoerentes; ou Quando lido em conjunto com as outras partes do prospeto, o mesmo não prestar a informação fundamental para ajudar os investidores a decidirem se devem investir nos valores mobiliários. 3. A responsabilidade pela informação dada num documento de registo ou num documento de registo universal só incumbe às pessoas a que se refere o nº 1 nos casos em que o documento de registo ou o documento de registo universal esteja a ser utilizado como parte integrante de um prospeto aprovado. O primeiro parágrafo é aplicável sem prejuízo dos artigos 4º e 5º da Diretiva 2004/109/CE, caso a informação abrangida por esses artigos seja incluída num documento de registo universal»[537].

[537] Na Alemanha, a doutrina preocupou-se especialmente com os casos de responsabilidade pelo prospeto que não eram abrangidos por normas especiais. A chamada «zivilrechtliche Prospekthaftung» foi reconhecida pelo *BGH* com base na responsabilidade pela confiança e na *culpa in contrahendo*, em particular, para o chamado «mercado de capitais cinzento» (grauen Kapitalmarkt): v. DANIELA BERGDOLT, «Kapitalanlagerecht inkl. Prospekthaftung», in

7.8. Modificação e revogação da oferta. Revisão da oferta. Retirada, proibição e suspensão da oferta

O oferente, verificados determinados pressupostos, pode modificar ou revogar a oferta, mediante autorização da CMVM. Mas, para isso, é necessário que ocorra uma «alteração imprevisível e substancial das circunstâncias que, de modo cognoscível pelos destinatários, hajam fundado a decisão de lançamento da oferta, excedendo os riscos a esta inerentes», nos termos do art. 128º do CVM[538].

O oferente pode ainda rever a contrapartida, quer quanto à natureza da mesma, quer quanto ao seu montante, mas só até cinco dias antes do fim do prazo da oferta (art. 184º, 1, CVM). Essa revisão *não pode* conter condições que tornem a oferta menos favorável e implica que a contrapartida seja *superior* à anterior contrapartida em, pelo menos, 2% do seu valor: nº 2 do art. 184º do CVM. A revisão fica também sujeita ao disposto no art. 129º do CVM quanto à modificação da oferta (art. 184º, 3, CVM). A remissão abrange o disposto no art. 129º quanto à prorrogação do prazo, à eficácia das declarações de aceitação e à divulgação da revisão.

O lançamento de oferta concorrente[539] (ou a revisão de oferta em concorrência) permite a qualquer oferente rever os termos da sua oferta (art. 185º-

THOMAS HEIDEL (her.), *Aktienrecht und Kapitalmarktrecht*, 4. Aufl., Nomos, Baden-Baden, 2014, p. 3366, que distingue entre uma responsabilidade de direito civil pelo prospeto em sentido estrito (ligada a uma confiança típica do investidor na correção e completude das informações contidas no prospeto – «ein typisiertes Vertrauen des Anlegers auf die Richtigkeit und Vollständigkeit der in einem Prospekt gemachten Angaben») e outra em sentido amplo (com base numa confiança pessoal criada pela contraparte – «ein persönliches Vertrauen, das einem Vertragspartner entgegengebracht wird». Considerando que esta «responsabilidade de direito civil» surge como complemento («In Ergänzung») à responsabilidade do «direito da bolsa», HEERMANN, «BGB § 675», in FRANZ JÜRGEN SÄCKER/ROLAND RIXECKER/HARTMUT OETKER/BETTINA LIMPERG (her.), *Münchener Kommentar zum Bürgerlichen Gesetzbuch*, Beck, München, 2017, Rn. 125.

538 Sobre o tema, v. PAULA COSTA E SILVA, «Ofertas públicas e alteração das circunstâncias», *DVM*, IV, 2003, p. 127-146, ANTÓNIO BARRETO MENEZES CORDEIRO, *Manual de direito dos valores mobiliários*, cit., p. 358 e s.. Quanto à modificação do aviso preliminar no período anterior ao registo da OPA e à revisão da oferta, PAULO CÂMARA, *Manual de direito dos valores mobiliários*, cit., p. 606 e s. e p. 624. A propósito da possibilidade de renúncia ao direito de modificação ou revogação da oferta, REQUICHA FERREIRA, *Acordos de aceitação e de não-aceitação de OPA*, cit., p. 199 e s..

539 O art. 185º-A, 2, proíbe a publicação do anúncio preliminar da OPA concorrente se essa publicação tiver lugar em momento que não permita cumprir o prazo referido no nº 1 (a OPA concorrente «deve ser lançada até ao 5º dia anterior àquele em que termine o prazo da oferta

B, 1)[540] ou, se for uma oferta voluntária, revogá-la de acordo com o disposto no art. 128º (art. 185º-B, 1 e 4). A decisão de revogação deve ser tomada até quatro dias a contar do lançamento da oferta concorrente (art. 185º-B, 5[541]).

Por sua vez, a própria CMVM deve ordenar a retirada da oferta ou proibir o seu lançamento, se esta «enferma de alguma ilegalidade ou violação de regulamento insanáveis»: nº 1 do art. 131º do CVM. Se a ilegalidade ou violação do regulamento forem sanáveis, deve a CMVM proceder à suspensão da oferta (nº 1 do art. 133º do CVM), não podendo cada período de suspensão ser superior a 10 dias úteis (art. 133º, 4). Findo esse prazo, a CMVM deve ordenar a retirada da oferta se não tiverem sido sanados os vícios que determinaram a suspensão (art. 133º, 5).

A revogação e a retirada da oferta determinam a sua ineficácia. Os atos de aceitação serão também ineficazes: tanto os posteriores à revogação ou retirada, como os anteriores. Consequentemente, tudo o que tiver sido entregue deve ser restituído (art. 132º).

7.9. Aceitação da oferta. Revogação da declaração de aceitação

Os destinatários da oferta que pretendam aceitar a proposta apresentada na OPA de ações deverão apresentar declaração de aceitação através de ordem dirigida a intermediário financeiro.

O art. 126º do CVM prevê no seu nº 2 a possibilidade de revogação da declaração de aceitação «através de comunicação ao intermediário financeiro que a recebeu até cinco dias antes de findar o prazo da oferta ou em prazo inferior constante dos documentos da oferta»[542].

inicial»). Sobre o que significa «lançamento», REQUICHA FERREIRA, «OPA concorrente», cit., p. 210 e ss., com perspetiva crítica acerca do prazo estabelecido no art. 185ºA, 1.

540 A oferta concorrente tem que apresentar uma contrapartida «superior à antecedente em pelo menos 2% do seu valor e não pode conter condições que a tornem menos favorável» (art. 185º, 5, do CVM). Além disso, também não pode «incidir sobre quantidade de valores mobiliários inferior àquela que é objeto da oferta inicial» (art. 185º, 4, do CVM). Estes e outros aspetos podem ter consequências quanto às intenções do oferente inicial. Sobre a revisão da contrapartida, v. REQUICHA FERREIRA, «OPA concorrente», cit., p. 402 e ss..

541 Parece ser esse o sentido do preceito: «A decisão de revogação é publicada logo que seja tomada, devendo sê-lo até quatro dias a contar do lançamento da oferta concorrente». Sobre a possibilidade ou não de renúncia ao direito de revogação da aceitação, REQUICHA FERREIRA, «OPA concorrente», cit., p. 266.

542 É um regime discutível tendo em conta o tratamento dado a quem aceita nos últimos dias do prazo. Sempre se poderá dizer, é certo, que esses tiveram mais tempo para ponderar...

Por sua vez, o art. 133º, 3, também permite que os destinatários da oferta revoguem a sua declaração em caso de *suspensão* da oferta. Poderão fazê-lo até ao 5º dia posterior ao termo da suspensão. A revogação dá direito à restituição do que tenha sido entregue.

Dispõe ainda o nº 6 do art. 185º-A do CVM que «em caso de ofertas concorrentes, as aceitações podem ser revogadas até ao último dia do período de aceitações»[543].

O Regulamento (UE)2017/1129[544] trata da revogação da aceitação de aquisição de oferta ao público, desde logo, no art. 17º. Aí é tido em vista o caso em que o preço definitivo da oferta e/ou o montante definitivo dos valores mobiliários que serão objeto da oferta ao público expresso em número de valores mobiliários ou como valor nominal agregado não possa ser incluído no prospeto. Por sua vez, o art. 23º, 2, ocupa-se dos casos em que foi publicada uma adenda ao prospeto.

7.10. Apuramento e publicação do resultado da oferta

Foi acima dito que as OPAs têm um prazo: o prazo da oferta, que pode variar entre 2 e 10 semanas (art. 183º, 1). Terminado esse prazo, há que apurar imediatamente as declarações de aceitação apresentadas pelos destinatários da OPA[545]. O resultado deverá ser também imediatamente publicado

Sobre a relação entre um *withdrawal right* e os perigos do *Saturday Night Special*, JAMES COX/ROBERT HILLMAN/DONALD LANGEVOORT, *Securities Regulation. Cases and Materials*, cit., p. 1002. Quanto à origem da designação (o pequeno *Colt* que podia ser escondido ao sábado à noite...), HANNO MERKT, *US-amerikanisches Gesellschaftsrecht*, cit., p. 742, nt. 384. Para uma análise da validade de acordos que impliquem uma renúncia ao direito de revogação da aceitação, REQUICHA FERREIRA, *Acordos de aceitação e de não-aceitação de OPA*, cit., p. 173 e ss.

543 REQUICHA FERREIRA, *Acordos de aceitação e de não-aceitação de OPA*, cit., p. 172, admite ainda que, nos casos de revisão ou modificação da oferta de acordo com os arts. 184º e 128º do CVM, deve ser reconhecido o direito de revogação previsto no art. 126º do CVM se os destinatários não têm a «possibilidade de exercer o seu direito de revogação das declarações de aceitação ou o espaço temporal que tenham para o efeito seja manifestamente insuficiente para a tomada de uma decisão informada e ponderada».

544 Sobre o momento da sua aplicação, v. o art. 49º.

545 Defendendo que é com o apuramento dos resultados que se dá a «formação dos contratos de investimento», PAULO CÂMARA, *Manual de direito dos valores mobiliários*, cit., p. 583. O resultado pode ter importantes consequências: v. p. ex., o art. 27º, 1, *a)*, do CVM. Sobre o tema, MANUEL CARNEIRO DA FRAGA/DIOGO COSTA GONÇALVES, «Perda da qualidade de sociedade aberta (*delisting* de ações) e tutela dos acionistas minoritários», CadMUM (Homenagem a Amadeu Ferreira), I, 2015, HUGO LUZ DOS SANTOS, «A perda da qualidade de sociedade

por intermediário financeiro que concentre as declarações de aceitação ou em sessão especial de mercado regulamentado (cfr. o art. 127º, 1, do CVM)[546].

7.11. Execução

A fase da execução traduz-se na liquidação das operações. Os valores que foram transacionados são transferidos para o adquirente e o transmitente recebe a contrapartida desses valores.

8. Sucessão de OPA

Uma vez publicado o apuramento do resultado de uma OPA, e durante os 12 meses seguintes a essa publicação, o art. 186º do CVM impede, em regra, que o oferente e qualquer pessoa que com ele esteja numa das situações previstas no art. 20º, 1, lancem uma nova OPA sobre os valores mobiliários pertencentes à categoria dos que foram objeto da anterior OPA ou sobre valores mobiliários que confiram direito à subscrição ou aquisição daqueles. A proibição abrange tanto o lançamento direto da OPA, como o lançamento por intermédio de terceiro ou por conta de terceiro.

No entanto, a probição não é absoluta. A CMVM pode autorizar o lançamento de nova OPA dentro daquele período de 12 meses para proteção dos interesses da sociedade visada ou dos destinatários da oferta. Além disso, parece que a proibição não pode valer se entretanto surge o dever de lançamento de OPA[547]: note-se que o art. 186º surge antes do regime das OPAs obrigatórias.

9. A OPA obrigatória

9.1. Em que casos existe o dever de lançar a OPA

No art. 187º do CVM está prevista a obrigatoriedade de lançamento de uma OPA[548] desde que verificadas certas circunstâncias[550]. A OPA obrigatória

aberta (delisting de participações sociais», RDS, 8, 4, 2016, p. 893 e ss., e MARIA MIGUEL CARVALHO, «Aquisição tendente ao domínio total», cit., p. 229.

546 Sobre as sessões especiais de mercado regulamentado cfr. o art. 220º, 1, 3 e 4 do CVM.

547 Nesse sentido, PAULO CÂMARA, «O dever de lançamento de oferta pública de aquisição no novo Código dos Valores Mobiliários», *DVM*, II, 2000, 203 e ss., a p. 214, HUGO MOREDO SANTOS, *Transparência, OPA obrigatória e imputação de direitos de voto*, cit., p. 286.

548 Sobre a OPA obrigatória no CSC e no CódMVM, entre outros, BRITO PEREIRA, *A OPA obrigatória*, Almedina, Coimbra, 1988, OSÓRIO DE CASTRO, «Os casos de obrigatoriedade do lançamento de uma oferta pública de aquisição», *Problemas societários e fiscais do mercado de valores*

encontra-se regulada também nos ordenamentos de outros países (v., p. ex., a *Section F* do *City Code* ou o § 35 da *WpÜG*) e no art. 5º da Diretiva das OPAs[550].

De acordo com o art. 187º do CVM, para que o dever de lançar a OPA exista é necessário que:

a) Se esteja perante uma situação em que alguém seja titular de participação em sociedade aberta, diretamente ou nos termos do nº 1 do art. 20º do CVM[551];

b) A participação ultrapasse «um terço ou metade dos direitos de voto correspondentes ao capital social»[552].

mobiliários, Fisco, Lisboa, 1992, p. 7-77, JOÃO MATTAMOUROS RESENDE, *A imputação de direitos de voto no mercado de* capitais, cit., p. 76 e ss., HUGO MOREDO SANTOS, *Transparência, OPA obrigatória e imputação de direitos de voto*, cit., p. 272 e ss.. Quanto à articulação entre o regime da OPA obrigatória e da OPA concorrente (nomeadamente tendo em conta os casos de OPA obrigatória na pendência de OPA voluntária, de OPA voluntária concorrente na pendência de OPA obrigatória e de OPA obrigatória concorrente na pendência de OPA obrigatória inicial), v. tb. REQUICHA FERREIRA, «OPA concorrente», cit., p. 407 e ss.. PEDRO PAIS DE VASCONCELOS, «Concertação de acionstas, exoneração e OPA obrigatória em sociedades abertas», cit., p. 11 e ss. (não recusando ao sócio o «poder de exigir o lançamento da OPA obrigatória, como direito subjectivo» – p. 30). VÍTOR PEREIRA NEVES, "Delimitação dos Votos Relevantes para Efeitos de Constituição e de Exigibilidade do Dever de Lançamento de Oferta Pública de Aquisição", *Estudos em Homenagem ao Professor Doutor Carlos Ferreira de Almeida*, Vol. I, Coimbra, Almedina, 2011, pp. 711 e ss.

549 Sobre as especialidades desta OPA, cfr. PAULO CÂMARA, *Manual de direito dos valores mobiliários*, cit., p. 636 e ss.. Tenha-se ainda em atenção que o art. 108º, 2, *b)*, do CVM manda aplicar às OPAs previstas no art 145º-A a lei pessoal da sociedade emitente dos valores mobiliários objeto da oferta no que diz respeito, designadamente, à percentagem dos direitos de voto que constitui domínio, às derrogações ou às dispensas ao dever de lançamento da OPA.

550 Para argumentos a favor e contra a existência de um regime de OPA obrigatória, v., p. ex., MIKE BURKART/FAUSTO PANUNZI, «Mandatory bids, squeeze-out, sell-out and the dynamics of the tender offer process», ssrn, Law Working Paper nº 10/2003, p. 5 e ss., e PAULO CÂMARA, «O dever de lançamento de oferta pública de aquisição no novo Código dos Valores Mobiliários», cit., p. 209 e ss..

551 Como realça PAULO CÂMARA, «O dever de lançamento de oferta pública de aquisição no novo Código dos Valores Mobiliários», cit., p. 231, o dever não recai apenas sobre quem é sócio da sociedade visada. Basta que seja participante «indireto», nos termos do art. 20º, 1, do CVM. No mesmo sentido, PAULA COSTA E SILVA, «A imputação de direitos de voto na oferta pública de aquisição», DVM, VII, 2007, p. 414, HUGO MOREDO SANTOS, *Transparência, OPA obrigatória e imputação de direitos de voto*, cit., p. 281, ANA PERESTRELO DE OLIVEIRA, «A imputação de votos nas relações de domínio e de grupo: o sentido do novo nº 3 do artigo 21º do Código dos Valores Mobiliários», RDS, IX, 2018, 11, p. 9 e ss., a p. 10 e 12.

552 Isto significa que é necessário verificar o número de votos que cabem a essas participações tendo em conta o número total de votos correspondentes ao capital social. O art. 187º, 5,

Quanto aos casos em que é ultrapassado o primeiro patamar (um terço), mas não o segundo (metade), e é lançada uma OPA obrigatória que não permite ultrapassar o segundo patamar, pode suceder que, posteriormente, o participante ultrapasse o segundo patamar (metade). Estará ou não obrigado a lançar nova OPA?[553] Inclinamo-nos para dizer que sim. Verifica-se então uma clara mudança qualitativa na situação da sociedade e na posição do participante.

No entanto, e nos termos do art. 187º, 4, o limite de *um terço* referido «pode ser suprimido pelos estatutos das sociedades abertas que não tenham ações ou valores mobiliários que confiram direito à sua subscrição ou aquisição admitidos à negociação em mercado regulamentado». Assim, para estas sociedades abertas (e só para estas[554]) será possível, através de cláusula estatutária, afastar o dever de lançar a OPA relativamente às situações em que é ultrapassado o patamar de um terço dos direitos de voto. Mas já não é possível afastar estatutariamente o dever quanto aos casos em que é ultrapassado o patamar seguinte (metade dos direitos de voto).

Quanto às sociedades abertas que tenham ações ou valores mobiliários que confiram direito à sua subscrição ou aquisição admitidos à negociação em mercado regulamentado, já não será possível, através de cláusula estatutária, afastar o dever de lançar a OPA relativamente às situações em que é ultrapassado o patamar de um terço dos direitos de voto. A razão parece ser a que indica Manuel Requicha Ferreira[555]: «a probabilidade de aquisição efectiva do controlo com a detenção de mais de 1/3 dos direitos de voto é maior».

considera irrelevante a inibição de direitos de voto prevista no art. 192º, o que se explica por estar em causa a inibição resultante do incumprimento do dever de lançar OPA. Seria absurdo que alguém se visse obrigado a lançar OPA por causa do incumprimento do mesmo dever por outrem: v. Hugo Moredo Santos, *Transparência, OPA obrigatória e imputação de direitos de voto*, cit., p. 258. Que dizer, porém, quanto aos restantes casos de inibição de direitos de voto? Que dizer, por exemplo, quanto às ações próprias? A ausência de uma norma esclarecedora como a que encontramos no art. 16º, 3, *b)*, do CVM suscita dúvidas.

[553] Em sentido positivo, aparentemente, Paulo Câmara, *Manual de direito dos valores mobiliários*, cit., p. 658. Em sentido negativo (mas com *nuances*), Hugo Moredo Santos, *Transparência, OPA obrigatória e imputação de direitos de voto*, cit., p. 277 e ss..

[554] Com outra leitura, Daniela Baptista, *A atuação concertada com fundamento de imputação de direitos de voto no mercado de capitais*, UCP, Porto, 2016, p. 590.

[555] Manuel Requicha Ferreira, *Acordos de aceitação e de não-aceitação de OPA*, cit., p. 50.

A OPA obrigatória deverá ter por objeto a totalidade das ações[556] e de outros valores mobiliários emitidos pela sociedade aberta que confiram direito à subscrição ou aquisição daquelas ações[557].

Porém, o obrigado a lançar a OPA pode fazer-se substituir por outro no cumprimento do dever (art. 191º, 2, do CVM). Nesse caso, será esse substituto que deve, designadamente, tratar da publicação do anúncio preliminar «imediatamente após a verificação do facto constitutivo do dever de lançamento» (art. 191º, 2)[558].

O art. 187º, 1, do CVM considera relevante para a afirmação do dever de lançamento de OPA não apenas a titularidade direta dos direitos de voto em sociedade aberta, mas também o que, por contraposição, poderemos chamar participação «indireta» nos termos do art. 20º, 1. Trata-se de um regime que tem sido muito discutido, pois os vários critérios de imputação de direitos de voto[559] indicados naquele último preceito surgem integrados numa secção dedicada às participações qualificadas (arts. 16º e ss.) e relacionam-se aí com os deveres de comunicação identificados na secção. Por isso, questiona-se se os mesmos critérios devem valer da mesma

556 Excluindo as ações próprias da sociedade visada, HUGO MOREDO SANTOS, *Transparência, OPA obrigatória e imputação de direitos de voto*, cit., p. 299. O autor também admite que sejam excluídas pelo oferente as ações «afectadas por ónus ou encargos».

557 Nesses outros valores mobiliários incluiremos os *warrants* autónomos emitidos pela sociedade que conferem o direito de aquisição de ações representativas do seu capital, as obrigações convertíveis em ações e as obrigações com *warrant*: cfr. PAULO CÂMARA, «O dever de lançamento de oferta pública de aquisição no novo Código dos Valores Mobiliários», cit., p. 223. O mesmo autor, em *Manual de direito dos valores mobiliários*, cit., p. 624, nota que tais valores mobiliários «não relevam para o cômputo da posição accionista, na medida em que o art. 20º do Código não faz relevar os direitos de voto que, no futuro, possam vir a ser adquiridos em virtude do exercício de direitos de subscrição ou de aquisição de acções que lhes estão subjacentes». Referindo-se também às obrigações convertíveis em ações, às obrigações com direito de subscrição de ações e aos warrants autónomos (que sejam sobre ações próprias emitidas pela sociedade visada), HUGO MOREDO SANTOS, *Transparência, OPA obrigatória e imputação de direitos de voto*, cit., p. 298.

558 V., porém, no caso de ofertas concorrentes, o art. 185º-A, 2, do CVM e HUGO MOREDO SANTOS, *Ofertas concorrentes*, cit., p. 81 e s..

559 HUGO MOREDO DOS SANTOS, *Transparência, OPA obrigatória e imputação de direitos de voto*, Coimbra Editora, Coimbra, 2011, p. 11, nt. 1, critica a terminologia por considerar que cada acionista só tem um direito de voto. Contudo, mesmo quem concorde com o autor deve ter em conta que o art. 20º pode conduzir à imputação a um mesmo sujeito dos direitos de voto de vários titulares do direito de voto.

forma tanto no âmbito desses deveres de comunicação, como no quadro do regime da OPA obrigatória[560].

[560] V., p. ex., defendendo leituras segundo prismas diferentes consonte esteja em causa a prestação de informações sobre participações qualificadas ou o dever de lançamento de OPA, e com diferenças entre eles, João Mattamouros Resende, *A imputação de direitos de voto no mercado de capitais*, cit., p. 97, 201, 205 e ss., Paula Costa e Silva, «A imputação de direitos de voto na oferta pública de aquisição», in Maria de Fátima Ribeiro (coord.), *Jornadas sociedades abertas, valores mobiliários e intermediação financeira*, cit., p. 243 e ss., Id., «Sociedade aberta, domínio e influência dominante», *DVM*, VIII, 2008, p. 541 e ss., a p. 562 e ss. João Soares da Silva, «Algumas observações em torno da tripla funcionalidade da técnica de imputação de votos no Código dos Valores Mobiliários», *CadMVM*, 2007, 26, p. 47 e ss., a p. 54 e ss., Hugo Moredo Santos, «A aquisição tendente ao domínio total de sociedades abertas», *DVM*, VII, p. 275 e ss., Id., *Transparência, OPA obrigatória e imputação de direitos de voto*, cit., p. 404 e ss. (a p. 387 e ss., o autor trata dos direitos de voto potencialmente inerentes a valores mobiliários como obrigações convertíveis, obrigações com direito de subscrição de ações ou *warrants* autónomos, mas a solução que encontra é discutível), Vitor Neves, «Delimitação dos votos relevantes para efeitos de constituição e exigibilidade do dever de lançamento de oferta pública de aquisição», cit., p. 711 e ss., Manuel Requicha Ferreira, *Acordos de aceitação e de não -aceitação de OPA*, cit., p. 363 e ss.. Em defesa da existência de unificação, Paulo Câmara, *Manual de direito dos valores mobiliários*, cit., p. 546 e ss., Daniela Baptista, *A atuação concertada com fundamento de imputação de direitos de voto no mercado de capitais*, cit., p. 588 (a p. 149, nt. 298, a autora lembra o teor do Relatório Final da Consulta Pública nº 11/2005 da CMVM). Carlos Osório de Castro, «A imputação de direitos de voto no Código dos Valores Mobiliários», *CadMVM*, 2000, 7, p. 161-193, e em esp. p. 164, nt. 6, por sua vez, se por um lado defende que «através da remissão, o legislador importa a norma com o sentido que ela tem no seu instituto de origem, precisamente porque entende existir analogia entre os casos [...]», também afirma que «ressalvadas são sempre apenas as "devidas adaptações", as quais, todavia, se circunscrevem aos ajustamentos necessários para permitir que aquela mesma regra, com o critério valorativo que lhe estiver subjacente, possa valer num domínio diferente daquele para o qual foi originariamente pensada [...]». Sustentando que a necessidade de verificação de efetivo controlo de facto vale tanto para o dever de lançamento da OPA como «para efeitos de deveres de comunicação», António Barreto Menezes Cordeiro, *Manual de direito dos valores mobiliários*, cit., p. 350 e s.. A questão também surge porque na Diretiva da Transparência (Diretiva 2004/109/CE, com alterações; antes desta, v. a Diretiva 88/627/CEE relativa à informação a publicar por ocasião da aquisição ou alienação de uma participação importante de sociedade cotada em bolsa, revogada pela Diretiva 2001/34/CE, relativa à admissão de valores mobiliários à cotação oficial de uma bolsa de valores e à informação a publicar sobre esses valores) e na Diretiva das OPAs (Diretiva 2004/25/CE) não há unificação. A Diretiva das OPAs é anterior à Diretiva da Transparência, mas não é anterior à Diretiva 88/627/CEE. Sublinhando a necessidade de uma interpretação conforme as Diretivas, p. ex., Holger Fleischer, «Finanzinvestoren im ordnungspolitischen Gesamtgefüge von Aktien-, Bankausichts- und Kapitalmarktrecht», *ZGR*, 2-3, 2008, p. 185 e ss., a p. 197, Christoph Von Bülow, «§ 30», in Heribert Hirte/ Christoph Von Bülow (her.), *Kölner Kommentar zum WpÜG*, cit., Rn. 20. Na Diretiva das OPAs encontramos uma

No que diz respeito ao *dever de comunicar* participações e a inerente perda de anonimidade[561], o que está na base da imputação é a necessidade de *transparência* para um bom funcionamento do mercado[562]. Está pressuposto que as informações que devem ser comunicadas podem ter influência no comportamento do mercado. Por outro lado, a obrigação de comunicação também permite conhecer a evolução da distribuição do poder na sociedade.

Quanto à imputação de direitos de voto no âmbito do disposto no art. 187º, 1, uma leitura possível será a que considera que a mesma se justifica para *conferir a possibilidade de sair da sociedade* perante uma alteração no controlo[563]. Mas a separação das águas não é assim tão nítida se tivermos em conta que as situações de imputação relevantes para efeitos da OPA obrigatória *podem ter influência no mercado*. Também é porque as situações

imputação dos direitos de voto inerentes às participações dos que atuam em concertação com o adquirente (art. 5º, 1). Atuam em concertação as «pessoas singulares ou coletivas que cooperam com o oferente ou com a sociedade visada com base num acordo, tácito ou expresso, oral ou escrito, tendo em vista, respetivamente, obter o controlo da sociedade visada ou impedir o êxito da oferta» (art. 2º, 1, *d*), da Diretiva das OPAs). No CSC e no CódMVM encontrávamos dois catálogos com diferenças entre si. Na Alemanha, há regras quanto à imputação de direitos de voto na *WpÜG* (§ 30) e na *WpHG* (§ 22), mas a aproximação recíproca é evidente. Apesar disso, as opiniões dividem-se, como se mostra noutras notas. Para informações sobre outras soluções legais, p. ex., Hugo Moredo Santos, últ. ob. cit., p. 348 e ss..

561 Sobre a inexistência de um direito à anonimidade quando se tem participação numa sociedade cotada em bolsa que permite o exercício de influência, Ulrich Wackerbath, «WpÜG § 30», in Wulf Goette/Mathias Habersack/Susanne Kalss (her.), *Münchener Kommentar zum AktG*, Bd. 6, 4. Aufl, Beck (Beck-online), München, 2017, Rn.3.

562 Na Alemanha, é isso que defende, quanto ao § 22 da *WpHG*, Hans Diekmann, «§ 30», in Theodor Baums/Georg Thomas (her.), *WpÜG*, Bd. II, RWS, Köln, 2015, Rn. 2.

563 Assim, para a Alemanha perante o § 30 da *WpÜG*, Hans Diekmann, «§ 30», in Theodor Baums/Georg Thomas (her.), *WpÜG*, cit., Rn. 2. Sustentando que a transparência tem apenas um papel subordinado quanto ao § 30 da WpÜG, Christoph Von Bülow, «§ 30», in Heribert Hirte/ Christoph Von Bülow (her.), *Kölner Kommentar zum WpÜG*, cit., Rn. 20, e «§ 22», in Heribert Hirte/Thomas Möllers (her.), *Kölner Kommentar zum WpHG*, cit., Rn. 34. Defendendo que a transparência «ist nicht Ziel» do § 30 da *WpÜG*, Uwe Schneider, «§ 22», in Hans-dieter Assmann/Uwe Schneider (her.), *Wertpapierhandelsgesetz Kommentar*, 6. Aufl., Otto Schmidt, Köln, 2012, Rn. 12. Com outra leitura, num parágrafo que se intitula «Zur einheitlichen Auslegung von § 22 und § 30 WpÜG», Ulrich Wackerbarth, «Die Zurechnung nach § 30 WpÜG zum Alleingesellschafter-Geschäftsführer einer GmbH», in ZIP, 28, 2005, p. 1217 e ss., a p. 1218 (onde se lê, designadamente, que a imputação na WpÜG também persegue objetivos de transparência – «Die Zurechnung innerhalb des WpÜG verfolgt ebenso Transparenzziele»).

que dão lugar à imputação *podem influenciar o mercado* que a *possibilidade de sair da sociedade* através da OPA obrigatória se justifica. O mercado pode não reagir favoravelmente à divulgação da informação que gera o dever de lançar a OPA e isso tornaria mais difícil a saída da sociedade. *Trata-se ainda de proteger os acionistas perante as possíveis reações do mercado em face de certas informações*[564]. E isto também perante a alteração da possibilidade de influenciar o modo de exercício do direito de voto[565].

A própria Diretiva das OPAs, no seu art. 5º, 3, depois de estabelecer que a percentagem de direitos de voto que confere o controlo de uma sociedade para efeitos do dever de lançar uma OPA é determinado pela regulamentação do Estado- Membro em que se situa a sua sede social, também acrescenta que é esse Estado-Membro que determina *a fórmula do respetivo cálculo*[566]. E se é certo que o art. 5º, 1, da Diretiva das OPAs está pensado para os casos em que pode dispor do controlo, isso não significa que os Estados-Membros estejam proibidos de alargar o âmbito de aplicação do dever de lançar OPA (v. o art. 5º, 6, da Diretiva).

Em vez de se defender uma apreciação diferenciada dos critérios de imputação para o dever de comunicação e para o dever de lançar OPA, parece preferível, no âmbito deste segundo dever, construir melhor a possibilidade de afastar o dever. Isso garantiria maior segurança e certeza.

Em bom rigor, muitas das situações geralmente invocadas para sustentar que, em certos casos, a imputação deve ter lugar apenas no âmbito do dever de comunicar participações qualificadas, mostram que os deveres a que as partes ficam sujeitas por força da relação constituída entre elas justificam a imputação também para se afirmar o dever de lançamento da OPA. Pense-se, por exemplo, no caso da sociedade *dominante* que empenha metade das ações representativas do capital da *dominada* a A e outra metade a B e que é convencionado o exercício do direito de voto pelos cre-

[564] Não nos parece, assim, que a resolução do problema quanto à interpretação do art. 20º do CVM se resolva dizendo que «o pressuposto do dever de lançamento de OPA», entre nós, é apenas «a cessão de controlo»: Requicha Ferreira, *Acordos de aceitação e de não-aceitação de OPA*, cit., p. 372.

[565] Nem toda a influência é dominante, evidentemente.

[566] Mas v., sustentando que, relativamente à obrigação de lançamento de OPA, «é necessário que os direitos de voto inerentes à participação social, de que o accionista é titular, sejam por ele discricionariamente exercitáveis», Paula Costa e Silva, «A imputação de direitos de voto na oferta pública de aquisição», DVM, VII, 2007, p. 413 e s..

dores pignoratícios[567]. A verdade é que os deveres a que o próprio credor pignoratício, enquanto tal, está sujeito justificam o dever de lançar a OPA. O mesmo tipo de observações pode ser feito quanto a acordos relativos à transmissibilidade de ações[568].

O objetivo que parece ter estado por trás da criação de um catálogo único terá sido o de afastar o que na Alemanha foi mesmo chamada de «irritação do mercado de capitais» em face de diferentes critérios de imputação[569]. Até porque há várias outras normas do CVM que convocam o art. 20º, 1. Defender critérios diferentes de imputação em cada contexto não fortaleceria a segurança e a certeza jurídicas. Lembre-se, também, que no CódMVM existiam duas normas distintas para a imputação de direitos de voto: os arts. 346º e 530º. Se não se manteve essa dualidade, isso deve-se à necessidade de assegurar segurança e certeza. Aliás, basta ver o que escrevem muitos dos autores que defendem diferentes interpreta-

[567] Exemplo dado por Hugo Moredo dos Santos, *Transparência, OPA obrigatória e imputação de direitos de voto*, cit., p. 426.

[568] Defendendo que os acordos que constituam intrumento de exercício concertado de influência sobre a sociedade através da transmissibilidade de ações «são inaptos para suscitar uma imputação de direitos de voto para efeito de opa obrigatória», Hugo Moredo Santos, *Transparência, OPA obrigatória e imputação de direitos de voto*, cit., p. 488.

[569] Sobre essa «Irritationen auf dem Kapitalmarkt», v., p. ex., Christoph Von Bülow, «§ 29», in Heribert Hirte/ Christoph Von Bülow (her.), *Kölner Kommentar zum WpÜG*, cit., Rn. 29, Hans Diekmann, «§ 30», in Theodor Baums/Georg Thomas (her.), *WpÜG*, cit., Rn. 2 e 27b. Mas v., defendendo que a mesma situação pode dar lugar a diferentes tratamentos à luz dos §§ 22 da *WpHG* e 30 da *WpÜG*, Christoph Von Bülow, «§ 30», in Heribert Hirte/ Christoph Von Bülow (her.), *Kölner Kommentar zum WpÜG*, cit., Rn. 4, e «§ 22», in Heribert Hirte/Thomas Möllers (her.), *Kölner Kommentar zum WpHG*, 2. Aufl., Carl Heymanns/Wolters Kluwer, Köln, 2014, Rn. 36. Também Uwe Schneider, «§ 22», in Hans-dieter Assmann/Uwe Schneider (her.), *Wertpapierhandelsgesetz Kommentar*, 6. Aufl., Otto Schmidt, Köln, 2012, Rn. 12, considera que a vontade do legislador foi a de tornar a interpretação dos dois preceitos «identisch», mas entende que essa leitura não se impõe e que é necessário ter em conta as diferentes Diretivas que foram transpostas. V. porém, entendendo que «na prática podemos fundamentalmente considerar que os critérios de imputação do § 30 WpÜG devem ser compreendidos da mesma forma que os critérios de imputação do § 22 WpHG» («In der Praxis kann man daher grundsätzlich davon ausgehen, dass die Zurechnungstatbestände des § 30 WpÜG ebenso zu verstehen sind wie die entsprechenden Zurechnungstatbestände des § 22 WpHG», Christoph Rothenfuβer, «3. Kapitel. Maβnahmen und Fragen im Vorfeld eines Angebots. § 11. Kontrollerlangung und Stimmrechtszurechnung», in Nikolaus Paschos/Holger Fleischer (her.), *Handbuch Übernahmerecht nach dem WpÜG*, cit., p. 464.

ções para se ver que, na ausência de um critério unitário, a segurança e a certeza sofreriam danos irremediáveis.

9.2. O fundamento do regime

Como *fundamento* da obrigatoriedade de lançamento da OPA tem sido referido que, desta forma, se garante que os acionistas que não têm o controlo da sociedade poderão alienar os valores mobiliários objeto da OPA nas mesmas condições em que o fizeram os acionistas que transmitiram as participações aos que têm agora o controlo[570].

A propósito do regime consagrado no CVM foi já dito: «o fundamento da OPA obrigatória que consiste na necessidade de assegurar tratamento igual aos accionistas – no qual assentam os direitos dos accionistas minoritários de partilhar o prémio de controlo e de saída no caso de transferência de controlo – é aplicado com grande alcance (...)»[571].

Pela nossa parte, consideramos que o regime da OPA obrigatória visa, em primeira linha, garantir que os *restantes acionistas são devidamente protegidos* perante o risco de, em consequência da participação do obrigado a lançar a OPA, *verem diminuir consideravelmente o interesse na aquisição das suas ações e reduzir-se o valor de mercado das suas participações*. Certamente que, perante as situações que fazem surgir o dever de lançar a OPA, as participações dos minoritários tornam-se menos apetecíveis para muitos[572]. Isso pode impedir os minoritários de sair da sociedade, ficando assim sujeitos a uma eventual atuação lesiva dos seus interesses por parte do maioritário[573].

[570] Sobre os diversos fundamentos para a OPA obrigatória que têm sido indicados pela doutrina, cfr. Osório de Castro, «Os casos de obrigatoriedade do lançamento de uma oferta pública de aquisição», *Problemas societários e fiscais do mercado de valores mobiliários*, Edifisco, Lisboa , 1992, p. 12 e ss.; Paulo Câmara, «O dever de lançamento de oferta pública de aquisição no novo Código dos Valores Mobiliários», cit., p. 245 e ss.; Menezes Falcão, «A OPA obrigatória», cit., p. 188 e ss., Hugo Moredo Santos, *Transparência, OPA obrigatória e imputação de direitos de voto*, cit., p. 189 e ss..

[571] Menezes Falcão, «A OPA obrigatória», cit., p. 210 e s..

[572] Sobre a importância (exagerada pelos autores) do que os acionistas pensam que será o *post-takeover share value*, Mike Burkart/Fausto Panunzi, «Mandatory bids, squeeze-out, sell-out and the dynamics of the tender offer process», cit., p. 750.

[573] Klaus Hopt, «Modern company and capital market problems: improving european corporate governance after Enron», cit., p. 481, considera mesmo que o regime da OPA obrigatória contido no art. 5º da Diretiva das OPAs visa garantir uma saída para os acionistas

Aquela saída não pode, porém, realizar-se a qualquer preço. Daí a existência de regras quanto à determinação da contrapartida, que permitem uma saída por um preço justo e asseguram a igualdade de tratamento[574].

Um regime de OPA obrigatória como o do CVM pode dar alguma segurança aos investidores e assim aumentar a sua presença nos mercados nacionais. Ficam a saber que, se participarem em sociedade aberta, o dever de lançar a OPA existe nos casos do art. 187º e, dessa forma, poderão sair da sociedade se a situação criada não lhes interessar[575].

O fundamento do dever de lançar a OPA só pode ser encontrado procurando compreender a remissão que tem lugar para o art. 20º, 1, do CVM, bem como olhando para o facto de apenas a ultrapassagem do limite de um terço dos direitos de voto permitir a prova de que não se tem o domínio da sociedade visada nem se está com ela em relação de grupo (art. 187º, 2). Pelo contrário, não nos parece adequado dizer que o dever de lançamento de OPA tem apenas como fundamento a prévia aquisição de domínio[576]. É certo que o art. 187º, 2, afasta a exigência de lançamento da OPA quando, apesar de ser ultrapassado o limite de um terço, o que poderia estar obrigado prova perante a CMVM não ter o domínio da sociedade visada nem estar com ela em relação de grupo. Mas daí não se pode retirar que nos outros casos em que é obrigatório o lançamento da OPA tem de haver domínio. Até diremos: bem pelo contrário. O que a lei assume é que *a ultrapassagem do limite de um terço é menos grave do ponto de vista dos interesses*

que temem ter que suportar um acionista maioritário com o controlo e que o exerça em prejuízo dos minoritários no futuro. Invocando uma ideia de inexigibilidade de permanência na sociedade, Ana Perestrelo de Oliveira, *Manual de grupos de sociedades*, Almedina, Coimbra, 2016, p. 108.

574 Considerando o princípio da igualdade de tratamento um meio de tutela da posição do investidor não institucional, constituindo essa proteção «o objetivo fundamental da legislação reguladora do mercado de valores mobiliários», Paula Costa e Silva, *Direito dos valores mobiliários. Relatório*, Lisboa, 2005, p. 87.

575 Na Alemanha, o regime da OPA obrigatória é justificado por Kai Hasselbach, «§ 35», in Heribert Hirte/Christoph von Bülow (her.), *Kölner kommentar zum WpÜG*, cit., Rn. 42, com o aumento da atratividade do mercado financeiro alemão para os investidores e com o aumento da eficiência conseguido com a maior transparência e previsibilidade.

576 A Diretiva das OPA faz referência, no seu art. 5º, 1, ao controlo. Contudo, o nº 6 do mesmo artigo também permite que, para «além da proteção prevista no nº 1» os Estados-Membros estabeleçam «outros instrumentos destinados a proteger os interesses dos titulares de valores mobiliários, na medida em que estes instrumentos não entravem o desenrolar normal da oferta».

que se pretende tutelar: justifica-se, por isso, afastar o dever de lançar a OPA porque, no caso, não chegou a ultrapassar o limite de metade.

9.3. Casos em que não é exigível o lançamento da OPA

No nº 2 do art. 187º do CVM está prevista a possibilidade de prova de factos que tornam inexigível o lançamento da OPA. Lendo essa norma, verifica-se que é admissível a *prova* de que a ultrapassagem do limite de *um terço* fixado no nº 1 do art. 187º *não confere o domínio* da sociedade visada à pessoa que estaria obrigada a lançar a OPA. Será o que acontece, por exemplo, quando se prova que o domínio pertence apenas a terceiro ou que a ultrapassagem do limite de um terço não permite dominar, de facto, a sociedade[577].

Mas isso não basta. Para que o lançamento da OPA não seja exigível é também necessário demonstrar que a pessoa que estaria obrigada a lançar a OPA *não está em relação de grupo* com a sociedade visada[578]. A prova exigida deve ser feita perante a CMVM[579].

O facto de ser necessário provar que não existe relação de grupo entre a pessoa que estaria obrigada a lançar a OPA e a sociedade visada mostra, também, que não é apenas a existência de domínio efetivo entre aquela e esta que fundamenta o dever de lançamento da OPA.

O regime do art. 187º, 2, já não permite afastar o dever de lançar a OPA se foi ultrapassada *metade* dos direitos de voto correspondentes ao capital social. Mas isso não significa que tenhamos necessariamente de lamentar o destino de quem estaria obrigado a lançar a OPA. É que o art. 190º do CVM também permite suspender o dever de lançamento se a «pessoa a ele obrigada, em comunicação escrita dirigida à CMVM, imediatamente após a ocorrência do facto constitutivo do dever de lançamento, se obrigar a pôr termo à situação nos 120 dias subsequentes».

9.4. Derrogações do dever

De acordo com o art. 189º, 1, o disposto no art. 187º não se aplica num conjunto de situações ali enumeradas. Mas, apesar da redação do nº 1, as

[577] V., p. ex., REQUICHA FERREIRA, *Acordos de aceitação e de não-aceitação de OPA*, cit., p. 377 e ss..

[578] Sobre a relação de grupo «para efeitos deste Código» (o CVM), cfr. o art. 21º, 3, CVM.

[579] Defendendo a imediata comunicação ao mercado do sucesso da prova negativa de domínio, HUGO MOREDO SANTOS, *Transparência, OPA obrigatória e imputação de direitos de voto*, cit., p. 118.

derrogações previstas no art. 189º estão dependentes de *requerimento* pelo interessado e de *declaração pela CMVM*, publicada por aquele (cfr. o nº 2). É com isto presente que passamos a analisar os referidos casos.

Não há o dever de lançar a OPA se os limites de direitos de voto indicados no art. 187º tiverem sido ultrapassados em resultado da aquisição «por efeito» de OPA[580] «lançada sobre a totalidade dos valores mobiliários referidos no artigo 187º emitidos pela sociedade visada, sem nenhuma restrição quanto à quantidade ou percentagem máxima de valores mobiliários a adquirir e com respeito dos requisitos estipulados no artigo anterior»[581]. E justifica-se que não tenha de haver OPA obrigatória nesses casos porquanto já houve antes uma OPA «total» voluntária. Quem vê os seus interesses tutelados com a OPA obrigatória poderia ter aceitado a proposta contida na OPA voluntária. Tanto mais que o «respeito dos requisitos estipulados no artigo anterior» significa que o valor da contrapartida foi alcançado de acordo com o disposto no art. 188º.

O dever de lançar a OPA também é derrogado quando a ultrapassagem do limite de direitos de voto resultar de «execução de plano de saneamento financeiro no âmbito de uma das modalidades de recuperação ou saneamento previstas na lei», aí se incluindo a que resultar da aplicação de medidas de resolução e do exercício de poderes de resolução, de redução ou de conversão de instrumentos de fundos próprios a instituições de crédito ou sociedades financeiras (art. 189º, 1, *b)*).

Por fim, a al. *c)* do art. 189º, 1, prevê ainda como fundamento de derrogação a fusão de sociedades, mas desde que da deliberação da assembleia

580 «resultar [...] da aquisição de valores mobiliários por efeito de oferta publica de aquisição [...]». Discute-se, por isso, se as aquisições efetuadas fora da OPA impedem o funcionamento da derrogação. Sobre o tema, lembrando o controlo que a CMVM efetua sobre as aquisições nos termos do art. 180º, 1, *a)*, do CVM, Manuel Requicha Ferreira, *Acordos de aceitação e de não aceitação de OPA*, cit., p. 147.

581 A *Rule 9.1.* do *City Code* afasta o dever de lançar uma oferta pública (*mandatory offer*) se o «control of the offeree company is acquired as a result of a voluntary offer made in accordance with the Code to all the holders of voting equity share capital and other transferable securities carrying voting rights». Na Alemanha, o § 35, (3), da *WpÜG* também afasta o dever de lançar uma OPA se o controlo foi adquirido com uma *Übernahmeangebot*: é que esta, por força do disposto no § 32, não pode ser uma *Teilangebot*. Por sua vez, o art. 5º, 2, da Diretiva das OPAs afasta o dever de lançar OPA se «o controlo tiver sido adquirido na sequência de uma oferta voluntária realizada em conformidade com a presente diretiva, dirigida a todos os titulares de valores mobiliários, para a totalidade das suas participações».

geral da sociedade emitente dos valores mobiliários que seriam objeto da OPA obrigatória conste que «da operação resultaria o dever de lançamento de oferta pública de aquisição»[582].

9.5. Suspensão do dever

O CVM prevê ainda casos em que o dever de lançamento da OPA fica suspenso. Para que essa suspensão tenha lugar, é necessário que a pessoa obrigada a lançar a OPA se obrigue a pôr termo à situação que é facto constitutivo do dever nos 120 dias subsequentes. Essa obrigação deve ser assumida perante a CMVM, por comunicação escrita a esta dirigida e imediatamente após a ocorrência do facto constitutivo do dever (art. 190º 1, do CVM).

Durante os 120 dias referidos o interessado deverá alienar os valores mobiliários «bastantes para que os seus direitos de voto se situem abaixo dos limites a que se refere o artigo 187º» (art. 190º, 2). No entanto, essa alienação não pode ser efetuada a pessoas que se encontrem, em relação a ele, em qualquer situação prevista no art. 20º, 1.

Enquanto não terminar o período de suspensão os *direitos de voto* ficam inibidos nos termos do disposto no art. 192º, 1, 3 e 4 (art. 190º, 3).

9.6. O anúncio preliminar

Verificado o facto constitutivo do dever de efetuar o lançamento da OPA, o anúncio preliminar deve ser publicado *imediatamente* após ter ocorrido aquele facto (art. 191º, 1, do CVM). Isto mostra que o participante que tem o dever de lançar a OPA tem que se preparar antes de ultrapassar o patamar que faz surgir o dever[583].

[582] O papel deixado aos sócios da sociedade alvo no que diz respeito aos casos de derrogação podia ser maior. Sobre o regime de *Whitewash* previsto na nota 1 das *Notes on dispensation from Rule 9* do *City Code* e o seu fundamento económico, v., p. ex., Kai Hasselbach, «§ 35», in Heribert Hirte/Christoph von Bülow (her.), *Kölner kommentar zum WpÜG*, cit., Rn. 25.

[583] Defendendo a aplicação do art. 16º, 3, *a)*, quanto à data em que se presume que o participante tem conhecimento do facto determinante do dever de lançar a OPA, bem como a do prazo máximo de quatro dias de negociação após o dia da ocorrência do facto ou do seu conhecimento para a publicação do anúncio preliminar da OPA, nos termos do art. 16º, 1, Hugo Moredo Santos, *Transparência, OPA obrigatória e imputação de direitos de voto*, cit., p. 324.

9.7. A contrapartida

O CVM dedica o art. 188º ao cálculo da contrapartida a oferecer em caso de OPA obrigatória. Nos nºs 1 e 2 encontramos uma regra e uma exceção. Começando pela regra, vemos no nº 1 que o valor da contrapartida não pode ser inferior (mas pode ser superior) ao mais elevado de um dos dois valores ali indicados. Em ambos os casos, obriga-se a ter em conta transações efetuadas durante os *seis meses imediatamente anteriores* à data da publicação do anúncio preliminar da oferta.

Vejamos quais são os dois valores que devem ser comparados. De um lado (al. *a*)), é necessário averiguar qual foi o maior preço que o oferente ou alguma das pessoas que se encontrem numa das situações previstas no art. 20º, 1, pagaram para adquirirem valores mobiliários da mesma categoria[584]. De outro (al. *b*)), será preciso verificar qual foi o preço médio ponderado dos valores em causa, apurado em mercado regulamentado.

Será o valor mais elevado dos dois que constituirá o limite mínimo.

Porém, o método descrito pode ser afastado pelo regime previsto no nº 2. Isso acontece quando: *i)* A contrapartida *não pode ser determinada através dos critérios* indicados no nº 1[585]; *ii)* A CMVM entender que a contrapartida proposta pelo oferente *não está devidamente justificada*; *iii)* A CMVM entender que a contrapartida proposta pelo oferente *não é equitativa*, por ser *insuficiente*; *iv)* A CMVM entender que a contrapartida proposta *não é equitativa* por ser *excessiva*.

Quando ocorra alguma dessas circunstâncias, a contrapartida mínima será fixada por auditor independente, a expensas do oferente mas designado pela CMVM[586]. A decisão que diz respeito à designação do auditor

[584] Sobre a necessidade ou não de haver efetivo pagamento, PAULO CÂMARA, *Manul de direito dos valores mobiliários*, cit., p. 673 e s.. A obrigação de ter em conta o valor referido no texto durante o período relevante tem consequências sobre a eventual intenção do oferente de anunciar que fará uma primeira OPA com uma determinada contrapartida e uma outra OPA posterior com um preço mais baixo (*two-tiered offer* com *cram down*) e que cria para o acionista o chamado *prisoner's dilemma*: v., sobre tudo isto, THOMAS HAZEN, *Treatise on the law of securities regulation*, vol. 3, cit., p. 322.

[585] Se os valores mobiliários não estão admitidos à negociação em mercado regulamentado, pode funcionar apenas o critério do maior preço que o oferente ou alguma das pessoas que se encontrem numa das situações previstas no art. 20º, 1, pagaram para adquirirem valores mobiliários da mesma categoria? Que sim, HUGO MOREDO SANTOS, *Transparência, OPA obrigatória e imputação de direitos de voto*, cit., p. 312.

[586] No sentido de que é ato administrativo o «ato jurídico pelo qual uma sociedade de revisores oficiais de contas fixa o valor da contrapartida de uma OPA obrigatória», PEDRO GONÇALVES,

deve ser imediatamente divulgada ao público e o mesmo deve suceder quanto à fixação do valor da contrapartida pelo auditor.

O art. 188º, 3, indica casos em que a lei presume que a contrapartida proposta pelo oferente não é equitativa:

a) Quando se conclua que, por aplicação dos critérios do nº 1, o preço mais elevado foi fixado por acordo entre adquirente e alienante através de negociação particular;
b) Se os valores mobiliários, estando admitidos à negociação em mercado regulamentado, apresentarem liquidez reduzida por referência a esse mesmo mercado;
c) Se a contrapartida foi fixada com base no preço de mercado dos valores mobiliários em causa, mas esse preço ou o próprio mercado regulamentado em que os valores mobiliários estão admitidos à negociação tiverem sido afetados por acontecimentos excecionais.

Em princípio, a contrapartida pode consistir em valores mobiliários: estaremos, então, perante uma oferta pública de troca. No entanto, o art. 188º, 5, estabelece várias exigências para que tal possa acontecer: desde logo, é necessário que se trate de valores mobiliários «do mesmo tipo do que os visados na oferta»; têm igualmente que ser valores mobiliários admitidos à negociação em mercado regulamentado ou da mesma categoria de valores mobiliários de comprovada liquidez admitidos à negociação em mercado regulamentado.

Contudo, a contrapartida *não pode consistir apenas* em valores mobiliários se o oferente ou pessoas que com ele estejam em qualquer situação prevista no art. 20º, 1, tiverem, «nos seis meses anteriores ao anúncio preliminar e até ao encerramento da oferta, adquirido quaisquer ações representativas do capital social da sociedade visada com pagamento em dinheiro». Quando assim seja, deve ser apresentada contrapartida equivalente em dinheiro[587].

«A fixação da contrapartida por auditor independente em OPA», *RLJ*, 140º, 3964, 2011, p. 39 e ss., a p. 67.

[587] O art. 188º, 5, do CVM tem uma redação confusa, mostrando mais uma vez que é importante saber escrever bom português para também legislar. De qualquer modo, no Preâmbulo do DL 219/2006, de 2 de novembro, pode ler-se que a «solução apresentada no artigo 188º do Código dos Valores Mobiliários estabelece que a contrapartida pode consistir apenas [em] valores mobiliários de comprovada liquidez, exceto se o oferente tiver, no período anterior ao

9.8. Consequências do incumprimento

O incumprimento do dever de lançar a OPA tem consequências sérias. Em primeiro lugar, a inibição de direitos de voto e de direitos a dividendos prevista no art. 192º do CVM, que se mantém por cinco anos (art. 192º, 2)[588]. Durante o período da suspensão os dividendos abrangidos pela inibição revertem para a própria sociedade (art. 192º, 5). A inibição abrange as ações que excedam o limite a partir do qual o lançamento era devido, as ações adquiridas por exercício de direitos inerentes a essas ações e as ações adquiridas por exercício de direitos inerentes aos outros valores mobiliários referidos no art. 192º, 1, *b)*[589].

Em segundo lugar, está prevista a responsabilidade civil pelos danos causados aos titulares dos valores mobiliários sobre os quais deveria ter incidido a OPA, de acordo com o teor do art. 193º do mesmo Código.

Para além disso, o incumprimento do dever de lançar OPA constitui contraordenação: cfr. art. 388º e al. *h)* do nº 2 do art. 393º do CVM.

10. Cláusulas do contrato de sociedade que só permitem vender em OPA. Cláusulas do contrato de sociedade que obrigam a lançar OPA. Cláusulas do contrato de sociedade que excluem a transmissibilidade das ações através de OPA

De acordo com o art. 328º, 1, do CSC, o contrato de sociedade não pode limitar a transmissibilidade das ações além do que a lei permite. Uma cláusula que torne mais complexo, oneroso ou demorado o processo de transmissão de ações constitui um limite à transmissibilidade das mesmas quando visa impedir a transmissão das ações em caso de violação desse regime.

lançamento da oferta, adquirido ações da visada, caso em que é obrigatória uma alternativa em numerário». Sobre o tema, Hugo Moredo Santos, *Transparência, OPA obrigatória e imputação de direitos de voto*, cit., p. 319 e ss.. A Diretiva das OPAs contém um regime um pouco diferente no seu art. 5º, 5. Realçamos que a Diretiva tem em conta as aquisições do oferente e de «quaisquer pessoas que com ele atuem em concertação» e apenas considera relevante a aquisição de valores mobiliários que representem 5% ou mais dos direitos de voto da sociedade visada.

588 A inibição dos direitos de voto tem, por sua vez, a consequência prevista no art. 192º, 4: são «anuláveis as deliberações dos sócios que, sem os votos inibidos, não teriam sido aprovadas».

589 Como vimos, a OPA deveria ter sido lançada não apenas sobre as ações, mas também sobre «outros valores mobiliários emitidos por essa sociedade que confiram direito à sua subscrição ou aquisição». Os direitos de subscrição ou aquisição não são inibidos, mas a inibição já afetará as ações subscritas ou adquiridas.

É certo que o art. 328º, 2, *c)*, do CSC prevê a possibilidade de o contrato de sociedade subordinar «a transmissão de ações nominativas e a constituição de penhor ou usufruto sobre elas à existência de determinados requisitos, subjetivos ou objetivos, que estejam de acordo com o interesse social». Como se vê, a cláusula pode subordinar a transmissão à existência de requisitos: esses requisitos devem existir antes da transmissão (ou da constituição de penhor ou usufruto). E se assim é, a transmissão não pode ficar subordinada a requisitos que digam respeito à própria transmissão: seriam requisitos que não existiriam antes da transmissão[590].

Assim, como a OPA é também um processo, uma cláusula do contrato de sociedade que apenas permite vender as ações nominativas numa OPA é ilícita se com ela se pretende que a respetiva violação impeça a transmissão: é nula, porque viola norma de caráter imperativo.

O mesmo se deve dizer dos casos em que as cláusulas obrigam o acionista a lançar uma OPA para adquirir ações nominativas da sociedade ou que o obrigam a lançar a OPA mesmo que não queira adquirir ações da sociedade, se, em ambos os casos, se afasta a possibilidade de transmitir ações a favor do obrigado a lançar a OPA fora do âmbito desta[591].

Também nos parecem ilícitas e nulas as cláusulas que afastam a possbilidade de transmissão das ações nominativas em OPA. Mais uma vez, uma cláusula com esse teor estabelece um requisito que se cumpre através da própria transmissão: não se trata de um requisito que exista antes dessa transmissão[592].

11. A aquisição potestativa

No art. 194º do CVM encontra-se prevista a possibilidade de adquirir potestativamente as ações ditas «remanescentes» de uma sociedade aberta

[590] Com diferente leitura, Osório de Castro, «Da admissibilidade das chamadas "OPAs estatutárias" e dos seus reflexos sobre a cotação das acções em bolsa», *Jures et de jure. Nos vinte anos da Faculdade de Direito da Universidade Católica Portuguesa – Porto,* UCP, Porto, 1998, p. 117 e ss., a p. 132.

[591] Para mais desenvolvimentos, v. o nosso *Cláusulas do contrato de sociedade que limitam a transmissibilidade das ações,* cit., p. 542 e s. Sobre o tema, v. tb. Menezes Cordeiro, «A OPA estatutária como defesa contra tomadas hostis», *ROA*, 59, 1998, p. 133 e ss., Osório de Castro, «Da admissibilidade ds chamadas "OPAs estatutárias " e dos sus reflexos sobre a cotação das acções em bolsa», cit., p. 117 e ss..

[592] V., também aqui, para mais desenvolvimentos, o nosso *Cláusulas do contrato de sociedade que limitam a transmissibilidade das ações,* cit., p. 541 e s..

(que tenha como lei pessoal a lei portuguesa)[593]. Essa possibilidade existe quando alguém («Quem») lançou antes uma OPA geral[594], na sequência do que, diretamente ou nos termos do nº 1 do art. 20º, atingiu ou ultrapassou 90% dos direitos de voto correspondentes ao capital social daquela sociedade aberta até ao apuramento dos resultados da oferta[595] *e* 90% dos direitos de voto abrangidos pela oferta (nº 1)[596]-[597].

A aquisição potestativa não é uma OPA. Não estamos agora perante uma proposta apresentada por um oferente. A aquisição das ações remanescentes é potestativa: tomada a decisão de realizar essa aquisição, a mesma não depende da aceitação dos titulares das ações em causa[598]. Essa possibilidade tem sido justificada frequentemente com a necessidade de evitar as dificuldades que uma pequena minoria poderia colocar ao oferente e o

593 O *Report of the High Level Group of Company Law Experts on issues related to Takeover Bids*, cit., p. 54 e ss., dedicava o Cap. III aos «squeeze-out and sell-out rights after a takeover bid» e o tema voltou a ser abordado no Cap. VI do *Report of the High Level Group of Company Law Experts on a Modern Regulatory Framework for Company Law in Europe*. A Diretiva das OPAs contém um art. 15º que obriga os Estados-Membros a consagrar um regime de aquisição potestativa «na sequência de uma oferta dirigida a todos os titulares de valores mobiliários da sociedade visada incidindo sobre a totalidade dos seus valores mobiliários» (nº 1).

594 A OPA geral que está em causa é a que, segundo os critérios acima expostos, será simultaneamente total e geral. No mesmo sentido, António Barreto Menezes Cordeiro, *Manual de direito dos valores mobiliários*, cit., p. 341.

595 Não é claro o que deve entender-se por atingir ou ultrapassar, «na sequência do lançamento de oferta pública de aquisição geral», os mencionados «90% dos direitos de voto [...]». Que aquisições são contabilizadas? Apenas as que ocorrem no âmbito da OPA? Ou também as que têm lugar fora da OPA, mas na pendência da mesma? Concordamos com Paulo Câmara, *Manual de direito dos valores mobiliários*, cit., p. 779, que considera que «as transações na pendência da oferta pública de aquisição, realizadas ao abrigo do disposto no artigo 180º, importam para efeitos da aplicação do artigo 194º». Com leitura oposta, António Barreto Menezes Cordeiro, *Manual de direito dos valores mobiliários*, cit., p. 342. A leitura que adotámos não significa que, no plano do direito a constituir, coincida com a solução legal que consideraríamos preferível.

596 O art. 196º do CVM prevê igualmente a possibilidade de os titulares das ações remanescentes alienarem potestativamente as suas ações.

597 Para uma solução diferente, v. o § 39a da *WpÜG*. Cabe, aliás, perguntar se o legislador nacional respeitou o disposto no art. 15º, 2, da Diretiva das OPAs ao não utilizar apenas uma das duas vias ali estabelecidas.

598 Mas nos processos de aquisição tendente ao domínio total regulados no CVM deve ser assegurado um «tratamento igual aos titulares de ações da mesma categoria» (art. 197º do CVM).

free rider problem, desincentivando o lançamento de OPAs[599]. Se uma OPA é lançada a pensar, por exemplo, em contratos futuros de subordinação ou em fusões, o minoritário pode atrasar ou impedir essas medidas[600].

A aquisição potestativa de que estamos a tratar depende de requisitos diferentes dos que encontramos no art. 490º do CSC[601]. Neste último pre-

[599] Sobre o tema, v., p. ex., MIKE BURKART/FAUSTO PANUNZI, «Mandatory bids, squeeze-out, sell-out and the dynamics of the tender offer process», cit., p. 754 e s., CHARLIE WEIR, «The market for corporate control», cit., p. 338. Especificamente sobre o *free-rider problem*, SANFORD GROSSMAN/OLIVER HART, «Takeover bids, the free-rider problem, and the theory of the corporation», *BellJE*, 1980, 11, nº 1, p. 42 e ss..

[600] Lembrando isso mesmo, para a Alemanha, KAI HASSELBACH, «§ 39a», in HERIBERT HIRTE /CHRISTOPH VON BÜLOW (her.), *Kölner Kommentar zum WpüG*, cit., Rn. 8.

[601] Sobre o art. 490º do CSC, cfr., no sentido da inconstitucionalidade, o Ac. STJ de 2 de outubro de 1997 (Relator: Lúcio Teixeira), BMJ, 470º, 1997, p. 619 e ss.. Afastando a inconstitucionalidade, cfr. os Acs. RL de 6 de junho de 2002 (Relator: Eduardo Sousa Magalhães), *CJ*, 2002, III, p. 92 e ss., e de 29 de outubro de 2002 (Relator: Abrantes Geraldes), in CJ, 2002, IV, p. 106 e ss., os Acs. da RP de 20 de abril de 2004 (Relator: Emídio Costa) e de 30 de setembro de 2004 (Relator: João Vaz), ambos em www.dgsi.pt, os Acs. do STJ de 10 de abril de 2003 (Relator: Moitinho de Almeida), CJ/STJ, 2003, II, p. 26 e ss., e de 3 de fevereiro de 2005 (Relator: Oliveira Barros), CJ/STJ, 2005, I, p. 64 e ss., e o Ac. TC nº 491/2002 (Relator: Paulo Mota Pinto). Cfr. tb. J. M. COUTINHO DE ABREU/ALEXANDRE SOVERAL MARTINS, *Grupos de Sociedades Aquisições Tendentes ao Domínio Total*, Almedina, Coimbra, 2003, ID., «Artigo 490º», in J. M. COUTINHO DE ABREU (coord.), *Código das Sociedades Comerciais em comentário*, VII, Almedina, Coimbra, 2014, p. 136 e ss.. Na doutrina portuguesa, v. ainda MENEZES CORDEIRO, «Da constitucionalidade das aquisições tendentes ao domínio total (artigo 490º, nº 3 do Código das Sociedades Comerciais)», *BMJ*, 480º, 1990, p. 5 e ss., MENEZES CORDEIRO, «Aquisições Tendentes ao Domínio Total: Constitucionalidade e Efectivação da Consignação em Depósito (artigo 490º / 3 e 4 do Código das Sociedades Comerciais)», *O Direito*, 137º, III, 2005, p. 449 e ss., JOSÉ ENGRÁCIA ANTUNES, *A aquisição tendente ao domínio total. Da sua constitucionalidade*, Coimbra Editora, Coimbra, 2001, JOSÉ ENGRÁCIA ANTUNES, «O Artigo 490º do CSC e a Lei Fundamental – "Propriedade Corporativa", Propriedade Privada, Igualdade de Tratamento», AAVV., *Estudos em Comemoração dos Cinco Anos (1995-2000) da Faculdade de Direito da Universidade do Porto*, Coimbra Editora, Coimbra, 2001, p. 147 e ss., JOSÉ MENÉRES PIMENTEL, «O art. 490º, nº 3, do Código das Sociedades Comerciais Será Inconstitucional?», AAVV., *Estudos em Homenagem a Cunha Rodrigues*, vol. II, Coimbra Editora, Coimbra, 2001, p. 515 e ss.; RUI PINTO DUARTE, «Constitucionalidade da Aquisição Potestativa de Acções Tendente ao Domínio Total – Anotação ao Acórdão do TC nº 491/2002», *Jurisprudência Constitucional*, nº 1, janeiro-março 2004, p. 43 e ss., ANA MORAIS ANTUNES, O instituto da aquisição tendente ao domiínio total (art. 490º do CSC): um exemplo de uma "expropriação legal" dos direitos dos minoritários?", AAVV., *20 anos do Código das Sociedades Comerciais, homenagem aos Profs. Doutores A. Ferrer Correia, Orlando de Carvalho e Vasco Lobo Xavier*, II, 207, p. 203 e ss., ANA FILIPA MORAIS ANTUNES, «A Aquisição Tendente ao Domínio Total no Direito Societário e no Direito dos Valores Mobiliários», AAVV., *Aquisição*

ceito está previsto que uma *sociedade* que disponha, por si ou juntamente com outras sociedades ou pessoas mencionadas no art. 483º, 2, do CSC, de quotas ou ações correspondentes a, pelo menos, 90% do capital de outra sociedade poderá, verificadas certas circunstâncias, tornar-se titular das ações ou quotas pertencentes aos chamados «sócios livres» da sociedade dependente[602]. No entanto, a aquisição potestativa do art. 490º do CSC não depende de prévio lançamento de OPA geral. E o próprio art. 490º, 7, do CSC remete para o CVM quanto ao regime da aquisição tendente ao domínio total da sociedade com o capital aberto ao investimento do público.

No art. 490º do CSC estabelece-se que a aquisição tendente ao domínio total terá de ser levada a cabo por uma *sociedade,* que deverá ser por quotas, anónima ou em comandita por ações (art. 481º, 1, do CSC), não sendo o mesmo exigido no art. 194º do CVM: «quem» atinge ou ultrapassa os limites agora em causa não tem sequer que ser uma sociedade.

Além disso, o que interessa calcular para se verificar se a aquisição permitida pelo art. 490º do CSC é possível não são os votos na disposição daquela sociedade relativamente ao total correspondente ao capital social, mas sim a *parte do capital social* de que a sociedade dominante dispõe.

No caso da aquisição potestativa prevista no art. 194º do CVM interessam tanto os direitos de voto de que o oferente seja titular diretamente,

de Empresas, Coimbra Editora, Coimbra, 2011, p.313 e ss., PEDRO PAIS DE VASCONCELOS, «Constituição de grupo por domínio total superveniente – o tempo e o modo», *DSR,* out. 2012, ano 4, vol. 8, p. 35 e ss.; ANA PERESTRELO DE OLIVEIRA, *Manual de grupos de sociedades,* Almedina, Coimbra, 2016, p. 94 e ss.. A questão da constitucionalidade do regime de aquisição potestativa previsto no CSC deveria colocar-se novamente tendo em conta as alterações de 2006, que aumentaram a desproteção do sócio minoritário. Questionando os argumentos dos que sustentam a constitucionalidade do regime, J. M. COUTINHO DE ABREU/ALEXANDRE DE SOVERAL MARTINS, «Artigo 490º», in J. M. COUTINHO DE ABREU (coord.), *Código das Sociedades Comerciais em comentário,* VII, cit., p. 147 e ss. (para onde se remete quem pretenda uma análise mais desenvolvida do preceito). Este último texto deve ser consultado quanto ao âmbito de aplicação do art. 490º do CSC e do art. 194º do CVM (p. 151 e 172), bem como, mais recentemente, MARIA MIGUEL CARVALHO, «Aquisição tendente ao domínio total», in PAULO DE TARSO DOMINGUES (coord.), *Congresso Comemorativo dos 30 anos do Código das Sociedades Comerciais,* Almedina, Coimbra, 2017, p. 59 e ss., p. 209.

602 Deverá aplicar-se, com as devidas adaptações, o art. 494º, 2, do CSC. Defendendo que tanto a decisão de adquirir os 90% do capital social como a decisão de aquisição potestativa exigem a intervenção do colégio dos sócios, ANA PERESTRELO DE OLIVEIRA, *Manual de grupos de sociedades,* cit., p. 97 e s..

como os que lhe sejam imputados nos termos do art. 20º, 1. Para a aquisição tendente ao domínio total permitida pelo art. 490º são consideradas relevantes as quotas ou ações de que a sociedade dominante disponha, por si ou juntamente com as sociedades ou pessoas mencionadas no art. 483º, 2. Comparando os preceitos referidos, muitas são as diferenças.

O direito de aquisição potestativa previsto no art. 194º do CVM surge porque se atingiram certos patamares quanto aos direitos de voto. Mas o regime permite adquirir as ações remanescentes: isto é, também as ações preferenciais sem voto. A justificação para essa solução pode residir em que os titulares de ações sem direito de voto também podem «free-ride on the acquirer's superior ability to manage the company by their very entitlement to their share of a company's chash flow rights, thus decreasing ex ante the incentives for takeovers»[603].

O procedimento a seguir para a aquisição potestativa do art. 194º do CVM e para a aquisição tendente ao domínio total do art. 490º do CSC não é igual. Basta ver que, de acordo com o art. 490º, 2 e 3, do CSC, a sociedade dominante pode fazer uma oferta de aquisição das participações dos restantes sócios, oferta que a própria lei qualifica de proposta[604], e depois «pode tornar-se titular das ações ou quotas pertencentes aos sócios livres da sociedade dependente, se assim o declarar na proposta, estando a aquisição sujeita a registo por depósito e publicação»: cfr. o nº 3 do art. 490º do CSC. No entanto, o registo só pode ser efetuado se a sociedade dominante tiver consignado em depósito a contrapartida (em dinheiro ou nas suas próprias quotas, ações ou obrigações)[605]. A contrapartida[606] será jus-

[603] LUCA ENRIQUES, «The mandatory bid rule in the Proposed EC Takeover Directive: hamronization as rent-seeking?», in GUIDO FERRARINI/KLAUS HOPT/JAAP WINTER/EDDY WIMEERSCH (ed.), *Reforming company and takeover law in Europe*, cit., p. 782.

[604] Antes da oferta de aquisição a sociedade dominante deve fazer a comunicação prevista no art. 490º, 1, do CSC. Essa comunicação será feita à sociedade em que, direta ou indiretamente, tem a participação relevante, no prazo de 30 dias seguintes ao dia em que for atingida essa participação. Como sublinha ANA PERESTRELO DE OLIVEIRA, *Manual de grupos de sociedades*, cit., p. 97, a comunicação é feita à sociedade e não aos sócios desta. E pouco mais se diz na lei.

[605] Discute-se, porém, se a consignação em deposito deve ser judicial. Sobre o tema, J. M. COUTINHO DE ABREU/ALEXANDRE DE SOVERAL MARTINS, «Artigo 490º», cit., p. 158 e ss., e, mais recentemente, MARIA MIGUEL CARVALHO, «Aquisição tendente ao domínio total», cit., p. 215.

[606] Para desenvolvimentos quanto ao cálculo da contrapartida, J. M. COUTINHO DE ABREU/ALEXANDRE DE SOVERAL MARTINS, «Artigo 490º», cit., p. 157 e s..

tificada por relatório de ROC independente das sociedades interessadas, devendo esse relatório ser depositado no registo e «patenteado» aos interessados nas sedes da sociedade dominante e da sociedade dependente (art. 490º, 2 e 4, do CSC).

Já no caso da aquisição potestativa prevista no art. 194º do CVM será necessário, depois de tomada a decisão (e tendo em conta o prazo de três meses fixado no nº 1), fazer publicar anúncio preliminar e enviá-lo à CMVM para efeitos de registo (art. 194º, 3). Com a publicação do anúncio preliminar o sócio dominante fica obrigado a consignar a contrapartida em depósito numa instituição de crédito, devendo essa contrapartida ficar à ordem dos titulares das ações remanescentes. O cálculo da contrapartida obedece a regras diferentes das que encontramos no art. 490º do CSC[607] (cfr. os arts. 194º, 1 e 2, e 188º do CVM). Efetuado o registo na CMVM, o interessado deve fazer publicar esse registo, tornando-se eficaz a aquisição nesse momento (art. 195º, 1)[608]. Deverão ainda ter lugar os atos previstos no art. 195º, 2, 3 e 4: transferências entre contas, emissão de novos títulos, exclusão, sendo o caso, da negociação em mercado regulamentado das ações da sociedade e dos valores mobiliários que a elas dão direito.

12. A OPA deve respeitar a igualdade de tratamento dos destinatários

Como se pode ler no art. 112º do CVM, todas as ofertas públicas relativas a valores mobiliários «devem ser realizadas em condições que assegurem tratamento igual aos destinatários (...)»[609]. Também se exige no art. 173º do CVM que a oferta pública de aquisição seja dirigida a «todos os titulares dos valores mobiliários que dela são objecto». A igualdade de tratamento manifesta-se, por exemplo, na necessidade de rateio prevista no art. 112º, 2, do CVM ou nas consequências de uma alteração da contrapartida (cfr.

[607] Relativamente à contrapartida prevista no art. 490º do CSC, é questionável se deve existir sempre a oferta de uma alternativa de natureza pecuniária: cfr., sobre o tema, J. M. Coutinho de Abreu/Alexandre de Soveral Martins, «Artigo 490º», cit., p. 157, e Ana Perestrelo de Oliveira, *Manual de grupos de sociedades*, cit., p. 98 e s.

[608] O art. 490º, 5 e 6, do CSC também permite que, verificados os pressupostos legais, tenha lugar a alienação potestativa por parte dos sócios ou acionistas livres. No entanto, o sócio livre que tenha de impor a aquisição à sociedade dominante está obrigado a propor uma ação em tribunal. Outro é o regime constante do art. 196º do CVM.

[609] Sem prejuízo do disposto no art. 124º, 2. Sobre a igualdade de tratamento no âmbito de uma OPA, Antunes, José Engrácia, «A igualdade de tratamento dos accionistas na OPA», *DSR*, 3, p. 87-111.

o art. 184º e a remissão para o disposto no art. 129º e, em particular, para o seu nº 2).

13. A administração da sociedade visada deve adotar um comportamento leal

O órgão de administração da sociedade visada pela OPA tem o dever de se comportar de forma leal. No art. 181º, 5, *d)*, do CVM estabelece-se que o órgão de administração da sociedade visada deve, a partir da publicação do anúncio preliminar e até ao apuramento dos resultados, agir de boa fé «quanto à lealdade do comportamento».

De qualquer modo, o lançamento da OPA não suspende os deveres que recaiem sobre os membros do órgão de administração ao abrigo do direito das sociedades[610].

14. A limitação de poderes do órgão de administração

14.1. A *passivity rule* e a sua razão de ser[611]

Como se vê pela leitura do nº 1 do art. 182º, o órgão de administração[612] da sociedade visada[613] não pode, entre o momento em que toma conhecimento da decisão de lançamento da OPA sobre mais de um terço dos valores mobiliários da respetiva categoria[614] e o apuramento do resultado ou a

[610] Lembrando isso mesmo, para a Alemanha, KLAUS SCHMOLKE, «2. Kapitel. Grundbausteine des WpÜG. § 6. Alllgemeine Grundsätze für Angebote nach tem WpÜG», in NIKOLAUS PASCHOS/HOLGER FLEISCHER (her.), *Handbuch Übernahmerecht nach dem WpÜG*, cit., p. 180.

[611] Retomamos aqui grande parte do que escrevemos em «Poderes dos administradores e OPA: "em bolandas" entre o art. 182º do CVM e o art. 409º do CSC», DSR, março 2017, 9, 17, p. 87 e ss..

[612] Quanto às sociedades com estrutura dualista, v. infra.

[613] Sobre os atos da administração das sociedades em relação de grupo ou domínio, BRITO PEREIRA, «A limitação dos poderes da sociedade visada durante o processo de OPA», cit., p. 190, PAULO CÂMARA, *Manual de direito dos valores mobiliários*, cit., p. 614, ORLANDO VOGLER GUINÉ, «A transposição da Directiva 204/25/CE e a limitação dos podreres do órgão de administração da sociedade visada», cit., p. 34, e *Da conduta (defensiva) da administração "Opada"*, cit., p. 180 e ss. (defendendo, aqui, que «em todos os casos em que a Administração de uma sociedade tenha, pela lei societária, de observar as prescrições de gestão emitidas por outra sociedade, uma OPA lançada sobre esta não deve deixar de produzir as mesmas limitações à sua actuação que incidem sobre a Administração da sociedade visada»), JOÃO CUNHA VAZ, *A OPA e o controlo societário. A regra de não frustração*, cit., p. 202.

[614] Porém, o art. 173º, 3, do CVM afasta a aplicação, designadamente, das regras relativas aos deveres do emitente se a OPA é lançada «apenas sobre valores mobiliários que não sejam ações ou valores mobiliários que conferem direito à sua subscrição ou aquisição».

cessação em momento anterior do processo, «praticar atos suscetíveis de alterar de modo relevante a situação patrimonial da sociedade visada que não se reconduzam à gestão normal da sociedade e que possam afetar de modo significativo os objetivos anunciados pelo oferente». Trata-se de uma forma de consagrar a que é conhecida como *passivity rule* ou *no frustration rule*[615] e que visa, acima de tudo, evitar que o órgão de administração atue em prejuízo dos verdadeiros interesses dos acionistas[616] e siga apenas uma

[615] Na Alemanha, a terminologia varia: fala-se de *Neutralitätspflicht, Stillhaltegebot, Behinderungsverbot, Vereitelungsverbot* (cfr. HOLGER FLEISCHER/SUSANNE KALSS, *Das neue Wertpapiererwerbs- und Übernahmegesetz*, Beck, München, 2012, § 3, p. 120). Os §§ 33 e 33a da *WpÜG* alemã consagram duas alternativas. O regime do § 33 aplica-se se os estatutos da sociedade alvo não previrem que essa aplicação não tem lugar, pois nesse último caso deve recorrer-se ao § 33a (2). Em ambos os casos proíbe-se, em regra, que o *Vorstand* atue de forma a impedir o sucesso da oferta («durch die der Erfolg des Angebots verhindert werden könnte»), sendo no entanto diferentes as exceções. A razão de ser da existência de ambos os parágrafos reside na utilização das soluções admitidas pelo art. 12º, 1 e 2, da Diretiva das OPAs. Com o § 33 verifica-se o *Opt Out* ao abrigo do art. 12º, 1, da Diretiva; com o § 33a, tem lugar o *Opt In* no âmbito do disposto no art. 12º, 2, da mesma Diretiva: cfr. KLAUS-DIETER STEPHAN, «§ 33a», in HANS-DIETER ASSMANN/THORSTEN PÖTZSCH/UWE SCHNEIDER (her.), *Wertpapiererwerbs- und Übernahmegesetz*, 2. Aufl., Otto Schmidt, Köln, 2013, Rn. 15, ROLAND STEINMEYER, «§ 33», in ROLAND STEINMEYER, *WpÜG. Wertpapiererwerb - und Übernahmegesetz. Kommentar*, 3. Aufl., Erich Schmidt, Berlin, 2013, Rn. 4 (que, em «§ 33 a», Rn. 2, se refere a uma «deutsche Verhinderungsverbot» e a uma «europäische Verhinderungsverbot»). Sobre outros deveres que a lei impõe ao órgão de administração da sociedade visada, v. ANTÓNIO SOARES/RITA OLIVEIRA PINTO, «Os deveres do órgão de administração da sociedade visada na pendência de uma oferta pública de aquisição», in *Estudos em Homenagem ao Professor Doutor Carlos Ferreira de Almeida*, I, Almedina, Coimbra, 2011, p. 861 e ss.. Para uma crítica à expressão «neutrality rule» SOARES DA SILVA, «Nótula sobre *passivity* e *optimal* default nacional em tempos de revisão da diretiva das OPA», cit., p. 783 e ss.

[616] Sobre o tema, entre nós e desenvolvidamente, ORLANDO VOGLER GUINÉ, «A transposição da Directiva nº 2004/25/CE e a limitaçao dos poderes do órgão de administração da sociedade visada», *CadMVM*, 2005, 22, dezembro, p. 21 e ss. e *Da conduta (defensiva) da administração "Opada"*, cit.; JOÃO CUNHA VAZ, *A OPA e o controlo societário. A regra de não frustração*, cit.. Lembrando a possibilidade de os *managers* recolherem «disproportionate share of rents» de «friendly deals», JOSEPH MCCAHERY/LUC RENNEBOOG/PEER RITTER/SASCHA HALLER, «The economics of the proposed Takeover Directive», in GUIDO FERRARINI/KLAUS HOPT/JAAP WINTER/EDDY WYMEERSCH (ed.), *Reforming Company and Takeover Law in* Europe, Oxford University Press, Oxford, 2004, p. 632. Mas v., alertando para as consequências do domínio de estratégias de curto prazo por parte de investidores institucionais sem «social goals» e para «highly leveraged takeovers», MARTIN LIPTON, «Corporate governance in the age of finance corporatism», *UPaLR*, 136, 1987, november, 1, p. e ss.; chamando a atenção para os riscos de uma «pressure to tender» devido à eventual previsão de descida dos preços

estratégia de *management-entrenchment*. A lei considera que, nos casos nela previstos, o mercado pelo controlo das sociedades deve poder funcionar sem os entraves que os membros do órgão de administração queiram criar para protegerem a sua posição[617]. O funcionamento desse mercado terá uma função «disciplinadora». No entanto, como se verá, serão admissíveis muitos atos do órgão de administração que podem «afetar de modo significativo os objectivos anunciados pelo oferente».

A violação do limite resultante do art. 182º, 1, do CVM pode ter consequências graves. Para além da eventual responsabilidade civil dos membros do órgão de administração, a própria sociedade visada pode ter que responder ao abrigo do disposto no art. 6º, 5, do CSC. A atuação dos membros do órgão de administração pode também constituir justa causa de destituição. E, se for possível dizer que se está perante uma «alteração imprevisível e substancial das circunstâncias que, de modo cognoscível pelos destinatários, hajam fundado a decisão de lançamento da oferta, excedendo os riscos a esta inerentes», até pode ocorrer a modificação ou a revogação da oferta (arts. 128º e 130º do CVM).

Para além disso, os administradores da sociedade visada devem ter em conta o regime dos crimes de manipulação do mercado e de abuso de infor-

após uma oferta parcial, LUCIAN BEBCHUK, «The Case Against Board Veto in Corporate Takeovers», cit., p. 981.

617 Como escreve ROBERT CLARK, *Corporate Law*, cit., p. 533, os oferentes monitorizam o desempenho das sociedades-alvo e atuam como veículos para disciplinar a «suboptimal performance». O comportamento dos administradores e as suas consequências pode justificar o lançamento da OPA e a subsequente destituição daqueles. Para uma compreensão dos aspetos em jogo no *takeover debate*, v.MARTIN LIPTON, «Takeover Bids in the Target's Boardroom, 35, *Bus.Law.*, 1979, p. 101 e ss. (manifestando-se favorável à adoção de medidas defensivas do *board*: «Once the directors have properly determined that a takeover should be rejected they may take any reaonable action to accomplish this purpose [...]»), e FRANK EASTERBROOK/ DANIEL FISCHEL, «The Proper Role of a Target's Management in Responding to a Tender Offer», 94, *HLR*, 1981, p. 1161 e ss. (defendendo uma «managerial passivity»). Cfr. tb., com uma vasta lista de argumentos a favor e contra o *board veto*, LUCIAN BEBCHUK, «The Case Against Board Veto in Corporate Takeovers», 69, *U.Chi.L.Rev.*, 2002, p. 973 e ss.. Sobre a discussão em torno da (pretensa?) eficácia disciplinadora da ameaça de uma OPA e sua compatibilização com o regime da atuação dos membros do *Vorstand*, THEODOR BAUMS, «Feindliche Übernahmen und Magementkontrolle – Anmerkungen aus deutscher Sicht», p. 2 e ss.; HANNO MERKT, *US-amerikanisches Gesellschaftsrecht*, cit., p. 812 e ss.. Tendo em conta que a atuação dos administradores (e não só) pode ter consequências na cotação das ações, surge o que a doutrina tem designado por «market for corporate control»: cfr. o que escrevemos no ponto 3 deste capítulo.

mação (cfr., respetivamente, os arts. 379º e 378º do CVM). Deve ainda ser avaliada a eventual existência de ilícito contraordenacional (cfr., em particular, os arts. 389º e 393º do CVM).

A solução contida no art. 182º, 1, do CVM é anterior à transposição da Diretiva das OPAs. Essa transposição teve lugar através do DL 219/2006, de 2 de novembro, que não alterou aquele nº 1[618].

14.2. Os atos proibidos

O órgão de administração não pode praticar atos que sejam suscetíveis de alterar de modo relevante a situação patrimonial da sociedade visada, não se reconduzam à gestão normal da sociedade visada e possam afetar de modo significativo os objetivos anunciados pelo oferente. Atos que, muitas vezes, serão verdadeiras medidas anti-OPA. Contudo, os requisitos parecem ser cumulativos[619] e a redação não coincide com a adotada no art. 9º, 2, da Diretiva das OPA[620].

[618] Na Diretiva das OPA, a «passivity rule» está prevista no art. 9º, 2 e 3. No entanto, esse regime é facultativo (nos termos do art. 12º da Diretiva). Sobre a influência do *City Code on Takeovers and Mergers*, STEFAN GRUNDMANN, «The Market for Corporate Control», in KLAUS HOPT/EDDY WYMEERSCH/HIDEKI KANDA/HARALD BAUM (ed.), *Corporate Governance in Context. Corporations, States and Markets in Europe, Japan, and the US*, Oxford University Press, Oxford, 2005, p. 425 e s.

[619] ORLANDO VOGLER GUINÉ, «A transposição da Directiva 204/25/CE e a limitação dos poderes do órgão de administração da sociedade visada», cit., p. 26, JOÃO CUNHA VAZ, *A OPA e o controlo societário. A regra de não frustração*, cit., p. 228, e PAULO CÂMARA, *Manual de Direito dos Valores Mobiliários*, 3ª ed., cit., pp. 613 e 614.. Aparentemente com outra leitura, MARTIM KRUPENSKI, «Portugal», cit., p. 343 («prohibiting the offeree company board from taking action that may significantly alter the company's assets and/or harm or jeopardise the offeror's legitimate objectives [...]»).

[620] O que não significa que haja violação da Diretiva (naturalmente, a questão só interessa no que diz respeito às sociedades e ofertas por aquela abrangidas). Para que se compreenda bem o sentido do art. 9º, 3, da Diretiva das OPAs, é preciso ter em conta que o mesmo faz menção às «decisões que devam ser tomadas antes do início do período previsto no segundo parágrafo do nº 2 e que não tenham sido ainda parcial ou totalmente aplicadas», mas, na verdade, interessam as decisões tomadas antes do período em causa, como facilmente se retira, por exemplo, da versão em língua inglesa – «decisions taken» -, em língua alemã – «gefasste Entscheidungen» -, em língua francesa – «décisions qui ont été prises» -, etc.. Mas se não é necessário que a assembleia geral aprove ou confirme uma decisão que se insira no *quadro normal das atividades* da sociedade quando aquela decisão foi tomada *antes* do período relevante, também não deve ser necessário que se pronuncie se a decisão foi tomada *durante* o período relevante (cfr.tb. o que se diz a seguir no texto). Sobre o sentido do art. 9º, 3, da Diretiva das OPAs, ROGER KIEM, «§ 33 a», in THEODOR BAUMS/GEORG THOMA (her.), *WpÜG. Kommentar zum Wertpapiererwerbs- und*

Um ato suscetível de alterar de modo relevante a situação patrimonial da sociedade visada que *possa ser reconduzido à gestão normal* da sociedade não é proibido pelo preceito. Como também não é proibido um ato que altere de modo relevante a situação patrimonial da sociedade visada que *não possa afetar de modo significativo os objetivos* anunciados pelo oferente. E um ato que ultrapasse a gestão normal da sociedade pode ainda ser praticado se *não altera de modo relevante a situação patrimonial da sociedade* ou se *não pode afetar de modo significativo os objetivos anunciados pelo oferente.*

Mas as limitações não dizem apenas respeito aos atos resultantes de decisões tomadas durante o período relevante. Com efeito, o art. 182º, 2, *c)*, acrescenta que ficam também abrangidos os «atos de execução de decisões tomadas antes do período» em causa («ali referido», diz a lei...) e que «ainda não tenham sido parcial ou totalmente executados». A norma não faz distinções entre os órgãos que tomaram a decisão: pode ter sido o órgão de administração ou não[621]. Compreende-se bem a solução legal. As decisões tomadas antes do período relevante não tiveram em conta o que, durante esse mesmo espaço de tempo, ficou a ser conhecido e que poderá conduzir a uma diferente decisão[622].

Übernahmegesetz, cit., Rn. 52 e 53; convergentemente, MICHAEL SCHLITT, « WpÜG § 33 a», in WULF GOETTE/MATHIAS HABERSACK/SUSANNE KALSS (her.), *Munchener Kommentar zum AktG*, cit., Rn. 41. O exposto mostra que não deve espantar o facto de o art. 182º, 1, do CVM também fazer referência aos atos «que não se reconduzam à gestão normal da sociedade», quando isso não consta expressamente do art. 9º, 2, da Diretiva. É certo que o art. 182º, 1, do CSC alude a atos que sejam «suscetíveis de alterar de modo relevante a situação patrimonial da sociedade visada» e «que possam afetar de modo significativo os objetivos anunciados pelo oferente», ao passo que o art. 9º, 2, da Diretiva das OPAs se imiscui em ações suscetíveis «de conduzir à frustração da oferta». Mas não parece absurdo dizer que tanto os atos que sejam «suscetíveis de alterar de modo relevante a situação patrimonial da sociedade visada» como os «que possam afetar de modo significativo os objetivos anunciados pelo oferente» constituem ações suscetíveis «de conduzir à frustração da oferta».

[621] Mas v., defendendo a necessidade de interpretação extensiva, JOÃO CUNHA VAZ, *A OPA e o controlo societário. A regra de não frustração*, cit., p. 234. Quanto às decisões tomadas pela assembleia geral em matéria de gestão, lembre-se o art. 373º, 3, do CSC.

[622] Cfr., em sentido próximo, STEFAN GRUNDMANN, «The Market for Corporate Control», in KLAUS HOPT/EDDY WYMEERSCH/HIDEKI KANDA/HARALD BAUM (ed.), *Corporate Governance in Context. Corporations, States and Markets in Europe, Japan, and the US*, cit., p. 430, e CALVÃO DA SILVA, «Ofertas Públicas de Aquisição (Regime europeu e português)», AAVV., *Internacionalização do direito no novo século*, BFD, Studia Iuridica, Colloquia 17, Coimbra Editora, Coimbra, 2009, p. 189.

Porém, o que se estende a esses atos é a limitação: os atos que não são abrangidos pela limitação do nº 1 não passam a ficar sujeitos à mesma no caso de constituírem execução de uma decisão tomada antes do período em causa. Ou seja: um ato que não é suscetível de alterar de modo relevante a situação patrimonial da sociedade, que se reconduz à gestão normal da sociedade ou que não pode afetar de modo significativo os objetivos anunciados pelo oferente não passa a ficar sujeito à limitação pelo facto de a decisão que executa ter sido tomada antes do período em causa. O que a al. *c)* do nº 2 pretende tornar claro é que um ato que ficaria abrangido pela limitação do nº 1 não deixa de ficar abrangido pelo facto de ser execução de uma decisão tomada antes do período relevante. Mas basta que a decisão tenha sido parcialmente executada antes do período relevante para que a limitação já não abranja os restantes atos de execução.

Que dizer, porém, dos casos em que não houve ainda verdadeiramente um ato de execução concluído antes do período relevante? Não bastará que se tenha iniciado o processo para a prática de um ato de execução? Ou só estão livres da limitação os casos em que já foi praticado pelo menos um ato de execução antes do período relevante? O art. 182º, 2, *c)*, não resolve todas as dúvidas, uma vez que parece fazer menção aos *atos* de execução que ainda não tenham sido parcial ou totalmente *executados*. Mas a verdade é que a execução da decisão pode traduzir-se na prática de um único ato. E parece bastar que esse ato só tenha sido parcialmente executado. Pode, assim, tratar-se de um ato *em curso*. É essa, aliás, a leitura que melhor se ajusta à redação do art. 9º, 3, da Diretiva das OPA: «decisões que devam ser tomadas antes do início do período previsto no segundo parágrafo do nº 2 e que não tenham sido ainda parcial ou totalmente aplicadas». A aplicação da decisão pode traduzir-se nos preparativos para a prática do ato de execução, por exemplo. Ou seja: basta que se tenha iniciado a aplicação[623], ainda que isso apenas tenha ocorrido no plano interno (no interior da sociedade)[624].

[623] Bastando-se com o facto de a decisão já ter sido posta em marcha («in die Wege geleitet worden ist»), MICHAEL SCHLITT, «WpÜG § 33 a», in MATHIAS HABERSACK/SUSANNE KALSS (her.), *Münchener Kommentar zum AktG*, Bd. 6, 4. Aufl, Beck (Beck-online), München, 2017, Rn. 50.

[624] É essa a leitura que faz MICHAEL SCHLITT, « WpÜG § 33 a», in WULF GOETTE/MATHIAS HABERSACK/SUSANNE KALSS (her.), *Münchener Kommentar zum AktG*, Bd. 6, 4. Aufl, Beck (Beck-online), München, 2017, Rn. 50, ROGER KIEM, «§ 33 a», in THEODOR

14.3. Alterações relevantes da situação patrimonial da visada

A al. *b)* do nº 2 do art. 182º dispõe que se consideram «alterações relevantes da situação patrimonial da sociedade visada», nomeadamente, «a celebração de contratos que visem a alienação de parcelas importantes do ativo social». Aqui se integram as vendas das «jóias da coroa»: ativos muito apetecíveis do património da sociedade visada que podem até constituir a principal razão para o lançamento da OPA.

As alterações relevantes da situação patrimonial da sociedade visada podem ainda traduzir-se, por exemplo, na emissão de ações ou na emissão de outros valores mobiliários que confiram direito à sua subscrição ou aquisição. Se colocados nas mãos certas, umas e outros podem tornar muito difícil o sucesso da OPA. No que diz respeito ao aumento de capital que deva ser deliberado, há que lembrar o disposto no art. 456º, 1, do CSC, que permite que o contrato de sociedade autorize o órgão de administração a efetuar o aumento por entradas em dinheiro[625]. Quanto à emissão de obrigações (em particular, as convertíveis em ações ou com warrants), o art. 350º, 1, do CSC estabelece regime semelhante (cfr. tb. os arts. 366º, 6, e 372º-B, 5, do CSC). É importante chamar a atenção para isto porque a limitação que resulta do art. 182º, 1, do CVM está pensada para os atos que o órgão de administração poderia praticar fora do período ali em causa.

As alterações relevantes da situação patrimonial da sociedade visada podem verificar-se também em consequência do endividamento a que as medidas adotadas dão lugar[626]. E esse endividamento pode não interessar ao oferente.

14.4. Gestão normal da sociedade

Os atos que se incluem na gestão normal da sociedade[627] não são abrangidos pela limitação que resulta do art. 182º, 1, do CVM[628]. A gestão normal

Baums/Georg Thoma (her.), *WpÜG. Kommentar zum Wertpapiererwerbs- und Übernahmegesetz*, Bd. II, RWS, Köln, (Stand: November 2015), Rn. 61; com outra leitura, Roland Steinmeyer, «§ 33 a», cit., Rn. 14, exigindo que a aplicação («Umsetzung») já se tenha manifestado para o exterior («sich nach außen manifestiert hat»).

625 Sublinhando isso mesmo, João Cunha Vaz, *A OPA e o controlo societário. A regra de não frustração*, cit., p. 218.

626 Chamando a atenção para esse risco, Martin Lipton, «Corporate governance in the age of finance corporatism», cit., p. 23 e s..

627 A *Rule* 21.1, (b), (v), do *City Code* recorre à expressão «ordinary course of business». No § 33a, (2), 2, da *WpÜG* é feita referência aos atos «innerhalb des normalen Geschäftsbetriebs».

é identificada em relação a cada sociedade, correspondendo ao que é esperado perante as circunstâncias da visada (o seu objeto, a sua dimensão, a sua prática anterior, as consequências do ato, etc.)[629]. O que é normal para aquela sociedade pode ir além da gestão corrente ou ficar aquém desta.

A gestão normal deve ser contraposta ao que é excecional. Isso mesmo resulta do Considerando (16) da Diretiva das OPA: «Para evitar operações que possam comprometer o êxito de uma oferta, deverão ser limitados os poderes do órgão de administração de uma sociedade visada em relação a certas operações de caráter excepcional, sem impedir indevidamente a sociedade visada de prosseguir o curso normal das suas atividades».

A gestão normal diz respeito ao que acontece com regularidade, como é o caso dos negócios do dia-a-dia[630]. Mas também pode abranger atos com algum relevo económico, embora esse mesmo relevo possa constituir um indício de que já se ultrapassou a gestão normal[631].

Considerando que *Geschäftsbetrieb* é o mesmo que *Geschäftsverlauf*, HERIBERT HIRTE, «§ 33a», in HERIBERT HIRTE/CHRISTOPH VON BÜLOW (her.), *Kölner Kommentar zum WpÜG*, cit., Rn. 20; com idêntica leitura, ROGER KIEM, «§ 33 a», in THEODOR BAUMS/GEORG THOMA (her.), *WpÜG. Kommentar zum Wertpapiererwerbs- und Übernahmegesetz*, cit., Rn. 54 e 59; com opinião divergente, CHRISTOPH SEIBT/KRISTIAN HEISER, «Analyse des Übernahmerichtlinie-Umsetzungsgesetzes (Regierungsentwurf)», *AG*, 2006, p. 311. Na versão em língua alemã da Diretiva das OPA é usada no art. 9º, 3, a expressão «normalen Geschäftsverlaufs», a que corresponde, na versão em língua portuguesa, «quadro normal das atividades da sociedade». No ponto 3.7 do *DCGK* surge a proibição de atuar fora do «gewöhnlichen Geschäftsverkehrs».

628 O art. 9º, 3, da Diretiva das OPAs usa a expressão «que não se insira no quadro normal das atividades da sociedade», embora relativamente a decisões que devam ser (?) tomadas antes do período em que vigora a limitação ali em causa «e que não tenham sido ainda parcial ou totalmente aplicadas» (como vimos, interessam as decisões tomadas antes do período em causa). Mas não parece existir violação da Diretiva na redação dada ao art. 182º, 1, do CVM.

629 Distinguindo também gestão normal/gestão corrente e realçando a necessidade de ter em conta a sociedade concreta e a estratégia empresarial adotada até ao momento em referência, ORLANDO VOGLER GUINÉ, «A transposição da Directiva 204/25/CE e a limitação dos poderes do órgão de administração da sociedade visada», cit., p. 29 e s..

630 MICHAEL SCHLITT, « WpÜG § 33 a», in MATHIAS HABERSACK/SUSANNE KALSS (her.), *Münchener Kommentar zum AktG*, cit., Rn. 42 («Fortführung des Tagesgeschäfts»), KLAUS-DIETER STEPHAN, «§ 33a», in HANS-DIETER ASSMANN/THORSTEN PÖTZSCH/UWE SCHNEIDER (her.), *Wertpapiererwerbs- und Übernahmegesezt. Kommentar*, cit., Rn. 56.

631 KLAUS-DIETER STEPHAN, «§ 33a», in HANS-DIETER ASSMANN/THORSTEN PÖTZSCH/UWE SCHNEIDER (her.), *Wertpapiererwerbs- und Übernahmegesezt. Kommentar*, cit., Rn. 56. O autor considera também que será outro indício na mesma direção o facto de se tratar de ato que necessitasse de consentimento do *Aufsichtsrat* (cfr., entre nós, o art. 442º do CSC).

14.5. Os objetivos anunciados pelo oferente

A proibição diz respeito a atos que, além do mais, «possam afetar de modo significativo os objetivos anunciados pelo oferente». Não é, porém, necessário que o órgão de administração tenha essa intenção[632]: isto é, interessa a possibilidade objetiva de afetar, de modo significativo, os objetivos anunciados pelo oferente, ainda que o órgão de administração não tenha tal intenção. Em regra, o conhecimento desses objetivos será possível através do anúncio preliminar.

Para Jorge Brito Pereira[633] os objetivos implícitos devem ser defendidos. Mas não parece que assim deva ser: se a lei menciona os objetivos anunciados pelo oferente, está a querer que só se tenham em conta os que foram dados a conhecer. Caso contrário, a incerteza seria grande.

14.6. As OPA abrangidas

A limitação não diz respeito, porém, a todas as OPA: é necessário que se trate de uma OPA que «incida sobre mais de um terço dos valores mobiliários da respetiva categoria». Trata-se de uma exigência que *não vemos surgir assim mencionada no art. 9º, 2, da Diretiva das OPA*[634], embora a mesma tenha

[632] Considerando que basta que, no momento da atuação, a mesma surja como objetivamente adequada a impedir o resultado da oferta («im Zeitpunkt ihrer vornahme objektiv geeignet erschien, den Erfolg des Übernahmeangebots zu verhindern»), Heribert Hirte, «§ 33», in Heribert Hirte/Christoph von Bülow (her.), *Kölner Kommentar zum WpÜG*, cit., Rn. 55; com formulação próxima, Roger Kiem, «§ 33 a», in Theodor Baums/Georg Thoma (her.), *WpÜG. Kommentar zum Wertpapiererwerbs- und Übernahmegesetz*, cit., Rn. 37 (mas exigindo que se trate de uma atuação considerável – «erheblich»).

[633] Jorge Brito Pereira, «A limitação dos poderes da sociedade visada durante o processo de OPA», cit., p. 196,

[634] Questionando também a solução nacional, Jorge Brito Pereira, «A limitação dos poderes da sociedade visada durante o processo de OPA», cit., p. 193 (comparando as aquisições de «apenas» 30% do capital social de uma sociedade com capital fortemente disperso e de 40% de obrigações convertíveis emitidas em emissão reduzida), Orlando Vogler Guiné, «A transposição da Directiva 204/25/CE e a limitação dos poderes do órgão de administração da sociedade visada», cit., p. 26, João Cunha Vaz, *A OPA e o controlo societário. A regra de não frustração*, cit., p. 198. Se é certo que o art. 12º, 1, da Diretiva das OPA permite que os Estados Membros não sujeitem as sociedades ao regime previsto no art. 9º, 2 e 3, isso é assim apenas para as sociedades com sede social nos respetivos territórios. Além disso, se os Estados-Membros não exigirem que as referidas sociedades apliquem o dito regime devem dar-lhes a «opção, que deve ser reversível, de aplicar o disposto nos nºs 2 e 3 do artigo 9º [...] sem prejuízo do disposto no nº 7 do artigo 11º» (art. 12º, 2, da Diretiva das OPA). Sobre a influência do

em vista a OPA que é «subsequente à aquisição do controlo da sociedade visada» ou tem «como objetivo essa aquisição do controlo nos termos do direito nacional» (art. 2º, 1, *a*)). O requisito estabelecido não quer dizer que, fora do seu âmbito, o órgão de administração possa fazer o que bem entender. Os seus membros continuam sujeitos aos deveres de cuidado e de lealdade do art. 64º do CSC e o art. 72º, 2, do CSC não confere proteção se os administradores atuam com interesse pessoal. O dever de cuidado pode impor o pedido de deliberação dos acionistas (art. 373º, 3, do CSC). E o princípio da igualdade de tratamento dos acionistas também impõe limites[635]. De qualquer modo, o limite de um terço dos valores mobiliários de uma categoria pode ser demasiado baixo para justificar a consequência gravosa prevista no art. 182º, 1, do CVM[636] nos casos em que o mesmo é ultrapassado por pouco.

As OPA que incidem sobre um terço ou menos dos valores mobiliários da respetiva categoria não são abrangidas pelo disposto no art. 182º, 1, do CVM. A isso acresce que o regime previsto no art. 182º também «não é aplicável a ofertas públicas de aquisição dirigidas por sociedades oferentes que não estejam sujeitas às mesmas regras ou que sejam dominadas por sociedade que não se sujeite às mesmas regras». A isto voltaremos[637].

De acordo com o art. 173º, 3, do CVM, à OPA «lançada apenas sobre valores mobiliários que não sejam ações ou valores mobiliários que conferem direito à sua subscrição ou aquisição não se aplicam as regras relativas [...] aos deveres do emitente [...]». Poderá discutir-se, é certo, se a referência feita aos deveres do emitente abrange o disposto no art. 182º do CVM. Afinal de contas, o órgão de administração é que fica limitado, dir-se-á[638]. Mas o argumento parece-nos excessivamente formal. Aliás, nesse plano

direito do Reino Unido na regra do art. 9º da Diretiva das OPA, João Cunha Vaz, *A OPA e o controlo societário. A regra de não frustração*, cit., p. 170.

635 Referindo-se a um dever de neutralidade que também resultaria do direito das sociedades anónimas, Christoph Wolf/Tilman Wink, «§ 20 Allgemeine Rechte und Pflichten der Organe der Zielgesellschaft», in Nikolaos Paschos/Holger Fleischer (her.), *Handbuch Übernahmerecht nach dem WpüG*, cit., p. 829-851, a p. 831.

636 Chamando a atenção para isso mesmo, Orlando Vogler Guiné, *Da conduta (defensiva) da administração "Opada"*, cit., p. 143.

637 V. tb., sobre o âmbito de aplicação do título dedicado às ofertas públicas, o art. 111º do CVM.

638 Orlando Vogler Guiné, «A transposição da Directiva 204/25/CE e a limitação dos poderes do órgão de administração da sociedade visada», cit., p. 40, parece entender que o art. 173º, 3, do CVM não se aplicará diretamente, mas apenas por maioria de razão.

haveria que contar com a epígrafe do art. 182º: «Limitação dos poderes da sociedade visada». No entanto, o que nos parece acima de tudo relevante é que a atuação do órgão de administração da sociedade é a atuação da sociedade. A limitação que surge no art. 182º, 1, é dirigida a esse órgão e não aos administradores. Estes ficam limitados porque o órgão também o está.

14.7. O período em que a limitação vigora

A limitação vigora entre o momento em que o órgão de administração da sociedade visada toma conhecimento da decisão de lançamento da OPA e o momento em que tem lugar o apuramento do resultado (ou até à cessação do processo em momento anterior). Ao conhecimento do lançamento da OPA é equiparada a receção, pela sociedade visada, do anúncio preliminar (art. 182º, 2, *a*)). Mas o conhecimento também pode ser anterior a esse momento[639], embora seja necessário que se esteja perante uma decisão definitiva[640].

Não parece que baste «o conhecimento de uma informação segura e razoavelmente completa e o conhecimento da iminência de lançamento da oferta»[641]. É que o art. 9º, 2, segundo parágrafo, da Diretiva das OPA admite que os Estados-Membros imponham a antecipação do momento em que a autorização da assembleia geral deve ser obtida e apresenta *como exemplo* o momento em que o órgão de administração da sociedade visada toma conhecimento da *iminência* da oferta. O art. 182º, 1, do CSC antecipou o momento, mas não fez referência ao conhecimento da iminência da oferta (nem tinha que o fazer)[642].

[639] V. tb. ORLANDO VOGLER GUINÉ, «A transposição da Directiva 204/25/CE e a limitação dos podrees do órgão de administração da sociedade visada», cit., p. 25. A Rule 21.1. do City Code estabelece que o dever de obter uma deliberação dos sócios começa «before the date of the offer if the board of the offeree company has reason to believe that a bona fideoffer might be imminent».

[640] Referindo-se a uma decisão definitiva (também perante o art. 124º, 4, do CVM), JORGE BRITO PEREIRA, «A limitação dos poderes da sociedade visada durante o processo de OPA», DVM, II, p. 183, nt. 22.

[641] V., no entanto, JORGE BRITO PEREIRA, «A limitação dos poderes da sociedade visada durante o processo de OPA», cit., a p. 187.

[642] Exigindo uma deliberação do órgão de administração e, no caso das sociedades com estrutura dualista, a eventualmente necessária aprovação pelo conselho geral e de supervisão (art. 442º, 1, CSC), ORLANDO VOGLER GUINÉ, *Da conduta (defensiva) da administração "Opada"*, cit., p. 139.

Os limites temporais identificados compreendem-se. Não seria razoável que o oferente pudesse condicionar excessivamente a atuação da sociedade visada. O art. 3º, 1, *f)*, da Diretiva das OPAs também estabelece, como princípio geral, que a «sociedade visada não deve, em virtude de uma oferta respeitante aos seus valores mobiliarios, ser perturbada no exercício da sua atividade para além de um período razoável». E, por isso, é importante sublinhar que o art. 183º, 1, do CVM fixa um prazo máximo de 10 semanas para a oferta (embora suscetível de prorrogação em certos casos).

14.8. Atos não abrangidos pela limitação referidos no art. 182º, 3, do CVM

A limitação de poderes do órgão de administração da sociedade visada não abrange os atos mencionados no art. 182º, 3, do CVM: os que «resultem do cumprimento de obrigações assumidas antes do conhecimento do lançamento da oferta» (al. *a)*); os que sejam «autorizados por força de assembleia geral convocada exclusivamente para o efeito durante o período mencionado no nº 1» (al. *b)*); os que se destinem a procurar «oferentes concorrentes» (al. *c)*)[643]-[644].

O regime das OPAs concorrentes é estudado acerca das medidas anti-OPA e para aí remetemos o leitor. Quanto aos atos que «resultem do cumprimento de obrigações assumidas antes do conhecimento do lançamento da oferta» (al. *a)*), a razão de ser do regime é clara: a solução contrária lesaria injustificadamente o credor da obrigação e poderia ter como consequência a responsabilidade contratual da sociedade[645]. A outra exce-

[643] O problema era discutido na ausência do preceito em causa: v. REQUICHA FERREIRA, «OPA concorrente», cit., p. 295, nt. 338. Questão diferente é a de saber se pode uma outra sociedade apresentar proposta de fusão com a sociedade visada e se a administração da sociedade visada pode avaliar uma proposta de fusão no período mencionado no art. 182º, 1: sobre a matéria, JOÃO CUNHA VAZ, *A OPA e o controlo societário. A regra de não frustração*, cit., p. 253.

[644] Porém, podem ficar preenchidos os pressupostos para a modificação ou revogação da oferta: JOÃO CUNHA VAZ, *A OPA e o controlo societário. A regra de não frustração*, cit., p. 267 nt. 516.

[645] Parece dever ser exigido que o vencimento ocorra também durante o período em causa: caso contrário, o órgão de administração poderia antecipar o cumprimento. Nesse sentido, JORGE BRITO PEREIRA, «A limitação dos poderes da sociedade visada durante o processo de OPA», cit., p. 197, JOÃO CUNHA VAZ, *A OPA e o controlo societário. A regra de não frustração*, cit., p. 241 (quando afirma ser necessário que a obrigação vença durante o prazo da oferta). Com outra

ção (os que sejam «autorizados por força de assembleia geral convocada exclusivamente para o efeito durante o período mencionado no nº 1» (al. *b*)) é estudada nos pontos seguintes.

14.9. A deliberação dos acionistas que autoriza atos abrangidos pela limitação constante do art. 182º, 1

As limitações resultantes do art. 182º, 1, compreendem-se. A OPA em causa, lançada sobre mais de um terço dos valores mobiliários da respetiva categoria, deve ser avaliada pelos sócios da sociedade pelas vantagens inerentes. Se o órgão de administração pudesse atuar normalmente, estaria em condições de praticar atos que afastariam o interesse do oferente e, dessa forma, impediriam os acionistas de obterem os benefícios que a OPA lhes permitiria alcançar[646].

Contudo, os sócios da sociedade visada podem, em assembleia geral convocada *exclusivamente* para o efeito[647], tomar uma deliberação em que a sociedade autorize a prática desses atos: cfr. a al. *b*) do nº 3 e o nº 4, ambos do art. 182º[648]. Essa deliberação deve ser tomada com a maioria exigida

leitura, MENEZES LEITÃO, »As medidas defensivas contra uma oferta pública de aquisição hostil», DVM, VII, 2007, p. 71, para quem decorre do art. 182º, 3, *a*), do CVM que «a lei vem a permitir expressamente à administração o cumprimento de quaisquer obrigações assumidas antes da oferta, independentemente do prazo de vencimento das mesmas». Defendendo uma interpretação «em termos amplos», de modo a abranger no preceito obrigações que «não tenham surgido por vinculação negocial da própria visada», ORLANDO VOGLER GUINÉ, *Da conduta (defensiva) da administração "Opada"*, cit., p. 185.

646 A existência de conflitos de interesses entre os membros do órgão de administração, a sociedade e os acionistas (por exemplo, em resultado das políticas de remuneração seguidas) é também destacada por HERIBERT HIRTE, «§ 33a», in HERIBERT HIRTE/CHRISTOPH VON BÜLOW (her.), *Kölner Kommentar zum WpÜG*, cit., Rn. 22 e ss.. Lembre-se, ainda, o papel disciplinador que pode ser reconhecido muitas vezes à OPA.

647 Se tem de ser convocada exclusivamente para o efeito, não poderá ser convocada para discutir ou deliberar quanto a outros assuntos.

648 E haverá um dever dos acionistas da sociedade visada de não contribuir para a frustração da OPA? Em sentido aparentemente negativo, cfr. BRITO PEREIRA, «A limitação dos poderes da sociedade visada durante o processo de OPA», cit., p. 202, visto que afirma não recair sobre aqueles um dever de lealdade perante o oferente durante o período da oferta. Sobre o tema, embora antes da entrada em vigor do CVM, MENEZES CORDEIRO, «Ofertas Públicas de Aquisição», cit., p. 276-277; SINDE MONTEIRO/ALMENO DE SÁ, «Do combate a uma OPA em curso», *RJUM*, nº 1, especialmente p. 430 e ss.. Mais recentemente, discutindo se a assembleia geral estará limitada, JOÃO CUNHA VAZ, *A OPA e o controlo societário. A regra de não frustração*, cit., p. 277. O que parece necessário sublinhar é que a deliberação tomada

para a alteração dos estatutos. Assim, se por um lado os membros do órgão de administração não podem praticar os atos mencionados no art. 182º, 1, do CVM, por outro, os sócios podem permitir que os mesmos tenham lugar. Trata-se de uma forma de consagrar o *shareholder decision-making principle*[649].

O conselho de administração e o conselho de administração executivo estão entre os órgãos que podem requerer a convocação de assembleia geral de acionistas, nos termos do art. 375º, 1, do CSC. Sucede, porém, que o art. 373º, 3, do CSC também dispõe que os acionistas só podem deliberar a pedido do órgão de administração quando estejam em causa matérias de gestão da sociedade. Este regime não é afastado pelo teor do art. 182º, 3, *b)*, do CVM, que apenas exige a autorização da assembleia geral para que o ato possa ser praticado pelo órgão de administração. Isto é: embora o art. 182º, 3, *b)*, do CVM exija uma deliberação dos sócios, terá de ser o órgão de administração da sociedade anónima a pedir essa deliberação sobre matérias de gestão. O regime estudado deve ser especialmente tido em conta no caso de a sociedade visada pretender adotar medidas anti-OPA.

Evidentemente, o art. 182º, 3, *b)*, do CVM diz respeito a matérias que, fora do período em causa, não careceriam de autorização da assembleia geral. No caso de atos cuja prática deve ser deliberada pela assembleia geral (e não simplesmente autorizada) fora daquele período, também continua a ser necessária aquela deliberação durante o mesmo período: não há uma suspensão dessa competência[650].

Se, nos termos do art. 182º, 3, *b)*, do CVM, a assembleia geral delibera autorizar a prática do ato proibido pelo nº 1, isso não significa necessariamente que o órgão de administração tenha que atuar nesses termos. Com efeito, a deliberação da assembleia geral que autoriza o ato é isso mesmo: uma autorização. Tratando-se de matérias de gestão, o órgão de administração ainda poderá, em regra, decidir se pratica ou não o ato. A menos, naturalmente, que o contrato de sociedade determine que o conselho de

pode ser abusiva, nos termos do art. 58º, 1, *b)*, do CSC, e que o nº 3 do mesmo artigo permite responsabilizar os sócios que tenham ali «formado maioria».

[649] Sobre este princípio v., p. ex., o *Report of the High Level Group of Company Law Experts on Issues Related to Takeover Bids*, de 2002, p. 20 e s..

[650] No mesmo sentido, para a Alemanha, Christoph Wolf/Tilman Wink, «§ 20 Allgemeine Rechte und Pflichten der Organe der Zielgesellschaft», cit., a p. 831.

administração deva subordinar-se ao que for deliberado pelos acionistas, nos termos do art. 405º, 1, do CSC[651].

14.10. O ato praticado sem a autorização da assembleia geral

Que dizer, porém, se o órgão de administração da sociedade anónima visada atua em representação desta sem obter antes a necessária autorização da assembleia geral? Que dizer se, por exemplo, aquele órgão de administração celebra «contratos que visem a alienação de parcelas importantes do activo social» e que são proibidos pelo art. 182º, 1, do CVM sem antes obter autorização da assembleia geral, nos termos do art. 182º, 3, *b)*, do mesmo Código? Esses atos vinculam a sociedade visada?

Perante a letra do art. 409º, 1, do CSC, poderia dizer-se que aquele ato não vincularia a sociedade. Tratar-se-ia de um ato que iria além dos poderes que a lei confere aos administradores[652].

Mas será que se pode afirmar que o ato ainda fica dentro dos poderes que a lei *permite conferir* aos administradores? É que, como escrevemos já, o art. 409º, 1, do CSC deve ser interpretado em conformidade com a Primeira Diretiva sobre direito das sociedades, cujo art 9º, 1, dispunha que a «sociedade vincula-se perante terceiros pelos atos realizados pelos seus órgãos [...] a não ser que esses atos excedam os poderes que a lei atribui ou permite atribuir a esses órgãos»[653]. E, na verdade, o art. 182º, 3, *b)*, do CVM permite que a assembleia geral autorize a prática de atos proibidos pelo nº 1.

Será que se pode sustentar, então, que a lei permite conferir aos administradores poderes para a prática dos atos proibidos pelo art. 182º, 1, do CVM, daí resultando a vinculação da sociedade se falta a deliberação da

[651] O sentido do preceito é discutido pela doutrina: cfr., sobre o tema, ALEXANDRE DE SOVERAL MARTINS, «Artigo 405º», in J. M. COUTINHO DE ABREU (coord.), *Código das Sociedades Comerciais em comentário*, vol. VI, Almedina, Coimbra, 2013, p. 399 e ss., com mais indicações bibliográficas.

[652] Nesse sentido, JOÃO CUNHA VAZ, *A OPA e o controlo societário. A regra de não frustração*, cit., p. 266. ORLANDO VOGLER GUINE, *Da conduta (defensiva) da administração "Opada"*, cit., p. 223, afirma que o «ato praticado é, por regra, ineficaz perante a sociedade – pelo menos durante a pendência da OPA e, após o final desta, se a mesma tiver sido bem sucedida». JOÃO CUNHA VAZ, *últ. ob. cit.*, p. 267, parece ir no mesmo sentido. No entanto, se a OPA não é «bem sucedida», o ato continuará a ser ineficaz: pode é ser ratificado mais facilmente.

[653] Remetemos para a Primeira Diretiva de 1968 porque era essa que estava em vigor quando foi publicado o DL 262/86, que a ela faz menção nos pontos 23 e 30 do Preâmbulo. V., agora, a Diretiva (UE) 2017/1132.

assembleia geral autorizando o ato? Parece que não. O art. 182º, 3, *b)*, do CVM *exige sempre que seja a assembleia geral a deliberar* sobre a autorização: *não permite conferir ao órgão de administração competência para deliberar a autorização... do seu próprio ato.*

De acordo ainda com o art. 9º, 1, da Primeira Diretiva sobre direito das sociedades, o órgão da sociedade com poderes de representação vincularia a sociedade se não excedesse os «poderes que a lei atribui ou permite atribuir a esses órgãos». Aquele órgão deve ser dotado «à l'égard des tiers du pouvoir de représentation maximal que la loi permet de lui donner»[654]. Mas, como também já foi reconhecido, se a lei confere a outros órgãos da sociedade poderes para colaborarem na atuação em representação daquela e essa colaboração é necessária, então os poderes de representação do órgão de representação não são ilimitados e a sociedade não ficará vinculada sem essa colaboração[655].

Para compreendermos em que consiste uma norma legal que permita conferir ao órgão de administração poderes para atuar em nome da sociedade, basta olhar para o art. 246º, 2, do CSC. Agora, quanto às sociedades por quotas, o contrato de sociedade pode dispor, por exemplo, que compete aos gerentes deliberar sobre a alienação ou oneração de bens imóveis. A lei não confere aos gerentes poderes para praticarem esses atos sem deliberação dos sócios. No entanto, permite conferir aos gerentes poderes para praticarem os mesmos atos sem deliberação dos sócios[656].

654 PIERRE VAN OMMESLAGHE, «La Premiére Directive du Conseil du 9 mars 1968 en matiére de sociétés», CDE, 1969, 1, p. 630.

655 É também a leitura que é feita por CORNELIUS FISCHER-ZERNIN, *Der Rechtsangleichungserfolg der Ersten gesellschaftsrechtlichen Richtlinie der EWG*, J.C.B. Mohr (Paul Siebeck), Tübingen, 1986, p. 267: «Sofern andere Gesellschaftsorgane – z.B. die Gesellschafterversammlung – gesetzlich zuständig sind oder bei der Vetretungshandlung mitwirken müssen, sind die Vertretungsorgane also nicht unbeschränkt vertretungsbefugt. Die Gesellschaft wird in solchen Fällen nur dann wirksam verpflichtet, wenn das gesetzlich zuständige Organ gehandelt oder mitgewirkt hat».

656 No entanto, e perante a 1ª Diretiva, RAÚL VENTURA, «Adaptação do direito português à 1ª Directiva do Conselho da Comunidade Económica Europeia sobre direito das sociedades», separada de DDC, 1981, 2, Lisboa, 1981, p. 60, afirmava que «a sociedade não é vinculada por acto que não esteja compreendido nos poderes que a lei atribui ao órgão, embora esteja compreendido em poderes que a lei permitia atribuir ao órgão mas que nessa sociedade não lhe foram atribuídos».

Tendo em vista o exposto, estamos em condições de apresentar a conclusão para que nos inclinamos. O art. 182º, 1, do CVM estabelece que o órgão de administração *não pode* praticar os atos ali previstos, mas que já os pode praticar se a assembleia geral os autorizar. Se os administradores da sociedade visada praticam um ato de representação da sociedade abrangido pelo disposto no art. 182º, 1, do CVM sem autorização da assembleia geral, esse ato será ineficaz em relação à sociedade[657]. Será um ato praticado sem poderes de representação, pois viola um limite legal a esses poderes. A ineficácia, na nossa opinião, resulta da aplicação, por analogia, do art. 268º do CCiv.. O recurso à analogia é necessário porque este último preceito diz respeito à representação voluntária, enquanto os poderes de representação dos administradores de uma sociedade anónima têm natureza orgânica.

É certo que alguns argumentos poderosos serão invocáveis contra a solução apresentada. Em primeiro lugar, pode dizer-se que o período relevante inicia-se no momento em que o órgão de administração da sociedade visada toma conhecimento da decisão de lançamento da OPA, equiparando-se a esse momento o da receção pela sociedade visada do anúncio preliminar. Ou seja: a limitação inicia-se num momento em que o terceiro não está, normalmente, em condições de saber que a mesma já obriga os administradores da sociedade visada. O terceiro não está, normalmente, em condições de saber que o órgão de administração da sociedade visada

[657] Mas v., defendendo que a inobservância das limitações legais dos poderes de representação «conduzem, em regra, à nulidade do acto, por violação de preceitos legais imperativos», RAÚL VENTURA, *Sociedades por quotas*, III, Almedina, Coimbra, 1991, p. 160. Para a Alemanha, sustentando que o ato praticado pelo *Vorstand* violando as limitações estabelecidas pelo § 33a, (2), 1, da *WpÜG*, vincula, em regra, a sociedade, MICHAEL SCHLITT, « WpÜG § 33 a», in MATHIAS HABERSACK/SUSANNE KALSS (her.), *Munchener Kommentar zum AktG*, cit., Rn. 54, KLAUS-DIETER STEPHAN, «§ 33a», in HANS-DIETER ASSMANN/THORSTEN PÖTZSCH/UWE SCHNEIDER (her.), *Wertpapiererwerbs- und Übernahmegesezt. Kommentar*, cit., Rn. 69, ROGER KIEM, «§ 33 a», in THEODOR BAUMS/GEORG THOMA (her.), *WpÜG. Kommentar zum Wertpapiererwerbs- und Übernahmegesetz*, cit., Rn. 69. É discutido naquele país se estamos perante uma questão que deve ser colocada apenas no plano dos deveres do órgão ou no plano da respetiva competência: sobre a discussão, v., p. ex., ROLAND STEINMEYER, «§ 33 a», cit., Rn. 16, ROGER KIEM, «§ 33a», in THEODOR BAUMS/GEORG THOMA (her.), *WpÜG. Kommentar zum Wertpapierserwerbs- und Übernahmegesetz*, Bd. II, RWS, Köln (Stand: November 2015), Rn. 40, HOLGER FLEISCHER, «1. Kapitel. Einführung», in NIKOLAUS PASCHOS/HOLGER FLEISCHER (her.), *Handbuch Übernahmerecht nach dem WpÜG*, cit., p. 42. De qualquer modo, o § 33a da *WpÜG* usa o verbo *dürfen*, enquanto o art. 182º, 1, do CVM estabelece que o órgão de administração *não pode* praticar os atos ali previstos.

tomou conhecimento da decisão de lançamento da OPA ou que recebeu o anúncio preliminar.

No entanto, o argumento não convence. É que o art. 175º, 1, do CVM dispõe que logo que «tome a decisão de lançamento de oferta pública de aquisição, o oferente deve enviar anúncio preliminar à CMVM, à sociedade visada e às entidades gestoras dos mercados regulamentados em que os valores mobiliários que são objeto da oferta ou que integrem a contrapartida a propor estejam admitidos à negociação, procedendo de imediato à respetiva publicação». E com essa publicação o terceiro fica em condições de conhecer a tomada de decisão e o conteúdo do anúncio preliminar. Deverá, então, informar-se junto do órgão de administração acerca do momento em que este tomou conhecimento da decisão ou em que recebeu o anúncio preliminar.

Poderá também afirmar-se que a limitação consagrada no art. 182º, 1, do CVM diz respeito a «atos suscetíveis de alterar de modo relevante a situação patrimonial da sociedade visada que não se reconduzam à gestão normal da sociedade e que possam afetar de modo significativo os objetivos anunciados pelo oferente» e, perante essa hipótese, a solução que conduzisse à ineficácia do ato relativamente à sociedade deixaria o terceiro com quem o ato é celebrado injustamente desprotegido. Esse terceiro não estará geralmente em condições de saber se o ato é ou não suscetível de alterar de modo relevante a situação patrimonial da sociedade, nem de verificar se o ato se reconduz à gestão normal da sociedade ou de apurar se pode afetar de modo significativo os objetivos anunciados pelo oferente.

No entanto, a verdade é que os requisitos são cumulativos: a limitação só abrange os atos que, para além de serem suscetíveis de alterar de modo relevante a situação patrimonial da sociedade visada, também não se reconduzem à gestão normal da sociedade e podem afetar de modo significativo os objetivos anunciados pelo oferente. Ou seja: o terceiro só seria confrontado com a ineficácia relativa do ato em casos particularmente graves. E, como vimos, o art. 175º, 1, do CVM obriga a proceder «de imediato» à publicação do anúncio preliminar. Depois dessa publicação, o terceiro que lida com a sociedade tem que se precaver.

O art. 182º do CVM também parece apontar no sentido que preferimos, ao mesmo tempo que se afasta do rumo para que apontava o art. 9º da Diretiva das OPA. A epígrafe do art. 182º do CVM indica que estamos perante *limites aos poderes da sociedade visada*, enquanto na epígrafe do art. 9º da Diretiva se lê que estão ali em causa «Deveres do órgão de administração da sociedade visada». Além disso, o art. 182º, 1, do CVM estabelece que o órgão de administração *não pode praticar* os atos naquele referidos, enquanto o nº 2 do art. 9º da Diretiva estabelece que «o órgão de administração da sociedade visada *é obrigado* a obter a autorização prévia da assembleia geral [...]» (itálico nosso – o que escrevemos leva a perguntar se a Diretiva das OPA é respeitada, apesar do teor do art. 12º da mesma).

14.11. Algumas consequências quanto às assembleias gerais da sociedade visada

A situação prevista no art. 182º, 1, do CVM tem outras consequências importantes associadas enumeradas no nº 4 daquele artigo. Para além do que já referimos, durante o período entre o conhecimento da decisão de lançamento da OPA em causa e o apuramento do resultado (ou a cessação do processo em momento anterior) a divulgação da convocatória das assembleias gerais tem o prazo de antecedência reduzido para 15 dias (al. *a*))[658] e as deliberações da assembleia geral mencionadas no nº 3, *b*), bem como as relativas à distribuição antecipada de dividendos e de outros rendimentos, apenas podem ser tomadas pela maioria exigida para a alteração dos estatutos (al. *b*))[659].

No entanto, o art. 182º do CSC não altera as demais regras aplicáveis à convocação das assembleias gerais. E isso pode criar dificuldades.

14.12. A eventual responsabilidade do oferente

Porque as consequências resultantes das limitações previstas no art 182º quanto aos poderes da sociedade visada podem ser graves, também o lançamento da OPA não pode ser encarado como um instrumento para con-

[658] O que permite decisões mais rápidas. O art. 9º, 4, da Diretiva das OPA estabelece que para «efeitos de obtenção da autorização prévia, da aprovação ou da confirmação pelos titulares de valores mobiliários, a que se referem os nºs2 e 3, os Estados-Membros podem estabelecer regras que permitam a convocação de uma assembleia-geral de acionistas a curto prazo, na condição de esta assembleia não ocorrer um prazo inferior a duas semanas a contar da data da sua convocação».

[659] Defendendo que essa maioria (e não só) deve valer para outras matérias no decurso da OPA, Orlando Vogler Guiné, *Da conduta (defensiva) da administração "Opada"*, p. 212 e s., João Cunha Vaz, *A OPA e o controlo societário. A regra de não frustração*, cit., p. 245

seguir precisamente que a sociedade visada fique sujeita a tais limitações e que daí resultem danos para ela. Por isso, o art. 182º, 5, considera que o oferente «é responsável pelos danos causados por decisão de lançamento de oferta pública de aquisição tomada com o objetivo principal de colocar a sociedade visada na situação prevista neste artigo»[660].

14.13. A regra da reciprocidade

De acordo com o art. 182º, 6, o «regime previsto neste artigo não é aplicável a ofertas públicas de aquisição dirigidas por sociedades oferentes que não estejam sujeitas às mesmas regras ou que sejam dominadas por sociedade que não se sujeite às mesmas regras». Isto é, uma sociedade visada por uma OPA não tem de respeitar o disposto no art. 182º, 1 a 5, se a sociedade que lança a OPA ou a sua dominante não estão sujeitas a um regime semelhante[661]. É a regra da reciprocidade a funcionar[662].

A letra da lei afasta a *passivity rule* tanto nos casos em que a sociedade *oferente* não está sujeita às mesmas regras, como naqueles em que a sociedade oferente está sujeita a essas regras e a sociedade dominante não o está. A solução é mais duvidosa se a sociedade oferente não está sujeita às mesmas regras, mas é dominada por uma sociedade oferente que a elas está sujeita[663].

O regime contido no art. 182º, 6, do CVM não coincide com o previsto no art. 12º, 3, da Diretiva das OPA. Com efeito, neste último preceito lê-se que nas «condições determinadas pela lei nacional, os Estados-Membros podem dispensar as sociedades que apliquem os nºs 2 e 3 do artigo 9º e/ ou o artigo 11º da aplicação destas disposições se forem alvo de uma oferta lançada por uma sociedade que não aplique os mesmos artigos ou por uma

660 Sobre o preceito, MENEZES LEITÃO, «A responsabilidade civil no âmbito da OPA», *DVM*, IV, 2003, p. 111 e ss., a p. 124.

661 Não seria razoável exigir que o regime fosse exatamente igual. Referindo-se a um juízo de «substancial similitude», ORLANDO VOGLER GUINÉ, *Da conduta (defensiva) da administração "Opada"*, cit., p. 188.

662 Referindo-se ao estabelecimento de «um mesmo *level playing field*», ORLANDO VOGLER GUINÉ, «A transposição da Directiva 204/25/CE e a limitação dos podrees do órgão de administração da sociedade visada», cit., p. 32.

663 Afastando a aplicação do art. 182º, 6, a casos em que a oferente não está sujeita às mesmas regras apesar de o estar a sociedade dominante, ORLANDO GUINÉ, *Da conduta (defensiva) da administração "Opada"*, cit., p. 189 e s., JOÃO CUNHA VAZ, *A OPA e o controlo societário. A regra de não frustração*, cit., p. 255 e s..

sociedade controlada, direta ou indiretamente, por uma dessas sociedades, nos termos do artigo 1º da Diretiva 83/349/CEE». Mas esta solução parece estar prevista para os casos abrangidos pelo nº 2 do mesmo artigo: para os casos em que um Estado-Membro não exige que as sociedades referidas no art. 1º, 1, com sede social nos seus territórios apliquem o disposto nos arts. 9º, 2 e 3, e/ou 11º e essas sociedades exerceram a opção de aplicar («sociedades que apliquem») esse regime (supondo que o Estado-Membro deixou às sociedades com sede social nos seus territórios a opção – reversível – de aplicar o disposto naqueles preceitos: cfr. o art. 12º, 2, da Diretiva das OPA).

14.14. As sociedades com estrutura «dualista»

O art. 182º, 7, do CVM manda aplicar o regime constante dos números que o antecedem ao conselho de administração executivo e ao conselho geral e de supervisão nas sociedades anónimas com estrutura dualista. Trata-se de um preceito que foi introduzido com a transposição da Diretiva das OPAs pelo DL 219/2006.

O que a lei pretende é que, onde a atuação implique a intervenção do conselho de administração executivo ou do conselho geral e de supervisão, estes órgãos também sejam abrangidos pelos restantes números do art. 182º do CVM. No que diz respeito à sua aplicação à atuação do conselho de administração executivo, isso compreende-se facilmente tendo em conta que é àquele órgão que compete gerir as atividades da sociedade e representá-la, em regra, perante terceiros, nos termos do art. 431º, 1 e 2, do CSC.

Quanto ao conselho geral e de supervisão, não se trata de lhe conferir a possibilidade de se substituir à assembleia geral na autorização dos atos abrangidos pela limitação do art. 182º, 1. Mas, como esta última norma tem em vista «atos suscetíveis de alterar de modo relevante a situação patrimonial da sociedade visada que não se reconduzam à gestão normal da sociedade e que possam afetar de modo significativo os objetivos anunciados pelo oferente», poderá suscitar dúvidas o facto de o conselho geral e de supervisão surgir mencionado no art. 182º, 7, uma vez que é fundamentalmente um órgão de fiscalização[664].

[664] Na Alemanha, o § 33 da *WpÜG* não faz referência expressa a atuações do *Aufsichtsrat*, o que suscita dúvidas: v. HERIBERT HIRTE, «§ 33», in HERIBERT HIRTE/CHRISTOPH VON BÜLOW (her.), *Kölner Kommentar zum WpÜG*, cit., Rn. 48 e ss.; considerando que é aplicável no âmbito do exercício de poderes de gestão pelo *Aufsichtsrat*, ROLAND STEINMEYER, «§ 33», cit., Rn. 13. Já o § 33a, (2), abrange no âmbito da proibição tanto o *Vorstand* como o *Aufsichtsrat*.

Há que ter em conta que o art. 182º, 7, do CVM surge para transpor o art. 9º, 6, da Diretiva das OPAs. De acordo com essa norma, e «para efeitos do n. 2, sempre que a administração da sociedade obedeça a uma estrutura dualista, entende-se por órgão de administração o conselho de administração e a direção da sociedade». Porém, as versões em língua alemã, inglesa e francesa mostram que se pretendia enquadrar o conselho geral e de supervisão no âmbito do conceito de órgão de administração para efeitos do nº 2 da Diretiva das OPA. Ou seja: o que se pretendia era que as limitações previstas no art. 9º, 2, da Diretiva abrangessem também o conselho geral e de supervisão.

É certo que ao conselho geral e de supervisão não cabem poderes de gestão das atividades da sociedade. No entanto, o contrato de sociedade, bem como a lei, podem estabelecer que a prática de determinadas categorias de atos pelo conselho de administração executivo carece de prévio consentimento do conselho geral e de supervisão (art. 442º, 1, do CSC). Quando assim seja, a limitação resultante do art. 182º, 1, do CVM aplicar-se-á também à tomada dessas decisões pelo conselho geral e de supervisão[665].

15. A obrigação de guardar segredo sobre a preparação da oferta

O art. 174º do CVM tem o seguinte teor: «O oferente, a sociedade visada, os seus acionistas e os titulares de órgãos sociais e, bem assim, todos os que lhes prestem serviços a título permanente ou ocasional devem guardar segredo sobre a preparação da oferta até à publicação do anúncio preliminar». Tenta-se, assim, evitar que o acesso apenas por alguns sujeitos a determinada informação lhes dê uma posição de privilégio em relação aos destinatários da OPA. Basta pensar que as ações que sejam objeto da OPA podem ter (e geralmente têm) uma cotação inferior à contrapartida que será oferecida na oferta e que isso pode permitir a obtenção de consideráveis ganhos. Além disso, ao lançamento da OPA segue-se muitas vezes uma subida da cotação das ações[666]. Quem saiba cedo demais que a OPA será lançada pode tornar-se milionário rapidamente.

[665] Defendendo, para a Alemanha, a aplicação do § 33 a *WpÜG* tanto às funções de administração como às funções de controlo do *Aufsichtsrat* («das Verhinderungsverbot trifft den Aufsichtsrat sowohl in seiner Kontroll- als auch in seiner Verwaltungsfunktion», Roger Kiem, «§ 33 a», cit., Rn. 34.

[666] Klaus Hopt, «Auf dem Weg zum deutschen Übernahmegesetz», AAVV., *Festschrift für Wolfgang Zöllner: Zum 70. Geburtstag*, Carl Heymanns, Köln, etc., 1998, p. 254, lembra isso

Com a publicação do anúncio preliminar é dada publicidade ao objetivo de lançar uma OPA. E com essa publicidade procura-se garantir que todos os destinatários tenham informação que lhes permita decidir o que fazer[667]. Como vimos, o anúncio preliminar deve ser enviado à CMVM, à sociedade visada e às entidades gestoras dos mercados regulamentados em que os valores mobiliários que são objeto da OPA ou integrem a contrapartida estão admitidos à negociação. Aquele anúncio preliminar deve também ser imediatamente publicado (art. 175º, 1, do CVM).

Mas não se pode esquecer que, antes mesmo dessa publicação, muito teve que ser feito. A tomada da decisão de lançamento da oferta foi antecedida de estudos e análises (para identificar os valores mobiliários objeto da OPA, para calcular o valor da contrapartida a oferecer – com uma eventual *due diligence* –, para identificar as situações previstas no art. 20º, 1, do CVM, etc.). Pode, até, já ter sido designado um intermediário financeiro encarregado da assistência à oferta (art. 176º, 1, *e)*). Isto tudo mostra que muitas pessoas já foram envolvidas no processo de lançamento da OPA antes da publicação do anúncio preliminar, o que faz aumentar os riscos de abuso de informação privilegiada e de manipulação do mercado. Daí a importância do disposto no art. 174º do CVM.

16. A divulgação de informação

O legislador procurou acautelar o interesse dos destinatários de uma OPA em obter informação «completa, verdadeira, atual, clara, objetiva e lícita» (art. 7º, 1, do CVM).

Desde logo, esse interesse deve ser acautelado através do conteúdo do anúncio preliminar: cfr. o art. 176º do CVM. Mas é sobretudo em função do conteúdo do prospeto que o destinatário da OPA pode alcançar aquela informação. E sobre esse conteúdo encontramos no CVM um regime detalhado: leiam-se, em especial, os arts. 135º, 136º e 138º.

Além disso, e como já foi referido, também se prevê no art. 149º do CVM que a desconformidade do prospeto com o disposto no art. 135º do mesmo Código pode acarretar responsabilidade pelos danos causados.

mesmo.

[667] Sobre isto, Menezes Cordeiro, «Ofertas públicas de aquisição», cit., p. 287.

17. Medidas anti-OPA: preventivas e reativas

17.1. Preventivas

Os acionistas que pretendam tornar pouco atrativo o lançamento de uma OPA têm ao seu dispor várias medidas, que são preventivas (*pre-bid anti--takeover defences*) por poderem ser tomadas antes do início da OPA: são os chamados «repelentes de tubarões» (*shark repellents*)[668] ou medidas porco--espinho (*porcupine provisions*)[669]. Vamos de seguida enunciar algumas dessas medidas que são utilizadas com mais frequência[670].

A introdução no contrato de sociedade de uma cláusula que não permita que sejam contados votos acima de certo número, quando emitidos por um só acionista, nos termos do disposto no art. 384º, 2, CSC, pode desincentivar o lançamento de uma OPA. Isto porque o potencial interessado sabe que a aquisição de ações acima de um certo limite não lhe trará vantagens no que diz respeito ao número de votos que lhe serão atribuídos[671].

[668] Dando conta de que, em regra, o mercado reage positivamente à adoção de um «shark repellent» através de «charter amendments», JOHN COFFEE JR., «Regulating the Market for Corporate Control: A Critical Assessment of the Tender Offer's Role in Corporate Governance», cit., p. 1181.

[669] Também existem «mecanismos «facilitadores» da cessão de controlo» (os *deal protection devices*), que visam garantir o sucesso da operação (neste caso, da OPA): sobre os mesmos, desenvolvidamente, STEPHAN OPPENHOFF, «§ 9 Vereinbarungen zwischen Bieter und Zielgesellschaft», in NIKOLAOS PASCHOS/HOLGER FLEISCHER (her.), *Handbuch Übernahmerecht nach dem WpÜG*, cit., p. 275-333, e em especial p. 316 e ss. e 325, e, entre nós, MANUEL REQUICHA FERREIRA, *Acordos de aceitação e de não-aceitação de OPA*, cit., p. 68 e ss..

[670] Para mais exemplos, em estudos anteriores ao CVM, cfr. MENEZES CORDEIRO, «Da tomada de sociedades (takeover): efectivação, valoração e técnicas de defesa», *ROA*, 1994, p. 761 e ss.; TEIXEIRA GARCIA, *OPA. Da Oferta Pública de Aquisição e seu regime jurídico*, cit., p. 283 e ss.; CALVÃO DA SILVA, «Pacto parassocial, defesas anti-OPA e OPA concorrente», *Estudos de direito comercial (Pareceres)*, Almedina, Coimbra, 1996. Com análises mais recentes, LUÍS MENEZES LEITÃO, «As medidas defensivas contra uma oferta pública de aquisição hostil», *O Direito*, 138º, 2006, III, p. 457 e ss., tb. em *DVM*, VIII, 2007, p. 57 e ss., JOÃO CUNHA VAZ, *A OPA e o controlo societário. A regra de não frustração*, cit., p. 143 e ss.. Sobre o papel dos investidores institucionais na abolição de medidas defensivas, ROBERTA ROMANO, «Less is more: making institutional investor activism a valuable mechanism», DVM, VI, p. 313 e ss., a p. 314. As medidas anti-OPA, e em especial as reativas, devem ser planeadas atendendo também às disposições de caráter criminal (v., em particular, os arts. 378º – abuso de informação – e 379º – manipulação do mercado – do CVM) e contraordenacional.

[671] Mas, como veremos adiante, estas cláusulas, tratando-se de sociedade sujeita a lei portuguesa, podem ser acompanhadas de outras que suspendam as restrições referentes ao exercício do direito de voto quando seja convocada uma assembleia geral nos termos do art. 182º, 3, *b)*: ou seja, quando se convoque uma assembleia geral para autorizar os atos que estariam

O mesmo efeito poderá ter o estabelecimento de um *quorum* constitutivo ou deliberativo muito exigente. Quanto ao *quorum* constitutivo, lê-se no nº 1 do art. 383º do CSC que o contrato de sociedade pode dispor acerca do número de acionistas que tem de estar presente ou representado para que a assembleia geral possa deliberar em primeira convocação. E resulta do nº 1 do art. 386º do CSC que no contrato de sociedade também se pode estabelecer uma regra diferente da que se extrai da lei quanto ao *quorum* deliberativo[672]. A utilização destas possibilidades na redação do contrato de sociedade poderá afastar o interesse no lançamento da OPA. Nomeadamente se os acionistas que não estão interessados em alienar as suas ações podem tornar difícil a tomada de deliberações em assembleia.

No que diz respeito ao direito aos lucros do exercício, pode discutir-se se é válida uma cláusula que só permita partilhar desses lucros a quem seja acionista há algum tempo[673]. O art. 294º do CSC prevê a possível existência de cláusula do contrato de sociedade que afaste a necessidade de distribuir aos acionistas pelo menos metade do lucro do exercício distribuível e o art. 22º, 1, do mesmo diploma também admite convenção que afaste a participação nos lucros «segundo a proporção dos valores» das participações no capital. Deve, porém, ser ressalvado o princípio da igualdade de tratamento dos acionistas.

Como vimos, só as ações livremente transmissíveis podem, em regra, ser objeto de operações em mercado regulamentado e, em geral, de negociação organizada (abrangendo também os sistemas de negociação multilateral e a internalização sistemática): cfr. a al. *a)* do nº 1 do art. 204º do CVM («Podem ser objeto de negociação organizada»). Contudo, com uma OPA sobre ações não se tem necessariamente em vista a aquisição de ações admitidas à negociação em mercado regulamentado ou objeto de outras formas de negociação organizada. Isso resulta, quanto à negociação em mercado regulamentado, do disposto no nº 4 do art. 187º do CVM. Ora, se

abrangidos pela limitação do art. 182º, 1. Além disso, também podem ser acompanhadas de cláusulas que prevejam a inaplicabilidade da restrição ao exercício do direito de voto quando, na sequência da OPA, seja atingido pelo menos 75% do capital social com direito de voto (art. 182º-A, 1, *c)*, do CVM).

672 Sobre as *supermajority provisions*, v., p. ex., HANNO MERKT, *US-amerikanisches Gesellschaftsrecht*, cit., p. 774.

673 Adiantando a hipótese, ANTÓNIO MENEZES CORDEIRO, «Da tomada de sociedadees (takeover): efectivação, valoração e técnicas de defesa», cit., p 761 e ss., a p. 774, e MENEZES LEITÃO, «As medidas defensivas contra uma oferta pública de aquisição», cit., p. 63.

assim é, as cláusulas do contrato de sociedade que limitam a transmissibilidade das ações poderão igualmente funcionar como medidas anti-OPA[674].

As cláusulas dos contratos de administração celebrados com os administradores podem ser úteis. A existência de uma cláusula de indemnização em caso de destituição sem justa causa, a que se chama «paraquedas dourado» (*golden parachute*[675]), pode tornar menos desejado o lançamento da OPA[676]. Não obstante o limite previsto no art. 403º, 5, do CSC, o pagamento dessas indemnizações poderia criar dificuldades à sociedade[677]. E a necessidade de manter os administradores em funções afastaria o interesse em lançar a OPA[678].

674 Mais desenvolvimentos em RAÚL VENTURA, «Ofertas públicas de aquisição e de venda de valores mobiliários», *Estudos vários sobre sociedades anónimas*, cit., p. 137 e ss.. Também aqui os estatutos (de sociedade sujeita a lei portuguesa) podem prever que as restrições neles previstas quanto à transmissão de ações (e não só) «ficam suspensas, não produzindo efeitos em relação à transmissão decorrente da aceitação da oferta» (art. 182º-A, 1, *a*), do CVM). E podem igualmente prever que essas restrições não serão aplicáveis ao oferente quando, na sequência da OPA, «seja atingido pelo menos 75% do capital social com direito de voto» (art. 182º-A, 1, *c*), do CVM).

675 THOMAS HAZEN, *Treatise on The law of securities regulation*, cit., p. 323, refere que os acordos com «less senior executives» são conhecidos como «tin parachutes».

676 Chamando a atenção para as vantagens associadas ao estabelecimento de uma ligação entre o pagamento a realizar e o prémio que os acionistas receberão, MICHAEL JENSEN, «Takeovers: Their Causes and Consequences», cit., p. 40.

677 Discute-se, entre nós, em que medida o art. 403º, 5, se aplicará aos paraquedas dourados: sobre os termos do problema, COUTINHO DE ABREU, *Curso de direito comercial*, II, cit., p. 583 (quanto às convenções de indemnização em geral), PAULO OLAVO CUNHA, *Direito das sociedades comerciais*, 6ª ed., Almedina, Coimbra, 2016, p. 831

678 O estabelecimento de diferentes durações de mandato entre os membros do conselho de administração, que tornaria mais difícil o afastamento dos administradores, suscita dúvidas na doutrina: contra, COUTINHO DE ABREU, «*Corporate governance* em Portugal», Miscelâneas 6, Almedina/IDET, Coimbra, 2010, p. 16, nt. 20, RICARDO COSTA, «Artigo 391º», in J. M. COUTINHO DE ABREU (coord.), *Código das Sociedades Comerciais em comentário*, VI, cit., p. 225; a favor, PAULO OLAVO CUNHA, *Direito das sociedades comerciais*, cit., p. 793. A razão parece estar com o Professor de Lisboa, pois o art. 391º, 3, faz apenas referência ao período de designação dos administradores. Além disso, o art. 393º, 5, ao estabelecer que as substituições ali em causa duram até ao fim do período para que os administradores foram eleitos, pode perfeitamente ser lido como tendo em vista o período para que o administrador substituído foi eleito. O que é fundamental, como Paulo Olavo Cunha destaca, é que o órgão possa funcionar. Sobre os *staggered boards*, p. ex., HANNO MERKT, *US-amerikanisches Gesellschaftsrecht*, cit., p. 775 e s.. Também é discutível a admissibilidade de uma cláusula do contrato de sociedade a estabelecer a destituição dos administradores só com justa causa: admitindo-a, JOÃO LABAREDA, *Direito societário* português, cit., p. 86, COUTINHO DE ABREU, *Curso de direito comercial*, II, cit., p. 587,

Por vezes, é pretendida a introdução no contrato de sociedade de cláusulas que elevam o *quorum* normalmente necessário para eleger ou destituir administradores. Quando assim seja, o eventual oferente fica a saber que se tornará provavelmente mais difícil destituir os atuais administradores e substituí-los por outros.

A existência de ações preferenciais sem voto funcionará, nalguns casos, como alternativa para evitar o lançamento de uma OPA. Isto porque essas ações, por definição, não permitem normalmente o exercício do direito de voto aos seus titulares. Atendendo, porém, aos direitos de que o acionista ainda será titular, pode isso ser decisivo para afastar o interesse em lançar a OPA.

Também a aquisição de ações próprias pela sociedade que se considera ameaçada pode ter alguma utilidade. Dessa forma é possível colocar fora do alcance de um potencial oferente algumas ações que este pretenderia vir a adquirir no decurso de uma OPA. E o facto de o potencial oferente não ter a certeza de poder adquirir essas ações próprias é igualmente um elemento que deve ser por ele ponderado. No entanto, a aquisição de ações próprias conhece limites legais que condicionam a importância desta medida.

Merece igualmente referência a estratégia que consiste em adquirir participações na sociedade que poderá vir a estar interessada em lançar a OPA. A sociedade que se sente ameaçada e que adquire participações no capital da sociedade que pensa poder ser a oferente passa a ter algum controlo sobre a vida desta última, que, se quiser adquirir participações na primeira, terá de considerar os regimes das sociedades coligadas[679] e de controlo das concentrações de empresas.

Poderão ainda os acionistas celebrar um acordo parassocial para afastarem a possibilidade de sucesso de uma eventual OPA. Tratando-se, porém, de uma sociedade aberta, há que ter em conta o disposto no art. 19º do CVM. Além disso, a celebração de um acordo parassocial pode levar à

ORLANDO VOGLER GUINÉ, *Da conduta (defensiva) da administração "Opada"*, cit., p. 32, nt. 22; contra, ILIDIO DUARTE RODRIGUES, *A administração das sociedades por quotas e anónimas. Organização e estatuto dos administradores*, Petrony, Lisboa, 1990, p. 243. E na verdade parece que os interesses de acionistas futuros justificam o caráter imperativo do art. 403º, 1, do CSC.

[679] V., sobre o tema, AUGUSTO TEIXEIRA GARCIA, *OPA – Da Oferta Pública de Aquisição e seu regime jurídico*, cit., p. 298 e ss., e JOSÉ ENGRÁCIA ANTUNES, *Os grupos de sociedades*, cit., p. 376, nt. 735.

imputação de direitos de voto em virtude do disposto no art. 20º, 1: v. as als. *c)*, *e)* e *h)* (e, quanto a esta última, tb. o nº 2)[680].

O alargamento da atividade da sociedade que se sente ameaçada a áreas em que navega a sociedade sobre a qual recai a suspeita de poder vir a lançar uma OPA é mais uma medida que se pode manifestar eficaz. Isto porque o lançamento de uma OPA pode obrigar então à aplicação de regimes de controlo das concentrações de empresas[681].

Outras estratégias poderão consistir na concessão a terceiros de opções para aquisição de bens da sociedade (*lock-ups*)[682], na inclusão de cláusulas em contratos que prevejam como causa de resolução a mudança de controlo na sociedade (*change of control clauses*) ou na divulgação de informações que conduzam à subida da cotação das ações.

A adoção de medidas preventivas de natureza obrigacional pode ser particularmente eficaz tendo em conta o teor do art. 182º, 3, *a)*, do CVM, pois este preceito exclui do âmbito dos nºs 1 e 2 os atos que «resultem do cumprimento de obrigações assumidas antes do conhecimento do lançamento da oferta»[683].

A própria estrutura organizatória da sociedade pode ser mais ou menos adequada a afastar o interesse de eventuais oferentes. A transformação numa sociedade que não emita ações será ainda de ponderar. Pode inclusivamente revelar-se necessária a saída da sociedade do mercado em que as ações estão admitidas à negociação. Isso poderá retirar o interesse em

680 Os estatutos da sociedade (sujeita a lei portuguesa) podem prever que as restrições à transmissão de ações ou de outros valores mobiliários que dêem direito à sua aquisição e que estejam previstas em acordos parassociais não produzem efeitos em relação à transmisssão decorrente da aceitação da oferta. O que isto significa também é discutível. Além disso, os estatutos podem prever que as restrições previstas em acordos parassociais e relativas ao exercício do direito de voto ficam suspensas, não produzindo efeitos na assembleia geral convocada nos termos do art. 182º, 3, *b)* (v. o art. 182º-A, 1, *b)*, do CVM). Os estatutos podem ainda prever que as restrições mencionadas não são aplicáveis ao oferente quando, na sequência de uma OPA, seja atingido pelo menos 75% do capital social com direito de voto. Também aqui se pode discutir o sentido desta «não aplicação».

681 Sobre a utilização do regime de controlo de concentrações como medida de defesa perante uma OPA, cfr., p. ex., WILLIAM BAUMOL/JANUSZ ORDOVER, «Use of antritrust to subvert competition», *Journal of Law & Economics*, 1985, p. 258 e ss..

682 Sobre estas opções, v., p. ex., JORGE BRITO PEREIRA, «A limitação dos poderes da sociedade visada durante o processo de OPA», cit., p. 195, nt. 42.

683 Como vimos, será assim desde que o vencimento ocorra também durante o período em causa: caso contrário, o órgão de administração poderia antecipar o cumprimento.

tomar a decisão de lançar uma OPA caso se espere encontrar maiores obstáculos à aquisição das ações.

A adoção de medidas anti-OPA de natureza preventiva não é um seguro contra todos os riscos. Pode, aliás, ter consequências inesperadas. Basta pensar na possibilidade de aquelas mesmas medidas conduzirem a uma descida da cotação das ações[684] e, assim, aumentarem o interesse no lançamento da OPA. Por outro lado, não se pode esquecer que certas medidas podem conduzir à imputação de direitos de voto nos termos do art 20º do CVM e ao dever de lançamento de OPA por força do art. 187º do mesmo Código.

17.2. Reativas

As medidas que são tomadas para reagir contra uma OPA já em curso são apelidadas de reativas (*post-bid anti-takeover defenses*).

A algumas delas já foi feita referência anteriormente. Estamos a pensar nas que o órgão de administração pode levar a cabo praticando atos autorizados por deliberação de assembleia geral convocada exclusivamente para o efeito durante o período previsto no art. 182º, 1, do CVM, quando este preceito seja aplicável. Havendo essa deliberação, os membros do órgão de administração já poderão praticar atos suscetíveis de alterar de modo relevante a situação patrimonial da sociedade visada que não se reconduzam à gestão normal da sociedade e que possam afetar de modo significativo os objetivos anunciados pelo oferente: veja-se o art. 182º, 1, do CVM, que, além do mais, apenas limita a atuação da administração quando a OPA «incida sobre mais de um terço dos valores mobiliários da respetiva categoria»[685]. E algumas dessas medidas reativas são de teor idêntico ao

[684] HANNO MERKT, *US-amerikanisches Gesellschaftsrecht*, cit., p. 774.

[685] Mas isso não afasta a eventual responsabilização dos membros do órgão de administração em consequência dos atos praticados. O art. 78º, 2, do CSC deve também ser tido em conta. Porém, no caso de uma OPA os membros do órgão de administração poderão ter um interesse próprio quando adotam medidas anti-OPA: o de evitar a sua substituição. Lembrando isso mesmo, para os EUA, FRANK EASTERBROOK/DANIEL FISCHEL, «The proper role of a target's management in responding to a tender offer», *HLR*, 1980-1981, p. 1161-1204, p. 1198. THOMAS HAZEN, *Treatise on The law of securities regulation*, vol. 3, cit., p. 437, dá a conhecer a discussão existente nos EUA, considerando que em regra os tribunais aplicam a *business judgment rule* se estamos perante decisões empresariais dos diretores que não têm um interesse próprio na operação. No entanto, o autor também lembra a decisão proferida no caso *Revlon, Inc. v. MacAndrews & Forbes Holdings Inc.*, 506 A.2d 173, Fed. Sec. L. Rep. (CCH) ¶ 92525, 66

de medidas preventivas já referidas. Interessam-nos agora medidas que fazem sobretudo sentido no decurso de uma OPA.

Nas medidas de defesa incluem-se atos que podem levar à alienação das «jóias da coroa da sociedade», no âmbito de uma verdadeira «política de terra queimada»[686]. Por outro lado, a aquisição de bens pela sociedade pode valorizá-la e tornar mais oneroso adquirir as ações que emitiu[687].

Também a emissão de ações ou de outros valores mobiliários que confiram direito à sua aquisição ou subscrição (verdadeiras *poison pills*[688]) constitui alteração relevante da situação patrimonial da sociedade visada. Facilmente se percebe que em tal caso o oferente é confrontado com a eventual necessidade de adquirir mais valores mobiliários para atingir os seus objetivos. A medida vem, aliás, prevista no art. 182º, 2, *b)*, do CVM.

A OPA pode igualmente vir a frustrar-se em consequência do lançamento de uma oferta concorrente, expressamente referida no art. 185º do CVM[689]. Trata-se de uma medida de especial relevo porquanto o art. 182º,

A.L.R.4th 157 (El. 1986), em que se entendeu que o principal dever da administração é a «maximization of the company's value at a sale for the stockholders' benefit» (v. tb. p. 442). Aliás, como Thomas Hazen informa a p. 440, já com a decisão proferida no caso *Smith v. Van Gorkom*, 488 A.2d 858, Fed. Sec. L. Rep. (CCH) ¶ 91921, 46 A.L.R. 4th 821 (Del. 1985) a proteção conferida pela *business judgment rule* é limitada pelo *Delaware Supreme Court*. Para uma comparação entre a «European neutrality rule» e a «U.S. modified business judgment rule», Christian Kirchner, «Shareholder Value: A New Standard for Company Conduct», in Klaus Hopt/Eddy Wimeersch (ed.), *Capital Markets and Company Law*, Oxford University Press, Oxford, 2003, p. 344 e s.. Quanto à «proportionality review» relativamente às medidas defensivas, Ronald Gilson/Reinier Kraakman, «Delaware's Intermediate Standard for Defensive Tactics: Is There Substance for Proportionality Review?», Bus.Law., 44, 1989, p. 247 e ss., Guido Ferrarini, «Shareholder value and the modernisation of european company law», in Klaus Hopt/Eddy Wimeersch (ed.), *Capital Markets and Company Law*, cit., p. 242, Hanno Merkt, *US-amerikanisches Gesellschaftsrecht*, cit., p. 802.

686 Referindo-se à atribuição a um *white knight* do *Filetstück*, Hanno Merkt, *US-amerikanisches Gesellschaftsrecht*, cit., p. 788.

687 João Cunha Vaz, *A OPA e o controlo societário. A regra de não frustração*, cit., p. 153.

688 Sobre as *poison pills* v., entre nós, Orlando Vogler Guiné, *Da conduta (defensiva) da administração "Opada"*, cit., p. 44 e ss., e, perante o direito dos EUA, Jennifer Hill, «Takeovers, poison pills and protecionism in comparative corporate governance», *Festchrift für Klaus Hopt zum 70 Geburtstag am 24. August 2010*, Bd. 1, De Gruyter, Berlin/New York, 2010, p. 794-814, e Hanno Merkt, *US-amerikanisches Gesellschaftsrecht*, cit., p. 779 (lembrando os *call plans* e *put plans*).

689 Sobre esta, Hugo Moredo Santos, *Ofertas concorrentes*, cit., Manuel Requicha Ferreira, «A OPA concorrente», cit., e Paulo Câmara, *Manual de direito dos vlaores mobiliários*, cit., p. 625 e ss.. No *City Code*, v. em especial a nota 3 à *Rule* 31.5 e a *Rule* 32.5. Na

3, *c)*, do CVM excetua do âmbito da proibição do nº 1 os «atos destinados à procura de oferentes concorrentes».

Se foi publicado o anúncio preliminar de OPA sobre valores mobiliários admitidos à negociação em mercado regulamentado, qualquer outra OPA sobre valores mobiliários da mesma categoria tem que ser realizada através de OPA concorrente (art. 185º, 1, CVM)[690]. Essa OPA concorrente tem que ser lançada[691] até ao 5º dia anterior ao dia em que termina o prazo da oferta inicial (art. 185º-A, 1, do CVM)[692]. Sendo tempestivamente lançada uma OPA concorrente, o art. 185º-A, 3, do CVM obriga a que o prazo das ofertas seja coincidente[693]. E, como já vimos, o art. 183º, 2, do CVM permite que a CMVM, por sua iniciativa ou a pedido do oferente, prorrogue a oferta em caso de lançamento de oferta concorrente (entre outros).

WpÜG, v. o § 22. Para os EUA, v., p. ex., com perspetivas diferentes, Frank Easterbrook/Daniel Fischel, «The proper role of a target's management in responding to a Tender Offer», cit., p. 1161-1204, Frank Easterbrook/Daniel Fischel, «Auctions and sunk costs in Tender Offers», *StanLRev*, 1982, 35, p. 1 e ss. (com leitura crítica relativamente às ofertas concorrentes), Lucian Bebchuk, «The case for facilitating competing Tender Offers», *HLR*, 95, 1982, p. 1028-1056, Lucian Bebchuk, «The case for facilitating competing Tender Offers: A Reply and Extension», *StanLRev*, 1983, 35, p. 23 e ss. (sublinhando os aspetos positivos das ofertas concorrentes e, em particular, na perspetiva da eficiência), Ronald Gilson, «Seeking competitive bids versus pure passivity in Tender Offer deffense», *StanLRev*, 35, 1982, p. 51 e ss. (considerando que é mais provável que as ofertas concorrentes façam aumentar a remuneração do investimento do que o contrário), John Coffee Jr., «Regulating the Market for Corporate Control: A Critical Assessment of the Tender Offer's Role in Corporate Governance», cit., p. 1199 (fazendo um balanço e afirmando que, de um lado, as ofertas concorrentes beneficiam os acionistas, mas a sua admissibilidade faz diminuir a frequência de *takeovers*).

690 Essa OPA concorrente pode, inclusivamente, ser uma OPA obrigatória: cfr., sobre o tema, Hugo Moredo Santos, *Ofertas concorrentes*, cit., p. 64.

691 O que é relevante agora é o momento do lançamento, não o da publicação do anúncio preliminar. Isso significa que o interessado em lançar a oferta concorrente não sabe muito bem até quando pode tratar da publicação do anúncio preliminar: v., sobre o tema, Hugo Moredo Santos, *Ofertas concorrentes*, cit., p. 84.

692 Considerando que, no caso de prorrogação do prazo da oferta inicial, só é relevante a prorrogação que não resulte de lançamento de oferta concorrente, Hugo Moredo Santos, *Ofertas concorrentes*, cit., p. 80.

693 Sobre a *Synchronisierung der Annahmefristen* e a forma de a conseguir, v. Kay Hasselbach, «§ 22», in Heribert Hirte/Christoph von Bülow (her.), *Kölner kommentar zum WpÜG*, cit., Rn. 21. Entre nós, quanto ao prazo coincidente, Hugo Moredo Santos, *Ofertas concorrentes*, cit., p. 157, e João Cunha Vaz, *A OPA e o conrolo societário. A regra de não frustração*, cit., p. 251.

No entanto, e para além do mais, quem lança a oferta concorrente (que poderá ser um *white knight* ou *weißen Ritters*[694]) está obrigado a oferecer uma contrapartida superior à antecedente em, pelo menos, 2% do seu valor e não pode conter condições que a tornem menos favorável (art. 185º, 5, do CVM)[695]. A isso acresce que as OPAs concorrentes «não podem incidir sobre quantidade de valores mobiliários inferior àquela que é objeto da oferta inicial»[696].

Como vimos, os atos destinados à procura de oferentes concorrentes surgem referidos no art. 182º, 3, *c)*, do CVM. A simples possibilidade de surgimento de uma oferta concorrente leva a uma nova reflexão por parte do eventual interessado em lançar a OPA. É que até tomar (ou não) a decisão de lançamento já irá gastar muito dinheiro. Por vezes até mais do que gastará o oferente concorrente para o efeito[697].

O lançamento da oferta concorrente permitirá ao oferente inicial a revisão da sua oferta e é fundamento de revogação de ofertas voluntárias nos

694 A terminologia é usada para designar o oferente que lança a oferta concorrente para «socorrer» a sociedade visada e, de alguma forma, por soliciação desta. Ao *white knight* surgem contrapostos o *gray knight* (não foi solicitada a sua intervenção, mas é considerado melhor do que o oferente inicial) e o *black knight*: cfr. Thomas Hazen, *Treatise on The law of securities regulation*, vol. 3, cit., p. 321. V., porém, quanto às pessoas que não podem lançar OPA concorrente, o art. 185º, 3 do CVM. O *white knight* não é, necessariamente, um concorrente desinteressado: sobre algumas das vantagens que o podem fazer mexer, Hanno Merkt, *US-amerikanisches Gesellschaftsrecht*, cit., p. 789 e s.. Este último autor lembra também a possibilidade de aquisição pelos próprios *managers* e os riscos que a negociação com o *white knight* pode envolver para a independência daqueles, bem como as garantias que muitas vezes são exigidas pelo «salvador». Tudo isto leva, assim, a questionar qual deve ser o papel do órgão de administração quando procura oferentes concorrentes. Que atos pode praticar? E como deve tratar os vários oferentes? Pode privilegiar, de alguma forma, o cavaleiro branco? Deve procurar apenas o melhor preço para os acionistas ou a vitória do oferente amigável? O princípio da igualdade de tratamento dos acionistas deve ser tido em conta, bem como o dever de atuação de boa fé «quanto à lealdade do comportamento» (art. 181º, 5, *d)*, do CVM). E procurar não é auxiliar... Referindo-se a uma regra de *level playing field*, Hanno Merkt, *US-amerikanisches Gesellschaftsrecht*, cit., p. 804.

695 Para uma crítica ao regime, Requicha Ferreira, «OPA concorrente», cit., p. 247 e ss..

696 Sobre os problemas que a norma coloca em caso de mais de uma oferta concorrente, Hugo Moredo Santos, *Ofertas concorrentes*, cit., p. 94 e s. (defendendo que a primeira oferta concorrente deve ter em conta a quantidade de valores mobiliários objeto da oferta inicial, mas cada oferta concorrente posterior deve partir da quantidade objeto da oferta concorrente antecedente).

697 Salientando este aspeto, Federico Regaldo, *Le tecniche difensive nelle OPA ostili. Riflessioni comparatistiche*, cit., p. 93.

termos do art. 128º do CVM (cfr. o art. 185º-B, 1 e 4, do mesmo Código). Mas não só: a oferta concorrente também permite revogar as aceitações até ao último dia do período das mesmas (art. 185º-A, 6, do CVM)[698].

A fusão com outra sociedade será certamente uma das alternativas a ponderar, assim como o lançamento de uma contra-OPA (operação *Pac--Man*). Esta última, porém, confronta-se com os obstáculos resultantes do regime das sociedades coligadas e do direito da concorrência. As mesmas dificuldades podem surgir quando se tenta negociar outra forma de aquisição das participações da oferente (que pode ter lançado a OPA à espera dessa proposta...).

O início de uma estratégia conflituosa pode acabar por conduzir ao fracasso da OPA. As ações em tribunal que se sucedem (que podem até ser intentadas para alcançar uma transação vantajosa ou uma desistência da instância ou do pedido) ou a contestação social podem ter como consequência a perda de interesse em levar por diante o processo iniciado (mas veja-se, quanto à revogação da oferta, o art. 130º do CVM). Estratégias assentes na propaganda[699] podem ser vistas como uma alternativa, mas devem ter em conta as exigências legais no que diz respeito à informação relativa a valores mobiliários admitidos à negociação (cfr. os arts. 244º e ss.) e, evidentemente, sobre publicidade.

Muitas outras atitudes podem ser tomadas[700]. Mas no que diz respeito às medidas reativas também há que tomar precauções perante o disposto no art. 187º do CVM, que torna obrigatório o lançamento de uma OPA verificados certos pressupostos. Como se pode ver nesse preceito, é feita uma remissão para o art. 20º do CVM e para os critérios de imputação de direitos de voto aí enumerados.

De qualquer modo, os membros do órgão de administração não podem deixar de analisar as eventuais consequências que as medidas preventivas e reativas podem ter quanto à responsabilização daqueles perante a socie-

[698] É discutível quais são as aceitações que podem ser revogadas.

[699] As más notícias podem fazer com que o preço no mercado desça. Mas, por outro lado, aquelas notícias também podem ter sido difundidas antes da tomada de decisão de lançar a OPA para adquirir ações a preço baixo (chamando a atenção para isso mesmo, Alexander Ineichen, «On Myths, Bubbles and New Paradigns in the Hedge Fund Industry», in Theodor Baums/Andreas Cahn (ed.), *Hedge Funds. Risks and Regulation*, De Gruyter, Berlin, 2004, p. 14).

[700] Orlando Vogler Guiné, *Da conduta (defensiva) da administração "Opada"*, cit., p. 34 e ss., menciona ainda a distribuição de bens aos sócios, o endividamento da sociedade,

dade e perante os sócios. E, naturalmente, há que ter em especial conta as limitações que resultam do art. 182º do CVM, do princípio da igualdade de tratamento que se extrai do art. 185º, 7, do princípio da boa fé (art. 181º, 5, *d*)), bem como dos regimes do abuso de informação privilegiada, da manipulação do mercado, da concorrência, das normas contraordenacionais...

18. A *breakthrough rule* (*Durchbrechungsregeln*) e a Diretiva 2004/25/CE

18.1. As soluções contidas nos arts. 11º e 12º da Diretiva

Como vimos, as sociedades podem adotar várias medidas anti-OPA de natureza preventiva. Interessam-nos agora as limitações ao exercício do direito de voto e as limitações à transmissibilidade das ações. Umas e outras podem constar do contrato de sociedade ou de acordo parassocial.

Estamos perante medidas que podem influenciar consideravelmente a decisão de lançar ou não uma OPA. E, ao afastarem o interesse no lançamento da OPA, impedem que saiam da potencialmente visada os seus acionistas descontentes, aumentando o risco de permanência no cargo de administrações ineficazes e/ou ineficientes. Os mecanismos que afastam o interesse no lançamento de uma OPA prejudicam o «market for corporate control».

É fácil de perceber que a existência de diferentes regimes relativamente a tais matérias nos diversos países da União Europeia cria diferentes expetativas de sucesso para os potenciais oferentes em função dessas regras. E, por outro lado, os acionistas das sociedades daqueles países também não terão sempre as mesmas possibilidades de alienarem as suas ações no âmbito de uma OPA[701].

O interesse em lançar uma OPA poderia aumentar se o oferente, depois de apurados os resultados e mediante o cumprimento de algumas condições, pudesse exercer os direitos de voto inerentes às ações que adquiriu sem ter de respeitar os limites a esse exercício. Aquele interesse também aumentaria se o oferente soubesse que, no âmbito da OPA, as limitações à transmissibilidade das ações não se aplicariam.

As preocupações descritas estiveram na origem do art. 11º da Diretiva 2004/25/CE[702]. No que diz respeito aos *limites à transmissibilidade de ações*,

[701] O *Report of the High Level Group of Company Law Experts on issues related to Takeover Bids*, 2002, p. 2, já chamava a atenção para isto.

[702] Sobre o respectivo âmbito de aplicação, cfr. o seu art. 1º. Quanto aos antecedentes históricos da «breakthrough rule», REQUICHA FERREIRA, *Acordos de aceitação e de não-aceitação de OPA*, cit., p. 273, nt. 887.

dispõe o art. 11º, 2[703], da Diretiva o seguinte: «2. As restrições à transmissão de valores mobiliários previstas nos estatutos da sociedade visada não são aplicáveis ao oferente durante o período de aceitação da oferta previsto no nº 1 do artigo 7º. As restrições à transmissão de valores mobiliários previstas em contratos entre a sociedade visada e os titulares de valores mobiliários desta sociedade ou em contratos entre estes últimos celebrados após a aprovação da presente diretiva não são aplicáveis ao oferente durante o prazo de aceitação da oferta previsto no nº 1 do artigo 7º».

Isto é, durante o período de aceitação da oferta há um conjunto de restrições à transmissão de valores mobiliários que não serão aplicáveis ao oferente: as previstas nos estatutos da sociedade visada, as constantes de contratos entre a sociedade e os titulares dos valores mobiliários e as que resultem de contratos entre os próprios titulares.

As limitações à transmissibilidade das ações voltam a ser objeto do art. 11º, 4. Segundo esta norma, «Quando, na sequência de uma oferta, o oferente detiver pelo menos 75 % do capital com direito de voto, não são aplicáveis as restrições à transmissão de valores mobiliários e ao direito de voto referidas nos n.os 2 e 3 nem os direitos especiais de acionistas no que diz respeito à nomeação ou destituição de membros do órgão de administração previstos nos estatutos da sociedade visada; os valores mobiliários com voto plural têm um único voto na primeira assembleia-geral de acionistas subsequente ao encerramento da oferta convocada pelo oferente a fim de alterar os estatutos da sociedade ou de destituir ou nomear membros do órgão de administração. Para o efeito, o oferente deve dispor do direito de convocar uma assembleia-geral de acionistas a curto prazo, na condição de esta assembleia não ocorrer num prazo inferior a duas semanas após a sua convocação».

Está agora em causa o momento posterior à oferta na sequência da qual o oferente ficou a deter pelo menos 75% do capital com direito de voto. Quando isso se verifique, não são aplicáveis as restrições à transmissão de valores mobiliários referidas no art. 11º, 2.

No que diz respeito às restrições *relativas ao exercício do direito de voto*, lê-se no art. 11º, 3, da Diretiva que «As restrições em matéria de direito de voto previstas nos estatutos da sociedade visada ficam sem efeito na assembleia-

[703] O art. 11º tem por epígrafe «Não oponibilidade das restrições em matéria de transmissão de valores mobiliários e direito de voto».

-geral de acionistas que tomar uma decisão sobre eventuais medidas de defesa nos termos do artigo 9º. As restrições em matéria de direito de voto previstas em contratos entre a sociedade visada e os titulares de valores mobiliários desta sociedade ou em contratos entre estes últimos celebrados após a aprovação da presente diretiva ficam sem efeito na assembleia-geral de acionistas que tomar uma decisão sobre eventuais medidas de defesa nos termos do artigo 9º. Os valores mobiliários com voto plural têm um único voto na assembleia-geral de acionistas que decidir sobre eventuais medidas de defesa nos termos do artigo 9º».

Mais uma vez, estão em causa tanto as restrições que constem dos estatutos da sociedade visada, como as que resultam de contrato entre a sociedade e os titulares de valores mobiliários da mesma ou entre estes titulares. Essas restrições «ficam sem efeito na assembleia-geral de acionistas que tomar uma decisão sobre eventuais medidas de defesa nos termos do artigo 9º». Procura-se, assim, garantir que o direito de voto é proporcional ao risco económico assumido na sociedade num momento em que podem ser tomadas deliberações decisivas para o resultado da oferta em curso.

O art. 11º, 4, dirige-se ainda às restrições ao exercício do direito de voto. Se, «na sequência de uma oferta, o oferente detiver pelo menos 75 % do capital com direito de voto», também não se aplicam as restrições ao direito de voto referidas no nº 3[704].

Contudo, o que parece à primeira vista um grande passo em frente acaba por revelar-se bastante mais inofensivo. É que o art. 12º da Diretiva vem tornar facultativo o regime que resulta do art. 11º: «1. Os Estados-Membros podem reservar o direito de não exigir que as sociedades a que se refere o nº 1 do artigo 1º, com sede social nos respectivos territórios, apli-

[704] Chama-se ainda a atenção para os nºs 5, 6 e 7 do art. 11º: «5. Sempre que sejam suprimidos direitos nos termos dos nºs 2, 3 ou 4 e/ou do artigo 12º, deve prever-se uma indemnização equitativa pelos eventuais prejuízos suportados pelos titulares destes direitos. As condições para a determinação da indemnização e as modalidades do respectivo pagamento são fixadas pelos Estados-Membros. 6. O disposto nos n.os 3 e 4 não é aplicável aos valores mobiliários caso as restrições ao direito de voto sejam acompanhadas de vantagens pecuniárias específicas. 7. O presente artigo não se aplica no caso de os Estados- Membros serem titulares de valores mobiliários na sociedade visada que lhes confiram direitos especiais que sejam compatíveis com o Tratado, no caso de direitos especiais previstos na lei nacional que sejam compatíveis com o Tratado, nem no caso de empresas cooperativas».

quem o disposto nos nºs 2 e 3 do artigo 9º e/ou no artigo 11º». Será, assim, muito difícil sustentar que se criou um verdadeiro *level playing field*[705].

Caso os Estados-Membros utilizem a possibilidade aberta pelo art. 12º, 1 (*opt out*), a sua liberdade não é total. Com efeito, deverão em tal caso «dar às sociedades com sede social nos respectivos territórios a opção, que deve ser reversível, de aplicar o disposto nos nºs 2 e 3 do artigo 9º e/ou no artigo 11º, sem prejuízo do disposto no nº 7 do artigo 11º». Ou seja, se os Estados-Membros não exigem, quanto às sociedades em causa, que apliquem o regime dos arts. 9º, 2 e 3, e/ou 11º, devem então garantir que a própria sociedade visada possa tomar a decisão de aplicar aquele regime (*opt in*). Lembre-se que o art. 11º, entre outras coisas, retira eficácia às limitações relativas à transmissibilidade de ações e às limitações relativas ao exercício do direito de voto. A decisão da sociedade de aplicar o regime dos art.s 9º, 2 e 3, e 11º deve caber aos seus acionistas, através de deliberação tomada de acordo com o regime aplicável às alterações estatutárias («em conformidade com a lei do Estado-Membro em que se situe a sua sede social»).

Quanto às sociedades que optem por aplicar o disposto no art. 11º, e de acordo com o art. 12º, 3, «os Estados-Membros podem dispensar as sociedades que apliquem os nºs 2 e 3 do artigo 9º e/ou o artigo 11º da aplicação destas disposições se forem alvo de uma oferta lançada por uma sociedade que não aplique os mesmos artigos ou por uma sociedade controlada, directa ou indirectamente, por uma dessas sociedades, nos termos do artigo 1º da Directiva 83/349/CEE». Trata-se, novamente, da aplicação do princípio da reciprocidade[706].

O art. 12º, 5 acrescenta: «A aplicação de qualquer medida em conformidade com o disposto no nº 3 fica sujeita a autorização da assembleia-geral de acionistas da sociedade visada concedida menos de 18 meses antes da divulgação da oferta nos termos do nº 1 do artigo 6º». Isto é, nas situa-

[705] Sobre a transposição da Diretiva na União Europeia, THEODOR BAUMS/ANDREAS CAHN (her.), *Die Umsetzung der übernahmerichtlinie in Europa*, De Gruyter, Berlin, 2006, e, especialmente quanto à *passivity rule* ou *board neutrality rule*, PAUL DAVIES/EDMUND-PHILIPP SCHUSTER/EMILIE DE GHELCKE, «The Takeover Directive as a protectionist tool?», Law Working Paper 141/2010, www.ecgi.org.

[706] Sobre o sentido deste princípio, MARCO BRECHT, «Reciprocity in Takeovers», in GUIDO FERRARINI/KLAUS HOPT/JAAP WINTER/EDDY WYMEERSCH (ed.), *Reforming Company and Takeover Law in Europe*, Oxford University Press, Oxford-New York, 2004, p. 647 e ss..

ções de reciprocidade mencionadas no art. 12º, 3, da Diretiva a aplicação de medidas defensivas depende de uma autorização da assembleia geral concedida no prazo referido.

18.2. A transposição através do art. 182º-A, do CVM

18.2.1. Notas gerais

O regime da Diretiva 2004/25/CE no que diz respeito à *breakthrough rule* foi transposto através do art. 182º-A do CVM[707].

Lendo o que surge estabelecido naquele preceito, vemos que, entre outras coisas:

a) Os estatutos de «sociedades sujeitas a lei pessoal portuguesa» podem, nos termos previstos na lei, estabelecer que *certas restrições à transmissão de ações e ao direito de voto*, bem como *certos direitos especiais*, serão afetados em caso de lançamento de uma OPA e de diferentes maneiras consoante a fase em questão – cfr. o nº 1, als. *a)*, *b)* e *c)*[708] (ou seja, *os estatutos podem prever que, sendo lançada a OPA, as restrições serão afetadas*);

b) No caso das *sociedades abertas sujeitas a lei pessoal portuguesa que exerçam a opção deixada pelo nº 1* (isto é, que prevejam todos os regimes

[707] Introduzido pelo DL 219/2006, de 2 de novembro (temos já em conta as alterações introduzidas pela L 28/2017). Sobre essa transposição podem ver-se ORLANDO VOGLER GUINÉ, «A Transposição da Directiva 2004/25/CE e a Limitação dos Poderes do Órgão de Administração da Sociedade Visada», cit., ANA SÁ COUTO, «Breve Comentário à Transposição da Directiva das OPA», cit.. De acordo com o art. 182º-A, 8, o regime do artigo não se aplica «no caso de um Estado membro ser tiular de valores mobiliários da sociedade visada que lhe confira direitos especiais». Criticamente, PAULO CÂMARA, *Manual de direito dos valores mobiliários*, cit., p. 596 e ss.; v. tb. o que escrevemos adiante.

[708] «1. As sociedades sujeitas a lei pessoal portuguesa podem prever estatutariamente que: *a)* As restrições, previstas nos estatutos ou em acordos parassociais, referentes à transmissão de ações ou de outros valores mobiliários que dêem direito à sua aquisição ficam suspensas, não produzindo efeitos em relação à transmissão decorrente da aceitação da oferta; *b)* As restrições, previstas nos estatutos ou em acordos parassociais, referentes ao exercício do direito de voto ficam suspensas, não produzindo efeitos na assembleia geral convocada nos termos da alínea *b)* do nº 3 do artigo anterior; *c)* Quando, na sequência de oferta pública de aquisição, seja atingido pelo menos 75% do capital social com direito de voto, ao oferente não são aplicáveis as restrições relativas à transmissão e ao direito de voto referidas nas anteriores alíneas, nem podem ser exercidos direitos especiais de designação ou de destituição de membros do órgão de administração da sociedade visada»

ali permitidos), podem igualmente prever nos seus estatutos[709] um regime de reciprocidade, estabelecendo que o *regime adotado em conformidade com aquele nº 1* não se aplica a «ofertas públicas de aquisição dirigidas por sociedades oferentes que não estejam sujeitas às mesmas regras ou que sejam dominadas por uma sociedade que não se sujeite às mesmas regras» – n. º 3[710] (quer dizer: se os estatutos das sociedades em causa preveem que as restrições serão afetadas em caso de lançamento da OPA, a sociedade pode prever que esse mesmo regime não se aplica quanto a OPAs «dirigidas por sociedades oferentes que não estejam sujeitas às mesmas regras ou que sejam dominadas por uma sociedade que não se sujeite às mesmas regras»);

c) Se os estatutos de «sociedades sujeitas a lei pessoal portuguesa» contêm cláusulas previstas no nº 1 quanto à «suspensão de eficácia das restrições relativas à transmissão e ao direito de voto», as mesmas «apenas podem vigorar por um prazo máximo de 18 meses», embora sejam «renováveis através de nova deliberação da assembleia geral, aprovada nos termos legalmente previstos para a alteração dos estatutos» – nº 7[711] (o que significa, em suma, que os sócios podem reapreciar a questão de tempos a tempos e, se não renovarem a suspensão de eficácia das restrições no prazo previsto, a suspensão perde eficácia e as restrições ressurgem);

d) Tratando-se de *sociedade aberta sujeita a lei pessoal portuguesa* que *não exerça integralmente* a opção prevista no nº 1 (isto é, que não preveja nos seus estatutos todos os regimes ali permitidos), a mesma fica proibida de «fazer depender a alteração ou a eliminação das restrições referentes à transmissão ou ao exercício do direito de voto de quórum deliberativo mais agravado do que o respeitante a 75% dos votos emitidos», limitando-se assim a liberdade daquela sociedade no que diz respeito ao regime a que pode sujeitar as referidas alterações estatutárias – nº 2 (e sendo mais fácil a reapreciação do

[709] Não tinha de ser assim. Na Alemanha, o § 33c da WpÜG permite que seja a assembleia geral a fazer funcionar a reciprocidade.

[710] E isto independentemente do Estado de origem de quem lança a OPA. Quanto às relações controladora/controlada, v. o art. 12º, 3, da Diretiva das OPAs.

[711] A redação do art. 12º, 5, da Diretiva das OPA é diferente.

regime; mas, se a sociedade exerce integralmente a opção prevista no nº 1 e contém nos estatutos todas as suspensões ali mencionadas, podem os estatutos «fazer depender a alteração ou a eliminação das restrições referentes à transmissão ou ao exercício do direito de voto de quórum deliberativo mais agravado do que o respeitante a 75% dos votos emitidos»).

O regime sumariamente descrito merece algumas palavras mais. Em primeiro lugar, para dizer que o legislador optou pela via mais suave: em vez de impor a *breakthrough rule*, deixa às sociedades sujeitas a lei pessoal portuguesa a possibilidade de integrarem nos seus estatutos as opções previstas no art. 182º-A, 1. Terá pesado o facto de existir entre nós, em certos casos, um dever de lançar uma OPA[712].

Justifica-se igualmente destacar que, umas vezes, o regime é aplicável a «sociedades sujeitas a lei pessoal portuguesa», e noutras apenas visa as «sociedades abertas sujeitas a lei pessoal portuguesa».

Também não deixa de merecer referência o facto de o nº 1 revelar que, em certos casos, as restrições previstas em acordos parassociais estão sujeitas, quanto à sua eficácia, ao que resulte dos estatutos. Isto é, os estatutos podem ali ditar em que termos certas restrições parassociais serão ou não eficazes se for lançada uma OPA.

18.2.2. A vigência temporalmente limitada das cláusulas estatutárias «referentes à suspensão de eficácia das restrições relativas à transmissão e ao direito de voto»

No que diz respeito à vigência temporalmente limitada das cláusulas estatutárias «referentes à suspensão de eficácia das restrições relativas à transmissão e ao direito de voto referidas no nº 1», a solução encontrada é bastante estranha[713]. Aparentemente, o que se pretende é que a cláusula estatutária preveja um limite temporal para a sua vigência e a possibili-

[712] Sobre a relação entre os temas, PETER O. MÜLBERT, «Make It or Break It: The Break-Through Rule as a Break-Through for the European Takeover Directive?», Law Working Paper 13/2003, www.ecgi.org, especialmente a p. 21 e s..

[713] V. tb., criticamente, REQUICHA FERREIRA, «OPA concorrente», cit., p. 474. O autor, a p. 475, defende a aplicação do regime de «reaprovação» do art. 182º-A, 7, quanto «aos casos em que a sociedade delibera a consagração das modalidades de *breakthrough rule*» e «às cláusulas estatutárias que consagrem o mecanismo de reciprocidade».

dade de ser renovada essa mesma vigência (por um prazo máximo também de 18 meses, parece).

Julgamos que a renovação da vigência deverá estar prevista na própria cláusula para que os sócios possam tomar a deliberação de renovação sem terem de alterar os estatutos. Com efeito, no nº 7 faz-se menção a uma deliberação «aprovada nos termos legalmente previstos para a alteração dos estatutos», o que parece dar a entender que não haverá alteração estatutária. A lei também não diz se a renovação deve ocorrer antes de terminado o prazo de vigência em curso, mas pensamos que é essa a solução adequada.

De qualquer modo, parece que a solução contida no art. 182º-A, 7, do CVM não respeita o disposto no art. 12º, 5, da Diretiva das OPA. Naquele preceito do CVM a deliberação da assembleia geral deve incidir sobre as cláusulas estatutárias que *suspendem a eficácia das restrições*. Não se exige, portanto, que a deliberação da assembleia geral incida sobre as cláusulas que mandam aplicar as restrições em casos de reciprocidade. Exige-se, isso sim, que a deliberação incida sobre as próprias cláusulas que suspendem a eficácia das restrições. Logo, se a deliberação não é tomada, as restrições vão ressurgir e o sucesso de uma OPA é mais incerto.

Pelo contrário, o art. 12º, 5, da Diretiva das OPAs exige deliberação da assembleia geral a *autorizar a aplicação das medidas adotadas* «em conformidade com o disposto no nº 3». Quais são as medidas adotadas em conformidade com o nº 3? Consistem na *dispensa da aplicação dos regimes dos arts. 9º, 2 e 3, e/ou 11º* pelas sociedades. O ponto de partida do nº 5 é o que resulta do nº 1: estamos a falar de casos em que os Estados-Membros não exigiram que as sociedades aplicassem, designadamente, o art. 11º.

Nesses casos, os Estados-Membros terão dado às sociedades com sede social nos seus territórios a possibilidade de aplicarem o art. 11º. Vale por dizer que deverão ter dado às sociedades a possibilidade de suspenderem as restrições ao direito de voto, à transmissibilidade das ações ou a certos direitos especiais. Se as sociedades exerceram essa opção, também podem ficar dispensadas da aplicação desses regimes que adotaram se não há reciprocidade: isto é, em caso de falta de reciprocidade, as sociedades podem não aplicar a suspensão das restrições ao direito de voto, à transmissibilidade de ações ou a certos direitos especiais. E nisso consistem as medidas aplicadas em conformidade com o nº 3: consistem na não aplicação da suspensão da restrição... Mas essas medidas (as de não aplicação da suspensão da restrição) só devem poder ser aplicadas se autorizadas por assembleia geral de acionistas da visada, autorização essa que deve ser concedida menos de 18 meses antes da divulgação da oferta. Se essa deliberação não é tomada, o sucesso da OPA torna-se mais provável: o que «cai» são as medidas para que o regime que aplica o art. 11º não funcione...

No que diz respeito às instituições de crédito, o DL 20/2016, de 20 de abril, aditou ao RGIC o art. 13º-C (não aplicável a caixas de crédito agrícola mútuo nem a caixas económicas), que torna necessário que os acionistas daquelas entidades deliberem, pelo menos uma vez em cada período de cinco anos, sobre a manutenção ou revogação de limites à detenção ou exercício dos diretos de voto. Se a deliberação for proposta pelo órgão de administração, não está sequer «sujeita a quaisquer limites à detenção ou ao exercício de direitos de voto, nem a quaisquer requisitos de quórum ou maioria agravados relativamente aos legais». Não sendo tomada a deliberação no período mencionado, os limites à detenção ou exercício dos direitos de voto caducam automaticamente no termo daquele (nº 3). Porém, se for apresentada proposta para alteração ou revogação dos limites, a rejeição dessa proposta vale tacitamente como deliberação de manutenção (nº 4). O referido DL 20/2016 contém ainda um regime para as instituições de crédito que, à data da sua entrada em vigor, tenham nos seus estatutos limites à detenção ou exercício dos direitos de voto[714].

18.2.3. O direito de indemnização em caso de supressão de direitos

O prospeto de OPA deve conter, designadamente, informação sobre a «indemnização proposta em caso de supressão dos direitos por força das regras previstas no art. 182º-A», dando a conhecer a «forma de pagamento e o método empregue para determinar o seu valor» (art. 138º, 1, *m)*, do CVM). O próprio art. 182º-A, 4, do CVM estabelece que o oferente é responsável pelos danos que forem causados pela suspensão de eficácia de acordos parassociais integralmente divulgados até à data da publicação do anúncio preliminar[715]. Essa responsabilidade não existirá em relação a

[714] V., sobre o DL 20/2016, PAULO CÂMARA, *Manual de direito dos valores mobiliários*, cit., p. 623 e s..

[715] O que, evidentemente, funciona como um estímulo a essa mesma divulgação. Mas parece ter razão REQUICHA FERREIRA, «OPA concorrente», cit., p. 478, nt. 857, ao defender uma interpretação restritiva no sentido de a divultação «apenas abranger as cláusulas do acordo cuja eficácia é suspensa pelo funcionamento da *breakthrough rule*». A redação do art. 182º-A, 4, do CVM não pode deixar de criar dúvidas ao intérprete quando a compara com o que

danos causados a acionistas que votaram a favor das alterações estatutárias «para efeitos do nº 1» e a pessoas que se encontrem com esses mesmos acionistas numa relação prevista no art. 20º (art. 182º-A, 5).

18.2.4. Os direitos especiais conferidos a Estados-Membros

O art. 182º-A, 8, afasta a aplicação do disposto nos restantes números do artigo «no caso de um Estado membro ser titular de valores mobiliários da sociedade visada que lhe confira direitos especiais». Mas isso não significa que esses direitos especiais sejam intocáveis. Tanto mais que são direitos que podem afastar o interesse em lançar uma OPA sobre a sociedade e, muitas vezes, terá sido mesmo esse o objetivo da sua constituição. A titularidade pelos Estados-Membros da União Europeia ou por outros entes públicos de ações com direitos (ditos também) «especiais»[716] (as *golden shares*), sobretudo quando estes direitos são desproporcionados relativamente ao valor relativo das participações em causa[717], foi questionada tendo, designadamente, em conta o *princípio da livre circulação de capitais* e o princípio da *liberdade de estabelecimento*[718]. Remetemos para o que já escrevemos sobre o assunto noutro local[719].

consta do art. 11º, 5, da Diretiva das OPAs, pois neste último preceito surge feita a referência à supressão de «direitos nos termos dos nºs 2, 3 ou 4 e/ou do artigo 12º».

716 Por exemplo, direitos de veto ou de designação de membros de órgãos.

717 Salientando essa desproporção, António Carlos dos Santos/Maria Eduarda Gonçalves/Maria Mauel Leitão Marques, *Direito Económico*, 7ª ed., Almedina, Coimbra, 2014, p. 174.

718 Contudo, surge escrito nas decisões do TJ, com formulações próximas, que «segundo jurisprudência assente do Tribunal de Justiça, na medida em que as medidas nacionais em causa comportem restrições à liberdade de estabelecimento, essas restrições são a consequência directa dos obstáculos à livre circulação de capitais acima examinados, de que são indissociáveis. Por conseguinte, tendo-se concluído pela existência de uma violação do artigo 56º, nº 1, CE, não é necessário examinar separadamente as referidas medidas à luz das regras do Tratado relativas à liberdade de estabelecimento» (v., p. ex., Ac. TJ de 10/11/2011, Proc. C-212/09). Por isso, vamos dedicar maior atenção ao princípio da livre circulação de capitais.

719 Cfr. «Artigo 24º», in J. M. Coutinho de Abreu (coord.), *Código das Sociedades Comerciais em comentário*, cit., p. 433 e ss..

BIBLIOGRAFIA

AAVV., *A privatização da Sociedade Financeira Portuguesa. Regras sobre reprivatizações. Responsabilidade pelo prospeto. Culpa* in contrahendo. *Vícios ocultos das empresas reprivatizadas*, Lex, Lisboa, 1995

AAVV, *Uniform Commercial Code. Official text and comments*, West Group, St. Paul, 2003

Ablasser-Neuhuber, «VO 139/2004/EG Art. 7», in Ulrich Loewenheim/Karl Meessen/Alexander Riesenkampff (her.), *Kartellrecht*, 2. Aufl., Beck (Beck-online), 2008

Abreu, J. M. Coutinho de, «*Corporate governance* em Portugal», Miscelâneas 6, Almedina/IDET, Coimbra, 2010, p. e ss., *Curso de direito comercial*, vol. II, 5ª ed., Almedina, Coimbra, 2015, «A propósito da eliminação das ações ao portador», 2018, em publicação

Abreu, J. M. Coutinho de/Martins, Alexandre Soveral, *Grupos de Sociedades Aquisições Tendentes ao Domínio Total*, Almedina, Coimbra, 2003, ID., «Artigo 490º», in J. M. Coutinho de Abreu (coord.), *Código das Sociedades Comerciais em comentário*, VII, Almedina, Coimbra, 2014, p. 136

Aguilera Ramos, Agustín, «Clases y series de acciones. Las acciones privilegiadas», in Alonso Ureba/Duque Domínguez/Esteban Velasco/García Villaverde/Sánchez Calero (coord.), *Derecho de sociedades anónimas*, II, vol. 1, Civitas, Madrid, 1994, p. 149 e ss.

Almeida, Amador Paes de, *Manual das sociedades comerciais (Direito de empresa)*, 13ª ed., Editora Saraiva, 2003

Almeida, António Pereira de, *Direito comercial*, 3º vol., *Títulos de crédito*, AAFDL, Lisboa, 1988, *Sociedades comerciais, valores mobiliários, instrumentos financeiros e mercados*, vol. 2, 7ª ed., Coimbra Editora, Coimbra, 2013

Almeida, Carlos Ferreira de, «Relação de clientela na intermediação de valores mobiliários», *DVM*, III, 2001, p. 121 e ss., «Direito a dividendos no âmbito de oferta pública de aquisição de acções», *DVM*, V, 2004, p. 29 e ss., «Registo de valores mobiliários», *DVM*, VI, Coimbra Editora, Coimbra, 2006, p. 51 e ss., «Alienação da propriedade em garantia», *Estudos dedicados ao Professor Doutor Luís Alberto Carvalho Fernandes*, I, UCE, Lisboa, 2011, p. 311 e ss.

Almeida, José Queirós, «Contratos de intermediação financeira enquanto categoria jurídica», *CadMVM*, 2006, 24, p. 291 e ss.

Almeida, Miguel Santos, «High-frequency trading – Regulação e compliance no contexto da nova DMIF II», in PAULO CÂMARA (coord.), *O novo direito dos valores mobiliários*, Almedina, Coimbra, 2017, p. 427 e ss.

ANDRADE, MARGARIDA DA COSTA, «Algumas considerações sobre a oferta pública de aquisição de ações simples e voluntária no regime jurídico português», *BFD*, 78, 2002, p. 699 e ss., *O penhor financeiro com direito de disposição de valores mobiliários*, *ROA*, jan/dez 2010, I/IV, p. 351 e ss.

ANGELICI, CARLO, *Le azioni*, Giuffrè, Milano, 1992, *La società per azioni. Principi e problemi*, in ANTONIO CICU/FRANCESCO MESSINEO/LUIGI MENGONI/PIERO SCHLESINGER (dir.), *Trattato di diritto civile e commercialle*, Giuffrè, Milano, 2012

ANTHERO, ADRIANO, *Comentário ao Código Commercial Portuguez*, I, Artes e lettras, Porto, 1915

ANTUNES, ANA MORAIS, O instituto da aquisição tendente ao domiínio total (art. 490º do CSC): um exemplo de uma "expropriação legal" dos direitos dos minoritários?", AAVV., *20 anos do Código das Sociedades Comerciais, homenagem aos Profs. Doutores A. Ferrer Correia, Orlando de Carvalho e Vasco Lobo Xavier*, II, 207, p. 203 e ss., «A Aquisição Tendente ao Domínio Total no Direito Societário e no Direito dos Valores Mobiliários», AAVV., *Aquisição de Empresas*, Coimbra Editora, Coimbra, 2011, p.313 e ss.

ANTUNES, ENGRÁCIA, *A aquisição tendente ao domínio total. Da sua constitucionalidade*, Coimbra Editora, Coimbra, 2001, «O Artigo 490º do CSC e a Lei Fundamental – "Propriedade Corporativa", Propriedade Privada, Igualdade de Tratamento», AAVV., *Estudos em Comemoração dos Cinco Anos (1995-2000) da Faculdade de Direito da Universidade do Porto*, Coimbra Editora, Coimbra, 2001, p. 147 e ss., *Direito dos contratos comerciais*, Almedina, Coimbra, 2009, *Os instrumentos financeiros*, 3ª ed., Almedina, Coimbra, 2017, «Os instrumentos do mercado monetário», *BCE*, LX, 2017, p. 359 e ss.

ASCENSÃO, OLIVEIRA, *Direito civil. Teoria Geral*, II, Coimbra Editora, Coimbra, 1999, «Valor mobiliário e título de crédito», *Direito dos valores mobiliários*, Lex, Lisboa, 1997, p. 27 e ss., «A celebração de negócios em bolsa», *Direito dos valores mobiliários*, I, Coimbra Editora, Coimbra, 1999, p. 177 e ss., «As acções», *Direito dos valores mobiliários*, II, Coimbra Editora, Coimbra, 2000, p. 57 e ss., *Direito comercial*, IV, AAFDL, Lisboa, 2000, «O actual conceito de valor mobiliário», *ROA*, janeiro 2001, p. 5 e ss., «Derivados», *DVM*, IV, Coimbra Editora, Coimbra, 2003, p. 41 e ss., «O novíssimo conceito de valor mobiliário», *DVM*, VI, Coimbra Editora, Coimbra, 2006, p. 139 e ss..

ASSMANN, HEINZ-DIETER, *Prospekthaftung als Haftung für die Verletzung Kapitalmarktbezogener Inforfmationsverkehrspflichten nach deutschem und US-amerikanischem Recht*, Carl Heymanns, Köln, etc., 1985, «§ 10», in HEINZ-DIETER ASSMANN/THORSTEN PÖTZSCH/UWE SCHNEIDER (her.), *Wertpapiererwerbs- und Übernahmegesetz*, 2. Aufl., Otto Schmidt, Köln, 2013

ASSMANN, HEINZ-DIETER/SCHLITT, MICHAEL/KOPP-COLOMB, WOLF VON (her.), *Wertpapierprospektgesetz. Vermögensanlagengesetz*, 3. Aufl., Otto Schmidt, Köln, 2017

BALLANTINE, HENRY, *On corporations*, Callaghan & Co., Chicago, 1927

BALOTTI/FINKELSTEIN, *The Delaware law of corporations and business organisations*, 2. ed., Aspen, New York, 1996

BAPTISTA, DANIELA FARTO, «Acções preferenciais sem voto», AAVV, *IV Congresso Direito das Sociedades em revista*, Almedina,

Coimbra, 2016, p. 411 e ss., *A atuação concertada como fundamento de imputação de direitos de voto no mercado de capitais*, UCP, Porto, 2016

BARTOLACELLI, ALESSIO, *La partecipazione non azionaria nella S.P.A. Gli strumenti finanziari partecipativi*, Giuffrè, Milano, 2012

BAUMOL, WILLIAM/ORDOVER, JANUSZ, «Use of antritrust to subvert competition», *Journal of Law & Economics*, 1985, p. 258 e ss.

BAUMS, THEODOR, «Feindliche Übernahmen und Magementkontrolle – Anmerkungen aus deutscher Sicht», Arbeitspapier 1/93, Institut für Handels- und Wirtschaftsrecht, Univ. Osnabrück, http://www.jura.uni-frankfurt.de

BAUMS, THEODOR/CAHN, ANDREAS (her.), *Die Umsetzung der Übernahmerichtlinie in Europa*, De Gruyter, Berlin, 2006

BEALE, HUGH/BRIDGE, MICHAEL/ GULLIFER, LOUISE/LOMNICKA, EVA, *The law of security and title-based financing*, 3. ed., OUP, Oxford, 2018

BEBCHUK, LUCIAN, «The case for facilitating competing tender offers: a reply and extension», *StanfLRev*, 35, 1982, p. 23 e ss., «The case for facilitating competing Tender Offers: A Reply and Extension», *StanLRev*, 1983, 35, p. 23 e ss., «The Case Against Board Veto in Corporate Takeovers», 69, *UChiLRev*, 2002, p. 973 e ss..

BERGDOLT, DANIELA, «Kapitalanlagerecht inkl. Prospekthaftung», in THOMAS HEIDEL (her.), *Aktienrecht und Kapitalmarktrecht*, 4. Aufl., Nomos, Baden-Baden, 2014, p. 3366 e s.

BINTZ, ANNINA, *Die grenzüberschreitende Verwendung von Wertpapieren als Sicherheiten*, Peter Lang, Frankfurt, 2008

BIONE, «Le azioni», *Trattato delle società per azioni*(Dir. da G. E. COLOMBO/G. B. PORTALE), UTET, Torino, 1991, p. 3 e ss.

BÖMECKE, PATRICK, *§ 28*, in MARTIN HÄUBLEIN/ROLAND HOFFMANN-THEINERT, *Beck'scher On-Line Kommentar HGB*, 14. Edition, Stand: 01.08.2016, Beck (Beck-online)

BORGES, SOFIA, «A transposição em Portugal da Directiva dos acordos de garantia financeira», *Actualidad Jurídica Uría Menendez*, 13, 2006, p. 83 e ss.

BOTELHO, MARIA DE DEUS, «O fim das ações ao portador – O período de conversão do nosso descontentamento», *DSR*, 2017, 18, p. 181 e ss.

BRÄNDEL, OLIVER, «§ 8», «§ 10» e «§ 11», in HERIBERT HIRTE/PETER MÜLBERT/MARKUS ROTH/KLAUS J. HOPT/HERBERT WIEDEMANN (her.), *Großkommentar Aktiengestz Online*, 4. Aufl., De Gruyter, Berlin/München/ Boston, 2004

BRECHT, MARCO, «Reciprocity in Takeovers», in GUIDO FERRARINI/KLAUS HOPT/JAAP WINTER/EDDY WYMEERSCH (ed.), *Reforming Company and Takeover Law in Europe*, Oxford University Press, Oxford-New York, 2004, p. 647 e ss

BRITO, MARIA HELENA, «Sobre a aplicação no espaço do novo Código dos Valores Mobiliários», *DVM*, IV, Coimbra Editora, Coimbra, 2003, p. 85-109, «A Convenção da Haia sobre a lei aplicável a certos direitos respeitantes a valores mobiliários depositados num intermediário», *DVM*, V, 2004, p. 91 e ss.

BRUMMER, CHRIS, «Disruptive Technology and Securities Regulation», *FordLR*, 2015, 84, p. 977 e ss.

BÜLOW, CHRISTOPH VON, «§ 29» e «§ 30», in HERIBERT HIRTE/ CHRISTOPH VON BÜLOW (her.), *Kölner Kommentar zum WpÜG*, 2. Aufl., Carl Heymanns, 2010, «§ 22», in HERIBERT HIRTE/THOMAS MÖLLERS (her.), *Köl-*

ner Kommentar zum WpHG, 2. Aufl., Carl Heymanns/Wolters Kluwer, Köln, 2014

Bungeroth, Erhard, «§ 55», in Wulf Goette/Mathias Habersack/Susanne Kalss (her.), *Münchener Kommentar zum Aktiengesetz*, Bd. 1 §§ 1-75, 4. Aufl., Beck (Beck-online), München, 2016 in Wulf Goette/Mathias Habersack/Susanne Kalss (her.), *Münchener Kommentar zum Aktiengesetz*, Bd. 1 §§ 1-75, 4. Aufl., Beck (Beck-online), München, 2016

Burkart, Mike/Panunzi, Fausto, «Mandatory bids, squeeze-out, sell-out and the dynamics of the tender offer process», in Guido Ferrarin/Klaus Hopt/Jaap Winter/Eddy Wymeersch (ed.), *Reforming company and takeover law in Europe*, Oxford University Press, Oxford, 2004, p. 737 e ss.

Busch, Danny, «9. Agency and Principal Dealing under MiFID I and MiFID II», in Danny Busch/Guido Ferrarini (ed.), *Regulation of the EU Financial Markets. MiFID II and MiFIR*, OUP, Oxford, 2017, p. 227 e ss.

Busch, Danny/Ferrarini, Guido, «Who's Afraid of MiFID II? An Introduction», in Danny Busch/Guido Ferrarini (ed.), *Regulation of the EU Financial Markets. MiFID II and MiFIR*, Oxford University Press, Oxford, 2017, p. 3 e ss.

Cagnasso, Oreste/Panzani, Luciano (dir.), *Le nuove s.p.a.*, vol. 2, Torino, Zanichelli, 2013

Camanho, Paula, *Do contrato de depósito bancário*, Almedina, Coimbra, 1998

Câmara, Paulo, «Emissão e subscrição de valores mobiliários», *Direito dos valores mobiliários*, Lex, Lisboa, 1997, p. 201 e ss., «O dever de lançamento de oferta pública de aquisição no novo Código dos Valores Mobiliários», *DVM*, II, 2000, p. 203 e ss., «As operações de saída do Mercado», DVM, V, p. 127 e ss., «DMIF II: a nova pedra angular do direito dos mercados financeiros», in Paulo Câmara (coord.), *O novo direito dos valores mobiliários*, cit., p. 199 e ss.

Câmara, Paulo/Antunes, Ana Filipa Morais, *Acções sem valor nominal*, Coimbra Editora, Coimbra, 2011

Campobasso, *Diritto commerciale*, 3, 3. ed., UTET, Torino, 2002 (rist.)

Carrigy, Celina/Dias, Cristina, «A directiva da transparência», *CadMVM*, 25, 2006, dezembro, p. 79 e ss.

Carry, Paul, «Considérations sur le transfert des actions nominatives», *Festschrift zum 70. Geburtstag von Carl Wieland. Beiträge zum Handelsrecht*, Von Helbing & Lichtenhahn, Basel, 1934, p. 30 e ss.

Carvalho, Orlando de, «Introdução à posse», *RLJ*, 122º, p. 65 e ss., «Terceiros para efeitos de registo», *BFD*, 70º, 1994, p. 97 e ss., *Direito das coisas (do direito das coisas em geral)*, Centelha, Coimbra, 1977

Castro, Osório de, «Os casos de obrigatoriedade do lançamento de uma oferta pública de aquisição», *Problemas societários e fiscais do mercado de valores mobiliáriosI*, Fisco, Lisboa, 1992, p. 7 e ss., *Valores mobiliários: conceito e espécies*, 2ª ed., UCP, Porto, 1998, «Da admissibilidade das chamadas "OPAs estatutárias" e dos seus reflexos sobre a cotação das acções em bolsa», *Jures et de jure. Nos vinte anos da Faculdade de Direito da Universidade Católica Portuguesa – Porto*, UCP, Porto, 1998, p. 117 e ss., «A imputação de direitos de voto no Código dos Valores Mobiliários», *CadMVM*, nº 7, p. 161 e ss.

Clark, Robert, *Corporate Law*, Little, Brown and Company, Boston/Toronto, 1986

Coelho, José Gabriel Pinto, «Estudo sobre as Acções de Sociedades Anónimas», RLJ, 88º, p. 161 e ss., «Usufruto de ações», *RLJ*, 90º, nº 3097, p. 45 e ss.

Coelho, Luís Pinto, «Da posse», *BMJ*, 88º, 1959, p. 145 e ss.

Coffee Jr, John, *ColumLRev*, 1984, 84, p. 1145 e ss.

Cognac, Pierre-Henri, «17. Algorithmic Trading and High-Frequency Trading (HFT)», in Danny Busch/ Guido Ferrarini (ed.), *Regulation of the EU Financial Markets. MiFID II and MiFIR*, OUP, Oxford, 2017, p. 469 e ss.

Colaço, Isabel Magalhães, «Da legitimidade no acto jurídico», *BMJ*, 10, 1949, p. 20 e ss.

Constantino, Francesco, «Le azioni: profili generali e circolazione», in Oreste Cagnasso/Luciano Panzani (dir.), *Le nuove s.p.a.*, vol. 2, Zanichelli, Torino, 2013, p. 1 e ss.

Cordeiro, António Barreto Menezes, «Repurchase agreements», RDS, 2013, 1 e 2, p. 39 e ss., *Direito dos valores mobiliários*, I, Almedina, Coimbra. 2015, *Do Trust no Direito Civil*, Almedina, Coimbra, 2017, mas reimp. da edição de 2016, *Manual de direito dos valores mobiliários*, Almedina, Coimbra, 2016

Cordeiro, António Menezes, *Da boa fé no direito civil*, vol. I, Almedina, Coimbra, 1984, «Do reporte: subsídios para o regime jurídico do mercado de capitais e da concessão de crédito», *Banca bolsa e crédito. Estudos de direito comercial e direito da economia*, vol. I, Almedina, Coimbra, 1990, p. 167 e ss. (tb. publicado em *O Direito*, 121º, 1989, p. 443 e ss.), «Transmissão em bolsa de acções depositadas», *Banca, bolsa e crédito Estudos de direito comercial e de dirito da economia*, vol. I, Almedina, Coimbra, 1990, p. 151 e ss., «Da constitucionalidade das aquisições tendentes ao domínio total (artigo 490º, nº 3 do Código das Sociedades Comerciais)», *BMJ*, 480º, 1990, p. 5 e ss., «Da tomada de sociedades (take-over): efectivação, valoração e técnicas de defesa», *ROA*, III, 1994, p. 761 e ss., «Ofertas públicas de aquisição», *Direito dos valores mobiliários*, Lex, Lisboa, 1997, p. 267 e ss., «A OPA estatutária como defesa contra tomadas hostis», *ROA*, 59, 1998, p. 133 e ss., *Direito Europeu das Sociedades*, Almedina, Coimbra, 2005, «Aquisições Tendentes ao Domínio Total: Constitucionalidade e Efectivação da Consignação em Depósito (artigo 490º / 3 e 4 do Código das Sociedades Comerciais)», *O Direito*, 137º, III, 2005, p. 449 e ss., «Novas regras sobre assembleias grais: a reforma de 2010», *RDS*, II, 2010, p. 11 e ss., «Acções sem valor nominal», *RDS*, II, 2010, ¾, p. e ss., *Código das Sociedades Comerciais anotado*, 2ª ed., Almedina, Coimbra, 2011, «Repurchase agreements», *RDS*, 2013, 1 e 2, p. 39 e ss., *Manual de direito bancário*, 6ª ed., Almedina, Coimbra, 2016

Cordeiro, antónio Menezes/Leitão, Adelaide Menezes, «Artigo 276º», in António Menezes Cordeiro (coord.), *Código das Sociedades Comerciais anotado*, 2ª ed., Almedina, Coimbra, 2011, p. e ss.

Correia, Brito, *Direito comercial*, 2º vol., AAFDL, Lisboa, 1989

Correia, Ferrer, *Lições de direito comercial*, III, João Abrantes, Coimbra, 1975

Costa, Almeida/Mendes, Evaristo, «Transmissão de acções tituladas nominativas», *RLJ*, 139º, nº 3959, nov-dez 2009, p. 66 e ss.

Couto, Ana Sá, «Breve comentário à transposição da Directiva das OPA», *CadMVM*, 25, 2006, Dezembro, p. 70 e ss.

Cox, James/Hillman, Robert/Langevoort, Donald, *Securities Regulation. Cases and Materials*, 7ª ed., Wolters Kluwer, New York, 2013

COZIAN, MAURICE/VIANDIER, ALAIN/DEBOISSY, FLORENCE, *Droit des sociétés*, 16ª ed., Litec, Paris, 2003

CUNHA, CAROLINA, *Controlo das concentrações de empresas*, Almedina/IDET, Coimbra, 200?, *Letras e livranças. Paradigmas actuais e recompreensão de um regime*, Almedina, Coimbra, 2012, «Artigo 40º», in MANUEL LOPES PORTO e outros (coord.), *Lei da concorrência. Comentário conimbricense*, 2ª ed., Almedina, Coimbra, 2017

CUNHA, PAULO OLAVO, *Os direitos especiais nas sociedades anónimas: as acções privilegiadas*, Almedina, Coimbra, 1993, «Aspectos críticos da aplicação prática do regime das acções sem valor nominal», in MARIA MIGUEL CARVALHO/PAULO DE TARSO DOMINGUES (coord.), *Capital social e acções sem valor nominal*, Almedina, Coimbra, 2011, p. 131 e ss., «Os novos direitos especiais: as ações especiais», AAVV, *II Congresso Direito das Sociedades em Revista*, Almedina, Coimbra, 2012, p. 111 e ss., *Direito das sociedades comerciais*, 6ª ed., Almedina, Coimbra, 2016

CURA, VIEIRA, «A "fiducia" romana e a alienação fiduciária em garantia no direito actual», AAVV, *O sistema contratual romano: de Roma ao direito actual*, Faculdade de Direito de Lisboa, Lisboa, 2010, p. 171 e ss.

D'ALESSANDRO, FLORIANO, *I titoli di partecipazione*, Giuffrè, Milano, 1968

DAUNER-LIEB, BARBARA, «§ 8» e «§ 11», in WOLFGANG ZÖLLNER/ULRICH NOACK (her.), *Kölner kommentar zum Aktiengesetz*, Bd. 1 § 1-75, 3. Aufl., Carl Heymanns, 2011

DAVIES, PAUL/SCHUSTER, EDMUND-PHILIPP/GHELCKE, EMILIE DE, «The Takeover Directive as a protectionist tool?», Law Working Paper 141/2010, www.ecgi.org.

DIAS, CRISTINA SOFIA, «Certificados, valores mobiliáiros convertíveis e valores mobiliários condicionados por eventos de crédito: algumas notas comparativas, *CadMVM*, 15, 2002, p. 97 e ss.

DIAS, GONÇALVES, *Da letra e da livrança. Segundo a lei uniforme e o Código Comercial*, vol. I, Minerva, Famalicão, 1939

DIAS, RUI PEREIRA, «Artigo 3º», in J. M. COUTINHO DE ABREU (coord.), *Código das Sociedades Comerciais em comentário*, I, 2ª ed., Almedina, Coimbra, 2017, p. 75 e ss.

DIEKMANN, HANS, «§ 30», in THEODOR BAUMS/GEORG THOMAS (her.), *WpÜG*, Bd. II, RWS, Köln, 2015

DOMINGUES, PAULO DE TARSO, *Variações sobre o capital social*, Almedina, Coimbra, 2009, «Artigo 276º», in J. M. COUTINHO DE ABREU (coord.), *Código das Sociedades Comerciais em comentário*, vol. V, Almedina, Coimbra, 2012, p. 55 e ss., «Artigo 298º», in J.M. COUTINHO DE ABREU (coord.), *Código das Sociedades Comerciais em comentário*, vol. V, Almedina, Coimbra, 2012, p. 299 e ss., «As acções sem valor nominal», *DSR*, 2010, 4, p. 181 e ss., «Traços essenciais do novo regime das acções sem valor nominal», in MARIA MIGUEL CARVALHO/PAULO DE TARSO DOMINGUES (coord.), *Capital social e acções sem valor nominal*, Almedina, Coimbra, 2011, p. 107 e ss. «Capital e património sociais, lucros e reservas», in J.M. COUTINHO DE ABREU (coord.), *Estudos de direito das sociedades*, 12ª ed., Almedina, Coimbra, 2015, p. 151 e ss.,

DRAGO, DIOGO, «Actos abstractos e circulação de valores mobiliários», *Direito dos valores* mobiliários, V, Coimbra Editora, Coimbra, 2004, p. 407 e ss.

DUARTE, RUI PINTO, «Contratos de intermediação no Código dos Valores Mobiliários», *CadMVM*, 2000, 7, p. 353 e ss., «Constitucionalidade da Aquisição Potestativa de Acções Tendente ao Domínio Total – Anotação ao Acórdão do TC nº 491/2002», *Jurisprudência Constitucional*, nº 1, janeiro-março 2004, p. 43 e ss., *Curso de direitos reais*, 3ª ed., Principia, Cascais, 2013

EASTERBROOK, FRANK/FISCHEL, DANIEL, «The Proper Role of a Target's Management in Responding to a Tender Offer», 94, *HLR*, 1981, p. 1161 e ss., «Corporate Control Transactions», *YaleLJ*, 1982, 91, p. 698 e ss., «Auctions and sunk costs in Tender Offers», *StanfLRev*, 1982, 35, p. 1 e ss.

ENRIQUES, LUCA, «The mandatory bid rule in the Proposed EC Takeover Directive: harmonization as rent-seeking?», in GUIDO FERRARINI/KLAUS HOPT/JAAP WINTER/EDDY WIMEERSCH (ed.), *Reforming company and takeover law in Europe*, Oxford University Press, Oxford, 2004, p. 767 e ss.

EREIO, JOANA TORRES, «O fim dos valores mobiliários ao portador», *RDS*, 4, 2017, p. 829 e ss.,

ESTACA, JOSÉ, «O destaque dos direitos de voto em face do CVM», AAVV., *Estudos em honra do Professor Doutor José de Oliveira Ascensão*, vol. II, Almedina, Coimbra, 2008, p.1347 e ss.

FALCÃO, MENEZES, «A OPA obrigatória», *Direito dos valores mobiliários*, III, Coimbra Editora, Coimbra, 2001, p. 179 e ss.

FAMA, EUGENE, "Efficient Capital Markets: A Review of Theory and Empirical Work", *JFin*, 25, 1970, p. 383 e ss.

FERNANDES, CARVALHO, «A admissibilidade do negócio fiduciário no direito português», *Ars Iudicandi.* Estudos em homenagem ao Prof. Doutor António Castanheira Neves, II, BFD/Coimbra Editora, Coimbra, 2008, p. 225 e ss.

FERNÁNDEZ-ARMESTO, JUAN/CARLOS BERTRÁN, LUIS DE, *El derecho del mercado financiero*, Civitas, Madrid, 1992

FERRAN, ELIS, «Cross-border Offers of Securities in the EU: The Standard Life Flotation», in www.ssrn.com

FERRARINI, GUIDO, «Shareholder value and the modernisation of european company law», in KLAUS HOPT/EDDY WIMEERSCH (ed.), *Capital Markets and Company Law*, Oxford University Press, Oxford, 2003, p. 223 e ss.

FERRARINI, GUIDO/SAGUATO, PAOLO, «11. Governance and Organization of Trading Venues», in DANNY BUSCH/GUIDO FERRARINI (ed.), *Regulation of the EU Financial Markets. MiFID II and* MiFIR, OUP, Oxford, 2017, p. 285 e ss.

FERREIRA, AMADEU JOSÉ, *Valores mobiliários escriturais*, Almedina, Coimbra, 1997, «Um Código dos Instrumentos Financeiros? Algumas notas soltas», *Estudos em Homenagem ao Prof. Doutor Carlos Ferreira de Almeida*, Almedina, Coimbra, 2011, p. 701 e ss.

FERREIRA, BRUNO, «A transposição da Diretiva da Transparência II», in PAULO CÂMARA (coord.), *O Novo Direito dos Valores Mobiliários*, Almedina, Coimbra, 2017, p. 43 e ss.

FERREIRA, DIAS, *Codigo Civil portuguez annotado*, vol. II, 2ª ed., Imprensa da Universidade, Coimbra, 1895

FERREIRA, MANUEL REQUICHA, «OPA concorrente», *DVM*, X, 2011, p. 135 e ss., *Acordos de aceitação e de não-aceitação de OPA*, Almedina, Coimbra, 2015

FIGUEIREDO, ANDRÉ, *O negócio fiduciário perante terceiros. Com aplicação especial na gestão de valores mobiliários*, Almedina, Coimbra, 2014, «Novidades da infraestrutura do mercado de capitais: o Regulamento nº 909/2014 relativo à melhoria da liquidação de valores mobiliários na União Europeia e às Centrais de Valores Mobiliários», in AAVV, *Direito dos valores mobiliários*, AAFDL/IVM, Lisboa, 2016 (e-book), p. 234 e ss.

FISCHER-ZERNIN, CORNELIUS, *Der Rechtsangleichungserfolg der Ersten gesellschaftsrechtlichen Richtlinie der EWG*, J.C.B. Mohr (Paul Siebeck), Tübingen, 1986

FLEISCHER, HOLGER, «Finanzinvestoren im ordnungspolitischen Gesamtgefüge von Aktien-, Bankausichts- und Kapitalmarktrecht», *ZGR*, 2-3, 2008, p. 185 e ss., «1. Kapitel. Einführung», in NIKOLAUS PASCHOS/HOLGER FLEISCHER (her.), *Handbuch Übernahmerecht nach dem WpÜG*, Beck, München, 2017, p. 5 e ss.

FLEISCHER, HOLGER/KALSS, SUSANNE, *Das neue Wertpapiererwerbs- und Übernahmegesetz*, Beck, München, 2012

FOLK, ERNEST, «Article Eight: a premise and three problems», *MichLR*, 65, 1967, p. 1379 e ss.

FONSECA, TIAGO DA, *O penhor de acções*, 2ª ed., Almedina, Coimbra, 2007, «Artigo 298º», in ANTÓNIO MENEZES CORDEIRO (coord.), *Código das Sociedades Comerciais anotado*, 2ª ed., Almedina, Coimbra, 2011, p. e ss.

FOX, MERRIT, «18. MiFID II and Equity Trading: a US View», in DANNY BUSCH/GUIDO FERRARINI (ed.), *Regulation of the EU Financial Markets. MiFID II and MiFIR*, OUP, Oxford, 2017, p. 487 e ss.

FRADA, MANUEL CARNEIRO DA, *Teoria da confiança e responsabilidade civil*, Almedina, Coimbra, 2004

FRISON-ROCHE, MARIE-ANNE/PAYET, MARIE-STÉPHANE, *Droit de la concurrence*, Dalloz, Paris, 2006

FURTADO, PINTO, *Código Comercial anotado*, vol. II, T. I, Almedina, Coimbra, 1986, *Títulos de crédito. Letra. Livrança. Cheque*, 2ª ed., Almedina, Coimbra, 2015

GALGANO, FRANCESCO, *Diritto commerciale. Le società*, Zanichelli, Bologna, 2013 (ristampa aggiornata)

GARCIA, AUGUSTO TEIXEIRA, *Opa. Da oferta pública de aquisição e seu regime jurídico*, Coimbra Editora, Coimbra, 1995

GARCIMARTIN ALFEREZ, FRANCISCO, «The Rome I Regulation: exceptions to the rule on consumer contracts and financial instruments», *JPIL*, 2009, abril, p. 85 e ss.

GASPERONI, NICOLA, *Le azioni di società*, Cedam, Padova, 1942

GEIBEL, STEPHAN/SÜßMANN, RAINER, «§ 18», in LUTZ ANGERER/STEPHAN GEIBEL/RAINER SÜSSMANN, *Wertpapiererwerbs- und Übernahmegesetz (WpÜG)*, 3. Aufl., Beck (Beck-online), München, 2017

GHEZZI, FEDERICO/OLIVIERI, GUSTAVO, *Diritto antitrust*, Giappichelli, Torino 2013

GIBSON, WILLA, «Are swap agreements securities or futures? The inadequacies of applying the traditional regulatory approach to OTC derivatives transactions», *JCorpL*, 24, 1999, p. 379 e ss.

GILSON, RONALD, «Seeking competitive bids versus pure passivity in Tender Offer deffense», *StanfLRev*, 35, 1982, p. 51 e ss.

GILSON, RONALD/KRAAKMAN, REINIER, «Delaware's Intermediate Standard for Defensive Tactics: Is There Substance for Proportionality Review?», *BusLaw*, 44, 1989, p. 247

GODIN, FREIHERR VON/WILHELMI, HANS, *Aktiengesetz*, 4. Aufl., Bd. I, § 1-178, De Gruyter, Berlin, 1971

GOMBER, PETER/GVOZDEVSKIY, ILYA, «14. Dark Trading under MiFID II», in DANNY BUSCH/GUIDO FERRARINI (ed.), *Regulation of the EU Financial Markets. MiFID II and* MiFIR, OUP, Oxford, 2017, p. 363 e ss.

GOMES, FÁTIMA, «As "tracking stocks" como categoria de acções e a sua compatibilidade com o ordenamento jurídico português», *AAVV, II Congresso Direito das Sociedades em Revista*, 2010, p. 76 e ss.

GOMES, JÚLIO, «Sobre o âmbito da proibição do pacto comissório, o pacto autónomo e o pacto marciano», *CDP*, 8, 2004, p. 57 e ss.

GONÇALVES, CUNHA, *Comentário ao Código Comercial Português*, I, Empreza Editora J. B., Lisboa, 1914, *Tratado de direito* civil, vol. V, Coimbra Editora, Coimbra, 1932

GONÇALVES, PEDRO, «A fixação da contrapartida por auditor independente em OPA», *RLJ*, 140º, 3964, 2011, p. 39 e ss.

GORJÃO-HENRIQUES, MIGUEL, «A aquisição de empresas no direito da concorrência», in PAULO CÂMARA (coord.), *Aquisição de empresas*, Coimbra Editora, Coimbra, 2011, p. e ss., *Direito da União*, 7ª ed., Almedina, Coimbra, 2014

GRAÇA, DIOGO, *Os contratos de garantia financeira*, Almedina, Coimbra, 2010

GRAFFENRIED, DIETER VON, *Übertragbarkeit und Handelbarkeit von Gesellschaftsanteilen*, Stämpfli, Bern, 1981

GROSSMAN, SANFORD/HART, OLIVER, «Takeover bids, the free-rider problem, and the theory of the corporation», *BellJE*, 1980, 11, nº 1, p. 42 e ss.

GRUNDMANN, STEFAN, «The Market for Corporate Control», in KLAUS HOPT/EDDY WYMEERSCH/HIDEKI KANDA/HARALD BAUM (ed.), *Corporate Governance in Context. Corporations, States and Markets in Europe, Japan, and the US*, Oxford University Press, Oxford, 2005, p. 425 e ss.

GUINÉ, ORLANDO VOGLER, «A transposição da Directiva nº 2004/25/CE e a limitaçao dos poderes do órgão de administração da sociedade visada», *CadMVM*, 2005, 22, dezembro, p. 21 e ss., *Da conduta (defensiva) da administração "Opada"*, Almedina, Coimbra, 2009, «O financiamento das sociedades por meio de valores mobiliários híbridos», *I Congresso Direito das Sociedades em Revista*, Almedina, Coimbra, 2011, p. 75 e ss., «Comentário geral sobre OPAs», in J. M. COUTINHO DE ABREU (coord.), *Código das Sociedades Comerciais em comentário*, V, Almedina, Coimbra, 2012, p. 376 e ss., «O Novo Regulamento Europeu sobre Prospetos», in PAULO CÂMARA (coord.), *O Novo Direito dos Valores Mobiliários*, Almedina, Coimbra, 2017, p. 51 e ss.

GUIZZI, *Il titolo azionario come strumento di legittimazione. La circolazione delle azioni tra diritto cartolare, diritto comune e diritto del mercato finanziario*, Giuffrè, Milano, 2000

GUYON, YVES, *Les sociétés. Aménagements statutaires et conventions entre associés*, in *Traité des contrats* (sous la direction de Jacques Ghestin), 5. ed., LGDJ, Paris, 2002

HACHENBURG, MAX, «Aktienrechtliche Fragen zum Wertpapierbereichnigungs-gesetz», *JZ*, 1952, p. 13 e ss.

HACKER, NICOLE, «Einleitung zur Fusionskontrollverordnung», in HANS VON DER GROEBEN/JÜRGEN SCHWARZE/ARMIN HATJE, *Europäisches Unionsrecht*, 7. Aufl., Nomos (Beck-online), 2015

HADDING, WALTHER, «Verfügungen über Mitgliedschaftsrechte», *Fest. f. E. Steindorff z. 70. Geburtstag*, De Gruyter, Berlin-New-York, 1990, p. 31 e ss.

HASSELBACH, KAI, «§ 35», in HERIBERT HIRTE/CHRISTOPH VON BÜLOW (her.), *Kölner kommentar zum WpÜG*, 2. Aufl., Carl Heymanns, 2010

HÄUBLEIN, MARTIN/HOFFMANN-THEINERT, ROLAND, *Beck'scher On-Line Kommentar HGB*, 14. Edition, Stand: 01.08.2016, Beck (Beck-online), München, 2016

HAZEN, THOMAS LEE, *Treatise on the law of Securities Regulation*, 7th ed., Vol. 1, e vol. 3, Thomson Reuters, St. Paul, 2016

HEIDER, KARSTEN, «§ 10» e «§ 11», in WULF GOETTE/MATHIAS HABERSACK/SUSANNE KALSS (her.), *Münchener Kommentar zum Aktiengesetz*, Bd. 1 §§ 1-75, 4. Aufl., Beck (Beck-online), München, 2016

HENN, HARRY G./ALEXANDER, JOHN, *Laws of corporations and other business enterprises*, 3. Ed., West, St. Paul, 1983

HILL, JENNIFER, «Takeovers, poison pills and protecionism in comparative corporate governance», *Festchrift für Klaus Hopt zum 70 Geburtstag am 24. August 2010*, Bd. 1, De Gruyter, Berlin/New York, 2010, p. 794 e ss.

HIRSBRUNNER, SIMON/RATING, STEFAN, «VO (EG) 139/2004 Artikel 3», in HANS VON DER GROEBEN/JÜRGEN SCHWARZE/ARMIN HATJE, *Europäisches Unionsrecht*, Beck (Beck-online)

HIRTE, HERIBERT/HEINRICH, TOBIAS, «Einleitung», in HERIBERT HIRTE/THOMAS MÖLLERS (her.), *Kölner Kommentar zum WpÜG*, 2. Aufl., Carl Heymanns, 2010

HOPT, KLAUS, «Auf dem Weg zum deutschen Übernahmegesetz», AAVV., *Festschrift für Wolfgang Zöllner: Zum 70. Geburtstag*, Carl Heymanns, Köln, etc., 1998, p. 253 e ss., «Modern company and capital market problems: improving European Corporate Governance after Enron», in JOHN ARMOUR/JOSEPH MCCAHERY (ed.), *After Enron: improving corporate law and modernizing securities regulation in Europe and the US*, Hart, London, 2006, p. 445 e ss., «European Company Law and Corporate Governance: where does the Action Plan of the European Commission Lead?», AAVV., *Corporate governance in context. Corporations, states, and markets in Europe, Japan and the US*, Oxford University Press, Oxford-New York, 2005, p. 119 e ss.

HOPT, KLAUS/VOIGT, H.-C., (ed.), *Prospekt- und Kapitalmarktinformationshaftung*, Mohr Siebeck, Tübingen, 2005

HÖRSTER, EWALD, *A parte geral do direito civil português*, Almedina, Coimbra, 1992

HUECK, ALFRED/CANARIS, CLAUS-WILHELM, *Recht der Wertpapieren*, 12. ed., Franz Vahlen, München, 1986

INEICHEN, ALEXANDER, «On Myths, Bubbles and New Paradigns in the Hedge Fund Industry», in THEODOR BAUMS/ANDREAS CAHN (ed.), *Hedge Funds. Risks and Regulation*, De Gruyter, Berlin, 2004, p. 3 e ss.

JÄGGI, PETER, «Der Erwerb von Namenaktien durch Rechtsgeschäft oder Erbgang», *Privatrecht und Staat. Gesammelte Aufsätze*, Schulthess, Zürich, 1976

JARDIM, ALEXANDRE, «Acordos de garantia financeira: o respectivo regime jurídico face ao Decreto-Lei 105/2004, de 8 de Maio. Algumas questões», *RB*, 62, julho/dezembro 2006, p. 141 e ss.

JENSEN, MICHAEL, «Takeovers: Their Causes and Consequences», *JEconPersp*, 1988, p. 21 e ss.

JORGE, FERNANDO PESSOA, *Do mandato sem representação*, Lisboa, 1961

JUNG, PETER/BISCHOF, ELIAS, *Europäisches Finanzmarktrecht*, Nomos, Baden-Baden, 2015

KEIJSER, THOMAS, *Financial collateral arrangements. The European Collateral Directive considered from a property and insolvency law perspective*, Kluwer, Deventer, 2006

KIENLE, CHRISTOPHER, «§ 105. Wertpapierleihe und Wertpapier-Pensionsgeschäft», in HERBERT SCHIMANSKY/HERMANN-JOSEF BUNTE/HANS-JÜR-

GEN LWOWSKI, *Bankrechts-Handbuch*, 4. Aufl., Beck, München, 2011

KIEM, ROGER, «§ 33 a», in THEODOR BAUMS/GEORG THOMA (her.), *WpÜG. Kommentar zum Wertpapiererwerbs- und Übernahmegesetz*, Bd. II, RWS, Köln, 2015

KIRCHNER, CHRISTIAN, «Shareholder Value: A New Standard for Company Conduct», in KLAUS HOPT/EDDY WIMEERSCH (ed.), *Capital Markets and Company Law*, Oxford University Press, Oxford, 2003, p. 341 e ss.

KOCH, JENS, «§ 67», in UWE HÜFFER/JENS KOCH, *Aktiengesetz*, 12. Aufl., Beck (Beck-online), München, 2016

KRAFT, ALFONS, «§ 10», in WOLFGANG ZÖLLNER (her.), *Kölner Kommentar zum Aktiengesetz*, 2. Aufl, Bd. 1, §§ 1-75, Carl Heymanns, Köln-Berlin-Bonn-München, 1988

KRUMHUBER, THOMAS/ZAHRADNIK, ANDREAS, *Finanzsicherheiten-Gesetz*, 2. Aufl., Verlag Österreich, Wien, 2012

KRUPENSKI, MARTIM, «Portugal», in DIRK VAN GERVEN (ed.), Common Legal Framework for Takeover Bids in Europe, vol. 1, CUP, 2011, p. 330 e ss.

LABAREDA, JOÃO, *Das acções das sociedades anónimas*, AAFDL, Lisboa, 1988, «Contrato de garantia financeira e insolvência das partes contratantes», AAVV., *Estudos dedicados ao Professor Doutor Luís Alberto Carvalho Fernandes*, vol. II, Universidade Católica, Lisboa, p. 101 e ss.

LASSALAS, CHRISTINE, *L'inscription en compte des valeurs: la notion de propriété scripturale*, Presses Universitaires de la Faculté de Droit de Clermont-Ferrand/LGDJ, Clermont-Ferrand, 1997

LEHMANN, KARL, *Das Recht der Aktiengesellschaften*, Bd. I, Scientia Verlag, Aalen, 1964, reed. da ed. de 1898

LEITÃO, LUIS DE MENEZES, «Actividades de intermediação e responsabilidade dos intermediários financeiros», *DVM*, II, 2000, p. 129 e ss., «As medidas defensivas contra uma oferta pública de aquisição hostil», *O Direito*, 138º, 2006, III, p. 457 e ss.

LENCART, SOFIA, *A celebração de contratos de reporte por sociedades gestoras de fundos de investimento mobiliário*, Almedina, Coimbra, 2000

LENER, RAFFAELE, *La dematerializzazione dei titoli azionari e il sistema Monte Titoli*, Giuffré, Milano, 1989

LIPTON, MARTIN, «Takeover Bids in the Target's Boardroom, 35, *Bus.Law.*, 1979, p. 101 e ss., «Corporate governance in the age of finance corporatism», *UPaLR*, 136, 1987, november, 1, p. 1 e ss.

LUCA, NICOLA DI, «Dei titoli nominativi» in ENRICO GABRIELLI (dir.), *Commentario del Codice Civile. Delle promesse unilaterali. Dei titoli di credito. art. 1987-2027*, UTET/Wolters Kluwer, Milanofiori Assago, 2015, p. 486 e ss.

LUCAS, FRANÇOIS-XAVIER, *Les transferts temporaires de valeurs mobilières. Pour une fiducie de valeurs mobilières*, LGDJ, Paris, 1997

LUTTER, MARCUS, «Theorie der Mitliedschaft – Prolegomena zu einem Allgemeinen Teil des Korporationsrechts», AcP, 1980, p. 84 e ss., «Gesellschaftsrecht und Kapitalmarkt», AAVV., *Festschrift für Wolfgang Zöllner*, Carl Heymanns, Köln, etc., 1998, p. 363 e ss.

MACEY, JONATHAN/O'HARA, MAUREEN, «Regulating Exchanges and Alternative Trading Systems: A Law and Economics Perspective», Journal of Legal Studies, 1999, 28, p. 17 e ss.., «From Markets to Venues: Securities Regulation in an Evolving World», *StanLR*, 2005, 58, p. 563 e ss.

MACHADO, FRANCISCO SOARES, «Acções sem valor nominal: a sua emissão a um valor de emissão inferior ao das acções anteriormente emitidas», *CadMVM*, abril, 2012, p. 9 e ss.

MAGALHÃES, BARBOSA DE, «Usufruto de acções, de partes e de quotas sociais», *ROA*, 12, 1952, p. 55 e ss.

MAGINA, JOANA, «Tracking stocks – Uma ausência motivada pelo esquecimento ou pela rejeição?», *DSR*, 2016, VIII, p. 125 e ss.

MANGINI, VITO/OLIVIERI, GUSTAVO, *Diritto antitrust*, 2ª ed., Giappichelli, Torino, 2005

MANNE, HENRY, «Mergers and the Market for Corporate Control», *J.Pol. Econ*, 73, 1965, pp. 110 e ss., «Our two corporation systems: law and economics», *VaLRev*, 53, 1967, p. 259 e ss.

MARCOS, RUI DE FIGUEIREDO, *As companhias pombalinas. Contributo para a história das sociedades por acções em Portugal*, Almedina, Coimbra, 1997

MARQUES, ELDA, «As recentes alterações ao regime das ações preferenciais – o Decreto-Lei nº 26/2015, de 6 de fevereiro», *DSR*, 2015, 13, p. 219 e ss.

MARQUES, MÁRIO REIS, *Introdução ao direito*, I, 2ª ed., Almedina, Coimbra, 2007

MARTINS, ALEXANDRE DE SOVERAL, *Cláusulas do contrato de sociedade que limitam a transmissibilidade das ações*, Almedina, Coimbra, 2006, «Contitularidade de participações sociais: algumas notas», *DSR*, março 2011, ano 3, vol. 5, p. 25 e ss., «Artigo 405º», in J. M. COUTINHO DE ABREU (coord.), *Código das Sociedades Comerciais em comentário*, vol. VI, Almedina, Coimbra, 2013, p. 399 e ss., *Cessão de quotas. Alguns problemas*, 2ª ed., Almedina, Coimbra, 2016, «Artigo 300º», in J. M. COUTINHO DE ABREU (coord.), *Código das Sociedades Comerciais em comentário*, V, Almedina, Coimbra, 2012, p. 320 e ss., «Poderes dos administradores e OPA: "em bolandas" entre o art. 182º do CVM e o art. 409º do CSC», DSR, março 2017, 9, 17, p. 87 e ss., *Estudos de direito da insolvência*, Almedina, Coimbra, 2018

MARTINS, ALEXANDRE SOVERAL/ RAMOS, MARIA ELISABETE, «As participações sociais», *Estudos de direito das sociedades*, (coord. J. M. Coutinho de Abreu), 12ª ed., Almedina, Coimbra, 2015, p. 113 e ss.

MARTINS, JOSÉ PEDRO FAZENDA, «Interevenção sobre produtos financeiros», in PAULO CÂMARA (coord.), *O novo direito dos valores mobiliários*, Almedina, Coimbra, 2017, p. 251 e ss.

MARTORANO, FEDERICO, «Art. 2348», in MICHELE SANDULLI/VITTORIO SANTORO (a c. di), *La riforma delle società*, Giappichelli, Torino, 2003, p. 135 e ss.

MATIAS, TIAGO DOS SANTOS, «Product intervention na DMIF II: Nótulas sobre o último poder (ou o poder último) conferido às autoridades de supervisão», in PAULO CÂMARA (coord.), *O novo direito dos valores mobiliários*, Almedina, Coimbra, 2017, p. 257 e ss.

MCCAHERY, JOSEPH/RENNEBOOG, LUC/ RITTER, PEER/HALLER, SASCHA, «The economics of the proposed Takeover Directive», in GUIDO FERRARINI/ KLAUS HOPT/JAAP WINTER/EDDY WYMEERSCH (ed.), *Reforming Company and Takeover Law in* Europe, Oxford University Press, Oxford, 2004, p. 575 e ss.

MCPARLAND, MICHAEL, *The Rome I Regulation on the law applicable to contractual obligations*, Oxford University Press, Oxford, 2015

MERKT, HANNO, MERKT, «Die Geschichte der Namensaktie», in RÜDIGER VON ROSEN/WERNER SEIFERT (her.), *Die Namensaktie*, Deutsches Aktieninstitut, 2000, p. 63 e ss., *US-amerikanis-*

ches Gesellschaftsrecht, 3. Aufl., Deutscher Fachverlag, 2013

Moloney, Niamh, *EU Securities and Financial Markets regulation*, 3ª ed, Oxford University Press, Oxford, 2014, «12. EU Financial Governance and Transparency Regulation», in Danny Busch/Guido Ferrarini (ed.), *Regulation of the EU Financial Markets. MiFID II and* MiFIR, OUP, Oxford, 2017, p. 315 e ss.

Monteiro, Jorge Sinde, *Responsabilidade por conselhos, recomendações ou informações*, Almedina, Coimbra, 1989

Monteiro, Sinde/Sá, Almeno de, «Do combate a uma OPA em curso», *RJUM*, nº 1, p. 407 e ss.

Moreira, Guilherme, *Instituições do direito civil* português, vol. 2, 2ª ed., Coimbra Editora, Coimbra, 1925

Mülbert, Peter O., «Make It or Break It: The Break-Through Rule as a Break-Through for the European Takeover Directive?», Law Working Paper 13/2003, www.ecgi.org

Nägele, Gustav, *Die Mitgliedschaftspapiere*, Carl Winters, Heidelberg, 1937

Neves, Vítor Pereira, "Delimitação dos Votos Relevantes para Efeitos de Constituição e de Exigibilidade do Dever de Lançamento de Oferta Pública de Aquisição", *Estudos em Homenagem ao Professor Doutor Carlos Ferreira de Almeida*, Vol. I, Coimbra, Almedina, 2011, pp. 711 e ss.

Nunes, Fernando Conceição, «Os intermediários financeiros», *DVM*, II, 2000, p. 91 e ss.

Ommeslaghe, Pierre Van, «La Première Directive du Conseil du 9 mars 1968 en matiére de sociétés», *CDE*, 1969, 1, p. 495 e ss.

Oliveira, Ana Perestrelo de, *Manual de grupos de sociedades*, Almedina, Coimbra, 2016, «A imputação de votos nas relações de domínio e de grupo: o sentido do novo nº 3 do artigo 21º do Código dos Valores Mobiliários», *RDS*, IX, 2018, 11, p. 9 e ss.

Onza, Maurizio/Salamone, Luigi, «D.LG. 24 febbraio 1998, n. 58. Testo Único delle Disposizioni in Materia di Intermediazione Finanziaria», in Enrico Gabrielli (dir.), *Commentario del Codice Civile. Artt. 1987-2027*, UTET/Wolters Kluwer, Milanofiori Assago, 2015, p. 533 e ss.

Oppenhoff, Stephan, «§ 9 Vereinbarungen zwischen Bieter und Zielgesellschaft», in Nikolaos Paschos/Holger Fleischer (her.), *Handbuch Übernahmerecht nach dem WpÜG*, Beck, München, 2017, p. 275 e ss.

Paech, Philipp, «Securities, intermediation and the Blockchain – An inevitable choice between liquidity and legal certainty?», *LSE Law, Soceeity and Economy Working Papers 20/2015*, ssrn

Parente, Norma Jonssen, *Mercado de capitais*, in Modesto Carvalhosa (coord.), *Tratado de direito empresarial*, VI, 2ª tiragem, Thomson Reuters/Revista dos Tribunais, São Paulo, 2016

Paschos, Nikolaus/Fleischer, Holger, «1. Kapitel. Einführung. § 3 Wirtschaftl. U. rechtsökonomische Grundlagen des Übernahmerechts», in Nikolaus Paschos/Holger Fleischer (her.), *Handbuch Übernahmerecht nach dem WpÜG*, Beck, München, 2017, p. 62 e ss.

Passos, Daniela, «O princípio da tipicidade e os valores mobiliários», in Maria de Fátima Ribeiro (org.), *Jornadas sociedades abertas, valores mobiliários e intermediação financeira*, Almedina, Coimbra, 2007, p. 87 e ss.

Patz, Anika, *Staatliche Aufsicht über Finanzinstrumente*, Mohr Siebeck, Tübingen, 2016

PEÑAS MOYANO, MARÍA JESÚS, *Las prestaciones accessorias en la Sociedad Anónima*, Aranzadi, Pamplona, 1996, «Sistemas organizados de contratación en los mercados regulados. La trasposición de sus principios a los mercados electrónicos en entornos no regulados», in VELASCO SAN PEDRO/ECHEBARRÍA SÁENZ/HERRERO SUÁREZ (dir.), *Acuedros horizontales, mercados electrónicos y otras cuestiiones actuales de competencia y* distribución, Lex Nova/Thomson Reuters, Valladolid, 2014, p. 451 e ss.

PEREIRA, BRITO, *A OPA obrigatória*, Almedina, Coimbra, 1988, «A limitação dos poderes da sociedade visada durante o processo de OPA», *DVM*, II, 2000, p. 175 e ss.

PEREIRA, CARLA, «Internalização sistemática – Subsídios para o estudo de uma nova forma organizada de negociação», *CadMVM*, 27, 2007, agosto, p. 149 e ss.

PERES, ANA, «Responsabilidade do emitente pelo conteúdo do prospecto», *CadMVM*, 5, agosto, 1999, p. 53 e ss.

PESTALOZZI-HENGGELER, REGULA, *Die Namenaktie und ihre* Vinkulierung, H.R. Sauerländer & Co., Aarau, 1948

PIMENTEL, JOSÉ MENÉRES, «O art. 490º, nº 3, do Código das Sociedades Comerciais Será Inconstitucional?», AAVV., *Estudos em Homenagem a Cunha Rodrigues*, vol. II, Coimbra Editora, Coimbra, 2001, p. 515 e ss.

PINA, CARLOS COSTA, *Dever de informação e responsaiblidade pelo prospecto no mercado primário de valores mobiliários*, Coimbra Editora, Coimbra, 1999

PINHEIRO, LIMA, «Direito aplicável às operações sobre instrumentos financeiros», *DVM*, IX, 2009, p. 141 e ss.

PINTO, ALEXANDRE MOTA, «Artigo 287º», in J. M. COUTINHO DE ABREU (coord.), *Código das Sociedades Comerciais em comentário*, V, Almedina, Coimbra, 2014, p. 171 e ss.

PINTO, CARLOS MOTA, *Teoria geral do direito civil*, 4ª ed. (por António Pinto Monteiro e Paulo Mota Pinto), Coimbra Editora, Coimbra, 2005

PINTO, FREDERICO DE LACERDA DA COSTA, «O novo regime europeu do abuso de mercado e a adaptação do sistema sancionatório nacional», AAVV, *O Novo Direito dos Valores Mobiliários*, cit., p. 33

PIRES, CATARINA MONTEIRO, *Alienação em garantia*, Almedina, Coimbra, 2010

PIRES, MIGUEL LUCAS, *Penhor ou penhores? O regime tradicional do penhor e a proliferação de regimes especiais – implicações para a unidade conceptual e natureza jurídica do instituto*, vol. II, Polis, Lisboa, 2015

POSNER, RICHARD, *Economic Analysis of Law*, 9ª ed, Wolters Kluwer, New York, 2014

PROCTOR, CHARLES, *The law and practice of international banking*, 2. ed., Oxford University Press, Oxford, 2015

QUELHAS, JOSÉ MANUEL, «High-Frequency Trading (HFT)», BCE, LVIII, 2015, p. 369 e ss.

REIS, ALBERTO DOS, *Dos titulos ao portador*, França Amado, Coimbra, 1899

RENAUD, ACHILLES, *Das Recht der Aktiengesellschaften*, 2. vermehrte und verbesserte Aufl., Bernhard Tauchnitz, Leipzig, 1875

RIBEIRO, SOUSA, «Autonomia privada e atipicidade dos valores mobiliários», *DVM*, VI, 2004, p. 295 e ss.

RIPERT, GEORGES/ROBLOT, RENÉ, *Traité de droit commercial*, T. 1, v. 2, 18ª ed., LGDJ, 2002

RIVOLTA, *La partecipazione sociale*, Giuffrè, Milano, 1965

RODRIGUES, JOSÉ MELO/FERREIRA, JULIANO, «Responsabilidade pelo conteúdo do prospeto. O caso específico do Revisor Oficial de Contas», *CadMVM*, 2016, dezembro, 55, p. 167 e ss.

Rodrigues, Sofia, «Os contratos de reporte e de empréstimo no Código dos Valores Mobiliários», *CadMVM*, ed. especial, 2000, p. 290 e ss., «Cabimento da figura dos "mercados não regulamentados" no âmbito da DMIF», *DVM*, VIII, 2008, p. 328 e ss

Rothenfuβer, Christoph, «3. Kapitel. Maβnahmen und Fragen im Vorfeld eines Angebots. § 11. Kontrollerlangung und Stimmrechtszurechnung», in Nikolaus Paschos/Holger Fleischer (her.), *Handbuch Übernahmerecht nach dem WpÜG*, Beck, München, 2017, p. 429 e ss.

Romano, Roberta, «Less is more: making institutional investor activism a valuable mechanism», DVM, VI, p. 313 e ss.

Salamone, Luigi, *Unità e molteplicità della nozione di valore mobiliare*, Giuffrè, Milano, 1995

Santelmann, Matthias/Steinhardt, Florian, «§ 10», in Roland Steinmeyer, *WpÜG. Wertpapier- und Übernahme Gesetz. Kommentar*, 3. Aufl., Erich Schmidt, Berlin, 2013

Santoro, Vittorio, «Art. 2346», in Vincenzo Buonore (a. c. di), *La riforma del diritto societario*, G. Giappichelli, Torino, 2003, p. 125 e ss.

Santos, André, «Os sistemas de negociação multilateral: uma perspectiva jurídica actual», *CadMVM*, nº 42, agosto 2012, p. 15 e ss.

santos, antónio carlos dos/gonçalves, maria eduarda/marques, maria manuel leitão, *Direito Económico*, 7ª ed., Almedina, Coimbra, 2014

Santos, Hugo Moredo, «A aquisição tendente ao domínio total de sociedades abertas», *DVM*, VII, p. 275 e ss., *Transparência, OPA obrigatória e imputação de direitos de voto*, Coimbra Editora, Coimbra, 2011

Santos, Jorge Costa, «Direitos inerentes a valores mobiliários», *Direito dos valores mobiliários*, Lex, Lisboa, 1997, p. 55 e ss.

Saraiva, Rute, *Direito dos mercados* financeiros, AAFDL, Lisboa, 2015

Schimansky, Herbert/Bunte, Hermann-Josef/Lwowski, Hans-Jürgen, *Bankrechts-Handbuch*, 4. Aufl., Beck, München, 2011

Schlaegel, Marco, *Die Finanzsicherheiten-Richtlinie (2002/47/EG) und ihre Umsetzung in das deutsche Recht*, Peter Lang, Frankfurt etc., 2007

Schlitt, Michael, « WpÜG § 33 a», in Wulf Goette/Mathias Habersack/Susanne Kalss (her.), *Münchener Kommentar zum AktG*, 4. Aufl., Bd. 6, Beck (Beck-online), München, 2017

Schmolke, Klaus, «2. Kapitel. Grundbausteine des WpÜG. § 6. Allgemeine Grundsätze für Angebote nach dem WpÜG», in Nikolaus Paschos/Holger Fleischer (her.), *Handbuch Übernahmerecht nach dem WpÜG*, Beck, München, 2017, p. 153 e ss.

Schneider, Uwe, «§ 22», in Hans-dieter Assmann/Uwe Schneider (her.), *Wertpapierhandelsgesetz Kommentar*, 6. Aufl., Otto Schmidt, Köln, 2012

Schönhofer, Wofgang, *"Vinkulierungsklauseln" betreffend Übertragungen unter Lebenden von Namensaktien und GmbH-Anteilen unter besonderer Berücksichtigung der Rechtslage in der Schweiz und in Frankreich*, dissertação, Regensburg, 1972

Schwark, Eberhard, «The hamonization of the Securities Law in Europe», *DVM*, VII, p. 443 e ss.

SEIBT, CHRISTOPH/HEISER, KRISTIAN, «Analyse des Übernahmerichtlinie-Umsetzungsgesetzes (Regierungsentwurf)», *AG*, 2006, p. 301 e ss.

SERENS, NOGUEIRA, *Notas sobre a sociedade anónima*, 2ª ed., Universidade de Coimbra/Coimbra Editora, Coimbra, 1997

SERRA, VAZ, «Acções nominativas e acções ao portador», *BMJ*, 175º, 176º, 177º, 178º, 1968, Anotação ao Acórdão do Supremo Tribunal de Justiça de 16 de Junho de 1972, *RLJ*, 106º, 1973/74, p. 219 e ss.

SILVA, JOÃO CALVÃO DA, «Pacto parassocial, defesas anti-OPA e OPA concorrente», *Estudos de direito comercial (Pareceres)*, Almedina, Coimbra, 1996, p. 237 e ss., «Suspensão do dever de lançamento de OPA», *Estudos jurídicos (Pareceres)*, Almedina, Coimbra, 2001, p. 9 e ss., «"Global Master Repurchase Agreement" e reporte financeiro»,, p. 345 e ss. «Ofertas Públicas de Aquisição (Regime europeu e português)», AAVV., *Internacionalização do direito no novo século*, BFD, Studia Iuridica, Colloquia 17, Coimbra Editora, Coimbra, 2009, p. 163 e ss.

SILVA, JOÃO SOARES DA, «Algumas observações em torno da tripla funcionalidade da técnica de imputação de votos no Código dos Valores Mobiliários», *CadMVM*, 2007, 26, p. 47 e ss.

SILVA, MANUEL DA, «Dos critérios dde aferição de insuficiência de informação numa oferta pública de subscrição de valores mobiliários fundadora de responsabilidade civil pelo prospecto», *CadMVM*, 3, 1998, p. 161 e ss.

SILVA, PAULA COSTA E, «Compra, venda e troca de valores mobiliários», *Direito dos Valores Mobiliários*, Lex, Lisboa, 1997, p. e ss., «Efeitos do registo e valores mobiliários. A protecção conferida ao terceiro adquirente», *ROA*, 1998, II, p. 859 e ss., «A transmissão de valores mobiliários fora de mercado secundário», *DVM*, I, Coimbra Editora, Coimbra, 1999, p. 217 e ss., «Ofertas públicas e alteração das circunstâncias», *DVM*, IV, 2003, p. 127 e ss., *Direito dos valores mobiliários. Relatório*, Lisboa, 2005, «O conceito de acionista e o sistema de record date», *DVM*, VIII, 2008, p. 447 e ss.

SOARES, ANTÓNIO, «Direitos inerentes a valores mobiliários», *DVM*, I, 1999, p. 133 e ss., «Mercados regulamentados e mercados não regulamentados», *CadMVM*, 7, abril, 2000, p. 272 e ss.

SOARES, MARIA ÂNGELA COELHO BENTO, «Aumento do capital», in *Problemas do direito das sociedades*, Almedina, Coimbra, 2002, p. 237 e ss.

SOUSA, TEIXEIRA DE, *Introdução ao direito*, Almedina, Coimbra, 2012

SPADA, PAOLO, «Dalla nozione al tipo della società per azioni», *RDCiv.*, 1989, I, p. 95 e ss.

STAUFFER, EMMANUEL, *L'actionnaire sans titre. Ses droits*, Université Georg et Cie, Genève, 1977

STEINMEYER, ROLAND, «§ 33», in ROLAND STEINMEYER, *WpÜG. Wertpapiererwerb – und Übernahmegesetz. Kommentar*, 3. Aufl., Erich Schmidt, Berlin, 2013

STEPHAN, KLAUS-DIETER, «§ 33a», in HANS-DIETER ASSMANN/THORSTEN PÖTZSCH/UWE SCHNEIDER (her.), *Wertpapiererwerbs- und Übernahmegesetz*, 2. Aufl., Otto Schmidt, Köln, 2013

TELES, MIGUEL GALVÃO, «Unidroit preliminary draft convention on substantive rules regarding securities held with na intermediary», *DVM*, VI, 2006, p. 427 e ss.

THAN, JÜRGEN, «Die Übertragung vinkulierter Namensaktien im Effektengiroverkehr», AAVV., *Entwicklungslinien im Bank- und Kapitalmarktrecht. Festschrift für Gerk Nobbe*, RWS, Köln, 2009, p. 791 e ss.

THIESSEN, JAN, «§ 28», in KARSTEN SCHMIDT (her.), *Münchener Kommentar zum HGB*, Bd. 1., 4. Aufl., Beck (Beck-online), 2016

THOLE, CHRISTOPH, «§ 130», in GODEHARD KAYSER/CHRISTOPH THOLE (her.), *Insolvenzordnung*, 8. Aufl., C.F. Müller, Heidelberg, 2016

TORRES, NUNO PINHEIRO *Da transmissão de participações sociais não tituladas*, UCP, Porto, 1999

ULMER, EUGEN, *Das Recht der Wertpapiere*, W. Kohlhammer, Stuttgart-Berlin, 1938

ULRICH, RUY, *Do reporte no direito commercial portuguez*, Imprensa da Universidade, Coimbra, 1906

VASCONCELOS, MIGUEL PESTANA DE, «Do reporte com função de crédito e garantia», AAVV., *Nos 20 anos do Código das Sociedades Comerciais. Homenagem aos Profs. Doutores A. Ferrer Correia, Orlando de Carvalho e Vasco Lobo Xavier*, vol. III, Coimbra Editora, Coimbra, 2007, p. 9 e ss., *A cessão de créditos em garantia e a insolvência – em particular da posição do cessionário na insolvência do cedente*, Coimbra Editora, Coimbra, 2007, «Os contratos de garantia financeira», AAVV., *Estudos em honra do Professor Doutor José de Oliveira Ascensão*, vol. II, Almedina, Coimbra, 2008, p. 1275.

VASCONCELOS, PEDRO PAIS DE, *Contratos atípicos*, Almedina, Coimbra, 1995, «Direitos inerentes e direito subjectivo», *CadMVM*, 4, 1999, p. 21 e ss., «O problema da tipicidade dos valores mobiliários», *Direito dos valores mobiliários*, III, Coimbra Editora, Coimbra, 2001, p. 61 e ss., «As obrigações no financiamento da empresa», *Problemas do direito das sociedades*, Almedina, Coimbra, 2002, *Teoria geral do direito civil*, 6ª ed., 2010, Almedina, Coimbra, «Concertação de acionstas, exoneração e OPA obrigatória em sociedades abertas», *DSR*, março 2010, p. 11 e ss., «Constituição de grupo por domínio total superveniente – o tempo e o modo», *DSR*, out. 2012, ano 4, vol. 8, p. 35 e ss.

VASCONCELOS, PEDRO PAIS DE, *A procuração irrevogável*, Almedina, Coimbra, 2002

VATTER, STEFAN, «§ 11», in GERALD SPINDLER/EBERHARD STILZ (her.), *Aktiengesetz*, 3. Aufl., 2015

VAZ, CUNHA, *As OPA na União Europeia face ao novo Código dos Valores Mobiliários*, Almedina, Coimbra, 2001

VEIGA, ALEXANDRE BRANDÃO DA, «Sistemas de controlo de valores no novo Código dos Valores Mobiliários», *Cadernos do mercado de valores mobiliários*, nº 7, abril de 2000, p. 105 e ss., «As fases de negociação e de liquidação e compensação de operações de bolsa a contado», *Direito dos valores mobiliários*, I, Coimbra Editora, Coimbra, p., «Direitos destacados e warrants autónomos», *DVM*, III, 2001, p. 85 e ss.

VEIL, RÜDIGER/NOIA, CARMINE DI, «13. SME Growth Markets», in DANNY BUSCH/GUIDO FERRARINI (ed.), *Regulation of the EU Financial Markets. MiFID II and* MiFIR, OUP, Oxford, 2017, p. 345 e ss.

VENTURA, RAÚL, «Adaptação do direito português à 1ª Directiva do Conselho da Comunidade Económica Europeia sobre direito das sociedades», separata de DDC, 1981, 2, Lisboa, 1981, *Sociedades por quotas*, III, Almedina, Coimbra, 1991, «Ofertas públicas de aquisição e de venda de valores mobiliários», *Estudos vários sobre sociedades anónimas*, Almedina, Coimbra, 1992

VICENTE, DÁRIO MOURA, «Ofertas públicas de aquisição internacionais», *DVM*, VII, 2007, p. 487 e ss.

VIDAL, ISABEL, «Da (Ir)relevância da forma de representação para efeitos da transmissão de valores mobiliários», *CadMVM*, 15, CMVM, Lisboa, 2002, p. , «Internalização sistemática», *DVM*, IX, 2009, p. 222 e s.

VIGHI, ALBERTO, «Notizie storiche sugli amministratori ed i sindaci delle società per azioni anteriori al codice di commercio francese (Contributo alla storia delle società per azioni)», *Riv. Soc.*, 1969, p. 663 e ss.,

VISENTINI, BRUNO, «Azioni di società», *Enc. Dir.*, IV, Giuffrè, Milano, 1959, p. 967 e ss.

VIVANTE, CESARE, *Tratado de derecho mercantil*, III, Reus, Madrid, 1936, tradução espanhola da 5ª ed. italiana VIVANTE, *Trattato di diritto commerciale*, vol. III, 3ª ed., Vallardi, Milano, 1904

WACKERBARTH, ULRICH, «Die Zurechnung nach § 30 WpÜG zum Alleingesellschafter-Geschäftsführeer einer GmbH», in ZIP, 28, 2005, p. 1217 e ss., «WpÜG § 10», in WULF GOETTE/MATHIAS HABERSACK/SUSANNE KALSS (her.), *Münchener Kommentar zum Aktiengesetz*, 4. Aufl., Bd. 6, Beck (Beck-online), München, 2017, «WpÜG § 18», in WULF GOETTE/MATHIAS HABERSACK/SUSANNE KALSS (her.), *Münchener Kommentar zum Aktiengesetz*, 4. Aufl., Bd. 6, Beck (Beck-online), München, 2017, «WpÜG § 30», in WULF GOETTE/MATHIAS HABERSACK/SUSANNE KALSS (her.), *Münchener Kommentar zum AktG*, Bd. 6, 4. Aufl, Beck (Beck-online), München, 2017

WEIR, CHARLIE, «The market for corporate control», in MIKE WRIGHT/DONALD SIEGEL/KEVIN KEASEY/IGOR FILATOTCHEV (ed.), in *The Oxford Handbook of Corporate Governance*, OUP, Oxford, 2013, p. 328 e ss.

WIESNER, GEORG, *Münchener Handbuch des Gesellschaftsrechts*, Bd. 4, 2. Auf., Beck, München, 1999

WOLF, CHRISTOPH/WINK, TILMAN, «§ 20 Allgemeine Rechte und Pflichten der Organe der Zielgesellschaft», in NIKOLAOS PASCHOS/HOLGER FLEISCHER (her.), *Handbuch Übernahmerecht nach dem WpüG*, Beck, München, 2017, p. 829 e ss.

WYMEERSCH, EDDY, «22. Shadow Banking and the Functioning of Financial Markets», in DANNY BUSCH/GUIDO FERRARINI (ed.), *Regulation of the EU Financial Markets. MiFID II and* MiFIR, OUP, Oxford, 2017, p. 613 e ss.

XAVIER, V. G. LOBO «Acção», *Enc. Pólis*, vol. I, Verbo, Lisboa

YEOWART, GEOFFREY/PARSONS, ROBIN, *Yeowart and Parsons on The Law of Financial Collateral*, Elgar Financial Law and Practice, Cheltenham, 2016

ZETSCHKE, DIRK, «Virtual Shareholder Meetings and the European Shareholder Rihts Directive – Challenges and Opportunities», *DVM*, VIII, 2008, p. 473 e ss.

ZIEMONS, HILDEGARD, «§ 8» e « 11», in KARSTEN SCHMIDT/MARCUS LUTTER, *AktG Kommentar*, I Bd., § 1-149, 3. ed., Otto Schmidt, Köln, 2015

ÍNDICE